21 世纪经济管理类精品教材

（第**3**版）

电子商务系统分析与设计

宫小全 / 编著

E-commerce systems

analysis and design

清华大学出版社
北京

内容简介

本书以利用 UML 进行电子商务系统分析与设计为主线，系统地介绍了面向对象环境下电子商务系统的规划、分析、设计、实施、运行维护管理及评估的相关概念、方法、技术和工具。在结构上本书分为三部分：基础部分（第 1～3 章），主要说明电子商务系统的基本概念、构造技术；设计部分（第 4～6 章），主要说明电子商务系统的系统规划、分析、设计的方法、内容和工具；实现部分（第 7～9 章），包括电子商务系统的实施、运行维护管理与评估。

本书既可作为高等院校电子商务、信息管理与信息系统专业本科生及研究生的教材，也可供电子商务系统设计开发人员以及从事电子商务研究的工程技术人员参考。

图书在版编目（CIP）数据

电子商务系统分析与设计/宫小全编著. —3 版. —北京：清华大学出版社，2017（2024.9重印）
（21 世纪经济管理类精品教材）
ISBN 978-7-302-48313-7

Ⅰ. ①电… Ⅱ. ①宫… Ⅲ. ①电子商务-系统分析-高等学校-教材 ②电子商务-系统设计-高等学校-教材 Ⅳ. ①F713.36

中国版本图书馆 CIP 数据核字（2017）第 215146 号

责任编辑：杜春杰
封面设计：康飞龙
版式设计：楠竹文化
责任校对：王　颖
责任印制：杨　艳

出版发行：清华大学出版社
　　　　网　　址：https://www.tup.com.cn，https://www.wqxuetang.com
　　　　地　　址：北京清华大学学研大厦 A 座　　邮　　编：100084
　　　　社 总 机：010-83470000　　　　　　邮　　购：010-62786544
　　　　投稿与读者服务：010-62776969，c-service@tup.tsinghua.edu.cn
　　　　质量反馈：010-62772015，zhiliang@tup.tsinghua.edu.cn
印 装 者：三河市铭诚印务有限公司
经　　销：全国新华书店
开　　本：185mm×230mm　　　印　　张：27.5　　　字　　数：668 千字
版　　次：2010 年 5 月第 1 版　2017 年 11 月第 3 版　　印　　次：2024 年 9 月第 9 次印刷
定　　价：69.80 元

产品编号：071934-03

第 3 版前言

电子商务作为一种崭新的商务运作方式，为人们提供了一种全新的商业交易方法和商务运营管理模式。随着电子商务的迅速普及和飞速发展，社会各界对电子商务人才的需求猛增。"电子商务系统分析与设计"课程是电子商务专业本科生的核心专业课程之一，同时也是信息管理与信息系统专业本科生的选修课。本课程是一门培养学生电子商务系统规划、分析、设计、开发能力的理论课程，同时强调培养较强的实践能力，在教学内容方面着重讲解电子商务系统基本理论、基本知识和基本方法，在实践能力方面侧重加强电子商务系统规划、分析、设计和实现能力的培养与训练。

本课程涉及的知识点很多，内容非常丰富，授课内容涵盖了电子商务系统分析与设计的思想、方法，以及与具体实践密切相关的技术、开发工具等多方面的内容，是一门综合性很强的课程。通过学习本课程，学生可了解电子商务系统产生的背景与技术基础、发展概况，了解电子商务系统的体系结构和基本组成，掌握电子商务系统规划、分析、设计的方法，了解电子商务系统开发的主要技术、电子商务系统的建设方式及技术选择、电子商务系统的实施、组织、运行与维护阶段的任务，同时对电子商务系统的最新技术发展趋势与热点技术有所了解。

作为"电子商务系统分析与设计"课程的主讲教师，笔者在教学实践中切身体会到本课程教学的难点是课程内容覆盖面宽、学时少，要想在有限的学时中让学生掌握课程大纲规定的学习内容，有必要在借鉴现有教材优点的基础上，突出实践特色，以具体的电子商务系统为案例，系统地介绍电子商务系统开发的整个生命周期，包括系统的规划、分析、设计、实现与维护等内容，前后贯穿为一体。本书在编写上既重视基本理论、基本知识和基本方法的系统介绍，又着眼于对学生实践能力的科学训练，使学生在课程学习的基础上，通过全面综合的实践训练，加深理解、验证和巩固课堂教学内容，增强对电子商务系统分析与设计的感性认识，掌握电子商务系统规划、分析、设计和实现的基本方法，培养理论与实践相结合的能力，从而使学生能够综合运用所学知识，进行电子商务系统的规划、分析、设计和实现，满足社会各界对电子商务人才的迫切需求。

本书以利用 UML 进行电子商务系统分析与设计为主线，系统介绍了面向对象环境下电子商务系统的规划、分析、设计、实施、维护管理及评估的相关概念、方法、技术和工具。在结构上本书分为三部分：基础部分（第 1~3 章），主要说明电子商务系统的基本概念、构造技术；设计部分（第 4~6 章），主要说明电子商务系统的系统规划、分析、设计的方法、内容和工具；实现部分（第 7~9 章），包括电子商务系统的实施、运行维护管理与评估。本书符合教育部关于电子商务专业（本科）的培养目标、培养计划的要求，由浅入深，循序渐进，既注重基础理论知识的传授，又面向实际应用，内容充实。

鉴于本书第 2 版出版产生的积极影响，又由于近几年来电子商务的迅猛发展，作者对第 2 版进行了全面的修订。第 3 版改写了第 7 章，重点对 7.4 节"电子商务系统的发布"进行了改写，又增加了 7.5 节"移动电子商务系统的开发"。7.4 节主要是围绕发布过程，补充介绍了发布前的运行准备工作、系统切换，不仅介绍了网站的发布，而且还介绍了 App 的发布；7.5 节主要介绍了开发平台、开发模式、开发工具，并以基于 Android 平台的 App 开发流程为例介绍了具体过程。第 3 版重写了第 9 章，介绍了基于 ibeacon 的首都机场智能出行服务系统的分析与设计，对移动电子商务系统的分析和设计进行案例总结和理论提升，以适应移动商务飞速发展的需求。限于篇幅，本书第 2 版的第 10 章不再保留。

本书由宫小全编写提纲及统稿，并编写了第 1、4、5、6 章；第 2 章由窦娟、宫小全编写；第 3 章由龚炳刚编写；第 7 章由陈捷编写；第 8 章由何立业编写；第 9 章由何智编写。清华大学出版社的编辑在本书的策划和撰写过程中提出了很多宝贵的建议。此外，本书在编著过程中参考并引用了众多文献，在此一并致以衷心的谢意。

本书在面向对象环境下电子商务系统分析和设计的方法上做了一些初步的探索，但由于电子商务系统的理论与技术处在快速发展之中，作者学识有限，书中不足之处在所难免，在此竭诚希望广大读者提出宝贵意见，敬请有关专家学者批评指正，以期不断改进。

编　者

2017 年 3 月

目　录

第 1 章 概　　论

学习目标

- 电子商务的概念及内涵
- 电子商务系统的发展阶段及其特点
- 电子商务系统的生命周期的特点

导言

随着网络技术与计算机技术的不断发展，电子商务成为越来越重要的商务形式。B2B、B2C、B2G、C2G、C2C 等电子商务模式也日益被人们所熟知。建立成功的电子商务系统将给企业带来巨大的竞争优势。通过本章的学习，我们将对电子商务有个大致的了解。

1.1　电子商务概述

1.1.1　当代社会发展的三大进程

回顾 20 世纪末人类社会发展的三大进程，即社会的网络化、经济的全球化和贸易的自由化，其全面而又深刻地影响着人们生活和工作的各个方面，对当代社会的发展产生了巨大的推动作用。下面具体地讨论这三大进程以及世界各国在充分利用这三大进程来推动本国经济、商贸和社会发展方面所做的努力。

1. 社会的网络化进程

自 20 世纪 90 年代以来，Internet 和 Web 技术的迅速普及，促进了整个社会的网络化进程。网络不但沟通了人与人之间信息交流的渠道，消除了人与人之间联系的地理距离，而且使得人类将整个日常生活和工作的基础移到了网络空间上。

如果说 20 世纪 90 年代 Internet 的兴起对人类日常生活方式产生冲击的话，那么伴随新千年的来临，Internet 及其相关的信息技术对社会生活的各个方面的影响就不能仅仅用"冲击"二字来概括了，互联网技术已经成为 21 世纪人类的一种新的生活方式。网络是服务于经济生活的技术产物，但是又没有哪种技术像网络这样使经济生活不再如同过去，它促使生产活动、商务活动从形式到内容都发生了深刻的变化，而这种变化的积累所产生的飞跃就是所谓的"新经济"。

从 20 世纪 90 年代末期开始，伴随新经济而来的是一轮又一轮的网络淘金热潮，其实质无非是商务活动的新一轮竞争，而这种竞争的典型特征是：在以互联网为基础的商务轮盘赌中，无论是传统企业还是新兴产业都义无反顾地举起了"电子商务"的旗帜，试图通过改造已有传统、建立新游戏规则，进而谋求更大的盈利空间，最终在新经济萌发过程中尽快完成新的"圈地运动"。

IT 技术及 Internet 的结合使商务活动从形式到内容都区别于以往的经济活动，被冠之"电子商务"的新的经济活动都是在特定的技术平台支持下完成的。从另一方面可以说具有电子商务技术未必能够成为新经济中的弄潮儿，但是新经济下成功的企业必然具备支持其谋求竞争优势的电子商务系统。

迈克尔·波特在其著名的《竞争优势》一书中阐述到："技术变革就其本身而言并不重要，但是技术变革影响了竞争优势和产业结构，它就举足轻重了。"IT 技术及 Internet 影响的正是未来企业及其商务活动，为此要正确地理解支持电子商务活动的技术系统，就必须正确地理解企业的商务活动，理解电子商务，在此基础上才能明确构造电子商务技术系统的基本出发点，真正使技术系统融入企业的价值链中。

社会的网络化进程改变了人们身边的一切，特别是商务管理和经营管理的工作模式。正是由于社会的网络化进程才导致了电子商务系统的兴起和经济全球化、贸易自由化的发展。

2．经济的全球化进程

当今社会是一个经济发展日益融合的社会。全球化的经济发展和社会化的大分工协作达到了一个新的高度。由于全球竞争的加剧，各个国家、各个企业都在研究如何才能够充分合理地利用国家、地区、企业之间在劳动力成本、技术水平、资金、设备和管理等方面的优势来降低经营成本，赢得市场和竞争优势。这个问题已经成为世界各国和各企业经济发展和经营战略研究的重点。于是世界经济开始了它的全球化进程。一个国家、一个企业的发展越来越多地依赖于其他国家、其他企业的发展。

经济全球化的一个明显特征就是大连锁企业、跨国或跨地区经营、跨国产权交易和兼并等一系列经营模式的变化。而这些现象在传统的经济理论下是很难解释的。只有在网络化的社会环境和强有力的电子商务系统的支持下，这种经济的全球化才有实施的基础。一个企业可以通过对资金、技术和设备的投资，将它生产经营活动的范围扩展到世界任何一个地方，然后再利用网络和信息系统来掌握、控制和管理整个企业的生产与经营过程。

3．贸易的自由化进程

经济的全球化离不开贸易的自由化。全球化的社会大生产和分工协作，要求跨国经营、连锁企业等必须保证物资、产品等在世界各国、各地区之间自由地流动。这就要求贸易必须自由化。

贸易自由化必须有两个基础：一是消除各国之间的贸易壁垒；二是提供方便的商贸实务操作环境。前者是世界贸易组织（World Trade Organization，WTO）成立和各国政府努力奋斗的目标，后者是电子商务系统的主要任务之一。

为商贸实务操作提供方便快捷的服务，可能的解决途径有两条：一是简化单证手续；二是开展电子商务系统。这正是本书所要讨论的主题。

1.1.2 企业商务活动

企业是当今社会中为数最多、最活跃的一种组织形式，而经营管理活动又是企业运作模式的核心。如何将企业的各项商贸业务转化为信息处理系统是信息系统开发的主要工作，也是电子商务系统的基础。企业是谋取利益的实体，其利润的取得是通过企业经营、生产、销售等行为而实现的。企业在谋求市场利润过程中的行为即其商务（Business or Commerce）。

1．企业商务活动的特征

（1）从事商品交换的活动。

（2）涉及商品的交换、买卖和再分配，包含商品物理上的位移过程。

商务活动涉及产品（Production）、服务（Service）、资金（Money）及相关的信息（Information）等的交易。

商务活动在两个或两个以上的实体之间完成，而参与交易的实体之间通过一定的商务规则或者契约，规范其行为和交易过程。因此，参与商务活动的实体之间是通过有形的商品或无形的商品（如服务、信息）等联系在一起的。

2．企业商务活动的主要形式

一个实际的组织是复杂的，组织内部的主要活动也是多种多样的，但归根结底是围绕组织的目标而展开的一系列经营和管理活动。在商务活动的实体之间至少存在以下四种形式的流。

1）实物流或商品流

实物或者说商品是商务实体之间进行交换的对象，实物流代表交易双方价值再分配的流动取向。

实物流从市场上看是交易实体间的买卖过程，实物流的渠道在经济发展的不同阶段具有不同的流通形式，但是不管怎样，只要存在商务活动，交易过程的最终实现都必须通过实物从卖方到买方的直接转移来完成。

在现代社会经济活动中，由于社会分工的细化，实物之间的交换通常是在多个商务实体之间进行的，而且商务实体之间对商品流通的贡献也不一样，存在供应商、运输商、销售商等。因而从整个经济活动来看，实物流或商品流实质上构成了更大范围的物流活动，所以广义上的物流可以看做交易实体间商品流的一个独立集合。

对于生产加工型的企业来说，物流过程就是指物资在企业内部的加工处理过程。例如，一个机械加工企业从原材料购进到粗加工成毛坯、精加工成半成品、表面处理和包装，最后到出厂销售的实物流动过程。又如一个纺织企业内从羊毛、化纤原料的购进，到粗加工成毛条、精纺成纱锭、织成布坯、染色和后处理，最后到出厂销售的实物流动过程，都是组织的物流。

对于商业型企业来说，物流过程就是指商品在企业内部的进—存—销的过程。例如，某个公司从外面购进商品，然后分类入库保存，最后到销售出去的实物流动过程。

生产加工型的企业靠在物资生产加工过程中所附加的劳动来赚取利润，商业型企业靠商品在进—存—销过程中所附加产生的差价来赚取商业利润。

2）资金流

资金流是以货币的形式反映经营状况的主要形式。

商务活动中的资金流是实物流的逆向过程，如果说实物流代表的是产品的再分配过程，那么资金流反映的则是资金的再分配过程。

一般而言，资金流发生在交易的买卖双方，并且流向与实物流向相反，但是在现代社会中涉及交易活动双方的资金流却基本通过第三方——银行来完成。换句话说，资金流的流动过程是一个涉及第三方的过程。

资金流对于企业来说通常是指组织内部各类资金（如固定资金、流动资金等）伴随物流的发生而产生的收款、付款、记账、转账、借贷等的资金流动过程。

资金流对于商贸业务过程来说则是指交易的支付流程、资金的清算和结算过程。

资金流是电子商务系统将要处理的主要对象之一。

3）事务流

事务流是指系统为处理其内部或外部活动而产生的各种经营管理活动的工作过程。通常这一过程是由票据或单证的传递过程来表示的。例如，工业企业从原料进厂到成品销售过程中的各种收款、付款、登记、开票、审核程序和管理方法；商业企业采购进货、到货入库、库存管理、市场销售、支付和收款的具体操作过程；生产工艺过程和生产管理技术与方法；企业经营发展战略规划的制定过程与方法等。又如一个行政事务处理型的机关单位，从接到下级的请示报告（或上级下达的命令）到调查研究、分析讨论、反复协商最终做出决策（执行、上报或下达）等都是典型的事务流。

事务流也是电子商务系统将要处理的主要对象之一。

4）信息流

信息流是实物流、资金流和事务流除去其具体方法和物理内容的信息流动方式和过程。它伴随着其他实体流而产生，并反映其他实体流发展变化的情况；反过来，又可对其他实体流进行控制和调节，并影响、制约和规定着其他实体流运行的方式和过程。在传统经济活动中，信息流从商务契约、合同等介质上反映出来。实际上，目前生产管理中的生产计划、生产统计和生产调度，财务管理中的各种记账、转账、结账，销售管理中的各种销售计划、销售账务、销售统计等都是典型的信息流形式。

信息流的一个突出的特征是：它不同于交易过程中的实物流或资金流，实物流是从卖到买的单向过程，资金流是从买到卖的单向过程，而信息流则是一个双向交流的过程，而且信息流在商务实体之间呈现互动的特征。

信息流是任何一种现代管理方法和信息系统面对和将要处理的主要对象。信息是现代社会各类组织中流动的血液，信息流和信息系统则是现代社会中组织的血液循环系统。

大规模的机器生产使商务实体交易活动复杂化，销售体系的变化使供应方和消费者不完全就一定是交易的直接买方和卖方，交易商品需要通过运输、仓储、零售等环节从供应方到消费者，这使得原先简单的商品流变得复杂。这样在产销之间就出现了特定的供应链和物流体系。

随着技术的发展，与实体流有关的信息流趋于多样化。这种多样化反映在信息流从介质上发生变化，纸介质的契约、商务合同文本及其流动逐渐转变为电子介质和电子传输，其格式也趋于统一以便于交换，因此电子数据交换（Electronic Data Interchange，EDI）开始出现和发展。同时原先只在买卖双方发生的信息流，随着商品流动环节的增多逐渐转变为在产、供、销甚至中介机构之间流动。这就导致现代商务活动的信息流一方面形式多样化，另一方面环节日益复杂。

通过以上分析，不难看到商务活动及商务流程是和技术进步紧密联系的，技术变革影响产业结构的变化，使商品及其流通的渠道变化；资金交换方式更新，也使信息交流的形式及内容产生变革。因此，在数字化、网络化、信息化的新世纪，IT 及 Internet 技术也必然对商务活动中商品、资金及信息的流动产生影响，促使其形式和内容都发生革命性的变革。例如，电子现金（e-Cash）、电子钱包（e-Wallet）的出现实际上是商务活动中资金流的变化，而 EDI 及其相关标准实际上是商务实体间信息交流方式的标准化。因此，在设计及开发电子商务系统时，应当分析技术条件对商务活动的哪些因素产生了影响、如何影响企业的价值链。只有这样，才能准确地理解商务系统的本质。

1.1.3　电子商务

1. 电子商务的相关概念

根据以上对商务活动及其内容的分析，不难看到所谓"电子商务"就其本质而言仍然是"商务"，其核心仍然是商品的交换，与传统商务活动的差别主要体现在商务活动的形式和手段上。

顾名思义，电子商务是指以电子技术为手段的商务活动，它可以分成以下两种类型。

（1）广义电子商务：泛指企业利用电子手段实现的商务及运作管理的整个过程，是各参与方通过电子方式而不是直接物理交换或直接物理接触方式来完成的任何业务交易。

（2）狭义电子商务：是指通过 Internet 或电子数据交换（EDI）进行的交易活动，从这一点出发，也有人将电子商务称为 IC（Internet Commerce）。

目前，电子商务则主要指狭义的电子商务。

2．电子商务的基本特征分析

1）扩大交易双方的商业机会

在电子商务条件下，供应商及消费者面临更多的机会。从市场角度看，Internet 实际上是一个虚拟的交易市场，在此市场中参与交易的顾客能够覆盖整个世界，由于市场空间增大了，企业能够拥有的客户越多，其商业机会也越多。亚马逊（Amazon）书店之所以能够成为全美国最大的图书零售企业，关键并不在于其是否建立了全美最大的图书交易场所，而在于通过建立 Internet 上完善的虚拟图书市场，进一步通过网络拥有了全世界的读者。此外，快速的电子交流渠道能够促使企业产品生产周期缩短，随之而来的就是企业固定资产的折旧、单位产品的固定开销降低，供应商可以利用有限的资金从事更多的商务活动。

2）为消费者提供个性化、可定制的服务

在传统商务活动中，消费者可以主动地挑选为其服务的厂商，但是难以要求供应商为其特定要求提供专项服务或者定制产品，至少是必须支付额外的费用才能获得专门的服务，这主要是大机器生产时代的特征所决定的。

电子商务活动的重要特征表现为信息流是可定制的，供应商能够借助 Internet 同消费者进行直接的交流，并迅速地对客户的要求做出反应，交易的响应时间缩短。此外，在通过 Internet 进行交流的过程中，供应商可以分析客户潜在的要求是什么，进而主动地按照客户的兴趣提供服务。服务的方式从传统的供应商与消费者之间一对多的服务，转变为供应商与消费者之间一对一的服务，而这种服务方式在原来是难以想象的，这一点也是电子商务非常诱人的地方。

3）为生产商提供可视化的供应链

每一个生产企业都拥有一个生产供应链。这一生产供应链将企业与各种不同的供应商联系起来。生产商会根据市场需求的变动情况，调整自己的生产计划。当库存管理无法动态、准时地适应市场需要时，就可能造成企业仓储保管费用的加大，使企业增加生产成本。

供应商的供应能力、地理位置不同，导致生产商不得不为同一产品支付不同的费用，原因在于不可见的供应链使生产商难以管理和控制供应链的各个环节，如不同配件的运输方式等。因此，美国斯坦福大学的著名教授 Hua Lee 曾经指出：“未来企业的竞争实际上是企业供应链的竞争。”

当供应商、生产商、消费者之间的交流电子化后，市场的变动可以通过网络迅速地反馈到生产商手中，同时电子化信息时代又加速了第三方物流企业的发展，使物流过程成为一种可跟踪的、可视化的过程。在这些条件下，生产企业可以通过网络及时了解用户的信息，根据用户的需要生产其特定的产品，同时可以随时随地了解其供应链各个环节的情况，使"零库存"和"准时生产"成为可能。

4）在商务链中创造新的商业机会

在传统商务模式下，通过各种商务中介将供应商、生产商及消费者联系在一条商务链上，商品呈现一种单向的流动关系；而信息、资金流的控制及应用，对供应商和消费者来讲是不平等的。电子商务模式，通过虚拟的电子商务中介将更多的供应商、生产商和消费者联系成为一个跨越地理空间限制、快速响应、互动式的整体——电子商务社区（e-Commerce Society 或 e-Commerce Communing）。在这种环境中，商品交换的方式变化了，资金流与信息流的传输方式及媒介更新了，而更重要的变化是商品交换在一个虚拟的电子空间中进行。这种空间联系了更多的商务实体（或者精确地说是更多的虚拟商务实体），并为其提供了电子化和互动的渠道。这样，参与商品交换的实体不仅具备更多的商务机会，而且这一模式还创造出前所未有的商业机会。

1.1.4 电子商务模式的基本分类

所谓商务模式，它主要涉及企业经营的基本盈利方式、服务对象和服务内容，不同的商务模式直接关系到企业构造电子商务系统所采取的策略。

所谓电子商务模式是指企业利用电子化手段开展商务活动，谋取商业利润的基本方式。它是在传统的商务活动中引入电子化手段，革新企业传统商务过程的不同环节而形成的。它以传统的商务过程为基础，但是与传统的商务活动有很大的差异。

电子商务模式的分类多种多样。按商业活动运作方式可分成完全的电子商务和不完全的电子商务。完全的电子商务是指完全通过电子方式实现整个交易过程；不完全的电子商务则是指整个交易过程没有完全电子化。例如，商务洽谈、产品搜索通过电子手段完成，而支付过程采用传统方式实现。按电子商务应用服务的领域，或者说按发生交易的双方的相互关系划分，可将电子商务模式分为如下类型。

1. 企业对企业的电子商务

企业对企业的电子商务（Business to Business，B to B 或 B2B）是指交易的双方是企业和企业。它是一种以电子交易市场（Market Place）为中心的商务机构间的商务关系，主要涉及企业和企业之间原材料、产品的交易及相应的信息查询、交易谈判、合同签订、货款结算、单证交换、库存管理和物品运输。如果企业和企业之间的交易是跨国的交易，B2B电子商务还将涉及海关、商品检验、国际运输和外汇结算等业务。另外，B2B 电子商务还涉及企业内部的生产和制造过程，因此大多数 B2B 电子商务都要和企业的 Intranet 和 Extranet 相结合才能实现。企业对企业的电子商务已经有多年的历史，特别是通过增值网络（Value Added Network，VAN）上运行的电子数据交换（EDI），其规模得以迅速扩大并迅速推广。

1）B2B 的电子商务模式的基本特征

B2B 电子商务是各类电子商务中最复杂的，企业和企业之间的交易大多是大宗货物的交易，交易涉及的资金和物品数量都很大。B2B 的电子商务模式目前被认为是最有发展潜力也最有前途的商务模式。

2）B2B 的电子商务模式的突出特点

（1）商务活动发生在企业与供应商或者企业与特定的商业机构之间，因此商务活动涉及的环节很多，交易金额比 B2C 大。

（2）B2B 的商务模式一般通过电子交易市场（Market Place）来完成。

（3）B2B 的商务模式中购买行为一般采取集体竞价形式的拍卖活动完成，如正向拍卖（Forward Auction）或者反向拍卖（Reversed Auction），这使企业的销售或者采购成本得以降低。

（4）B2B 模式的商务活动的支付不一定是瞬时完成的，即在实际操作中购买活动和支付不一定同时完成。

（5）B2B 模式的商务活动一般需要有比较完整的物流供应链支持，至少对于订单、货物的追踪过程是需要有保证的。

（6）B2B 模式的商务活动由于牵扯的范围比较广，因此 B2B 模式的电子商务系统构造比较复杂。

（7）由于 B2B 模式的电子商务非常受重视，因此支持 B2B 模式的电子商务系统技术产品比较多。

3）两种不同类型的 B2B 模式

采用 B2B 的模式构造电子商务系统是目前很多企业追求的一种目标，但是 B2B 的电子商务模式也不完全相同。相关的网站目前大体上可以分成两种类型。

（1）水平型的 B2B 网站（简称水平型网站）。水平型网站可以将买方和卖方集中到一个市场上来进行信息交流、广告、拍卖竞标、交易、库存管理等。水平型网站一开始都以提供各大企业采购软件起家，在积累了足够的客户群后才连带建立水平型网站，因此这类网站也可视为各大企业内部采购部门的延伸，其主要客户一般是大型企业。之所以称之为"水平"网站，主要是因为这类网站的行业范围广，很多行业都可以在同一个网站上进行贸易活动。

构造水平型网站的关键在于以下一些因素：

① 业务处理流程的标准化程度。

② 业务及作业流程自动化处理的专业知识。

③ 提供内容深层次自动化处理的水平。

④ 根据行业差异定制业务处理流程的能力。

（2）垂直型的 B2B 网站（简称垂直型网站）。垂直型网站也可以将买方和卖方集合在一个市场中进行交易。垂直型网站是将特定产业的上下游厂商聚集在一起，让各阶层的厂商都能很容易地找到物料供应商或买主。之所以称之为"垂直"网站，是因为这类网站的专业性很强，它们将自己定位在一个特定的专业领域内，如 IT、化学、钢铁或农业。

专业性的电子商务网站有明确的行业特性，产品和用户定位明确。特别是那些产品的标准化程度高的行业，如化工、医药、标准件等，特别适合电子商务运作。专业电子商务网一旦有了一定的知名度，比较容易形成集聚效应，在短时间内有可能迅速发展成为行业的主导电子商务企业。

垂直型网站成功的关键主要在于以下几点：

① 买卖客户分散。

② 现有供应链效率低。

③ 可以吸引足够的主要买卖客户。

④ 具备一定的行业专门知识及客户关系。

⑤ 可以提供主要产品目录及相关查询。

⑥ 存在可以发挥已有客户群体优势的邻近行业。

比较而言，水平型的 B2B 网站追求的是"全"，而垂直型的 B2B 网站则追求的是"专"。构造前者要求系统的建造者必须具备非常广阔的知识层面，能够对信息更新的频度有充分的把握。这一模式能够获得收益的机会很多，而且潜在的用户群落也比较大，所以它能够迅速地获得收益。但是其风险主要体现在用户群是不稳定的，被模仿的风险也很大。垂直型的 B2B 网站则要求构造者掌握非常深入的领域知识，能够掌握行业内的动态。垂直型网站吸引着更合格、更狭窄且经过预选的参与者，这种市场一旦形成，就具有极大的竞争优势。因此，垂直型网站更有聚集性、定向性，它们较喜欢收留团体会员，易于建立起忠实的用户群体，吸引着固定的回头客，最终形成一个集约化市场，且客户也多是有效客户。因此，这类电子市场是有价值的市场，它们拥有真正有效的购买者。

2．企业对消费者的电子商务

企业对消费者的电子商务（Business to Customer，B to C 或 B2C）是指交易的双方分别是企业和普通消费者。B2C 模式主要是指发生在企业和客户之间的联机零售或电子零售，例如，消费者购买个人用品和家庭用品。如果商务活动是在电子商务商业机构和消费者之间发生的，则 B2C 的商务模式基本等同于电子零售商业。这一类电子商务的购买方是消费者个人，每一笔交易数量相对较小，但由于消费者数量众多，因此 B2C 也是电子商务中的一个重要类型。B2C 电子商务的重点是如何为消费者提供方便快捷的购物环境和条件。B2C 电子商务的主要功能包括商品信息查询、商品选购、货款计算、订单生成、客户账户查询、银行支付结算、提供交易单证和商品配送等。

B2C 的电子商务模式的优势如下：

（1）充分利用 Internet 作为企业的销售渠道，由于减少了分销等商务中介，因此企业成本能够大幅度降低，产品的零售价格进而降低。

（2）由于采用直销的方式，消费者能够得到实惠，因此企业有竞争优势。

（3）可以根据客户的需要，采取个性化的服务。

B2C 的商业模式也有缺点，突出地表现为：电子零售业尽管规模庞大，但是产品的利润率并不高，电子零售必须依赖于完整的物流配送系统支持，否则企业难以完成真正的销售过程。

3．企业对政府机构的电子商务

企业对政府机构的电子商务（Business to Government，B to G 或 B2G）是指交易的主体是企业和政府，包括税收、商检、工商行政管理、法律法规的颁布及政府采购等政府和企业之间的相关业务。B2G 的商务活动从交易过程来讲是一种商务行为，但是交易的某些环节具有自己的特点，如商务活动中的担保、税务等行为。

4．消费者对政府机构的电子商务

消费者对政府机构的电子商务（Customer to Government，C to G 或 C2G）发生在消费者或者普通个人和政府之间，如个人的交税、财产申报、社会福利发放和政府调查等。由于其商务环节是不完整的，因此有的观点认为这是一种不完整的商务活动，所以也有人将这种方式归属于电子政务的范畴。

5．消费者对消费者的电子商务

消费者对消费者的电子商务（Customer to Customer，C to C 或 C2C）的商务活动发生在消费者之间，它是消费者自助式服务（Self-Service）的结果。这种模式实际上构成了所谓的电子化社区（Virtual Society 或 Virtual Community）。例如，网上二手住房交易、网上二手汽车交易、网上商品求购、网上拍卖等都属于这一类。C2C 的电子商务有时是不完整的，也就是说消费者个人之间的交换以易物交换形式发生，或者支付以协商方式解决，其支付过程不一定直接通过网络实现，这也是这种方式的一个很重要的特征。

当然以上这几类划分方式并不是绝对的，例如 B2C 和 B2B，如果消费方本身就是商务机构，那么很难将其归属于特定的一类。同时，这几种模式又经常是交织在一起的，所以有人提出了 C2B2C、C2G2B 等。

以上几种模式中，B2C 和 B2B 的商务模式是目前发展最快的，尤其是 B2B 的模式被认为是未来最有前途的一种商务模式。

除以上分类方式外，还有其他一些分类方式。例如，按交易方式可以划分为定价模式、竞价模式、议价模式等；按交易内容可以分为专卖店、商城/商厦/超市、交易市场/交易中心、行业纵向市场、综合/横向市场、专业网站等。

1.2　电子商务系统概述

1.2.1　相关概念

1．系统

1）相关定义

（1）系统：是由若干互相联系的事物结合成的具有整体功能和行为目标的统一体。

（2）元素：是指组成系统的各个事物或部件。

（3）系统结构：是指系统内各元素之间存在的物理或逻辑关系的集合。

（4）系统的功能：即系统要达到一定目标所要具备的各种能力，是系统的基本属性。

（5）系统的输入：是指系统从外界接受的物质、能量与信息。

（6）系统的输出：是指系统的输入经过系统变换后产生的另一种形态的物质、能量与信息。

（7）系统的环境：相对于系统内部而言的系统外部环境，简称环境。

（8）系统的边界：指系统区别于环境和另一系统的界限。

2）系统的组成

系统由输入、输出和处理三部分组成。处理是系统为实现自己的目标所必备的元素、结构和功能的综合描述。

2．信息系统

1）定义

信息系统是指通过输入数据、加工处理、输出信息的过程，实现其目标的系统。

2）信息系统的数据处理

（1）检测：对数据的准确性进行检验，主要在数据的输入过程中完成。数据检测一般由手工和计算机共同完成。常见的方式是，在数据中加入校验位，然后使用计算机程序自动完成数据的检测工作。

（2）转换：是指将数据和信息的格式转换为另一种格式。这种处理主要在不同的系统之间进行数据交换时发生。例如，企业在向税务部门提交相关数据时，就必须按照税务部门的格式要求进行数据的转换。

（3）更新：数据的更新有三种基本操作，即插入、删除和修改操作。

（4）计算：根据给定的数据和算法生成新的数据。

（5）分组：在一个数据文件中按指定的数据项将所有数据进行分类。

（6）排序：在一个数据文件中按某个数据项或组合数据项的值递增或递减排列。

（7）查询：从一个或数个相关联的数据文件中查找所需要的数据。查询是数据处理中应用最广泛的操作，按查询的条件可分为简单条件查询、复合条件查询和模糊查询；按查询的方式又可分为顺序查询、对半查询等。

（8）投影：只输出数据文件中部分数据项的内容。它与查询处理的区别在于，查询结果的数据个数应小于原数据文件的数据个数，而每个数据的数据项数不变，查询在数据文件的水平方向进行；投影结果的数据个数与原数据文件相等，而数据项的个数小于原数据文件，投影在数据文件的纵向进行。

3．管理信息系统

1）定义

管理信息系统（Management Information System，MIS）是一个由人、机（计算机）组成的能进行管理信息的收集、传递、存储、加工、维护和演用的系统。它能实测企业（或组织）的各种运行情况，利用过去的数据预测未来；从全局出发辅助进行决策，利用信息控制企业（或组织）行为，帮助其实现长远的规划目标。简言之，管理信息系统是一个以计算机为工具，具有数据处理、预测、控制和辅助决策功能的信息系统。

2）功能

（1）数据处理功能：包括数据收集和输入，数据传输、数据存储、数据加工处理和输出。

（2）预测功能：运用现代数学方法、统计方法或模拟方法，根据过去的数据预测未来的情况。

（3）计划功能：根据企业提供的约束条件，合理地安排各职能部门的计划，按照不同的管理层提供相应的计划报告。

（4）控制功能：根据各职能部门提供的数据，对计划的执行情况进行监测、检查，比较执行与计划的差异，分析差异情况的原因，辅助管理人员及时以各种方法加以控制。

（5）辅助决策功能：采用各种数学模型和所存储在计算机中的大量数据，及时推导出有关问题的最优解或满意解，辅助各级管理人员进行决策，以期合理地利用人、财、物和信息资源，取得较大的经济效益。

4．决策支持系统

决策支持系统（Decision Support System，DSS）是一种交互式的计算机系统，可以帮助决策者使用其数据及模型来解决非结构化的问题。

5．电子商务系统

电子商务系统，广义上讲是支持商务活动的电子技术手段的集合。狭义上看，电子商务系统则是指在 Internet 和其他网络的基础上，以实现企业电子商务活动为目标，满足企业生产、销售、服务等生产和管理的需要，支持企业对外业务协作，从运作、管理和决策等层次全面提高企业信息化水平，为企业提供商业智能的计算机系统。

6．电子商务系统与网站

电子商务系统与网站是两个不同的概念,电子商务系统是基于 Internet 并支持企业价值链增值的信息系统,而网站仅仅是这一系统的一个部分或者技术手段之一。尽管电子商务系统大多以网站作为服务客户的窗口,但是两者是不可等同的。

电子商务系统作为一个整体,不仅包括企业开展商务活动的外部电子化环境(如 Internet、Web Server、与其他商务中介的数据接口等),而且包括企业内部商务活动的电子化环境,这两部分必须结合起来才能满足企业在 Internet 上开展商务活动的需要。

网站通常又称为门户站点(portal),是企业为合作伙伴、客户等提供的访问企业内部各种资源的统一平台。通过这一平台,企业的合作伙伴,如原材料提供商可以获取企业当前的原材料库存情况及近期生产计划,从而优化自身的资源调配和生产调度;而企业的客户通过这一窗口,可以了解企业各档次、各种类产品的详细资料并且获得企业提供的随时的咨询服务等。因此,可以将网站视为企业电子商务系统的一个组成部分。

企业内部信息系统的各种信息通过 portal 向外发布,改变了原先企业信息利用率不高、资源无法被外界获得的局面。没有网站的电子商务系统是不完整的,而将企业电子商务系统等同于企业的网站也是不够全面的,无法达到优化企业生产、销售等一系列作业流程和降低企业成本、提高生产效率等作用。

7．电子商务系统与 EDP、MIS 及 DSS 的差异

电子商务系统是在网络基础上,利用现代 IT 支持企业电子商务活动的计算机信息系统。这一系统服务于企业内部用户、企业客户及企业的合作伙伴,支持企业生产、销售、管理等整个环节,其目的是利用 IT 手段整合企业的商务流程,帮助企业实现新的商务模式。

电子商务系统仍然是计算机系统,它与传统的电子数据处理系统(Electronic Data Process,EDP)、MIS 及 DSS 比较而言,尽管在某些开发技术上有一定的共同之处,但是还有很多差异。EDP 主要涉及与企业生产相关的事务(如财务统计、银行转账等);MIS 主要服务于企业的管理层面,它在 EDP 系统之上通过生产数据的收集、转换和加工,进而完成企业的信息管理、统计、分析、控制,辅助企业的管理活动;DSS 主要是针对企业决策过程中面临的一些半结构化或者非结构化的问题,利用现代数学、管理科学和信息科学的技术方法,通过推理、模拟等手段,在不完备或者不确定的条件下,对最终面对的决策问题提供决策的参考依据,它主要面对的是企业的决策者。

从系统功能上分析,电子商务系统不仅支持企业内部的生产与管理,如 ERP、SCM 和 CRM,而且支持企业通过 Internet 进行的商务活动,如企业形象宣传、网络订单管理和网络支付管理等。

从信息系统服务的范围及对象分析,传统信息系统主要服务于企业内部特定的客户,例如 MIS 主要用以满足企业管理人员管理的需要。但是,电子商务系统服务的对象不仅包

括企业内部管理人员，而且包括企业的客户和合作伙伴。

此外，从技术角度分析，电子商务系统基本上是一种基于浏览器—服务器结构的系统，它的构造技术还包括一些原有信息系统未曾使用的新技术，如多层结构、站点动态负荷均衡技术、安全与认证技术等。

1.2.2 电子商务系统产生的背景与技术基础

电子商务系统的兴起主要有三方面原因，其一是区域性商贸业务发展的需要；其二是 EDP 和 MIS 技术的发展为电子商贸处理提供了技术基础；其三，也就是促使电子商务系统发展最直接的原因，即 20 世纪 90 年代以来网络信息通信事业的迅猛发展和电子数据交换技术的日益发展。

1. 全球区域贸易发展是电子商务系统产生的内在动力

当代社会是一个全球范围内分工合作共同发展的社会。自 20 世纪 80 年代后期以来，世界各国就在酝酿着各种各样的经济和贸易联盟，先后出现了欧共体、北美自由贸易区、东南亚经济联盟、西方七国集团、亚太经合组织等多个跨国家跨地区的经济和贸易集团。各国商业和经济的发展也越来越多地依赖于国际商贸业务。于是跨国家跨地区的商贸文件、资金流动、物资交流就一下子变得频繁起来，加之国际商贸所涉及的内容繁多（如海关、税收、保险、结算、运输等），而且各国之间对于这些业务的商务政策和处理方式不同，这就造成了随之而来的数据量剧增。原有的一个个独立存在的商贸管理信息系统已经远远不能满足国际商贸业务发展的需要，开发新的系统势在必行。

2. EDP 和 MIS 为电子商务系统提供了技术基础

用 EDP 和 MIS 来处理商业、贸易、税收和财务信息业务已有二三十年的历史，它们可以算是比较成熟的技术。但这些系统多是仅限于某个企业或某些发达国家内部的应用，随着日趋增多的国际贸易关系，海关、税收、保险和进出口等业务纷纷加载到现有的商贸业务中，使得原有的系统无法满足业务增长的要求。于是人们自然会联想到如何将现有商贸信息处理系统的业务拓展到整个国际贸易领域的问题。

3. Internet 和 EDI 为电子商务系统奠定了技术基础

20 世纪 80 年代末期，以 Internet 和 EDI 为代表的全球网络技术迅猛发展，现代通信技术为人们从事各种经济和管理活动提供了极大的便利条件。于是借助于国际网络通信技术的各种网络技术纷纷诞生了，诸如基于银行业务的银行系统（Automatic Bank System）、基于商贸往来资金汇兑业务的电子资金汇兑系统（Electronic Fund Transfer）、基于商业数据交换的电子系统（Electronic Data Interchange）等。这些技术的发展都为管理信息系统技术在商务领域的应用——电子商务系统奠定了技术基础。

1.2.3 电子商务系统的发展过程

电子商务系统的发展过程是一个渐进的过程，它的发展与 IT 技术和 Internet 在企业商务中的应用密切相关。从企业商务活动信息化的角度来看可以将电子商务系统的发展划分为三个主要阶段。

1. 第一阶段：电子商务系统的酝酿阶段（20 世纪 60 年代—90 年代）

企业全面利用现代信息技术，建立企业内部的生产及管理系统是这一阶段的重要特征。这一阶段所解决的主要问题是如何利用 IT 技术为企业内部价值链增值服务。经过 EDP、MIS、DSS 和 BI 这样的发展过程，形成了一套完整的理论体系和应用技术。

运筹学、管理学、控制论、行为科学和信息科学等构成了这一阶段的理论基础。数据库、计算机网络、信息处理、数据自动识别及人工智能等是这一阶段最主要的技术手段。从 20 世纪 60 年代起，这些理论和技术在企业当中广泛应用，随着应用的深入又对 IT 技术及理论产生了新的促进，所以到 20 世纪 90 年代，相关的理论和技术成果形成了比较完整的体系。其中比较有代表性的技术成果表现为 MRP-II、ERP、OLTP/OLAP 和 CIMS 等系统，与之相关的计算机网络及数据通信技术、分布式数据库管理系统、分布式计算环境、供应链理论等都得到了充分的发展。

在这一阶段，人们对商务系统的认识主要集中在如何采集、处理和加工企业内部商务过程中的数据，信息技术手段一般被认为是辅助生产和管理的，它本身并不能直接产生效益。

随着认知程度的提高，人们发现只有将传统的经营与 IT 技术紧密地耦合，才能有效地产生 1+1>2 的效果。这种认识直接导致了企业流程再造（Business Process Reengineering，BPR）的出现。可以说，在这一阶段，支持企业内部商务信息系统开发应用的主要技术基本成熟，人们对商务活动和信息技术相互关系的认识逐渐深刻，从而为新的电子商务系统的构建进行了技术上的准备。

2. 第二阶段：电子商务系统的雏形阶段（1991—1996 年）

1991 年，美国开放 Internet 上的商务应用，随后又在国家基础设施的建设上提出了庞大的计划并付诸实施，世界各国也逐渐地开始构造自己的信息基础设施，这些举措客观上为电子商务系统的发展提供了物质基础。1993 年后，WWW 技术趋于成熟，所以在 Internet 上宣传产品和进行售后服务成为一个热潮，大量的企业网站出现，这些网站实际上就是电子商务系统的雏形。在这一阶段，电子商务系统和支持企业形象宣传的网站的界限非常模糊，但是所建立的信息系统基本都具备以下特点：

（1）本阶段的信息系统一般都是基于 WWW 服务器进行开发。应用程序转变为浏览器—服务器结构，采用通用的浏览器作为应用系统的客户端。应用系统的网信通信协议主要以 HTTP 协议为主。人们将企业的相关信息使用 HTML 语言表示为网页，通过 WWW 服务器进行发布。

（2）企业还是主要将 Internet 和 Web 定位于一个新的商务活动空间，因此该阶段的电子商务系统的功能相对比较简单。其主要的功能如下：

① 作为企业形象宣传和信息发布的工具。

② 作为企业售后服务的新渠道。

③ 支持企业移动办公的平台。

④ 客户反馈的渠道。

⑤ 简单的网络产品销售。

（3）系统结构比较简单。由于这一阶段 Web 服务器主要用作信息发布的平台，应用程序所实现的业务逻辑大多局限于企业信息发布和形象宣传，企业的核心业务并没有完全转移到 Internet 上，所以 Internet 上的信息系统和企业内部的联系并不多，Web 服务器和应用系统、数据库系统之间的层次并不明显，它们甚至在物理上组织在一起。

3．第三阶段：电子商务系统的发展阶段（1997 年至今）

针对萌芽期电子商务系统存在的问题，从 1996 年起人们对于电子商务系统的研究与开发的重点逐渐转向如何利用电子商务技术改进企业的业务流程、如何规划企业的商务模式变革、如何在技术上构造更好的电子商务系统等。所以在这一阶段，电子商务系统的结构、技术手段及实现的业务功能等方面的研究与开发得到了迅速的发展。该阶段的电子商务系统呈现以下特点：

（1）系统与企业内部的信息系统形成一个整体。人们首先认识到电子商务系统和网站是两个不同的概念，电子商务系统是基于 Internet 并支持企业价值链增值的信息系统，而网站仅仅是这一系统的一部分。此外，人们进一步看到电子商务系统不仅应当包括企业开展商务活动的外部电子化环境（如 Internet、Web Server、与其他商务中介的数据接口等），而且应当包括企业内部商务活动的电子化环境，这两部分必须结合起来才能满足企业在 Internet 上开展商务活动的需要。

这种结构除了支持浏览器外，还支持多种信息终端。重要的是，这一阶段电子商务系统与企业内部信息系统连接成为一个整体，支持企业的整个生产及管理过程，进而促使企业的内部生产过程的数据采集、客户信息反馈、售前售后支持都可以通过 Internet 进行，导致企业内部信息系统的服务对象发生了变化，使得原来的 EDP、MIS 系统无论从形式还是内容上都产生了很大的变化。这种变化表明电子商务系统所覆盖的业务趋于完整，这也是电子商务系统从萌芽走向发展阶段的重要标志。

（2）电子商务系统的逻辑结构呈现出清晰的层次结构。1998 年，SUN 公司首先提出所谓"三层结构"电子商务系统的概念。在其解决方案中，电子商务系统的体系被分解成表达层（Presentation Layer）、应用（逻辑）层（Application Layer）和数据层（Data Layer）。三层之间的界面比较清晰，即表达层以 Web 服务器为基础，负责信息的发布；应用层负责处理核心业务逻辑；数据层的基础是数据库管理系统 DBMS，主要负责数据的组织并向应用层提供接口。

　　三层结构的概念提出后不断被引申，其他的一些电子商务技术企业也对此进行拓展，各自提出了不同的解决方案。例如，BEA 公司 1999 年在其 WebLogic 产品白皮书（WebLogic White Paper）中提出电子商务系统应当是一种 N 层结构的信息系统。

　　这种逻辑结构的出现，不仅意味着电子商务系统框架基本形成，更重要的是它使系统在结构和性能上趋于合理。N 层结构的概念使电子商务系统在各个实现层次上具备明确的界限和分工，各个层次都采用业界标准，从而保证电子商务系统用户的业务系统与具体的平台无关，使应用程序开发完全集中在业务逻辑的处理上而非表达、通信等方面，简化了程序开发的难度。同时该 N 层结构在瓶颈出现时，能够保证用户仅调整相应层次的性能，而不必对整个系统进行更新，从而使企业投资容易得到保护，系统的可扩充性得以增强。

　　（3）CA 中心、支付网关的建立使在线交易具备了安全的环境。在这一阶段，为了降低在线交易过程中的风险，有关的一些电子中介机构，如认证中心（Customer Authority，CA）、银行支付网关（Payment Gateway）逐步建立起来。此外，保证交易过程安全的一些标准也得以制定，如安全电子交易标准 SET（Security Electronic Trading）和安全套接字标准 SSL（Security Socket Layer）等。

　　CA 中心通过发放电子身份认证证书实现对交易双方的合法身份的识别，防止在供应商与消费者交易过程中出现欺骗行为，同时负责对交易结果的确认，以保证安全性、真实性和不可抵赖性。银行支付网关与电子商务系统建立接口，负责完成交易过程中资金的转移。

　　CA 中心及银行支付网关的出现不仅意味着通过网络实现交易有了可靠的、安全的环境，而且意味着电子商务系统的体系结构趋于完整。

1.2.4　电子商务系统的特点

1. 电子商务系统是支持企业商务活动整个过程的技术平台

　　从企业内部管理的角度看，企业的活动包括日常的操作、管理和决策三个层面，电子商务系统依托企业内部网络（Intranet），支持企业内部的事务，不仅服务于企业日常操作层面的库存、订单、结算等事务，而且也对决策环节提供支持。例如，IBM 公司提出的商务智能（Business Intelligent，BI）实际上作为电子商务系统的一部分，更多地侧重于企业的决策分析层次。

　　从企业之间的商务活动看，电子商务系统通过 Internet、企业间专网（或称企业外部网 Extranet），使得企业之间构成紧密、动态的商务协作关系，支持企业的电子化协作（e-Collaboration），使得企业之间能够快速地适应市场需求的动态变化，进而在一定意义上导致企业及其合作伙伴形成一种虚拟的联盟关系或者共同市场。

　　因此，无论是企业内部的生产、销售，还是企业外部的市场活动，都可以依托电子商务系统这一平台，这是电子商务系统与 MIS、DSS 等不同的地方。充分支持企业商务活动的各个环节成为电子商务系统的一个重要特点。

2．电子商务系统是企业业务流程重构、价值链增值的技术平台

众所周知，电子商务追求的是通过"商务整合"，完成企业业务流程的再造，充分发挥企业信息资源，提升企业的竞争优势。电子商务系统作为实现这一目标的技术支撑平台，其分析、建造就不能简单地立足于实现企业业务流程的电子化。尽管在管理信息系统的分析设计中，也强调从企业流程再造（BPR）入手，但是相对而言，电子商务系统更强调如何通过信息技术手段实现 BPR，甚至从某种意义上讲，能否实现企业价值链的增值是电子商务系统是否成功的一个标志。

3．电子商务系统依托于网络，提供基于 Web 的分布式服务

电子商务的形式多种多样，但是支撑企业电子商务运作的电子商务系统却基本上都是依托于 Internet、Intranet 或者 Extranet 构造的。以 TCP/IP 协议为基础的网络环境是所有电子商务系统共同的基础，因此，电子商务系统是一个在分布式网络环境中提供服务的系统。

此外，从应用的处理方式上看，大多数电子商务系统中都含有 Web 服务功能，或者是通过浏览器—服务器这种方式向客户提供在线服务。在这种方式下，电子商务系统的核心软硬件都集中在浏览器—服务器结构下的应用服务器或者 Web 服务器，从而使客户端得以大大简化，并通常表现为浏览器的形式。这是电子商务系统的一个突出的技术特点。

4．电子商务系统在系统、应用的安全方面有较高的要求

其原因如下：

（1）电子商务系统一般处理的是与企业交易活动相关的数据，因此业务数据涉及企业的敏感数据，自然对安全等级的要求很高。

（2）电子商务系统依托于网络尤其是 Internet，一般是在一种开放的、公共的网络环境中运行，而且 TCP/IP 协议本身就存在漏洞，因此这种开放环境相对于封闭系统而言存在着一些不安全因素，所以需要强调安全措施来降低风险。

（3）企业传统的商务活动是在法律保护下开展的，企业的交易行为通过契约、合同的形式得到法律保障。开展电子商务活动时，有形的纸质合同转变为电子契约，而电子契约存在的公共密钥体系本身就有很高的安全规范。

5．电子商务系统的技术特点

电子商务系统涉及现代计算机技术和网络技术的很多方面，从技术角度看它有如下特点：

（1）分布式的事务处理系统。

（2）基于 TCP/IP 协议。

（3）采用客户—服务器的计算模式，通过 Browser 与客户进行交互。

（4）以 Web 为基础利用标准的协议（如 HTML、WML、XML）组织和表达数据。

（5）应用系统需要独立的 CA 中心支持，并需要与 CA 建立接口。

（6）可以利用多种工具开发，但面向对象的 Java 技术及可重用的组件技术是电子商务系统开发的主流技术方向。

6. 电子商务系统大多是依托企业既有信息资源运行的系统

正如前面提到的电子商务系统的目标那样，电子商务系统不是要废弃企业既有的信息资源，而是试图将信息资源整合提升其共享程度，发挥其效益。因此，除非新创业的电子商务企业，一般企业的电子商务系统基本都是依托既有信息资源建立的，并且与企业既有信息系统之间存在密切的接口。这样做，一方面是为了保证企业既有信息化建设的投资不被浪费；另一方面，也是企业信息化得以可持续发展的必然要求。

通常，电子商务系统与企业既有的信息系统在硬件与网络资源、数据、应用之间存在密切的联系，两者通过数据共享、应用的互操作形成紧密联系的整体。

正是因为这一特点，在设计和开发电子商务系统时绝不能脱离企业既有信息资源，孤立地考虑如何通过网络帮助企业开展商务活动。

1.2.5 电子商务系统的分类

1. 从网络技术基础来分类

从电子商务系统所依靠的网络基础来看，电子商务系统已经走过了一条从专用网络（主要是租用广域网专线）、分散小系统到互联网络和全球系统的过程。目前的电子商务系统的发展趋势是逐渐地摆脱专用网络基础的束缚，将电子商贸的基点建立在一个面向全社会和对所有公众开放的基础之上。于是从电子商务系统所依据的网络基础来看其发展走过了一条从专用网络到互联网络的过程。

2. 从商贸业务的类型来分类

从电子商务系统所针对的商贸业务类型来看，目前的电子商务系统又可分为以下三类：

1）国际电子商务系统

国际电子商务系统主要是指基于 UN/EDIFACT 标准的各类国际商贸业务中的电子单证报文数据交换系统。主要涉及海关、税务、商检、担保、保险、银行及交易双方的各种商业往来单证。

2）普通电子商务系统

普通电子商务系统主要是针对不涉及进口问题的普通商贸业务中的电子数据交换系统。通常这类系统从业务范围上来看又分为两类：一类是对公商贸业务系统，另一类是商业零售业务系统。前者类似于目前商业活动中的生产资料采购或大宗商品批发业务，所涉及的业务主要有订购、支付、保险、税务和承运等业务。后者则类似于目前的商业零售业，所涉及的业务主要有商业零售业务、物流公司送货服务和信用卡业务等。

3）电子银行系统

电子银行系统主要是针对电子商贸过程中的支付和清算业务。例如，电子支付手段（电子支票、电子钱包、信用卡等）、资金清算方式和信用卡结算方式等。

3．从商贸业务过程中的不同阶段来分类

通常的商贸业务过程都可以将其分为四个阶段，即交易前的准备阶段、商务磋商阶段、实务操作阶段和支付及实际执行阶段。根据系统所支持业务过程的不同电子商务系统可分为以下三类：

1）支持交易前的系统

支持交易前（Pro-Trade/Transaction）的系统实际上就是通过网络和应用系统提供商贸信息源的一个信息发布和查询系统。这类系统对于供应商来说，就是要建立自己的网页，并加入到同行业一些著名的网站中，然后积极组织本企业产品的信息动态上网；而对于需求商来说，则需要到一些本行业的著名网站寻找所需要的产品信息。这是整个电子商贸业务中最简单、最常用的一种，目前互联网上的各类电子商务系统大部分都属于这一类。

2）支持交易过程中的系统

支持交易过程中（Trade/Transaction）的系统实际上就是在前面所述系统的基础上更进一步，主要是在买卖双方交换商贸活动过程中的各种业务文件或单证，使之完成商贸单证和票据交换的过程。例如，订购单、报价单、商务合同、担保书、信用证、报关单、税单、运输说明、发货通知、货物仓单、付款通知和发票等。

由于这类系统要传递的都是重要的商务单证，因此业务自身对单证信息交换的准确性、规范性、安全性、保密性及相应的法律制度方面都有比较高的要求。

3）支持交易后的系统

支持交易后（Post-Trade/Transaction）的系统是在前两者的基础上再进一步，使之能够完成资金的支付、清算、承运、发/到货管理等。这类系统由于涉及银行、运输等部门，所以运行机制的复杂程度和系统开发的难度会大大地增加。但是对于加入这类应用系统或想利用它来完成某种商品业务的网络用户来说，操作运行的难度并不会增大，而且投入的成本也不会完全同比例地增长。

对于支持交易后的系统来说，主要涉及银行、金融机构和支付问题。这类系统对数据交换的可靠性和安全保密性都有很高的要求，不仅要求绝对可靠，而且要求对账号、数字化签名和开户银行等严格保密。

1.3 电子商务系统的开发方式

电子商务系统的建造方式是多种多样的，但是归纳起来可以分成三种类型，即自主开

发、租用和购买或者外包。

1.3.1 自主开发

自主开发方式也称之为内包方式。其主要特征是：电子商务系统由企业内部自有的信息主管部门或者技术人员为主建造。

自主开发方式的优点如下：

（1）相对而言，企业内部信息技术人员对企业自身的需求比较了解，对企业电子商务系统的迫切需要有切身体会，所以在建造过程中比较容易把握系统的重点。

（2）企业自主开发的系统与其他企业的系统相比较，一般具有独创性和差异性。而这种独创性或者差异性使得其他企业难以模仿，从而保证企业在竞争中易于保持一种差异化的竞争优势。

（3）企业拥有自主开发的电子商务系统的全部知识产权，易于升级和管理。

但是自主开发建造电子商务系统，对于企业而言也有其不利之处，主要表现如下：

（1）要求企业拥有实力较强的开发队伍，对企业人员的素质要求较高。

（2）建造成本与外包方式相比，可能会高一些。

需要说明的是，这种方式也不一定意味着系统中的所有内容全部从零开始，其中部分功能或者部分电子商务软件组件也可以外包或者购买，只不过强调的是整个系统的建造过程完全由企业自主控制。

1.3.2 租用方式

所谓租用方式是指开展电子商务的企业并不拥有或者并不完全拥有相关的技术设备、应用软件，通过向应用服务提供商租用设备、软件的使用权，开展自己的电子商务活动。

租用方式的优点如下：

（1）企业可以不必进行电子商务系统建造的一次性大规模投资，可以通过租用和试用的方式，积累企业实施电子商务的经验，从而为后续的投资做好前期准备。

（2）与自建、外包方式相比，成本最低且时间开销最少。因此，对于急需开展电子商务而又缺少该方面投入的企业来讲，这是最为合算的一种方式。

租用方式的缺点也是显而易见的，主要体现在以下几个方面：

（1）提供租用服务的设备和应用软件一般具有某种类型的电子商务所需的基本功能，缺乏针对性。因此，这种方式可能满足企业的大部分需求，而企业的特色服务恐怕难以全面得到满足。

（2）采用租用方式时，企业电子商务的服务特色、效率等会受限于服务商的能力、环境和服务质量。当租用者出现问题（如主机故障、维护能力匮乏）时，企业的电子商务活动可能会受到影响。

1.3.3 外包方式

外包方式也就是所谓的"交钥匙工程"，是指电子商务系统的建造完全交给专业化的技术企业，由专业化的公司根据企业的需求，完成电子商务系统的建造的整个过程。

外包方式对于规模较小或者IT技术实力较弱的企业实现电子商务而言，是一种比较好的选择。

外包方式的优点如下：

（1）负责系统建设的专业化企业一般具有较强的技术实力，同时可能具备较为成型的产品和相关行业的成功经验，所以企业的风险较低。

（2）外包企业在项目管理上一般会有经验，而且与实施电子商务的企业之间的义务和责任很清晰，所以项目的进度易于得到控制。

外包方式也有一些风险，主要体现在以下几个方面：

（1）外包企业对需求的了解相对于自主开发而言可能会产生一些遗漏或者偏差，所以最终的系统投产后，可能会有一些改动。

（2）采用外包方式，常常会涉及产品的版权或者知识产权问题，所以在某些情况下，需要与外包企业签署相关的备忘录或者知识产权协议，从而保证开发的电子商务系统不会被竞争对手模仿或者复制。

（3）企业在系统投产后的培训、维护方面与自主开发相比，往往会增加一些成本。

1.4 电子商务系统的生命周期

电子商务系统的建设是一个渐进的过程，这一系统可以从简单到复杂不断发展。同时，电子商务系统作为一类信息系统，它也存在一定的生命周期。

1.4.1 信息系统的生命周期

一般地，对于一个信息系统而言，其生命周期是从系统评估立项开始，经过系统分析、系统设计、开发集成和运行维护，并最终经过升级换代，进入到下一个生命周期。

信息系统是为企业生产、管理和决策服务的，当这些环节中产生需求时，企业一般需要对需求进行评估和规划，确定系统建设的目标、内容，并对可能需要的投入以及建设信息系统可能产生的效益进行评估。当这些明确后，企业立项确定进行系统的建设。

系统分析主要是对需求进一步调查和分析，在此基础上明确未来系统的需求，从总体上把握待建系统的规模和总体框架，规避系统建设可能产生的风险。

系统设计侧重于明确系统的功能和逻辑结构，确定系统实现的方式和方法，换句话说就是确定系统"如何实现"。

开发集成体现在将系统的逻辑结构转化为物理结构,也就是相关的计算机设备、网络设备和应用程序等。

信息系统的运行维护则要求在系统投产后,对可能出现的新问题或者新需求进一步评估,根据新的问题完善信息系统的功能,直至系统进入下一个生命周期。

1.4.2　IBM 公司提出的电子商务系统的生命周期

IBM 公司是电子商务的先驱,它将电子商务系统的生命周期归纳为四个阶段:企业商务模型的转变、应用系统的构造、系统的运行和资源的利用。

1．企业商务模型的转变阶段

这一阶段要将现有的商务模型扩展到网络世界,以创造一个电子商务模型。电子商务应用 Internet 技术为企业创造最大限度的价值,从而改变了客户关系管理、供应链管理和电子商贸的传统准则。在转变过程中,需要考虑电子商务技术对商务过程中各项商务活动的影响,并将电子商务系统和企业的内部信息系统、企业与商务合作伙伴之间的信息共享作为一个整体来考虑。这样,构造的电子商务模型才能够真正反映企业生产管理的整体效果,才能形成紧密联系的、更新的企业价值链。否则,未来的电子商务系统只能支持离散的商务过程,无法带来期望的改善客户服务和提高电子商务价值的效果。

2．应用系统的构造阶段

这是构造新的应用系统的转变阶段。转变的核心是商务过程需要新一代的应用系统。构造阶段也包括使用一个基于开放标准的途径,将已有的应用系统迁移到 Web 上,将电子商务系统的网络环境、支持平台、应用软件与外部信息系统集成为一个整体,使最终构造的电子商务系统是一个基于标准的、以服务器为中心的、可伸缩的、可快速部署的、易用的和易管理的系统。

3．系统的运行阶段

系统的运行阶段涉及一个可伸缩的、可用的、安全的运行环境。围绕着商务和应用系统,通常有一个基础设施。基础设施提供的服务要求是可用的、可伸缩的、易管理的和安全的。

系统的运行阶段不仅涉及计算机系统的正常运转,也涉及企业的商务活动如何迁移到电子商务系统上来。系统的运行阶段只有将计算机系统和企业的商务活动凝聚成一体,才能真正达到目的。

4．资源的利用阶段

资源利用是指对知识和信息的利用。利用的重点是知识管理,是利用已有的知识。与信息管理不同，知识管理包括对显式知识和隐式知识的管理。传统的 IT 系统的资源利用是对显式知识的管理，即能写下来并能编程处理。而隐式知识是人们知道却没有写下来的东西，是基于直觉、经验和洞察力的。

1.4.3 电子商务系统生命周期的特点

电子商务系统作为一类特殊的信息系统，其生命周期具有以下特点：

（1）电子商务系统作为一类信息系统，其生命周期也包括系统规划、系统分析、系统设计、系统实施、运行维护管理与评估这样几个阶段。

（2）电子商务系统的生命周期有一个重要的特点，即系统的规划阶段非常重要，相对而言，这一阶段要在战略层次上考虑企业的商务模式如何变化。换句话说，企业有从传统商务转型为电子商务的目标，电子商务系统有特定的建设目标，两者必须协调一致。

电子商务系统的生命周期是一个复杂的过程，要发展电子商务系统的企业无论何时都可以从任何一个阶段开始。从简单的开始，快速地增长。在现有的基础上构造电子商务系统，逐步将核心业务扩展到 Internet 上，最终实现电子商务带来的巨大的投资回报。

本章小结

- 电子商务是指以电子技术为手段的商务活动，就其本质而言仍然是"商务"。
- 电子商务系统，从广义上讲是支持商务活动的电子技术手段的集合。从狭义上看，电子商务系统则是指在 Internet 和其他网络的基础上，依托于网络，提供基于 Web 的分布式服务，支持企业对外业务协作，从运作、管理和决策等层次全面提高企业信息化水平，为企业提供商业智能的计算机系统。
- 电子系统发展经过了三个主要阶段：酝酿阶段、雏形阶段、发展阶段。
- 电子商务系统作为一类信息系统，其生命周期也包括系统规划、系统分析、系统设计、系统实施、运行维护管理与评估这样几个阶段，但其系统的规划阶段非常重要，相对而言，这一阶段要在战略层次上考虑企业的商务模式如何变化。

综合练习

一、单项选择题

1. 系统为处理其内部或外部活动而产生的各种经营管理活动的工作过程，是指（　　）。

A. 实物流或商品流　　　　B. 资金流　　　　　　C. 事务流　　　　　　　D. 信息流

2. 通过 Internet 或电子数据交换（EDI）进行的交易活动，是指（　　）。

A. 广义电子商务　　　　　　　　　　B. 狭义电子商务

C. 广义电子商务系统   D. 狭义电子商务系统

3. 支持商务活动的电子技术手段的集合，是指（　　　）。

A. 广义电子商务   B. 狭义电子商务

C. 广义电子商务系统   D. 狭义电子商务系统

4. （　　　）是指系统内各元素之间存在的物理或逻辑关系的集合。

A. 系统功能   B. 系统结构   C. 系统环境   D. 系统的边界

5. （　　　）是在一个数据文件中按指定的数据项将所有数据进行分类。

A. 计算   B. 分组   C. 排序   D. 转换

6. （　　　）是一种交互式的计算机系统，可以帮助决策者使用其数据及模型来解决非结构化的问题。

A. 管理信息系统   B. 电子数据处理系统

C. 决策支持系统   D. 电子商务系统

7. 1998 年，（　　　）公司首先提出所谓"三层结构"电子商务系统的概念。

A. SUN   B. IBM   C. BEA   D. HP

8. （　　　）是指基于 UN/EDIFACT 标准的各类国际商贸业务中的电子单证报文数据交换系统。

A. 国际电子商务系统   B. 普通电子商务系统

C. 电子银行系统   D. 支持交易前的系统

9. 电子商务系统由企业内部自有的信息主管部门或者技术人员为主建造，是指（　　　）。

A. 自主开发   B. 外包   C. 租用   D. 面向对象方法

10. （　　　）阶段明确系统的功能和逻辑结构，确定系统实现的方式和方法。

A. 系统分析   B. 系统设计   C. 开发集成   D. 运行维护

二、多项选择题

1. 商务活动的实体之间存在的流的形式有（　　　）。

A. 实物流或商品流   B. 资金流   C. 事务流   D. 信息流

2. 电子商务的基本特征有（　　　）。

A. 扩大交易双方的商业机会   B. 为消费者提供个性化、可定制的服务

C. 为生产商提供可视化的供应链   D. 在商务链中创造新的商业机会

3. 按发生交易的双方的相互关系划分，可将电子商务模式分为（　　　）。

A. 企业对企业的电子商务   B. 企业对消费者的电子商务

C. 消费者对政府机构的电子商务   D. 消费者对消费者的电子商务

4. 电子商务系统兴起的主要原因包括（　　　）。

A. 全球区域贸易发展是电子商务系统产生的内在动力

B. EDP 和 MIS 为电子商务系统提供了技术基础

C. Internet 和 EDI 为电子商务系统奠定了技术基础

D. 网络支付与结算的发展

5. 从商贸业务的性质来分类，电子商务系统可分为（　　　）。

A. 国际电子商务系统   B. 普通电子商务系统

C. 电子银行系统　　　　　　　　　　　　D. 支持交易前的系统

6. 通常商贸实务操作过程包括的阶段有（　　　）。

A. 交易前的准备　　　B. 贸易磋商过程　　　C. 实务操作阶段　　　D. 支付与执行阶段

7. 电子商务系统的开发方式包括（　　　）。

A. 自主开发　　　　　B. 外包　　　　　　　C. 租用　　　　　　　D. 面向对象方法

8. 从商贸业务过程中的不同阶段来分类，电子商务系统可分为（　　　）。

A. 支持交易前的电子商务系统　　　　　　　B. 支持交易过程中的电子商务系统

C. 国际电子商务系统　　　　　　　　　　　D. 支持交易后的电子商务系统

9. 系统的组成包括（　　　）。

A. 输入　　　　　　　B. 处理　　　　　　　C. 结构　　　　　　　D. 输出

10. 电子商务系统发展的第三阶段呈现的特点包括（　　　）。

A. 系统与企业内部的信息系统形成一个整体

B. 电子商务系统的逻辑结构呈现出清晰的层次结构

C. 没有将资金、商务及信息集成在一起

D. CA 中心、支付网关的建立使在线交易具备了安全的环境

三、判断题

1. 参与商务活动的实体之间是通过有形的商品或无形的商品(如服务、信息)等联系在一起的。（　　　）

2. 商品流是以货币的形式反映经营状况的主要形式。（　　　）

3. 信息流是物流、资金流和事务流除去其具体方法和物理内容的信息流动方式和过程。（　　　）

4. 电子商务模式主要涉及企业经营的基本盈利方式、服务对象和服务内容。（　　　）

5. 广义电子商务是指通过 Internet 或电子数据交换（EDI）进行的交易活动。（　　　）

6. 系统的元素是指系统内各元素之间存在的物理或逻辑关系的集合。（　　　）

7. 电子商务系统从狭义上讲是支持商务活动的电子技术手段的集合。（　　　）

8. 网站仅仅是电子商务系统的一部分或者技术手段之一。（　　　）

9. 租用方式是指电子商务系统的建造完全交给专业化的技术企业，由专业化的公司根据企业的需求，完成电子商务系统的建造的整个过程。（　　　）

10. 电子商务系统的生命周期有一个重要的特点，即系统的规划阶段非常重要。（　　　）

四、简答题

1. 企业商务活动的基本特征是什么？

2. 电子商务系统与传统的 EDP、MIS、DSS 有什么异同？

3. 电子商务系统的技术特点是什么？

4. 电子商务系统的发展过程分为哪几个阶段？各有什么特点？

5. 电子商务系统的生命周期具有哪些特点？

五、论述题

1. 请分析网站与电子商务系统的区别及联系。

2. 电子商务系统有哪些开发方式？各有什么特点？

六、案例讨论题

宝供物流企业集团，是国内第一家注册成立的物流企业集团，以其超前的物流服务理念、遍布全国的运作网络、一流的质量保证体系、全程的信息服务优势、先进的物流管理模式、丰富的物流实践经验以及强大的学习型、知识型物流人才队伍，为四十多家跨国公司和十几家国内大型企业提供优质、高效的专业化物流服务，一跃成为中国第三方物流的"璀璨之星"。

早在 1997 年，宝供就在国内率先提出并建成基于 Internet/Intranet 的全国联网的物流信息管理系统，使宝供总部、六大分公司、四十多个运作点实现内部办公网络化、外部业务运作信息化，并实现仓储、运输等关键物流信息的实时网上跟踪。

1998 年，完成关键客户与宝供信息系统的对接工作，客户可通过宝供信息系统实时管理和控制不同区域、不同仓库、不同类型、不同产品的库存，制定最佳的营销策略，同时实现了"客户电子订单、一体化运作"的电子商务初步目标，极大地简化了商务流程，提高了业务运作效率。宝供信息系统也因此被 Intel、IBM、Microsoft 等信息技术的巨头们称为"B to B 的电子商务典范"，并在亚洲地区进行经验推广，成为许多大型国际信息技术研讨会研究讨论的重要内容。

1999 年，建立业务成本核算系统和基于 VPN 电子数据交换平台，采用 XML 技术进一步提升与客户的电子数据交换水平，实现数据无缝交换与连接，为客户"量身定制"个性化的物流信息服务。

2000 年，宝供在现有系统的基础上，构筑了基于联盟化、集成化、网络化的 VPN 物流综合服务信息平台，大力开发整合客户供应链和支持电子商务运作的新系统，在通过 XML 技术与客户进行电子数据交换方面取得了重大突破，使宝供的信息服务和业务运作向自动化、智能化方向迈出重要一步。

21 世纪的宝供将集中精力更好地建设其电子商务系统并凭借规模经营优势、专业化优势、知识人才优势及个性化服务优势，有效地为客户节省投资和费用，减少库存、降低风险、提供增值服务，使企业集中精力于主业，增强核心竞争力，全面提升企业形象，从而成为客户获得竞争优势的重要战略伙伴。

试讨论以下问题：

1. 宝供为什么要建设电子商务系统？
2. 电子商务系统为宝供解决了什么问题，带来了哪些效益？
3. 分析宝供电子商务系统的构成。

第 2 章　统一建模语言（UML）

📖 **学习目标**

- 熟悉 UML
- 掌握 UML 的各种关系
- 熟练掌握各种图及其应用

🖨 **导言**

　　UML 是一种定义良好、易于表达、功能强大且普遍适用的建模语言。它支持从需求分析开始的软件开发的全过程，代表了面向对象软件开发技术的发展方向，具有巨大的市场前景和经济价值。学习好 UML，对于电子商务系统的分析与设计具有重大的帮助。

2.1　UML 概述

　　统一建模语言（Unified Modeling Language，UML）是一种对软件密集型系统的制品进行可视化、详述、构造及文档化的语言，它提供了用于交流的词汇表（单词）和在词汇表中组合词汇的规则（语法），它的每个符号都有明确的语义。利用 UML 所建立的模型是精确的、无歧义的、完整的并且可与各种编程语言直接相连。UML 是一种文档化语言，它适于建立系统体系结构及其所有的细节文档，提供了用于表达需求和测试的语言及对项目计划和发布管理的活动进行建模的语言。

2.1.1　UML 简介

1. UML 的发展

　　面向对象方法出现于 20 世纪 70 年代中期，从 1989 年到 1994 年其数量从不到 10 种增加到了 50 多种。在众多的建模语言中，语言的创造者努力推崇自己的产品，并在实践中不断完善。但是，这些不同的建模语言具有不同的建模符号体系，并且各有优劣，用户很难找到一个完全满足自己要求的建模语言，于是爆发了一场"方法大战"。UML 作为这个高潮时期的产物，不仅结合了 Booch、OMT 和 OOSE 方法，而且对其做了进一步的发展，统一了符号体系，并从其他的方法和软件工程实践中吸收了许多经过实际检验的概念和技术。UML 是 Grady Booch、James Rumbaugh、Ivar Jacobson 和许多其他人员集体智慧的结晶，并最终统一为大众所接受的标准建模语言。

UML 是一种定义良好、易于表达、功能强大且普遍适用的建模语言。它融入了软件工程领域的新思想、新方法和新技术。它的作用域不限于支持面向对象的分析与设计，还支持从需求分析开始的软件开发的全过程。它代表了面向对象软件开发技术的发展方向，具有巨大的市场前景和经济价值。

2. UML 的特点

1）UML 是一种语言

一种语言提供了用于交流的词汇表和在词汇表中组合词汇的规则，而一种建模语言的词汇表和规则，则注重于对系统进行概念上和物理上的描述。UML 这样的建模语言正是用于软件蓝图的标准语言。建模是为了产生对系统的理解。为了理解系统中的各种事物，经常需要多个相互联系的模型从各个侧面对系统进行透视。软件密集型系统需要一种语言贯穿于软件开发生命期，并能表达系统体系结构的各种不同视图。UML 语言的词汇表和规则引导如何创建或理解结构良好的模型。

2）UML 是一种可视化语言

面向对象建模方法的一大优势就是广泛利用可视化元素描述模型。UML 符号的表示法定义了规范的可视化元素，并为开发者使用这些可视化元素进行系统建模提供了标准。UML 只是一组图形符号。确切地讲，UML 表示法中的每个符号都有明确的语义。这样，一个开发者用 UML 绘制一个模型，而另一个开发者（甚至工具）可以无歧义地解释这个模型。

3）UML 是一种可用于详细描述的语言

这里的"详细描述"意味着所建的模型是精确的、无歧义的和完整的。特别是，UML 适合于对所有重要的分析、设计和实现决策进行详细的描述，这些是软件密集型系统在开发和部署时所必需的。

4）UML 是一种构造语言

UML 不是一种可视化的编程语言，但用 UML 描述的模型可与各种编程语言直接相连。这意味着可把用 UML 描述的模型映射成编程语言，如 Java、C++和 Visual Basic 等，甚至映射成关系数据库的表或面向对象数据库的记录。这种映射允许进行正向工程，从 UML 模型到编程语言的代码生成；也可以进行逆向工程，由编程语言代码重新构造 UML 模型。逆向工程需要工具的支持和人员的干预，以保证生成结果的一致性。

5）UML 是一种文档化语言

UML 适于建立系统体系结构及其所有的细节文档，它提供了用于表达需求和测试的语言，也提供了对项目计划和发布管理的活动进行建模的语言。

3．UML 的功能

1）为软件系统的产出建立可视化模型

（1）UML 符号具有定义良好的语义，不会引起歧义，并且 UML 是一个统一的、标准的建模语言，使得交流更加方便。

（2）UML 是可视化的建模语言，它为系统提供了图形化的可视模型，使系统的结构变得直观、易于理解。

（3）利用 UML 为软件系统建立模型不但有利于交流，还有利于对软件的维护。

2）规约软件系统的产出

规约意味着建立的模型是准确的、无歧义的、完整的。UML 定义了在开发软件系统过程中所做的所有重要的分析、设计和实现决策的规格说明。

3）构造软件系统的产出

UML 不是可视化的编程语言，但它的模型可以直接对应于各种各样的编程语言，即可以从 UML 的模型生成 Java、C++等语言的编码，甚至可以生成关系数据库中的表。

2.1.2　UML 的术语和概念

UML 涉及的术语和概念很多，本节将进行简要介绍，后面的章节会有详细介绍和运用。

1．系统和模型

（1）系统和子系统。系统是由一组为了完成一定目标而组织起来的元素构成的，这些元素是用一组模型分别从不同的角度描述的。子系统是系统的一部分，用来将一个复杂的系统分解为几乎相互独立的部分。系统和子系统如图 2-1 所示。

（2）模型。模型是对现实世界的简化、对系统的抽象，建立模型的目的是为了更好地理解系统。

（3）视图。视图是模型在某一侧面的投影，是从某个角度看模型或突出模型中的某一侧面，而忽略与这一侧面无关的实体。UML 中的视图包括以下五种：用例视图、设计视图、过程视图、实现视图和配置视图。

（4）图。图是一组元素的图形表示，通常表示成由顶点（事物）和弧（关系）组成的连通图。

2．包

包是一个用来将模型单元分组的通用机制，可以将一个系统看作一个单一的、高级的包。包的 UML 表示如图 2-2 所示。

包可以有包名，以与其他包相区分。在实践中，包名是从问题域的词汇表中抽取出的短名词或名词词组。

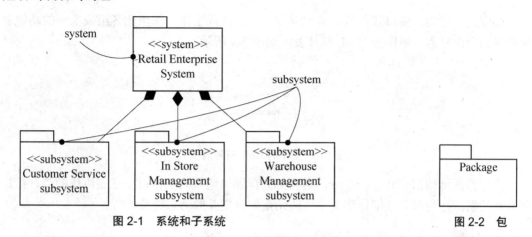

图 2-1　系统和子系统　　　　　　　　　　　图 2-2　包

包可以含有类、接口、组件、节点、协作、用例、图或其他的包。包所含有的元素要在包中声明，如果包被破坏，包中的元素也被破坏。但是注意，每个元素只能被一个包所拥有。同时，包可以含有其他的包，在实践中，应避免过深的包的嵌套，一般两到三层的嵌套比较好。

一个包形成了一个命名空间，这意味着在一个包中同种元素必须有不同的名字。例如，在同一个包中，不能有类名同为 Number 的两个类，但是可以在包 Package1 中有一个类名为 Number 的类，在包 Package2 中也有一个类名为 Number 的类。类 Package1：Number 和类 Package2：Number 是可以用它们的路径名来区分的不同的类。

但是，在一个包中，不同种元素可以有相同的名字。例如，在同一个包中，一个类和一个组件可以用同样的名字来命名，如类和组件都命名为 Number。但是在实践中，为了避免混乱，最好将同一个包中的不同元素命名为不同的名字。

3．注释

注释是附加在元素或元素集上，用来表示约束或注释的图形符号，如图 2-3 所示。

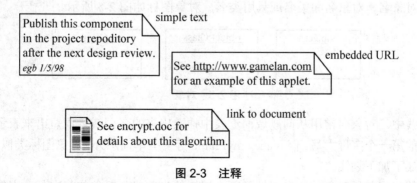

图 2-3　注释

4．协作

协作是一组类、接口和其他元素的群体，它们共同工作，提供比各组成部分的功能总和更强的合作行为。协作的 UML 符号表示如图 2-4 所示。

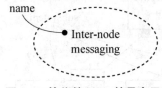

图 2-4　协作的 UML 符号表示

协作包括结构部分和行为部分，结构部分详细说明共同工作以完成该协作的类、接口和其他元素；行为部分详细说明关于这些元素如何交互的动态特征。

5．对象

对象（Object）代表了类的一个特定实例，具有身份（Identity）和属性值（Attribute Values）。

实例和对象基本上是同义词，它们常常可以互换使用。实例是抽象的具体表示，操作可以作用于实例，实例可以用状态来存储操作结果。实例被用来模拟现实世界中存在的具体的或原型的东西。而对象就是类的实例，所有的对象都是实例，但是并不是所有的实例都是对象。例如，一个关联的实例不是一个对象，它只是一个实例，是一个连接。对象具有状态、行为和身份，同种对象的结构和行为定义在它们的类中。

UML 中最常用的实例是类的实例，也就是对象。当使用对象时，通常将它放在对象图、交互作用图或活动图中，有时也可将对象放在类图中表示对象与其抽象——类之间的关系。对于出现在同一个协作图或活动图中的多个对象图标，名字相同的对象图标代表同一个对象，名字不同的图标则代表不同的对象。而不同图中的对象图标则代表不同的对象，即使对象图标的名字是一样的。

为了与上下文中的其他对象相区别，每个对象都应该有一个名字。对象可以用三种方式命名：对象名、对象名和类名或只用类名。对象图标如图 2-5 所示。

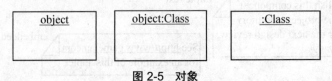

图 2-5　对象

在实践中，对象名常用从问题域词汇表中抽取出来的名词或名词短语来表示，通常将每个单词的第一个字母大写，但 name、myFrame 等一些单词除外。对象图标类似于类图标，只是名字底下加下划线。

对象的状态包括对象的所有属性及每个属性的当前值。对象的状态是动态的。当可视化对象的状态时，所规定的状态值是对象在时间和空间的某一点的值。在同一个交互作用图中，可以用多次出现的对象来表示对象变化的状态，对象在图中的每次出现都代表不同的状态。

对状态的操作通常会改变对象的状态，对对象的查询不会改变对象的状态。

6. 消息

消息是对象间的通信，它传达了要执行动作的信息，能够触发事件。接收到一个消息通常被认为是一个事件。

在面向对象技术中，对象间的交互是通过对象间消息的传递来完成的。在 UML 的四个动态模型中均用到消息这个概念。通常，当一个对象调用另一个对象中的操作时，即完成了一次消息传递。当操作执行后，控制便返回到调用者。对象通过相互间的通信（消息传递）进行合作，并在其生命周期中根据通信的结果不断改变自身的状态。消息的 UML 符号表示是带箭头的实线，如图 2-6 所示。

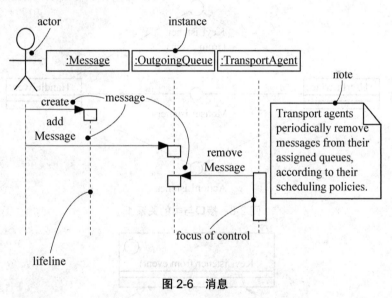

图 2-6 消息

为了表示从对象到对象自己的消息，箭头可开始并结束于同一个对象。可以为消息标注消息的名字（操作或信号）、消息的参数值，也可以为消息标注序列号以表示消息在整个交互作用过程中的时间顺序。

7. 接口

接口是用来规定类或组件服务的操作的集合。接口可以有名字，以与其他的接口相区分。在实践中，接口名通常是从问题域的词汇表中抽取出的短名词或名词词组。

接口的符号有三种表示方法：一是图标（Icon）形式；二是修饰（Decoration）形式；

三是标签（Label）形式，分别如图 2-7 所示。对于后两种表示方法，还可以将属性、操作或两部分都隐藏起来。

图 2-7　接口

和类一样，接口可以参与类属关系、关联关系和依赖关系，还可以参与实现关系。图 2-8 和图 2-9 所示的类 HandleEvent 实现了三个接口：接口 KeyListener、接口 MouseListener 和接口 ActionListener，而类 UserInterface 则使用这三个接口，因此在类 UserInterface 与这三个接口之间存在依赖关系。

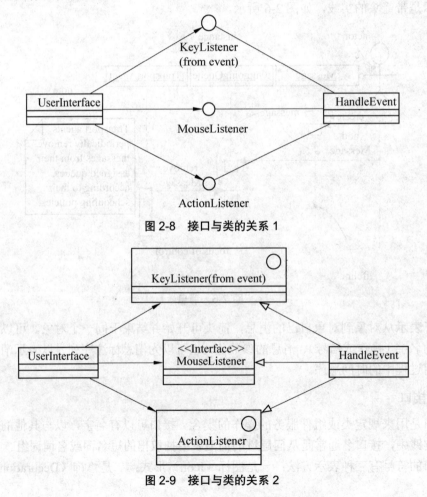

图 2-8　接口与类的关系 1

图 2-9　接口与类的关系 2

8．类型

类型是类的构造型，用于描述对象的域，如图 2-10 所示。

图 2-11 给出了类型的示例。

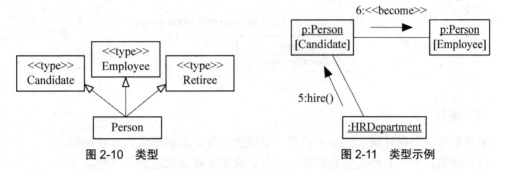

图 2-10 类型　　　　　　　　　　图 2-11 类型示例

9．角色

角色是一个参与特定语境的实体的行为，如图 2-12 所示。

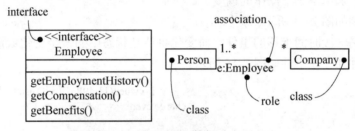

图 2-12 角色

10．实例

实例是抽象的具体表示，对它可使用一组操作。它用来存储操作结果的状态。

（1）名称。实例的名称是一个有别于其他实例的文字串。

（2）操作。实例的操作是对对象所做事情的抽象。

（3）状态。实例的状态由对象的所有特性加上每个特性当前的取值组成。

（4）主动对象。主动对象是主动类的实例。

（5）连接。连接是指关联的实例。

（6）类范围的属性和操作。类范围的属性和操作是指类中所有实例所共享的属性和操作。

（7）暂时。暂时是一个应用于对象的标准约束，表明一个实例在封闭的交互执行期间被创建，但在执行完成前被撤销。

图 2-13 给出了实例的例子。

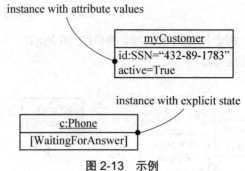

图 2-13　示例

11．事件

事件是对一个在时间和空间上占有一定位置的有意义的事情的规格说明。

（1）种类。事件的种类分为消息、调用、时间推移和状态改变四种。

（2）消息信号。消息信号是由一个对象异步发送，并由另一个对象接收的一个已命名对象。

（3）调用。调用是一个操作的调度。

事件的图例如图 2-14 所示。

时间事件是一段时间推移的事件；而变化事件是状态中的一个变化或满足某些条件的事件。时间事件和变化事件如图 2-15 所示。

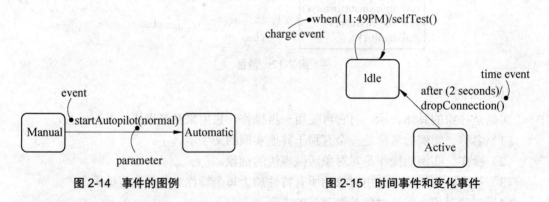

图 2-14　事件的图例　　　　　图 2-15　时间事件和变化事件

12．UML 的扩充机制

UML 支持自身的扩充与调整，以便使其与一个特定的方法、组织或用户相一致。UML 中包含三种主要的扩充组件：原型、标记值和约束。

原型是能够说清领域中的词汇，且看起来仍像原有构造块的新事物，如图 2-16 所示。

标记值为 UML 事物增加新的特性，如图 2-17 所示。

约束是增加新的语义或改变已存在的规则，如图 2-18 所示。

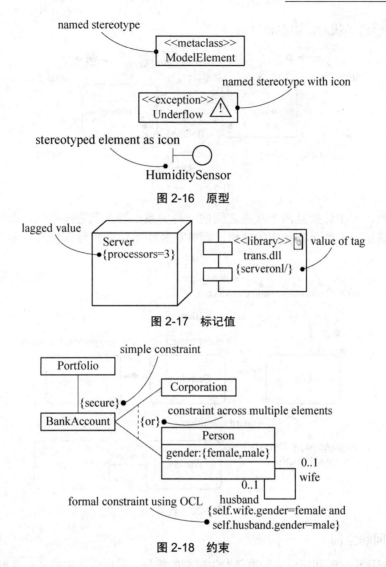

图 2-16　原型

图 2-17　标记值

图 2-18　约束

13. 状态机

状态机说明对象在生命期中响应事件所经历的状态序列，以及它们对事件的响应。

利用状态机可以精确地描述对象的行为：从对象的初始状态起，开始响应事件并执行某些动作，这些事件引起状态的转换；对象在新的状态下又开始响应状态和执行动作，如此连续进行直到终结状态。

（1）状态。状态是对象生命期中的一个条件或状况。在此期间，对象将满足某些条件，执行某些活动，或等待某些事件。

（2）初态。初态是状态机或子状态的默认开始位置。

（3）终态。终态是状态机或外围状态的执行已经完成。

图 2-19 给出了状态、初态和终态。

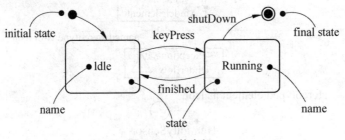

图 2-19　状态机

（4）转换。一个转换是两个状态之间的一种关系，当源状态接收到一个事件，并且监护条件得到满足时，则执行相应的动作，同时从源状态转换到目标状态，如图 2-20 所示。

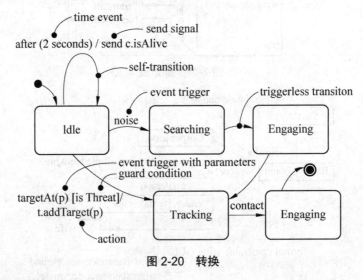

图 2-20　转换

14. 时间和空间

（1）时间标记。时间标记表示事件发生时刻的符号，是由交互中的消息名形成的表达式。

（2）时间表达式。时间表达式是用来判断绝对或相对时间值的表达式。

（3）时间约束。时间约束是关于绝对或相对时间值的语义陈述，如图 2-21 所示。

（4）位置。一个构件在一个节点上的位置，如图 2-22 所示。

（5）实时系统。实时系统是时间关键系统。事件可以在规则或不规则的时间发生，对一个事件的响应必须在可预料的绝对时间或者相对于事件本身的时间发生。

对于给定的消息名，可以引用开始时间、终止时间和执行时间说明时间表达式，然后把时间表达式放进约束中，说明系统的时间行为。

实时系统如图 2-23 所示。

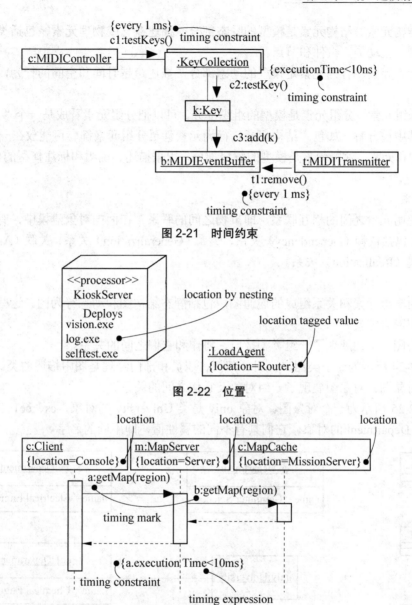

图 2-21　时间约束

图 2-22　位 置

图 2-23　实时系统

2.1.3　UML 的组成

UML 的词汇表包括三种构造模块：元素、关系和图。

1）元素

元素是模型中重要的抽象，包括结构元素、行为元素、分组元素和注释元素。

（1）结构元素。结构元素是模型的静态部分，描述概念或物理元素，包括类、接口、协作、用例、主动类、组件和节点。

（2）行为元素。行为元素是模型的动态部分，描述跨越时间和空间的行为，包括交互和状态机。

（3）分组元素。分组元素是模型的组织部分。可以把分组元素看成是一个"盒子"，模型可以在其中被分解，如包。结构元素、行为元素甚至分组元素都有可能放在一个包中。

（4）注释元素。注释元素是模型的解释部分，用来描述、说明和标注模型的任何元素，如注解。

2）关系

关系说明元素之间的相互联系，即事物之间的联系。在面向对象建模中，有四种很重要的关系，包括依赖（Dependency）关系、类属（Generalization）关系、关联（Association）关系和实现（Realization）关系。

3）图

图是由一组元素和关系组成的连通图，包括静态结构图和动态行为图。这些图可以划分为九种图形来定义。

（1）类图。类图展现了一组类、接口、协作和它们之间的关系。

如图 2-24 所示为一个类图。公司、部门、职员和部门经理是图中描述的类。

（2）对象图。对象图展现了一组对象及它们之间的关系。

如图 2-25 所示为一个对象图。对象 univ 是类 University 的对象，cs、ce1、ee、ce2、me 都是类 Department 的对象，它们具有不同的属性值，即不同的名字。

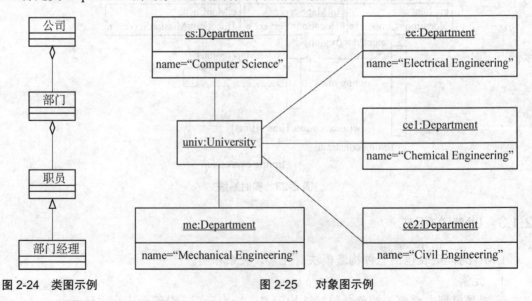

图 2-24　类图示例　　　　　　　图 2-25　对象图示例

（3）组件图。组件图展现了一组组件之间的组织和依赖。

如图 2-26 所示为一个组件图。umlviewer.exe、commhandler.dll、graphics.dll 和 dbhandler. dll 是组件。

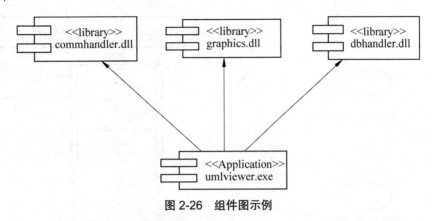

图 2-26 组件图示例

（4）配置图。配置图展现了运行时的处理节点及其中的组件配置。

如图 2-27 所示为一个配置图。有四个客户端节点——client 的实例，还有四个服务器节点，这些服务器与客户端通过局域网连接，局域网表示为原型<<network>>的节点。

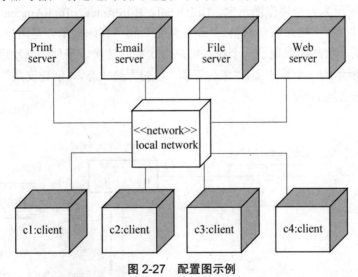

图 2-27 配置图示例

（5）用例图。用例图展现了一组用例、参与者及它们之间的关系。

如图 2-28 所示为一个用例图。客户和保险销售人员是图描述的两个参与者，"签署保险文件"和"出示销售情况统计表"是两个用例。

（6）顺序图。顺序图是一种强调消息的时间顺序的交互图。交互图展现了一种交互，由一组对象和它们之间的关系组成，包括在它们之间可能发送的消息。交互图又分为顺序图和协作图两种。

如图 2-29 所示为一个顺序图。"计算机""打印服务程序"和"打印机"是对象，"打印"是消息。

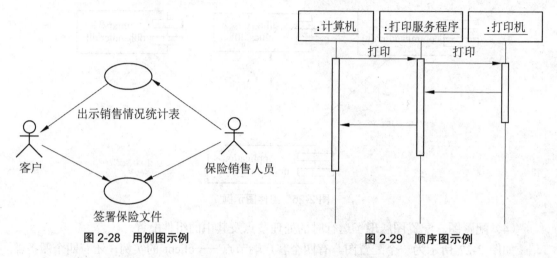

图 2-28 用例图示例　　　　　　　　图 2-29 顺序图示例

（7）协作图。协作图是一种强调收发消息的对象的结构组织的交互图。

如图 2-30 所示为一个协作图示例。BillDetail、BillPrinter、TotalAmountCalculator 是对象，"输入账单材料""核对账单材料""计算总账"和"打印账单"是消息。

（8）状态图。状态图展现了一个状态机，由状态、转换、事件和活动组成。

如图 2-31 所示为一个状态图。"未付"和"已付"是状态，"创建支票""付款"和"销毁支票"是状态之间的事件。

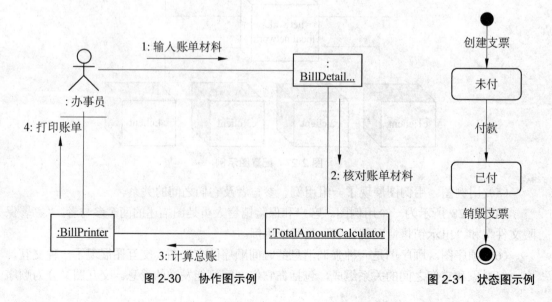

图 2-30　协作图示例　　　　　　　　图 2-31　状态图示例

（9）活动图。活动图是一种特殊的状态图，展现系统内从一个活动到另一个活动的流程。

如图 2-32 所示为一个活动图示例。Calculate total cost、Charge account、Get authorization 是活动。

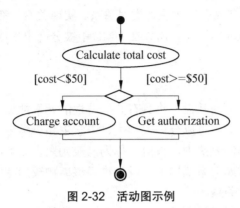

图 2-32 活动图示例

2.2 UML 的关系

在建立抽象的过程中，类很少独立存在，大多数类都以某种方式彼此协作。因此，在为系统建模时，不仅需要从问题域中抽象出类和对象，还需要描述这些抽象间的关系。关系是元素之间的联系。在 UML 模型中，主要有四种关系：依赖关系、类属关系、关联关系和实现关系。

2.2.1 依赖关系

依赖关系描述了类之间的使用关系。如果一个模型元素发生变化会影响另一个模型元素（这种影响不必是可逆的），那么就说在这两个模型元素之间存在依赖关系。例如，有两个元素 X、Y，如果修改元素 X 的定义会引起对元素 Y 的定义的修改，则称元素 Y 依赖于元素 X。依赖关系的 UML 符号表示是带箭头的虚线，指向被依赖的模型元素，如图 2-33 所示。

如图 2-34 所示为一个依赖关系的例子。

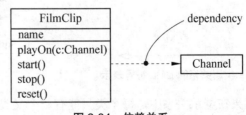

图 2-33 依赖关系的 UML 符号表示   图 2-34 依赖关系

在类图中，依赖可以由许多原因引起。例如，一个类向另一个类发送消息，即一个类的操作调用另一个类的操作，或者一个类是另一个类的数据成员，又或者一个类是另一个类的某个操作参数，那么就可以说这两个类之间存在着依赖关系。

其实，所有的关系（包括关联关系、类属关系、实现关系）都是各种各样的依赖关系，因为这三种关系具有很重要的语义，所以在 UML 中被分离出来成为独立的关系。

2.2.2　类属关系

在解决复杂性问题时，通常需要将具有共同特性的元素抽象成类别，并通过增加其内涵而进一步分类。例如，学生可以分为大学生、中学生和小学生，火车可以分为客运列车和货运列车。在面向对象的方法中，将前者称为一般元素、基类元素或父元素，将后者称为特殊元素或子元素。类属关系描述了一般事物和该事物较为特殊的种类之间的关系，也即父元素与子元素之间的关系。

类之间的类属关系表示子类继承一个或多个父类的结构与行为。类属关系描述了类之间的"是一种"（is-a-kind-of）的关系。类属关系用来连接一般类与特殊类，用来描述父类与子类或父与子的关系，子类继承父类的特性，尤其是属性和操作。类属关系的 UML 符号表示是带空心箭头的实线，箭头指向父元素，如图 2-35 所示。

一个类可以有零个到多个父类，没有父类且有一个或多个子类的类被称为根类或基类。没有子类的类被称为叶类，如图 2-36 所示。

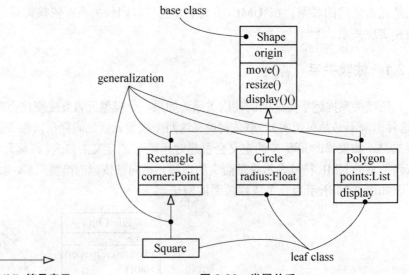

图 2-35　类属关系的 UML 符号表示　　　　　图 2-36　类属关系

如果在继承关系中，每个类只能有一个父类，则是单继承；若一个类有多于一个的父类存在，则称为多继承，如图 2-37 所示。

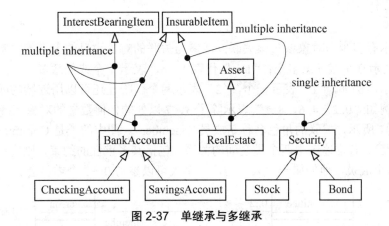

图 2-37 单继承与多继承

2.2.3 关联关系

关联关系是一种结构关系，规定了一种事物的对象可以与另一种事物的对象相连。例如，雇员为公司工作，一个公司有很多部门，就可以认为雇员和公司、公司和部门之间存在某种语义上的联系，在类图模型中就可以在类 Employee（雇员）和类 Company（公司）、类 Company（公司）和类 Department（部门）之间建立关联关系。

关联关系的 UML 符号表示是一条实线，如图 2-38 所示。

```
0..1                              *
─────────────────────────────────
employer                  employee
```

图 2-38 关联关系的 UML 符号表示

如图 2-39 所示，关联名通常是一个动词或动词词组，用来表示关联关系的类型或目的。所选择的关联名应该有助于理解该模型。

在关联关系中，有一些相关的术语和概念。

1．角色

当类参加关联关系时，类在关联关系中扮演一个特定的角色。关联两头的类都以某种角色参与关联。如果在关联中没有标出角色名，则隐式地表示用类的名称作为角色名。

如图 2-40 所示，类 Company 以 Employer（雇主）的角色参加关联，而类 Person 则以 Employee（雇员）的角色参加关联。Employer 和 Employee 被称为类的角色名。

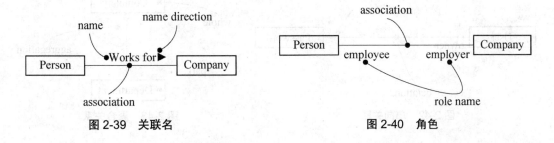

图 2-39 关联名　　　　　　　　　　　　　图 2-40 角色

2．阶元

阶元表示有多少个对象参与该关联，即参与关联的对象数目的上下界限制。"0..n"代表 0～∞，表示 0 个或任意多个；"1..n"代表 1～n，表示 1 个或任意多个。阶元也可以用单个数字表示，例如，"1"表示一个，"2"表示两个。阶元还可以用连续的或者不连续的数字表示，例如"0..2，4..6，8..*"表示除了 3、7 以外的任何数量的对象。

如图 2-41 所示，关联的角色名称是成员（member）。图中的类是 Committee（委员会）和 Person（人）。若描述图中两个类之间的关系，包括其多重性的约束，则为：一个委员会可以有 3～5 个成员，他们属于"人"类，一个人可以参与 0～2 个委员会。

图 2-41　阶元

3．导航

关联关系可以有方向，表示该关联被单方向使用。导航的作用就是给定关联一端的对象能够容易并直接地得到另一端的对象。其中，只在一个方向上可以导航的关联，被称为单向关联，它的 UML 符号表示是一条带箭头的实线，箭头方向表示了导航方向；在两个方向上都可以导航的关联，被称为双向关联，它的 UML 符号表示是一条没有箭头的实线。

在图 2-40 中，类 Person 和类 Company 之间的关联关系是一条没有箭头的实线，所以是双向关联。给出 Company，就能找出所有的 Person；给出 Person，就能发现它所属的 Company。

有时需要限制导航的方向为单向。如图 2-42 所示，给定一个 User，可以发现相应的 Password，但给定一个 Password，并不希望发现相应的 User，所以用单向关联来表示它们之间的关系，用箭头表示导航方向。

4．聚合关系

聚合关系是一种特殊的关联关系。聚合表示类之间的关系是整体与部分的关系，也即作为整体的对象拥有作为部分的对象。在需求分析中，"包含""组成""分为……部分"等描述经常被设计为聚合关系，它的 UML 符号表示是一条带有空心菱形头的实线，如图 2-43 所示。

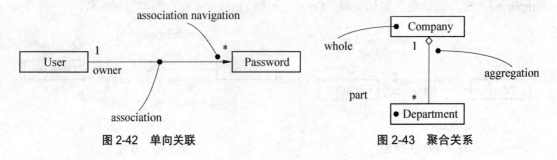

图 2-42　单向关联　　　　　　　　图 2-43　聚合关系

5. 组合关系

组合关系是聚合关系的一种形式，是一种特殊的聚合关系，具有强拥有关系，而且"整体"与"部分"的生命周期是一致的。在一个组合关系中，一个对象一次只是一个组合的一部分，"整体"负责"部分"的创建与破坏。例如，在一个 Company（公司）系统中创建一个 Department（部门），Department 必须依附于 Company，当破坏对象 Company 时，对象 Department 也同时被破坏。组合关系的 UML 符号表示是一条带有实心菱形头的实线。

如图 2-44 所示，在窗口系统中，一个对象 Frame 只属于一个对象 Window。这与简单的聚合关系相反，在简单的聚合关系中，一个"部分"可以被几个"整体"共享，例如，一面墙（对象 Wall）可以是多个房间（对象 Room）的一部分。

6. 关联类

在 UML 中，关联类是一个既具有关联属性又具有类属性的建模元素，它是具有类特征的关联或具有关联特征的类。一个关联类只能连到一个关联上，因为关联类本身是一个关联。关联类的 UML 符号表示是用虚线连接到关联关系上的类符号，如图 2-45 所示。

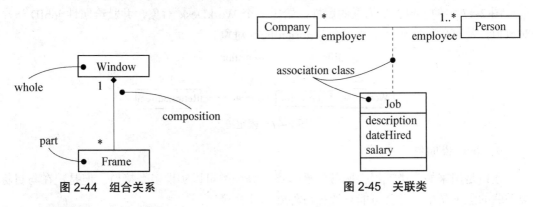

图 2-44　组合关系　　　　　　　　图 2-45　关联类

7. 可见性

如果在两个类之间存在关联关系，一个类的对象就可以看见并导航到另一个类的对象，除非有所限制，如限制导航为单向导航。在某些情况下，需要限制关联外部的对象对于该关联的可见性。

在 UML 中，通过对角色名附加可见性符号，可以为关联端规定公共可见性和私有可见性。如果没有标出可见性，角色的默认可见性就是公共的。公共可见性表示对象可以被关联外的对象访问，私有可见性表示对象不能被关联外的任何对象访问。

如图 2-46 所示，类 UserGroup 和类 User 之间存在一个关联关系，类 User 和类 Password 之间存在另一个关联关系。给定一个 User 对象，可以找到相应的 Password 对象，但是，由于 Password 是 User 私有的，所以它不应该被外部对象访问。因此，给出一个 UserGroup 对象，可以导航到 User 对象，但不应该看到 User 对象的 Password 对象。Password 对象是

User 对象私有的。

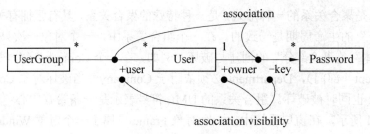

图 2-46　可见性

8．限定符

限定符是属性或属性列表，这些值用来划分与某个对象通过关联关系连接的对象集。限定符是这个关联的属性。源对象连同限定符的值一起就可以确定一个目标对象（如果目标阶元是 1）或目标对象集（如果目标阶元大于 1）。限定符的 UML 符号用关联一端的小矩形表示，将属性放在小矩形中。

图 2-47 中的 jobID 是关联的属性，给定一个 WorkDesk 对象，并赋给属性 jobID 一个对象值，就可以导航到 0 个或 1 个 ReturnedItem 对象。

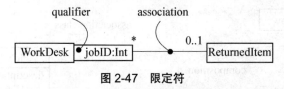

图 2-47　限定符

9．接口说明符

接口是用来规定类或组件服务的操作集。每个类可以实现多个接口。但是，在与目标类关联的上下文中，源类可能只选择对外展示部分接口。

可以用语法 Rolename:iname 来显式地说明角色的类型，iname 是接口名。

如图 2-48 所示，类 Person 可以实现多个接口，如 IManager、IEmployee 等，在 supervisor 与 worker 之间有一对多的关联关系，supervisor 只呈现了 IManager 的接口给 worker，worker 只呈现了 IEmployee 的接口给 supervisor。

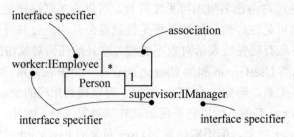

图 2-48　接口说明符

2.2.4 实现关系

实现关系是分类器之间的语义关系，一个分类器规定合同，另一个分类器保证实现这个合同。实现可以被用在接口与实现它们的类或组件之间，也可以被用在用例和实现该用例的协作之间。

实现关系的 UML 符号表示是一条带有空心箭头的虚线，如图 2-49 所示。

图 2-50 为实现关系的示例。

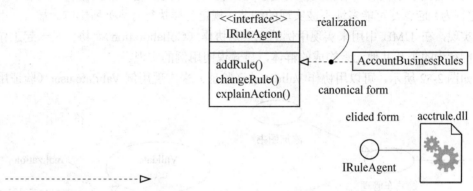

图 2-49　实现关系的 UML 符号表示　　　　图 2-50　实现关系

【例 2-1】以 UML 图形表示下列关系，并指出下列关系是哪种关系。

（1）一个国家有一个首都。

（2）一位进餐的哲学家正在使用一把叉子。

（3）一条线由一组有序的点组成。

（4）一个图形对象是一段正文、一个几何对象或是一个组合对象。

（5）一名运动员在一段时期内只能效力于一个运动队。

（6）开发者在一个项目中要使用一种计算机语言。

2.3 用 例 图

2.3.1 用例图概述

用例图是显示一组用例、参与者及它们之间关系的图，是软件需求分析到最终实现的第一步，它描述人们希望如何使用一个系统。用例图显示谁将是相关的用户，用户希望系统提供什么服务，以及用户需要为系统提供的服务，以便使系统的用户更容易地理解这些元素的用途，也便于软件开发人员最终实现这些元素。图 2-51 给出了一个用例图。

用例图由用例、参与者和用例间的关系构成，参与者触发用例，并与用例进行信息交换。单个参与者可以和多个用例连接，一个用例也可以与多个参与者连接。对同一个用例而言，不同参与者有着不同的活动：可以从用例获取值，也可以输出信息到用例中。

在参与者和用例之间存在的关联关系通常被称为通信关联，因为它代表着参与者与用例之间的通信。不带箭头的线段代表关联是双向导航（从参与者到用例，并从用例到参与者）；带箭头的线段代表关联是单向导航（从参与者到用例，或从用例到参与者），导航的方向表明了是参与者发起了和用例的通信还是用例发起了和参与者的通信。

用例捕捉了系统的行为但没有规定怎样实现这些行为，这一点很重要，因为系统分析（规定行为）应该尽可能多地不被实现的细节（规定怎样执行行为）所影响。最终，用例需要被实现，在 UML 中用来实现用例的元素是协作（Collaboration）。协作是一起工作以实现用例行为的类和其他元素构成的群体，显式说明用例的实现。

如图 2-52 所示，可以用协作 Validation（验证）来实现用例 Validate user（验证用户）。

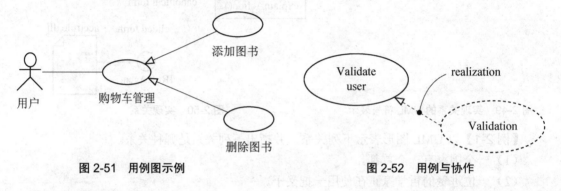

图 2-51　用例图示例　　　　　　　图 2-52　用例与协作

2.3.2　用例图的构成

用例图包括以下三个方面的内容。

1．参与者

在 UML 中，参与者代表与系统交互的人、硬件或另一个系统，是用例使用者与用例交互时所扮演的角色。参与者的 UML 符号表示是图示的"小人"，并可在符号下标出参与者名。参与者可以只向系统输入信息或只从系统接收信息，也可以既输入信息给系统，又接收系统的输出信息。

尽管参与者在用例图中用类似人的图形来表示，但参与者并不一定必须是人。例如，某医疗系统中，参与者管理人员 Administrator、医生 Doctor、护士 Nurse、营养师 Dietician 是人，但参与者病人数据库 PatientDB 和数据库 FacilitiesDB 并不是人，而是系统外部的数据库系统。

参与者代表角色。例如，医院里有很多医生，但就系统而言，他们起着同一种作用，扮演着相同的角色，所以用一个参与者表示。一个实体可以扮演多种角色（参与者），例如，一个医生也可以是营养师，还可以临时充当护士。在确定实体的参与者身份时，应考虑其所扮演的角色，而不是实体的头衔或名称。

但是，角色并不是对职位建模。例如，在教学系统中，教授、副教授、讲师、助教都可以授课，这些不同类型的人都扮演了一个"授课教师"的角色，这样可简化用例图，使设计者不必考虑职位的层次结构，当两个职位"教授"和"副教授"合并为导师时，就无须修改用例图了。

【例 2-2】某五星级饭店的总经理注意到该饭店采购部存在以下问题：

（1）没有更新的库存注册信息。

（2）没有仓库中可用货物的订单。

（3）不能及时提供库存。

这导致了客户的不满，因此，他决定用计算机管理采购部。采购部的具体工作如下：

每当有货物要求时，仓库保管员把所需货物的通知单和它们的数量发送给采购部。基于此，采购部识别合适的供应商并发采购订单给他们。供应商提供所申请的货物。项目的供应总是以单个事务的方式履行，不是分期付款的方式。当货物到达时，采购部把它们递交给仓库保管员。

此过程的参与者是仓库保管员、采购部和供应商。用例有申请订货、发订单、接受已订的货物、发放已申请的货物。描述此过程的用例图如图 2-53～图 2-56 所示。

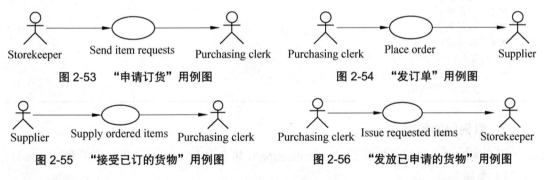

图 2-53　"申请订货"用例图　　　　　　　图 2-54　"发订单"用例图

图 2-55　"接受已订的货物"用例图　　　　图 2-56　"发放已申请的货物"用例图

2. 用例

用例描述了系统所执行的一组动作序列，系统执行该动作序列来为参与者产生一个可供观察的结果。用例表示了系统的功能，也就是系统提供给参与者的功能。系统的用例构成了系统的所有使用功能。在实践中，用例的名字通常是用动词词组命名从问题域中发现的一些行为。用例的 UML 符号表示是椭圆，并可在符号下标出用例名。

一个用例应该描述一个从头至尾的完整的功能，用例要与参与者交互，要想构造一个好的用例就应该遵循这样的原则。

用例的获取是需求分析时首先要做的工作，大部分用例将在需求分析时产生，并且随着工作深入会发现更多的用例，这些都应及时添加到已有的用例集中。用例集中的每个用例都是一个潜在的需求。

参与者的识别对识别用例很有用。面对一个大系统，可先列出参与者清单，再对每个参与者列出它的用例，问题就会容易很多。

对于每个用例，都可以用事件流来规定用例的行为。用例的事件流是对完成用例规定行为所需要的事件的描述。描述事件流时应包括以下内容：

（1）用例什么时候开始，怎样开始。

（2）用例什么时候结束，怎样结束。

（3）用例与参与者之间有什么样的交互作用。

（4）用例需要什么数据。

（5）用例的标准的时间顺序。

（6）替代的或例外的事件流的描述。

在描述用例的事件流时，既可以用非正式的结构化文本，也可以用正式的结构化文本，还可以用伪代码。在创建事件流文档时，每个项目都应使用一个标准模板，模板内容如表 2-1 所示。

表 2-1　事件流文档的标准模板

X　"用例名"
X.1　简单描述
X.2　前置条件
X.3　后置条件
X.4　事件流
　　X.4.1　基流
　　X.4.2　分支流（可选）
　　X.4.3　替代流

3．用例间的关系

用例间的关系包括类属关系（Generalization）、包含关系（Include）和扩充关系（Extend）。

1）类属关系

用例间的类属关系如同类间的类属关系。也就是说，子用例继承父用例的行为和含义，子用例可添加新行为或覆盖父用例的行为。

如图 2-57 所示，用例 Validate user（验证用户）负责验证用户的行为，该用例有两个子用例 Check password 和 Retinal scan。Check password 和 Retinal scan 都是一种 Validate user 的方式，但是它们添加了自己的行为。

2）包含关系

多个用例可能具有一些相同的功能，共享的功能通常被放在一个单独的用例中，可在该用例和其他需要使用其功能的用例之间创建 Include 关系。

用例间的包含关系表示在基用例的指定位置，基用例显式地包含另一个用例的行为。

被包含的用例是不能独立存在的，只是包含它的更大的用例的一部分。

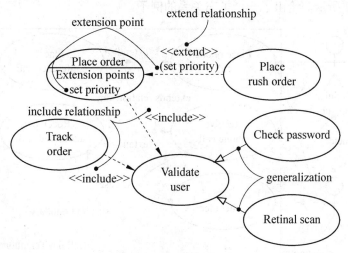

图 2-57　用例间的类属关系

使用 Include 关系可以避免重复描述同样的事件流，因为公共的行为被放入一个专门的用例中，这个专门的用例是被基用例包含的。

在 UML 中，包含关系可以用原型为<<include>>的依赖关系表示。如图 2-57 所示，用例 Validate user（验证用户）是用例 Place order 和用例 Track order 的公共部分。用例 Validate user 被用例 Place order 和用例 Track order 包含，可以避免在这两个用例中重复描述这部分行为。

3）扩充关系

扩充关系用来说明可选的、只在特定条件下运行的行为，具有扩充关系的用例基于参与者的选择，可以运行几个不同的流。

用例间的扩充关系表示基用例在指定的扩充点隐式地含有另一个用例的行为。基用例可以独立存在，但在特定条件下，它的行为会被另一个用例的行为扩充。基用例只在被称为扩充点的特定点被扩充。可以认为，扩充用例将行为推进基用例。在 UML 中，扩充关系可以用原型为<<extend>>的依赖关系表示，并在基用例中列出基用例的扩充点，这些扩充点是出现在基用例的流中的标记。

扩充关系被用来描述特定的用例部分，该用例部分被用户视为可选的系统行为，这样就将可选行为与义务行为区分开来。扩充关系还被用来为只在给定条件下执行的独立的子流建模。一个用例可能有多个扩充点，每个扩充点也可能出现多次。在正常情况下，基用例的执行不会执行扩充用例中的行为，如果特定条件发生，在扩充点要执行扩充用例的行为，然后流继续。

如图 2-57 所示，其中将常规的动作放在基用例 Place order 中，而将特定条件下的动作放置于用例 Place rush order 中，set priority 是扩充点。

又如图 2-58 所示，给出了一个扩充关系的例子。

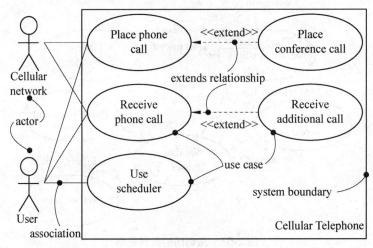

图 2-58　用例间的扩充关系

包含关系（抽取公共行为）和扩充关系（识别变种）对于创建简单、易于理解的系统用例集是非常重要的。

2.3.3　用例图的应用

1. 为系统的上下文建模

为系统的上下文建模，就是围绕整个系统画一条线，并确保位于系统外的参与者与系统相互作用。这个上下文定义了系统存在的环境。在建立用例图时，首先要确定围绕系统的参与者，确定参与者是很重要的，因为这样就确定了与系统交互作用的一类事物。

为系统的上下文建模时需注意以下事项：

（1）通过考虑哪些事物需要系统的帮助来完成它们的任务，哪些事物需要用来执行系统的功能，哪些事物需要和外部硬件或其他软件系统相互作用，哪些事物需要执行管理和维护的次要功能来确定围绕系统的参与者。

（2）将彼此类似的参与者组织在类属关系中。

（3）规定每个参与者到系统用例的通信路径。

另外，同样的技术也可以用于为子系统的上下文建模。

2. 对系统的需求建模

需求规定了用户期望系统做什么。需求的表达可以有很多方式，如事件流描述、活动图。系统的全部或大部分功能需求可以表达为用例。UML 的用例图对于管理这些需求是很重要的。为系统的需求建模涉及规定系统应该做什么，不需要知道系统应该怎样实现这些行为，即用例图用来规定系统的行为。

对系统的需求建模时需注意以下几个方面：

（1）确定环绕系统的参与者，从而建立系统的上下文。

（2）考虑每个参与者所期望的或要求系统提供的行为。

（3）抽取常见的行为作为用例。

（4）确定被其他用例使用的用例或用来扩充其他用例的用例。

（5）在用例图中描述这些用例、参与者及它们之间的关系。

（6）用注释点缀用例图。

另外，同样的技术也可以用于为子系统的需求建模。

【例 2-3】画出下述过程的用例图。

设有一公司管理系统，该系统设有如下行为：雇员可以选择得到报酬的方式（用例 Select Payment Method），可以对雇员进行考勤（用例 Maintain Timecard），雇员可以创建工作报告（用例 Create Employee Report），考勤记录和工作报告要保存在数据库中（用例 Maintain Timecard 和 Create Employee Report 与参与者 Project Management DB 通信，将数据保存在数据库中），管理员可以创建、修改和删除系统中雇员的信息（用例 Maintain Employee Information），每月的固定时间要通过银行系统给雇员发薪水（参与者 System Clock（系统时钟）与用例 Run Payroll 通信，说明发薪水的时间到了，触发用例的行为，用例 Run Payroll 与参与者 Bank System（银行系统）通信，从而给雇员发薪水），并通过打印机打印出工资单（用例 Run Payroll 与参与者 Printer（打印机）通信，调用打印机打印出工资单）。

2.4　类图和对象图

2.4.1　类的相关概念

类是一组具有相同属性、操作、关系和语义的对象的描述，是现实世界中的事物的抽象，当这些事物存在于真实世界中时，它们是类的实例，并被称为对象。

类的 UML 符号表示是划分为三个格子的长方形，顶部的格子放类名，中间的格子放类的属性、属性的类型和值，下面的格子放操作、操作的参数表和返回类型。在给出类的 UML 表示时，可以根据需要选择隐藏属性格或操作格或将两者都隐藏，将类用一个矩形表示。

有实例的建模元素称为类元，它具有结构特征（属性）和行为特征（操作），包括类、接口、数据类型、信号、构件、节点、用例和子系统。

下面介绍类的名称、属性、操作和类型。

1．名称

每个类都有一个名字，以与其他类相区别。在实践中，类名通常用问题域中的短名词或名词词组来表示。通常将类名中的每个组成词的第一个字母大写，如 Student、HelloWorld 等。类的命名应尽量用问题域中的术语，应明确、无歧义，以利于开发人员与用户之间的相互理解与交流。

2．属性

属性描述了类的所有对象所共有的特性。例如，每个人都有名字、身高、身份证、出生地、性别等特性，每堵墙都有高度、宽度和厚度。一个类可以有一个或多个属性或者根本没有属性。属性是类的对象所包含的数据或状态的抽象。在特定的时刻，类的对象对类的每个属性都有特定的值，如图 2-59 所示。

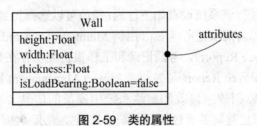

图 2-59　类的属性

根据图的详细程度，每个属性可以包括属性的可见性、属性名称、类型、默认值和约束。UML 规定类属性的完整语法格式为：

［可见性］属性名［：类型］［=初始值］［{属性字符串}］

放在"［　］"中的部分是可选的。

不同的属性具有不同的可见性，可见性用来描述特征能否为其他类元使用。常见的可见性有以下三种：

（1）公用的（public）。任何外部类元都可以使用这个特征，在 UML 中表示为"＋"。

（2）私有的（private）。只有类元本身能够使用这个特征，在 UML 中表示为"－"。

（3）受保护的（protected）。类元的任何子孙都可以使用这个特征，在 UML 中表示为"＃"。

图 2-60 给出了三种不同的可见性。

在实践中，属性名是描述所属的类的特性的短名词或名词短语。通常将属性名的每个组成词的第一个字母大写，但除了第一个组成词，如 name、personalNumber、idNumber 等。

属性的类型表示该属性的种类，它可以是基本数据类型，如整数、实数、布尔型等，也可以是用户自定义的类型。约束特性则是用户对该属性性质的约束的说明。例如，"｛只读｝"说明该属性是只读属性。

3．操作

操作是类的所有对象所共有的行为的抽象。操作用于修改、检索类的属性或执行某些动作。一个类可以有任何数量的操作或根本没有操作。操作通常也被称为功能或方法，但是它们被约束在类的内部，只能作用到该类的对象上。操作名、返回类型和参数表组成操作的接口。如图 2-61 所示为类的操作。

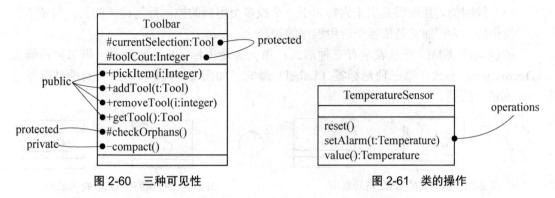

图 2-60　三种可见性　　　　　　　　　图 2-61　类的操作

UML 规定操作的完整语法格式为：

［可见性］［操作名］［（参数表）］［：返回类型］［{特性串}］

放在"［］"中的部分是可选的。

在实践中，操作名是用来描述所属类的行为的短动词或动词词组。通常将组成操作名的每个词的第一个字母都大写，但除了第一个组成词，如 move、add、minus、setValue、setColor、deleteElement 等。

4．类型

类包括边界类、实体类和控制类三种。

（1）边界类。边界类处理系统环境与系统内部之间的通信，为用户或另一个系统（即参与者）提供了接口。

边界类的 UML 符号表示有三种形式：第一种是图标（Icon）形式，第二种是修饰（Decoration）形式，第三种是标签（Label）形式，如图 2-62 所示。边界类是具有原型 <<boundary>> 的类。

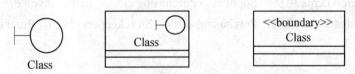

图 2-62　边界类的 UML 符号表示

（2）实体类。实体类是模拟必须被存储的信息和关联行为的类，通常独立于它们的环境，也就是说，实体类对于系统环境如何与系统通信是不敏感的。而且，实体类通常独立于应用程序，也就是说，实体类可以被用于多个应用程序。实体类通常是那些被系统用来完成某些责任的类。

实体类的 UML 符号表示有三种形式：第一种是图标（Icon）形式，第二种是修饰（Decoration）形式，第三种是标签（Label）形式，如图 2-63 所示。实体类是具有原型<<entity>>的类。

（3）控制类。控制类是用来为特定于一个或多个用例的控制行为建模的类，封装了特定于用例的行为，通常是依赖于应用程序的类。

控制类的 UML 符号表示有三种形式：第一种是图标（Icon）形式，第二种是修饰（Decoration）形式，第三种是标签（Label）形式，如图 2-64 所示。控制类是具有原型<<control>>的类。

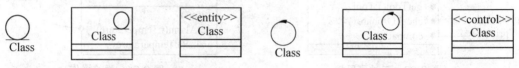

图 2-63　实体类的 UML 符号表示　　　　图 2-64　控制类的 UML 符号表示

【例 2-4】这是前面出现过的一个例子，某五星级饭店的总经理注意到该饭店采购部存在以下问题：

（1）没有更新的库存注册信息。

（2）没有仓库中可用货物的订单。

（3）不能及时提供库存。

这导致了客户的不满，因此，他决定用计算机管理采购部。采购部的具体工作如下：

每当有货物要求时，仓库保管员把所需货物的通知单和它们的数量发送给采购部。基于此，采购部识别合适的供应商并发采购订单给他们。供应商提供所申请的货物。项目的供应总是以单个事务的方式履行，不是分期付款的方式。当货物到达时，采购部把它们递交给仓库保管员。

各用例中合适的实体类如下所示。

Send item request 用例：Storekeeper、Purchasing clerk、item、item requests。

Place order 用例：Purchasing clerk、Supplier、Purchase order。

Supply ordered items 用例：Supplier、Purchasing clerk、item、invoice。

Issue requested items 用例：Purchasing clerk、Storekeeper、Item、Purchase order。

2.4.2　类图

1．类图概述

类图是面向对象建模最常见的图，它是显示一组类、接口、协作及它们之间关系的图。在类图的基础上，协作图等进一步描述了系统其他方面的特征。

如图 2-65 所示，类图由类、接口、协作、依赖关系、类属关系、实现关系及关联关系这几部分组成。像其他的图一样，类图也可以含有注释和约束。

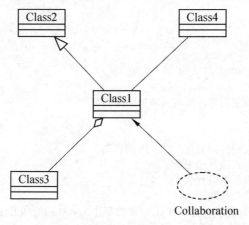

图 2-65 类图

【例 2-5】某公司办事员利用某信息系统打印账单的过程如下所示。

由办事员输入账单材料流到系统中的 BillDetailAcceptor 类，由 BillDetailAcceptor 核对账单材料流，并将其发送至 TotalAmountCalculator 类，TotalAmountCalculator 计算总账，并发送给 BillPrinter 类打印账单，打印结果最后返回给办事员。

如图 2-66 所示为该过程的类图。

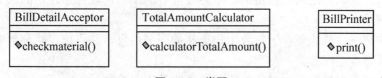

图 2-66 类图

虽然在软件开发的不同阶段都使用类图，但这些类图描述了不同层次的抽象。在需求分析阶段，类图是所研究的问题域中的概念；在设计阶段，类图描述类与类之间的接口；在实现阶段，类图描述软件系统中类的实现。

2. 如何筛选得到分析类并画出分析类图

在系统分析阶段的前半部分内容中，使用用例图、活动图和用例的一种结构化文档描述方法对系统的需求进行了分析。下一步的工作是找出实体类、控制类和边界类，然后再使用协作图分析它们之间的交互情况，从而不仅又一次明确了功能需求，也为在设计阶段设计出真正的可编程的类打下了基础，因此这是一个承前启后的过程。

仍以"图书选购"这一个功能为例，对它进行功能结构的描述，如表 2-2 所示。

表 2-2 "图书选购"用例的事件流

3 "图书选购"
　　3.1　简单描述
　　　　本用例允许用户在线选购图书。
　　3.2　前置条件
　　　　用户选书前必须登录。
　　3.3　后置条件
　　　　用户选择自己需要的图书，并将其添加到购物车中。
　　3.4　事件流
　　　　3.4.1　基流
　　　　　　当用户想要进行图书选购时，用例启动。
　　　　　　（1）用户单击选择选书页面。
　　　　　　（2）系统显示图书列表。
　　　　　　（3）用户提出选购某书。
　　　　　　（4）系统检查是否缺货（E-1），购物车中加入相应的图书信息。
　　　　3.4.2　替代流
　　　　　　E-1：缺货时，屏幕显示缺货信息页面。用户选择缺货策略（放弃还是等待，直到有货）。

　　现在需要从上述功能结构的描述中找出可以作为分析类存在的功能实体，进而通过筛选得到分析类。发现类一般要依靠用例描述中的名词或者动宾短语。从上面的功能描述中筛选出所有的名词和动宾短语，如图书、选购图书、用户、购物车、选书页面等。假设以上五个词就是分析模型中要找的类，下面分析它们的职责。

　　（1）图书：其职责是很好界定的，即客观世界的图书在软件系统中的映射，用来保存图书的基本信息。

　　（2）选购图书：其职责在于接收用户选择的图书信息，并将信息转移到购物车类中，是一个控制其他类运行的类。

　　（3）用户：是客观世界中书店的顾客在软件系统中的映射。

　　（4）购物车：是顾客的购物车或者是顾客挑完书后拿着书的手在软件系统中的映射。

　　（5）选书页面：从语言中可以看出它是一个用来交互的类，是用来浏览图书信息的。

　　筛选得到分析类后就要画出分析类图了。要画出分析类图，首先要弄清楚各类之间的关系，这时采用一个 CRC（Class Responsibility Card）卡片就十分有效。CRC 卡片如图 2-67 所示。

　　卡片的上面为类的名称，左面为类的职责，右面标示出与其有关系的类。因此，在一个存在很多类的系统中，可以逐个地考虑该类与其他所有类是否有关系、有什么样的关系，从而保证不会遗漏类之间的关系。

　　在完成了对发现的类之间的关系判断之后，就可以画出类图了，如图 2-68 所示。

3．设计阶段类图的作用

1）对简单的协作建模

（1）确定要为之建模的机制。机制代表了需要被模拟部分的部分系统的功能和行为，这些功能和行为是由类、接口等元素交互作用产生的。

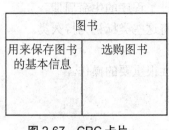

图 2-67　CRC 卡片

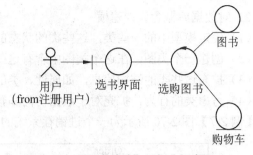

图 2-68　"图书选购"用例分析类图

（2）对于每个机制，确定参与这个协作的类、接口和其他的协作，确定这些元素间的关系。

（3）根据协作的脚本，发现遗漏的模型部分和简单的语义错误。

（4）确定对象的属性和操作。

【例 2-6】如图 2-69 所示的类图主要描述了公司管理系统与"通过外部银行系统发薪水"直接相关的类。控制类 PayrollController 用来管理和协调发薪水的行为；接口 IbankSystem 是外部银行系统的接口，用来封装系统与外部银行系统的通信，类 BankSystem 实现该接口；类 Paycheck 表明雇员应得的薪水支票；类 BankInformation 封装了关于银行的信息。在接口 IbankSystem 和类 BankSystem 的方法签名中都用到了类 Paycheck 和类 BankInformation 作参数类型，所以接口 IbankSystem 和类 BankSystem 依赖类 Paycheck 和类 BankInformation。类 PayrollController 与接口 IbankSystem 之间是单向导航的关联关系，通过接口 IbankSystem 来使用外部银行系统的服务，给雇员发薪水。

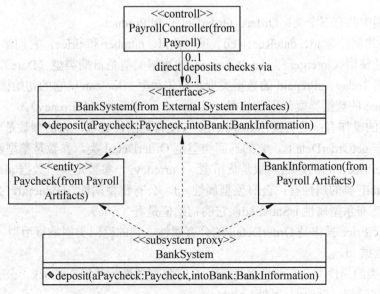

图 2-69　设计类图

2）对数据库概念设计建模

（1）确定模型中的一些类，这些类的状态的存在超过了程序的生命周期。

（2）创建一个类图，在这个类图中含有这些类，并将这些类标记为持久类。

（3）扩充这些类的结构信息，如属性、类的阶元等。

（4）考虑类的行为，扩充对于数据访问和数据完整性很重要的操作。

【例2-7】 图2-70所示为一个进销存系统的部分类设计。

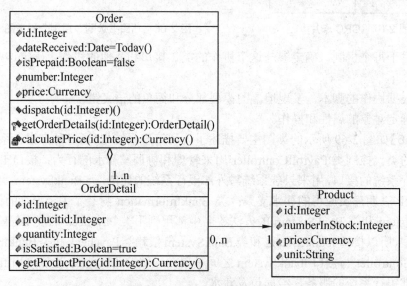

图 2-70　进销存系统的部分类

这个类图中共有三个类：Order、OrderDetail 和 Product。

Order 类的属性有 id、dateReceived、isPrepaid、number 和 price，它们都是公有的。id 的数据类型是整型（Interger）。dateReceived 的数据类型是日期类型（Date），它的初始值是当天的日期 Today。isPrepaid 的数据类型是布尔类型（Boolean），它的初始值是假（false）。number 和 price 的数据类型分别是整型（Interger）和货币型（Currency）。

Order 类的操作有：公有操作 dispatch，它没有返回值类型，它的参数是整型数据 id；受保护的操作 getOrderDetails，它的返回类型是 OrderDetail 类，参数是整型数据 id；私有操作 calculatePrice，它的返回类型是货币型（Currency），参数是整型数据 id。

OrderDetail 类的属性有：公有整型属性 id，公有整型属性 productid，公有整型属性 quantity，公有布尔型属性 isSatisfied，它的初始值是真（true）。

getProductPrice 操作是 OrderDetail 的公有属性，它的返回类型是货币型（Currency），参数是整型数据 id。

Product 类的属性有公有整型属性 id、公有整型属性 numberInStock、公有货币型属性 price 和公有字符型（String）属性 unit。

【例 2-8】图 2-71 所示为一个类图。

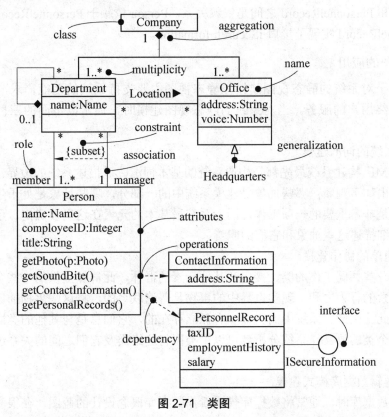

图 2-71 类图

图 2-71 中共有 Company、Department、Office、Person、Headquarters、ContactInformation、PersonnelRecord 七个类。

Department 和 Company 是组合关系，一个 Department 属于一个 Company，一个 Company 有一到多个 Department。

Office 和 Company 是组合关系，一个 Office 属于一个 Company，一个 Company 有一到多个 Office。

Department 和 Office 之间是关联关系，方向为 Department 到 Office，一个 Department 可关联多个 Office，一个 Office 可关联多个 Department。关联名为 Location。

Person 与 Department 之间存在两个关联关系，在这两个关联关系中，Person 扮演不同的角色：member（成员）和 manager（管理者），与 Department 关联的角色名为 member，一个 Department 可有一到多个 member，但只有一个 manager，每名 member 可以属于一个或多个 Department，每名 manager 可以属于一个或多个 Department。

Office 和 Headquarters 是类属关系，Office 是父类（基类），Headquarters 是子类，并且该继承为单继承。

Person 和 ContactInformation 之间是依赖关系，Person 依赖于 ContactInformation。

Person 和 PersonnelRecord 之间是依赖关系，Person 依赖于 PersonnelRecord。

PersonnelRecord 实现了接口 ISecureInformation。

4．类图的应用

类图用于对系统的静态视图建模，静态视图主要支持系统的功能需求，也就是系统要提供给最终用户的服务。当对系统的静态视图建模时，通常以下面的三种方式之一使用类图。

1）对系统的词汇建模

使用 UML 构建系统最先都是构造系统的基本词汇，以描述系统的边界。对系统的词汇建模要做出如下判断：哪些抽象是建模系统中的一部分，哪些抽象是处于建模系统边界之外的。这是非常重要的一项工作，因为系统最基本的元素在这里被确定。系统分析者可以用类图详细描述这些抽象和它们的职责。

2）对简单的协作建模

协作是一些共同工作的类、接口和其他元素的群体，此群体提供的一些合作行为强于所有这些元素的行为之和。现实世界中的事物是普遍联系的，将这些事物抽象成类之后，情况也是如此。因此，系统中的类极少有孤立存在的，它们总是与其他的类协同工作，以实现强于单个类的语义。系统分析者可以用类图将这组类及它们之间的关系进行可视化和详述。

3）对逻辑数据库模式建模

在设计数据库时，通常将数据库模式看作数据库概念设计的蓝图。在很多领域中都需要在关系数据库或面向对象数据库中存储永久信息，系统分析者可以用类图对这些数据库的模式建模。

2.4.3 对象图

1．对象图概述

对象图（Object Diagrams）是表示在某一时间点上一组对象及它们之间的关系的图，模拟类图中所含有的类的实例。它为处在时域空间某一点的系统建模，描绘了系统的对象、对象的状态及对象间的关系。对象图主要用来为对象结构建模。

对象图可以看作是类图的一个实例。对象（Object）是类的实例，对象之间的连接（Link）是类之间的关联关系的实例。对象图常用于描述复杂类图的一个实例。

如图 2-72 所示，对象图中通常含有对象和连接。

像其他的图一样，对象图可以含有注解和约束；对象图也可以含有包或子系统，包或子系统用来将模

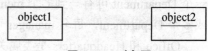

图 2-72　对象图

型的元素封装成比较大的模块。

2．对象图的应用

对象图通常用于为对象结构建模。对象图可以用来可视化、规范、构造、文档化系统中特定实例的存在及实例间的关系。

图 2-73 给出了一个对象图。为对象结构建模时，需要考虑以下几点：

（1）确定想要模拟的机制。机制代表了所模拟的部分系统的由类、接口等交互作用产生的功能或行为。

（2）对于每个机制，识别参加这个协作的类、接口及其他元素，并确定这些元素间的关系。

（3）考虑贯穿这个机制的一个脚本，显示在脚本的某一时间点参与这个机制的对象。

（4）如果必要，揭示每个对象的状态和属性值。

（5）类似地，揭示对象间的连接，这些连接是关联关系的实例。

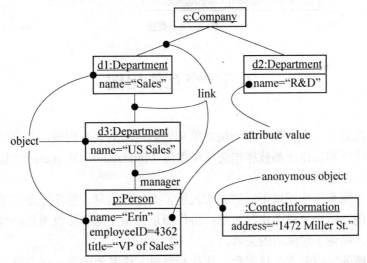

图 2-73 对象图

【例 2-9】下面是某图书馆管理信息系统的分析文档，其中对借出书目用例事件流的简要描述如下所示。要求：

（1）找出此用例中的候选实体类。

（2）剔除不合适的实体类，并得到合适的实体类。

借出书目用例的事件流

此用例由图书管理员启动。如果借书者没有预订他要借的书，那么图书管理员查找书的标题，并找到这本书的副本。图书管理员从中选择一本书并标记借书者和书目。如果借书者已经预订了要借的书，那么图书管理员在系统中查找借书者并找到预订的书。标记此书目和借书者，然后删除预订记录。

【**例 2-10**】根据图 2-74 所示的类图详细描述其中的类、每个类具有的属性和操作及各个类之间的关系。

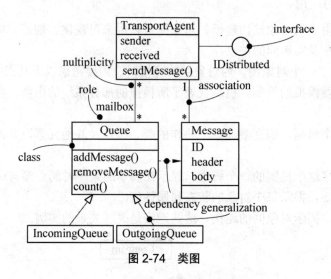

图 2-74　类图

2.5　交互作用图

交互作用图显示一个交互，由一组对象和它们之间的关系构成，其中包括在对象间传递的消息。顺序图和协作图都被称作交互作用图（Interaction Diagrams），这两个图被用于为系统的动态方面建模。

但是，顺序图和协作图以不同的方式表达了类似的信息。顺序图是强调消息的时间顺序的交互作用图，适合于描述实时系统；协作图是强调发送和接收消息的对象的组织结构的交互作用图，描述了对象间的关系。

交互作用图的组成元素包括对象、连接和消息。像其他的图一样，交互作用图也可以含有注解和约束。

2.5.1　顺序图概述

顺序图存在两个轴：一是水平轴，表示不同的对象；二是垂直轴，表示时间。顺序图中的对象用一个带有垂直虚线的矩形框表示，并标有对象名和类名。对于对象，可以只标对象名，也可以只标类名，还可以都标出。垂直虚线是对象的生命线，用于表示在某段时间内对象是存在的。对象间的通信通过在对象的生命线间画消息来表示。

顺序图中的消息可以是信号、操作调用等。当收到消息时，接收对象立即开始执行活动，即对象被激活。一般通过对象生命线上的一个细长矩形框来表示激活。消息以带有标签的箭头表示。

在顺序图中，消息的序列号通常被省去，因为箭头实现的物理位置已经表明了相对的时间顺序。消息还可带有条件表达式，表示分支或决定是否发送消息。如果用于表示分支，则每个分支是相互排斥的，即在某一时刻仅可发送分支中的一个消息。

如图 2-75 所示，顺序图强调了消息的时间顺序。在画顺序图时，首先将参与交互作用的对象沿着 X 轴放在图的顶端，将启动交互作用的对象放在左边，将从属的对象放在右边，将这些对象发送和接收的消息按照时间增加的顺序沿着 Y 轴由上而下放置。

当消息的源和目标为对象或类时，标签是响应消息时所调用的方法的签名。不过，如果源或目标中有一方是参与者，那么消息就以描述交流信息的简要文本为标签。

如图 2-76 所示为"登录"的顺序图，Clerk 启动系统，类 LoginDialog 的方法 newLDialog() 被调用，创建用来填写登录信息的对话框。Clerk 填写登录信息后，提交，执行方法 validate() 验证用户名和密码是否正确，若正确，发送消息 newBankGUI() 给类 BankGUI，启动系统，创建系统主界面。

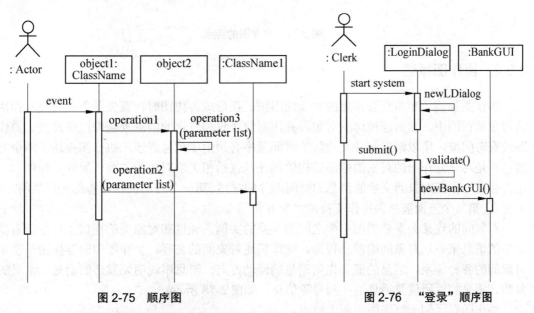

图 2-75　顺序图　　　　　　图 2-76　"登录"顺序图

顺序图有两个特点，使其与协作图相区别。

（1）有对象生命线。对象生命线是垂直的虚线，代表对象存在一定时间。出现在交互作用图中的大部分对象在整个交互作用期间存在，所以这些对象在图的顶端排列，对象的生命线从图的顶端画到图的底端。对象可以在交互作用的过程中创建，这些对象的生命线从接收创建该对象的消息开始。对象也可以在交互作用的过程中被破坏，这些对象的生命线在收到破坏该对象的消息时结束，并在生命线的终端标一个大"×"。

（2）有控制中心。控制中心是细长的矩形，它表示了对象直接或通过子过程执行一个动作的时间段。矩形的顶端和动作的开始对齐，矩形的底部和动作的完成对齐（可以用返回消息来标记）。

如图 2-77 所示的顺序图的示例体现了顺序图的特点。

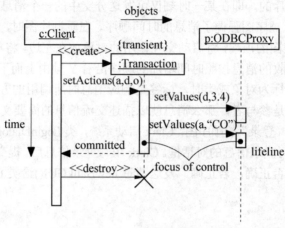

图 2-77　顺序图的特点

2.5.2　协作图概述

协作图强调了参与交互作用的对象的组织。在形成协作图时，首先要将参与交互作用的对象放在图中，然后连接这些对象，并用对象接收和发送的消息来装饰这些连接。协作图没有时间维，所以消息和并发线程的时间顺序必须由序列号表示。协作图描述了两个方面：一是对交互作用的对象的静态结构的描述，包括相关的对象的关系、属性和操作；二是为完成工作在对象间交换的消息的时间顺序的描述。第一个方面被称为协作所提供的"上下文"，第二个方面被称为协作支持的"交互作用"。

对象间的连接关系是类图中类之间的关系的实例。通过在对象间的连接上标记带有消息串的消息来表达对象间的消息传递，也即描述对象间的交互。协作图中的连接用于表示对象间的各种关系，消息的箭头指明消息的流动方向，消息串说明要发送的消息、消息的参数、消息的返回值及消息的序列号等信息，如图 2-78 所示。

协作图有区别于顺序图的两个特点。

（1）有路径。为了表示一个对象怎样与另一个对象连接，可以在连接的远端添加一个路径原型。

（2）有序列号。为了表示消息的时间顺序，可以给消息加一个数字前缀。第一个消息的序列号为"1"，第二个消息的序列号为"2"，依此类推。为了表示嵌套，可以用杜威小数编号（"1"表示第一个消息，"1.1"是消息"1"中嵌套的第一个消息，"1.2"是消息"1"中嵌套的第二个消息，依此类推），嵌套可以为任意深度。在同一个连接上，可以有多个消息，但每个消息都有一个独一无二的序列号。

如图 2-79 所示的协作图的示例体现了协作图的特点。

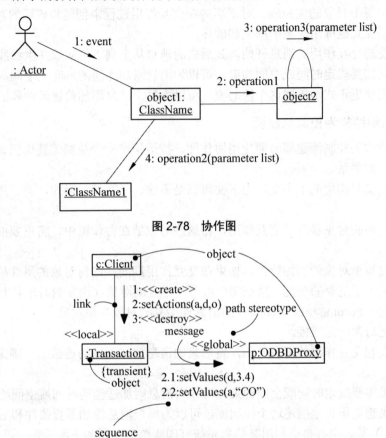

图 2-78　协作图

图 2-79　协作图的特点

2.5.3　交互作用图的应用

在用交互作用图为系统的动态方面建模时，上下文可以是整个系统、一个子系统、一个操作或一个类，还可以用交互作用图来为用例的一个脚本建模。

当为系统的动态方面建模时，通常有以下两种方式。

1．按时间顺序为控制流建模

需要使用顺序图按时间顺序为控制流建模。按时间顺序为控制流建模强调了消息的传递，这对于可视化用例脚本上下文的动态行为是非常有用的。

（1）确定交互作用的上下文。上下文可以是系统、子系统、操作、类、用例或协作的一个脚本。

（2）确定哪些对象参与了交互作用，将这些对象从左至右放在顺序图中，将重要的对象放在图的左边。

（3）确定每个对象的生命线。对于那些在交互作用过程中创建和破坏的对象，要用合适的消息原型显式地标出对象的产生和破坏。

（4）从发起交互作用的消息开始，到后来的消息从上到下依次放在生命线之间。

（5）如果需要规定时间或空间约束，可以为消息附加适当的时间或空间约束。

（6）如果想更正式地描述这个控制流，可以为每个消息添加前置条件和后置条件。

2．按组织结构为控制流建模

按组织结构为控制流建模时要使用协作图。按组织结构为控制流建模强调了交互作用的实例间的结构关系。

（1）确定交互作用的上下文。上下文可以是系统、子系统、操作、类、用例或协作的一个脚本。

（2）确定哪些对象参与了交互作用，将这些对象放在协作图中，将重要的对象放在图的中间。

（3）确定每个对象的初始特性。如果在交互作用期间，任何对象的属性值、标记值、状态或角色发生了重要的变化，就在图中放置一个复制对象（该复制对象具有新特性值），然后用原型为<<become>>或<<copy>>的消息连接复制对象和原对象。

（4）确定对象间的连接。

（5）从发起交互作用的消息开始，将后来的消息放在正确的连接上，确定消息的正确序列号。

（6）如果需要规定时间或空间约束，可以为消息附加适当的时间或空间约束。

（7）如果想更正式地描述这个控制流，可以为每个消息添加前置条件和后置条件。

【例 2-11】 某公司办事员利用某信息系统打印账单的过程如下所示。

由办事员输入账单材料流到系统中的 BillDetailAcceptor 类，由 BillDetailAcceptor 核对账单材料流，并将其发送至 TotalAmountCalculator 类，TotalAmountCalculator 计算总账，并发送给 BillPrinter 类打印账单，打印结果最后返回给办事员。

如图 2-80 所示为用顺序图描述的上述过程。

如图 2-81 所示为用协作图描述的上述过程。

【例 2-12】 用顺序图描述小刘给小王打一次电话的过程：小刘拿起电话后，听到电话发出正常音，然后连续按下 8 个数字（如 65432108，即小王的电话号码），电话传出接通音，表示电话接通。

【例 2-13】 下面的文字描述了某库存管理系统中物资入库的过程，试根据下面的文字描述画出此过程的协作图。

当一批物资需要入库时，仓库管理员首先登录系统，进入入库窗体，然后进行入库单的录入，只有在入库单填写正确的情况下才能转入入库项的填写，如果入库单填写错误，同样不能进行下一步操作。如果在填写入库项时发现仓库内此类货物正在盘点，则此批物资此时不能入库，要等待或者退出。当所有条件都符合时，系统自动检查物资库，当该类物资存量超出最高库存时，退出系统；反之，进入指定库位并进行入库的操作。

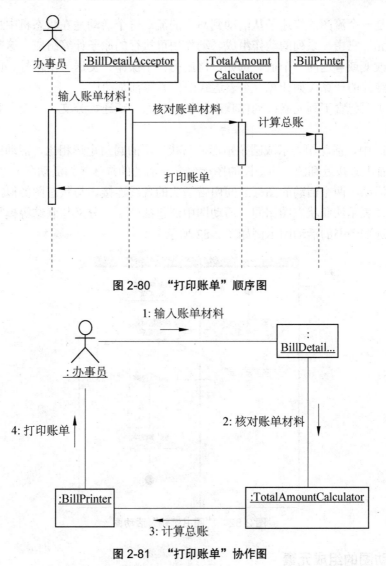

图 2-80　"打印账单"顺序图

图 2-81　"打印账单"协作图

2.6　活　动　图

活动图是 UML 用于系统动态行为建模的另一种常用工具，它描述活动的顺序，展现从一个活动到另一个活动的控制流。活动图在本质上是一种流程图。

2.6.1　活动图概述

活动图是一个流图，描述了从活动到活动的流。一个活动是在状态机中进行的一个非原子执行单元，它由一系列的动作组成。动作由可执行的原子计算组成，这些计算会导致系统状态的改变或者返回一个值。例如，调用另一个操作、发送一个信号、创建或破坏一个对象或是纯粹的计算（如计算一个表达式的值）等都是动作。

活动图主要包含下列元素：动作状态和活动状态、跃迁、分支、分叉和联结、泳道、对象流。

在 UML 中，活动图表示成圆角矩形，与状态图的圆角矩形相比，活动图的矩形的圆角更柔和，看上去接近椭圆。活动图的图标包含对活动的描述（如活动名）。如果一个活动引发下一个活动，两个活动的图标之间用带箭头的直线连接。与状态图类似，活动图也有起点和终点，表示法和状态图相同。活动图中还包括分支、分叉与联结等模型元素。一个简单的用户选购图书的活动图示例如图 2-82 所示。

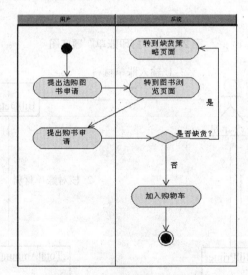

图 2-82　"图书选购"活动图

2.6.2　活动图的组成元素

1．动作状态和活动状态

在活动图描述的控制流中，可能要计算为属性赋值的表达式，或者调用一个对象的操作，或者发送一个信号给一个对象，或者创建、破坏一个对象，这些可执行的、不可分的计算被称为动作状态。动作状态不能被分解。

与动作状态相反，活动状态是非原子的，即能够被进一步分解，也就是说活动状态是可以被打断的。通常，活动状态需要一段时间才能完成。

可以把动作状态看成活动状态的特例，即动作状态是不能进一步分解的活动状态。也可以把活动状态看作一个组合，该组合的控制流由其他的活动状态和动作状态构成。

活动状态和动作状态的 UML 符号没有区别，但是活动状态可以有入口、出口动作（入口、出口动作分别是进入或离开状态时要执行的动作）。

图 2-83 和图 2-84 分别表示动作状态和活动状态。

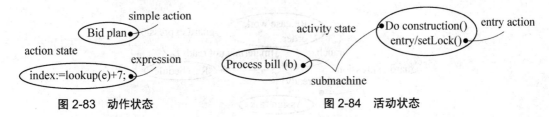

图 2-83　动作状态　　　　　　　　　　图 2-84　活动状态

2. 跃迁

跃迁被用来表示从一个动作或活动状态到下一个动作或活动状态的路径，它表示了从活动（或动作）到活动（或动作）的控制流的传递。当状态的活动或动作完成时，控制流立即传递给下一个动作或活动状态。

跃迁的 UML 表示是从源状态到目标状态的有向实线，如图 2-85 所示。

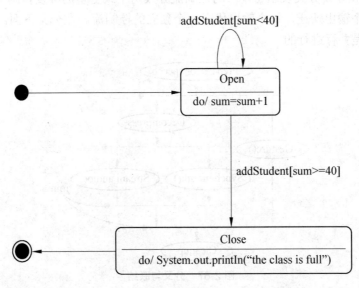

图 2-85　跃迁

跃迁主要由以下几部分组成：源状态（Source State）与目标状态（Target State）、触发事件（Event Trigger）、护卫条件（Guard Condition）和动作（Action）。

3. 分支

在活动图中，可以含有分支，如图 2-86 所示，分支规定了基于某个布尔表达式的可选择路径。分支有一个输入和两个或多个输出。在每个输出的转换上放一个布尔表达式即护卫条件，只有该表达式为真，该输出转换才能发生。所有输出的护卫条件不应该重复（否则，控制流是二义的），但这些护卫条件应该覆盖所有的可能性（否则，控制流会停滞）。可以规定一个输出转换的护卫表达式为 else，如果没有其他的护卫表达式为真，控制流则转向该转换。

图 2-86　分支

4. 分叉和联结

在为商业过程的工作流建模时，可能会遇到并发的控制流。在 UML 中，使用同步条来规定这些并行控制流的分叉和联结。同步条是一条粗的水平线或垂直线。

如图 2-87 所示，分叉表示将单一的控制流分成两个或更多的并发控制流。分叉有一个输入跃迁和多个输出跃迁，每个输出代表一个独立的控制流。在分叉下面，与每个输出路径相关的活动是并行进行的。

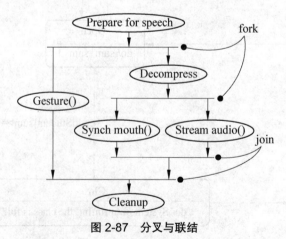

图 2-87　分叉与联结

联结代表了两个或更多的并发控制流的同步，有多个输入跃迁和一个输出跃迁。在联结以上，与各路径有关的活动是并行的。在联结处，并发的流同步，也就是说所有的输入流都到达同步条之后，同步条才将多个输入控制流合并，输出一个控制流，进而执行后面的活动。

分叉和联结应该是平衡的，也就是说离开分叉的控制流数目应该与进入相应联结的控制流数目相等。并行控制流的活动可以通过发送信号来彼此通信。

5．泳道

活动图描述发生了什么，但没有说明该项活动由谁来完成。在程序设计中，这意味着活动图没有描述出各个活动图由哪个类来完成。泳道解决了这一问题，它将一个活动图中的活动状态分组，每一组表示负责那些活动的业务组织。

如图 2-88 所示，泳道用矩形框来表示，属于某个泳道的活动放在该矩形框内，将对象名放在矩形框的顶部，表示泳道中的活动由该对象负责。

6．对象流

与活动图有关的控制流可能涉及对象。如图 2-89 所示，类的实例可能被特定的活动产生，活动 place order（订货）产生对象 order（订单），该对象的状态为 placed，其他的活动则修改这些对象，例如，活动 take order（接受订单）将对象 order 的状态修改为 filled，而活动 deliver order（交付货物）将对象 order 的状态又修改为 delivered。

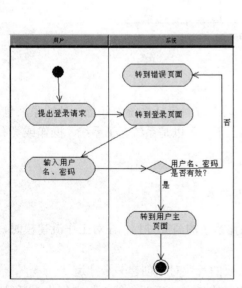

图 2-88 "用户（管理员）登录"活动图

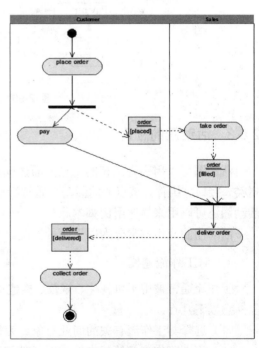

图 2-89 对象流

可以把对象放在活动图中，用依赖将对象和产生、破坏或修改该对象的活动或跃迁连接起来。这种对依赖关系和对象的使用被称作对象流，它描述了对象在一个控制流中的参与情况。

活动图除了可以说明对象流，还可以说明对象的角色、状态和属性值的变化。如图 2-89 所示，对象 order 的状态发生了变化。

如图 2-90 所示是活动图的又一示例。

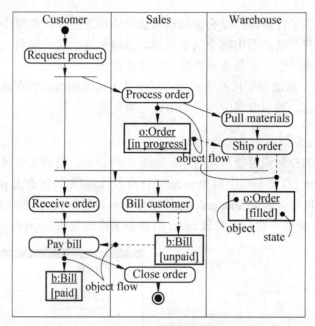

图 2-90　活动图示例

2.6.3　活动图的应用

活动图可以用来为系统的动态方面建模，这些动态方面包括系统中任意一种抽象（包括类、接口、组件、节点）的活动，通常活动图的上下文可以是系统、子系统、操作或类。活动图还可以用来描述用例脚本。

活动图的应用通常分为以下两种情况。

1．对工作流建模

工作流通常被用于可视化、规范、构建和文档化系统的商业过程。在对工作流建模时，需注意以下几点：

（1）选择与工作流有关的商业对象。为每个重要的商业对象创建一个泳道。

（2）识别工作流初始状态的前置条件和工作流最终状态的后置条件，将它们作为活动状态或动作状态放在活动图中。

（3）用跃迁联结这些活动状态和动作状态，从工作流的顺序流开始，然后考虑分支，再考虑分叉和联结。

2．对操作建模

在这种情况下，活动图被用作流程图。在对操作建模时，需注意以下几点：

（1）收集与操作有关的抽象，包括操作的参数、返回类型、操作所在的类的属性等。

（2）识别工作流初始状态的前置条件和工作流最终状态的后置条件，还要识别出在操作执行过程中必须持有的操作所在类的不变量。

（3）从工作流的初始状态开始，规定随时间发生的活动和动作，将它们作为活动状态或动作状态放在活动图中。

（4）必要时使用分支、分叉和联结。

下面请看几个例子。

【例 2-14】下面是某大学新生报到的过程：新生首先要填一张新生注册表单。如果填写不正确，则在别人的帮助下重新填写，直至填写正确，然后进行注册。注册成功后，要进行开学典礼，同时在新生选课系统中注册，然后交齐第一个学期的学费。使用活动图描述的此过程，如图 2-91 所示。

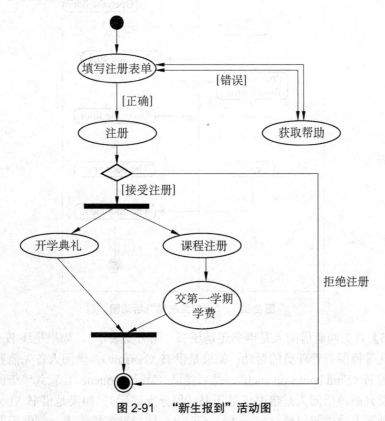

图 2-91　"新生报到"活动图

【例 2-15】用户（user）想乘电梯，按下电梯外的按钮（Press button）。如果电梯在当前楼层，则电梯门打开（Open the door）；否则，电梯移到当前楼层（Lift move to the current floor），然后电梯门打开，这两种情况构成图中的分支。电梯门打开后，用户进入（enter），电梯门关闭（Close the door），用户按想去的楼层按钮（Press desired floor button），用户移到那个楼层（Go to the floor），电梯门打开（The door open），用户离开（leave），电梯门关闭（The door close）。

如图 2-92 所示的活动图描述了上述文字。

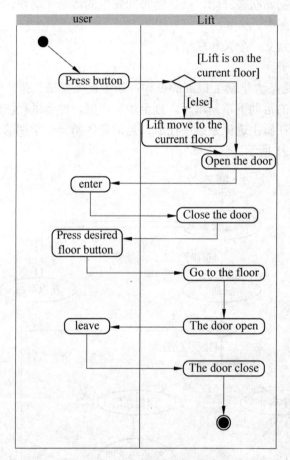

图 2-92　"用户乘电梯"活动图

【例 2-16】首先判断借阅人是借书还是还书（用分支表示），如果是还书（return），借阅人直接排队等待图书管理员的帮助；如果是借书（borrow），借阅人首先需要在书架上找到要借阅的图书（Find books on shelf），然后排队（Wait in queue）。轮到该借阅人时，图书管理员首先要判断该借阅人是借书还是还书（用分支表示）。如果是借书（borrow），图书管理员创建借阅人的借阅记录（Create loan record），然后准备接待下一位借阅人（Prepare for the next）；如果是还书（return），图书管理员要将书放回书架（Put book back on the shelf），同时还要删除借阅人的借阅记录（Delete loan record），这两个活动是并发进行的。当这两个活动都完成后，图书管理员准备接待下一位借阅人（Prepare for the next），如果没有更多的借阅人（No more one），则活动结束；否则（more），进入下一循环。

如图 2-93 所示的活动图描述了这一过程。

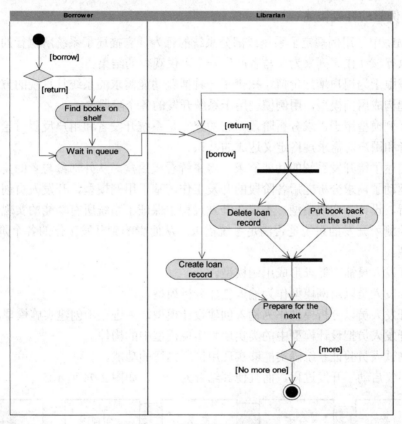

图 2-93　"图书管理"活动图

【例 2-17】下面的文字描述了某库存管理系统中物资入库的过程，根据文字描述画出活动图。

当一批物资需要入库时，仓库管理员首先要核对入库单，清点入库物资。当入库单据与入库物资相符时，才能入库。接着库存管理员登录系统，通过身份验证，进入入库管理主界面，输入要入库物资的基本信息后，系统自动进行一些信息查询：存量信息、库位状态和盘点状态。当该类物资存量超出最高库存时，系统发出警告，此时可以退出系统。在检查库位信息时，如果发现没有空余库位，同样系统会发出警告，但仍然允许入库，只是需要人工指定库位。完成上述步骤后，系统会自动为物资安排库位，更新账目，到此时也就完成了入库操作。

2.7　用例驱动开发

1．用例驱动开发概述

在 UML 中，用例规定了系统或部分系统的行为，它描述了系统所执行的一组动作序列，系统执行该动作序列来为参与者产生一个可供观察的结果。

用例着眼于为用户增加价值，提供了一种捕获功能需求的系统且直观的方法。所有用例合在一起构成用例模型，用例模型用于系统开发的各个阶段。

（1）用例模型用于需求分析阶段，它的建立是系统开发者和用户反复讨论的结果，表明了开发者和用户对需求规格定义达成的共识。

用例描述了待开发系统的功能需求，将系统看成黑盒，从外部参与者的角度来理解系统。用例驱动了需求分析之后各阶段的开发工作，基于用例模型，开发人员创建实现这些用例的分析、设计和实现模型，不仅在开发过程中保证了系统所有功能的实现，而且被用于验证和检测所开发的系统是否满足系统需求，从而影响到开发工作的各个阶段和 UML 的各个模型。

（2）开发人员捕获需求形成用例模型。

（3）开发人员以用例模型作为输入创建分析模型。

（4）开发人员以分析模型作为输入创建设计模型，并进一步创建实施模型。

（5）开发人员把设计模型中的类实现为实现模型中的构件。

（6）测试人员验证系统确实能够实现用例所描述的功能。

用例不仅启动了开发过程，而且使其结合为一体，如图 2-94 所示。

图 2-94　用例驱动的开发过程

2．基于用例的银行系统分析、设计和实现

下面简单介绍一下基于用例的银行系统的分析、设计和实现的过程。

1）描述用例建立需求模型

"账户交易"用例图如图 2-95 所示。

2）根据用例建立分析模型

（1）根据用例模型（即用况模型）建立分析模型的过程如图 2-96 所示。

（2）使用分析类图。"账户交易"分析类图如图 2-97 所示。

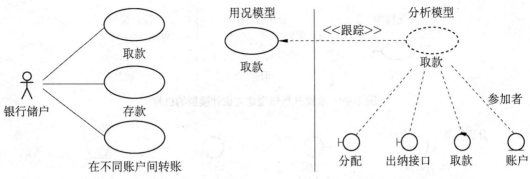

图 2-95 "账户交易"用例图　　　　图 2-96 根据用例模型建立分析模型

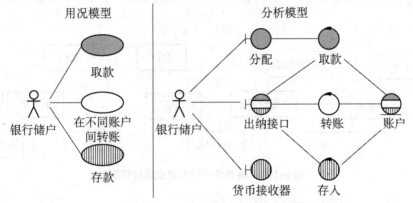

图 2-97 "账户交易"分析类图

（3）使用协作图。"取款"协作图如图 2-98 所示。

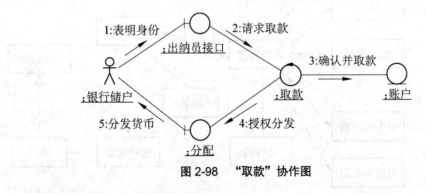

图 2-98 "取款"协作图

3）根据分析模型建立设计模型

（1）根据分析模型建立设计的过程如图 2-99 所示。

建立的设计模型如图 2-100 和图 2-101 所示。

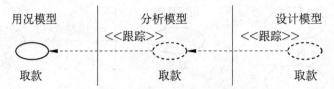

图 2-99　根据分析模型建立设计模型的过程

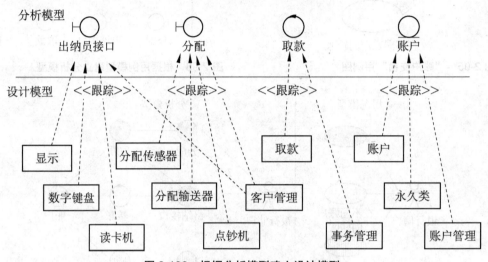

图 2-100　根据分析模型建立设计模型

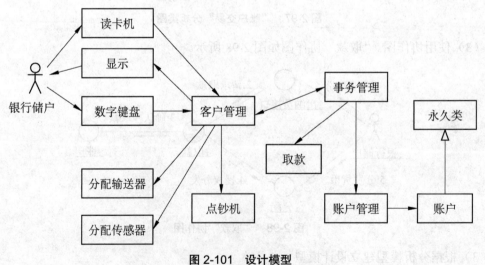

图 2-101　设计模型

（2）使用顺序图。储户请求取款的顺序图如图 2-102 所示。

（3）按子系统对类分组，如图 2-103 所示。

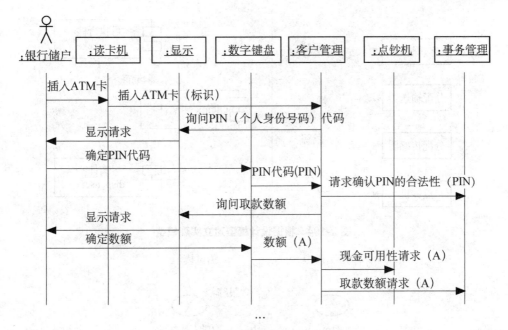

图 2-102 "请求取款"顺序图

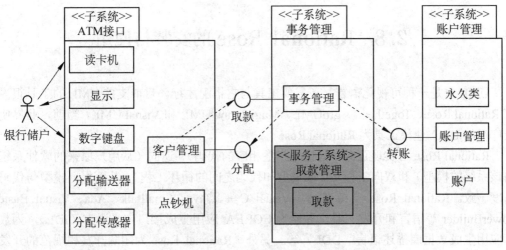

图 2-103 按子系统对类分组

4）根据设计模型建立实现模型

根据设计模型建立实现模型如图 2-104 所示。

5）用例的测试

测试模型如图 2-105 所示。

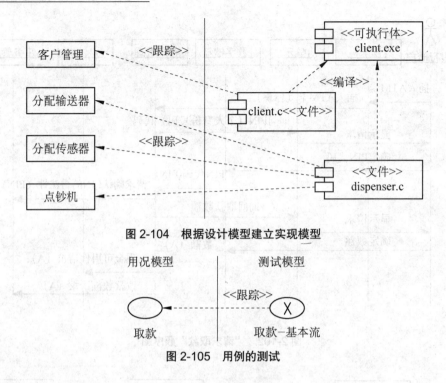

图 2-104　根据设计模型建立实现模型

用况模型　　　　　　　　测试模型

图 2-105　用例的测试

2.8　Rational Rose 的安装与使用

UML 只是一种可视化语言，还需要工具与它搭配才行。目前支持 UML 的工具很多，有 Rational Rose、Together、AgroUML、MagicDraw UML 和 Visual UML。当前，业界使用最广泛的 UML 建模工具为 Rational Rose。

Rational Rose 可实现正向（为模型产生相应的代码）、逆向（从用户原来的软件系统导出该系统的模型）和双向工程（实现模型和代码之间的循环工程），从而保证模型与代码的高度一致。Rational Rose 支持 C++、Visual C++、Java、Smalltalk、Ada、Visual Basic、PowerBuilder 等语言和开发工具，并能为 CORBA 应用生成接口定义语言（IDL），为数据库应用生成数据库描述语言（DDL）等。另外，Rational Rose 为团队开发和规范的开发过程管理提供了良好的支持。Rational Rose 有多种版本，近年推出 Rose 2000、Rose 2002 和 Rose 2003，本节将通过安装 Rational Rose Enterprise Edition 2002 for Windows，搭建软件建模环境，并介绍各种图的画法。

1. 安装 Rational Rose Enterprise Edition 2002 for Windows

（1）单击打开 Rational Rose 安装程序，出现如图 2-106 所示的界面。

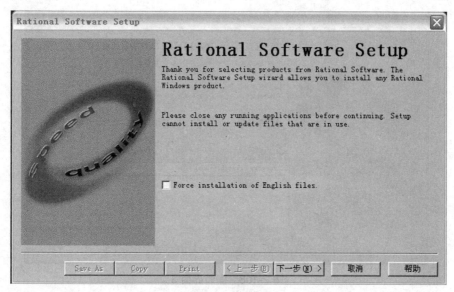

图 2-106　安装界面 1

（2）单击"下一步"按钮，进入如图 2-107 所示的界面。

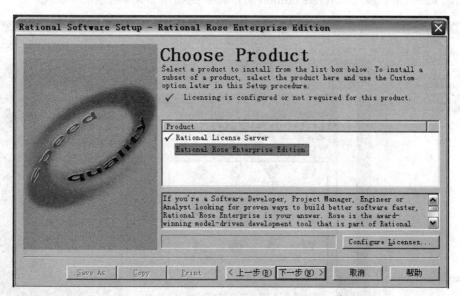

图 2-107　安装界面 2

（3）选择 Rational Rose Enterprise Edition，单击"下一步"按钮，进入如图 2-108 所示的界面。

（4）选择安装的选项和安装目录，单击"下一步"按钮，进入安装界面，等待安装成功。

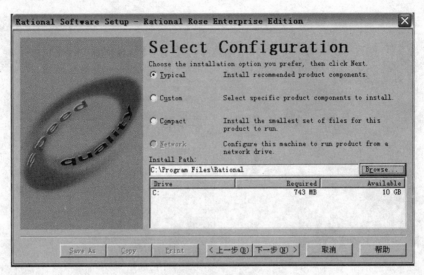

图 2-108　安装界面 3

2．启动 Rational Rose Enterprise Edition

启动 Rational Rose Enterprise Edition 后，将看到如图 2-109 所示的主界面。

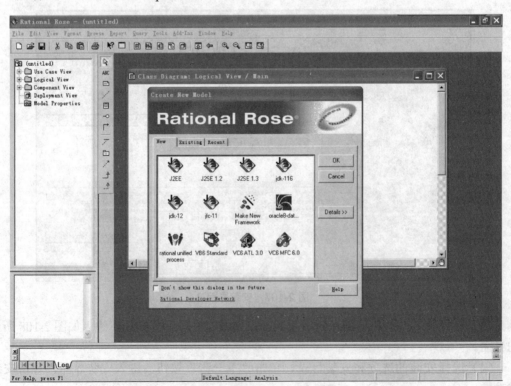

图 2-109　Rational Rose 主界面

3．掌握静态图的画法

1）用例图的画法

（1）单击菜单中的 Browse 子菜单的 Use Case Diagram 选项，出现如图 2-110 所示的创建用例图界面。

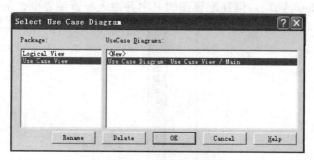

图 2-110　创建用例图界面

（2）选择<New>选项，创建用例图的名字并进入如图 2-111 所示的界面。

在图 2-111 中，▯表示在图中加入注释元素，▯表示在图中加入分组，◯表示在图中加入用例，⚥表示在图中加入参与者，↱、⌐和╱分别表示 UML 中的类属、关联和依赖三种关系。

2）类图的画法

单击菜单中的 Browse 子菜单的 Class Diagram 选项，屏幕出现与创建用例图类似的界面。选择<New>选项，创建类图的名字并进入类图界面，如图 2-112 所示。

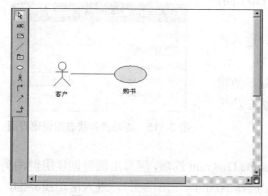

图 2-111　用例图界面

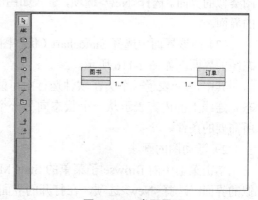

图 2-112　类图界面

在图 2-112 中，▤表示在类图中添加类，◌表示在类图中添加接口，▴表示在类图中添加实现关系。

3）组件图的画法

单击菜单中的 Browse 子菜单的 Component Diagram 选项，屏幕出现与创建用例图类似的界面。选择<New>选项，创建组件图的名字并进入组件图界面，如图 2-113 所示。

组件图界面中有相应的添加组件按钮和组件的几种构造型的按钮。

4）配置图的画法

单击菜单中的 Browse 子菜单的 Deployment Diagram 选项，屏幕出现与创建用例图类似的界面。选择<New>选项，创建配置图的名字并进入配置图界面，如图 2-114 所示。

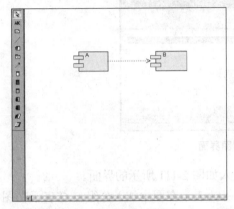

图 2-113　组件图界面

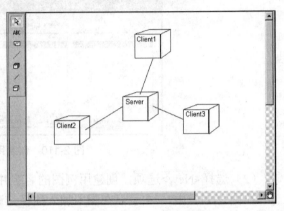

图 2-114　配置图界面

4．掌握动态图的画法

1）状态图的画法

（1）单击菜单中的 Browse 子菜单的 State Machine Diagram 选项，屏幕出现与创建用例图类似的界面。选择<New>选项，进入如图 2-115 所示的界面。

（2）在该界面中选择 Statechart（状态图），进入状态图的界面，如图 2-116 所示。

其中，▢表示一个类在软件运行中可能处于的状态。连线上的内容表示从一个状态向另一个状态跃迁所需要的条件。

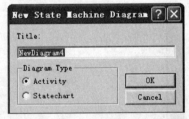

图 2-115　活动图和状态图创建界面

2）活动图的画法

单击菜单中的 Browse 子菜单的 State Machine Diagram 选项，屏幕出现与创建用例图类似的界面。选择<New>选项，在打开的界面中选择 Activity（活动图），进入活动图界面，如图 2-117 所示。

3）顺序图的画法

（1）单击菜单中的 Browse 子菜单的 Interaction Diagram 选项，屏幕中出现与创建用例图类似的界面。选择<New>选项，进入如图 2-118 所示的界面。

（2）选择创建 Sequence（顺序图），进入如图 2-119 所示的界面。

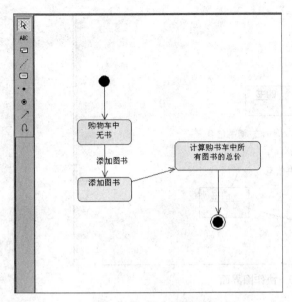

图 2-116 状态图界面

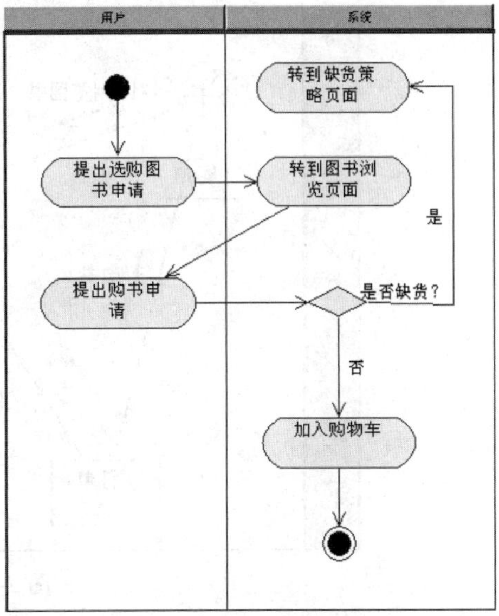

图 2-117 活动图界面

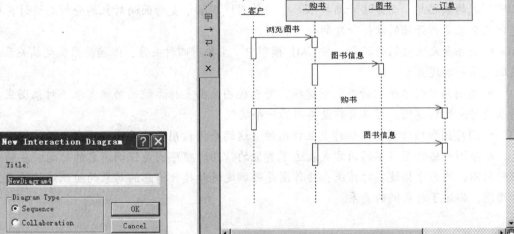

图 2-118 协作图和顺序图创建界面

图 2-119 顺序图界面

4）协作图的画法

单击菜单中的 Browse 子菜单的 Interaction Diagram 选项，屏幕出现与创建用例图类似的界面。选择<New>选项，进入如图 2-118 所示的界面，在该界面中选择创建 Collaboration（协作图），然后进入如图 2-120 所示的界面。

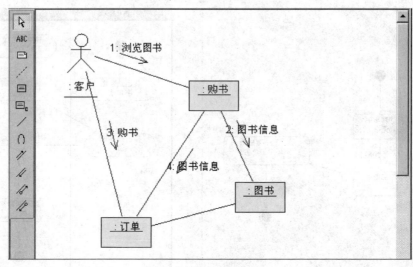

图 2-120　协作图界面

本章小结

● UML 是一种定义良好、易于表达、功能强大且普遍适用的建模语言。它融入了软件工程领域的新思想、新方法和新技术。它的作用域不限于支持面向对象的分析与设计，还支持从需求分析开始的软件开发的全过程。

● 关系是元素之间的联系。在 UML 模型中，主要有四种关系：依赖关系、类属关系、关联关系和实现关系。

● 类图用于对系统的静态视图建模，静态视图主要支持系统的功能需求。对象图主要用来为对象结构建模，可以看作是类图的一个实例。

● 顺序图和协作图都被称作交互作用图，这两个图被用于为系统的动态方面建模。但是，顺序图和协作图以不同的方式表达了类似的信息。顺序图是强调消息的时间顺序的交互作用图，适合于描述实时系统；协作图是强调发送和接收消息的对象的组织结构的交互作用图，描述了对象间的关系。

综合练习

一、单项选择题

1. UML 是一种对软件密集型系统的制品进行可视化、详述、构造及（　　）的语言。

A. 需求化　　　　　B. 模型化　　　　　C. 简单化　　　　　D. 文档化

2. 协作包括结构部分和（　　）部分。

A. 过程　　　　　　B. 接口　　　　　　C. 行为　　　　　　D. 交互

3. 接口的符号有（　　）种表示方法。

A. 4　　　　　　　　　B. 3　　　　　　　　　C. 2　　　　　　　　　D. 1

4. 事件的种类中有消息、调用、时间推移和（　　）。

A. 初态　　　　　　　B. 终态　　　　　　　C. 状态　　　　　　　D. 状态改变

5. 下列不属于结构元素的是（　　）。

A. 类　　　　　　　　B. 组件　　　　　　　C. 接口　　　　　　　D. 包

6. （　　）是软件需求分析到最终实现的第一步。

A. 类图　　　　　　　B. 对象图　　　　　　C. 用例图　　　　　　D. 顺序图

7. 下列属于交互作用图的组成元素的是（　　）。

A. 对象　　　　　　　B. 协作　　　　　　　C. 接口　　　　　　　D. 用例

8. 下列关系是 UML 的关系的为（　　）。

A. 关联关系　　　　　B. 扩充关系　　　　　C. 包含关系　　　　　D. 补充关系

9. 顺序图的垂直轴表示（　　）。

A. 对象　　　　　　　B. 时间　　　　　　　C. 消息　　　　　　　D. 类

10. （　　）是一个流图，描述了从活动到活动的流。

A. 顺序图　　　　　　B. 协作图　　　　　　C. 活动图　　　　　　D. 状态图

二、多项选择题

1. 下列属于 UML 中的视图的有（　　）。

A. 用例视图　　　　　B. 设计视图　　　　　C. 过程视图　　　　　D. 行为视图

2. 下列不属于 UML 的结构元素的有（　　）。

A. 类　　　　　　　　B. 包　　　　　　　　C. 注解　　　　　　　D. 节点

3. 接口可以参与（　　）关系。

A. 类属　　　　　　　B. 关联　　　　　　　C. 依赖　　　　　　　D. 实现

4. UML 的词汇表由（　　）构成。

A. 元素　　　　　　　B. 关系　　　　　　　C. 图　　　　　　　　D. 文档

5. UML 的行为元素包括（　　）。

A. 主动类　　　　　　B. 协作　　　　　　　C. 状态机　　　　　　D. 交互

6. 用例图由（　　）组成。

A. 参与者　　　　　　B. 参与者的关系　　　C. 用例　　　　　　　D. 用例间的关系

7. 下列属于类元的有（　　）。

A. 数据类型　　　　　B. 接口　　　　　　　C. 信号　　　　　　　D. 节点

8. 类的类型有很多种，具体包括（　　）。

A. 主动类　　　　　　B. 实体类　　　　　　C. 边界类　　　　　　D. 控制类

9. 交互图可以分为（　　）几种。

A. 活动图　　　　　　B. 顺序图　　　　　　C. 配置图　　　　　　D. 协作图

10. 下列属于活动图的应用表现的是（　　　）。

A. 对系统的上下文建模　　　　　　　　B. 对简单的协作建模

C. 对工作流建模　　　　　　　　　　　D. 对操作过程建模

三、判断题

1. UML 是可视化的编程语言。（　　　）

2. 如果一个元素在包中是可见的，则对于该包中所嵌套的所有子包都是可见的。（　　　）

3. UML 为软件系统的产出建立非可视化模型。（　　　）

4. 包可以含有类、接口、组件、节点、协作、用例、图，但是不可以含有其他的包。（　　　）

5. 对状态的操作通常会改变对象的状态，对对象的查询不会改变对象的状态。（　　　）

6. 对象只可以用对象名进行命名。（　　　）

7. 时间事件是状态中的一个变化或满足某些条件的事件。（　　　）

8. 组合关系是聚合关系的一种形式，是一种特殊的聚合关系，具有强拥有关系。（　　　）

9. 接口是用来规定类或组件服务的操作集，每个类只能实现一个接口。（　　　）

10. 一个类可以有一个或多个属性或者根本没有属性。（　　　）

四、简答题

1. 什么是 UML？UML 有什么主要特点？

2. 试论述 UML 的构成。

3. 什么是用例图？用例图的主要构成有哪些？

4. 用例的事件流包括哪些内容？

5. 什么是活动图？活动图有哪些组成元素？活动图的应用通常分为哪两种情况？

五、论述题

1. 试阐述类图和对象图的定义及应用。

2. 交互作用图包括什么？每一种有什么特点？

六、案例讨论题

化妆品行业是国家投资比较少、包袱比较轻的行业，同时又是为国家创造高税利、创造大量就业机会的行业。而随着电子商务的不断发展，网上购物的普及和广泛发展，在网上进行化妆品的买卖也逐渐普及起来，且表现出强劲的发展势头。

52Beauty 公司主要从事对各种知名品牌的网上代理销售业务，公司决定建设网上销售业务，主要以知名品牌如雅芳等的产品代理业务为主，在公司建立初期提升公司的信誉度和企业形象。

该公司对电子商务系统的用户定位是：以女性客户为主，主要面向年龄段为 20～50 岁的职业女性。化妆品市场一直以来就是一个高端消费市场，所以化妆品网站的建设也一定不会像平常的购物网一样，化妆品网站更应该以美观的页面来吸引消费者，因为它的消费群的心理一般都比较偏向于爱美方面。其次，化妆品网站要做出声望，必须保证货真价实，要能够通过网站来体现甚至提升公司形象。在电子商务的环境下，通过建立网站来推销自己以扩大社会知名度是一个很有效的方法。

52Beauty 网上化妆品销售平台的体系结构图如图 2-121 所示。

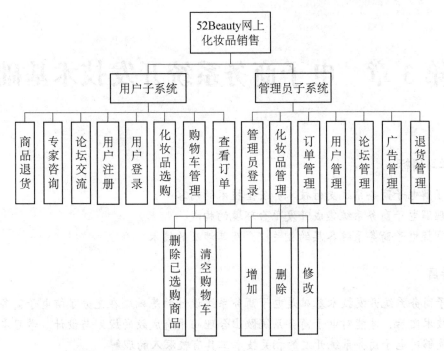

图 2-121 "52Beauty 网上化妆品销售平台"体系结构图

对用户子系统的"化妆品选购"用例，试讨论以下问题：

1. 建立用例图。

2. 创建活动图。

3. 使用文档化模板对用例进行需求描述。

4. 画出分析类图。

5. 创建协作图。

6. 画出顺序图。

第 3 章　电子商务系统开发技术基础

学习目标

- 了解电子商务系统支付技术和安全技术的内容
- 理解电子商务系统集成开发平台环境的构成
- 掌握电子商务系统各层的相关概念及其涉及的技术

导言

电子商务系统开发技术基础是电子商务系统设计的基础。在充分了解电子商务系统开发相关技术之后，才能对电子商务系统做出合理而卓有成效的规划与设计。学习本章内容使我们能够对电子商务系统开发的相关技术工具有较深入的理解。

3.1　商务表达层及其技术

3.1.1　商务表达层的功能与实现

商务表达层所涉及的范围仅仅局限于客户端和 Web 服务器端，它的主要任务是表现商务数据，即通过合适的技术与方法将系统中的商务数据在用户面前表现出来，涉及的技术既有与静态网页设计相关的若干技术，也有与动态网页设计相关的若干技术。

在多层的电子商务系统中，为了能够灵活地适应业务的发展，不需要对业务逻辑组件做任何变动，就能适应新出现的数据表现形式和不同的客户端，实现商务表达层与商务逻辑层的分离。在商务表达层中，客户端的应用程序要求提供高度易用性、通用性和灵活性的用户界面和一些简单的数据交互的能力；而 Web 服务器端的应用程序不但要求负责商务信息的发布，而且要能实现与客户端和应用服务器端双向信息交互。因此，对于商务表达层来说客户端只用于为最终用户提供一个友好的用户界面，接受用户提交的事件，并将处理结果返回给用户，页面格局和风格等的变化，对于业务逻辑和数据连接层不会产生影响。

商务表达平台目前主要通过以下三种方式实现，如图 3-1 所示。

（1）利用 Web 支持以 HTML 为主的表达形式。这种方式以 Web 服务器为基础，不需要额外的配置或产品支持，具有容易实现、结构简单等特点，因此应用比较多。它的局限是只能够支持 HTML 或 XML 的客户端，而不直接支持符合 WML 标准的移动设备。

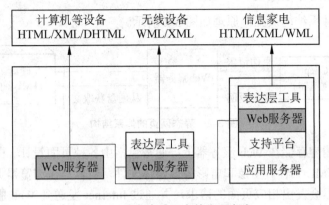

图 3-1　商务表达平台的实现方式

（2）在 Web 基础上增加表达层工具，扩展 Web 表达功能。这种方式在第一种方式的基础上，增加支持多种客户端的软件、硬件，使 Web 服务器不仅支持 HTML，还支持其他数据表达方式，如 WAP（无线应用协议）、MIME（多媒体邮件类型扩展协议），以及其他一些数据表达协议，如 FSML、DOM 和 CSS 等。目前，很多产品可以通过这种方式扩展 Web 的功能。

（3）利用应用服务器的数据分布功能。由于应用服务器将数据表达层的功能和 Web 服务器紧密地结合在一起，所以可直接利用服务器来完成表达层的功能。目前的应用服务器逐步走向支持多种客户端设备和多种协议，如 HTML、WML 和 XML 等。这种方式具有集成难度小、表达部分和应用程序之间的接口比较容易等特点。

3.1.2　静态网页的概念及其技术

1. 静态网页的概念与特点

静态网页是指网页的内容对访问者而言是单向的、固定不变的，即访问者不能通过自己的操作来改变网页的内容。对于静态网页，若要更新上面的内容，必须通过网站管理员手动修改存放在 Web 服务器上的 HTML 文件。

电子商务系统中的网页有静态网页和动态网页之分。与静态网页相比，动态网页的内容对于访问者来说是双向的、动态变化的，访问者可以通过自己的操作获取不同的显示内容，以及有限度地更新 Web 服务器上的内容。

制作静态网页只需要利用相关的工具进行图文编辑即可，而动态网页的开发必须进行程序设计。静态网页是动态网页技术的基础，或者说，大多数动态网页是通过在静态网页中插入相关的程序，或动态生成静态网页的方式来实现的，因此静态网页技术是电子商务信息表达技术的基础保障。

2．静态网页的体系结构

静态网页的体系结构及工作原理如图 3-2 所示。

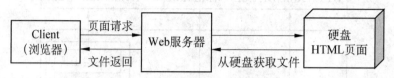

图 3-2　静态网页的体系结构

静态网页的内容存储在 Web 服务器上，通常包括由各种页面设计、图形制作等相应工具制作而成的 HTML 文件、图像和电影等多媒体文件。当客户在浏览器页面中单击了某个超链接时，浏览器会发出相应页面的请求，并通过 Internet 发送到 Web 服务器上，Web 服务器识别所请求的文件后，将相应的文件通过 HTTP 发回到浏览器，由浏览器解释并显示在界面之上。客户端向 Web 服务器发送的请求以及服务器返回给客户端的应答都遵循HTTP 协议。

3．HTTP 协议

Web 服务器、Web 浏览器、HTTP 协议、HTML 语言和 URL 网页地址构成了 Web 系统的五个要素。其中，超文本传输协议（Hypertext Transfer Protocol，HTTP）是服务器与浏览器进行沟通的语言，用于在 Internet 上传输文档。应该说，浏览器与服务器之间的通信模式实际上是一种 Client/Server 模式，因此 HTTP 协议也是 Client 程序和 Server 程序进行通信的一种语言，是建立在 TCP/IP 协议之上的一种请求/应答式协议。

在 HTTP 中，规定 Web 服务器程序绑定的标准端口号是 80，但任何其他端口号也能使用。在 HTTP 协议中定义了几个用于通信的命令，如 GET、HEAD、POST、PUT、OPTIONS、DELETE、TRACE、CONNECT、PATCH、PROPFIND、PROPPATCH、MKCOL、COPY、MOVE、LOCK、UNLOCK 等。通常，Web 服务器都支持前三个命令，但后面几个命令由于不常使用，所以有些 Web 服务器可能并不支持。

在建立了 TCP 连接之后，客户端就可以发送一个 HTTP 命令请求到 Web 服务器，Web服务器经过处理后就会发送相关的信息到浏览器。

3.1.3　标记语言

1．SGML 与 HTML

通过标记来管理文本内容的显示和格式，是 Web 环境下组织信息的重要方式。目前常用的标记语言有三种：一是标准通用置标语言（Standard Generalized Markup Language，SGML），这是一种元语言，可以定义无数种标记；二是超文本置标语言（Hypertext Markup

Language，HTML），它是 SGML 的一个子集，适用于 Web 页面的显示；三是扩展置标语言（eXtensible Markup Language，XML），也是 SGML 的一个子集，用来定义数据结构，适用于电子商务中的大规模数据传输。

SGML 是一种用标记来描述文档资料的通用语言（置标语言），由 ISO 组织在 1986 年推出，源自 IBM 在 1969 年开发的 GML。SGML 包含了一系列的文档类型定义（DTD），DTD 中定义了标记的含义，因而 SGML 的语法是可以扩展的。SGML 为出版业提供了一种将数据内容与显示分离开来的数据表示方法，使得数据独立于机器平台和处理程序，在许多大型出版系统中发挥了重要作用。由于 SGML 十分庞大，既不容易学，又不容易使用，在计算机上实现也十分困难，Web 的发明者根据当时（1989 年）计算机技术的能力，提出了 HTML。

HTML 只使用 SGML 中很小一部分标记，而且这些标记都是固定的；同时 HTML 没有使用 DTD，语法不可扩展。所有这些特性使得 HTML 易学易用，并已成为 Web 系统中的主要内容。在 Web 系统中，网页除了使用丰富的多媒体显示、各种布局处理等 HTML 标记，还会使用大量的 HTML 超链接标记。但是，由于 HTML 关注的往往是 Web 浏览器如何在页面上安排文本、图像和按钮等，不具备结构化数据的表示能力，而且当链路丢失后不能自动纠正，下载内容也较多，搜索也不方便等，所以注定 HTML 不能满足众多 Web 应用的需要。基于此，XML 便顺势而出。

2．XML

1）XML 的概念与特点

XML 是 Web 中的新一代标记语言。XML 是 SGML 的一个简化但严格的子集，它与 SGML 同属于无标记语言。同 HTML 相比，XML 没有太多固定的标签，而是允许用户根据需要自我创建自定义标签，创建的标签只需要在样式表中利用规则进行说明即可，这样做将能够更大范围地满足 Web 上的日益增长的对多元化信息描述的需求。因此，XML 在继承了 SGML 的三个特性，具有 HTML 的灵活性和通用性的同时，还具有以下四个特点。

（1）可扩展性。首先，XML 允许用户创建自己的 DTD，从而可以产生适合多种应用的"可扩展的"标签集。其次，使用附加的标准，用户可以对 XML 自身进行扩展，向核心的 XML 功能集增加样式、链接及参照能力。基于此特点，XML 作为一个核心标准，可以为别的标准的产生提供坚实的基础。

（2）可分析性。XML 提供了功能强大、灵活高效地表达数据内容的方法，且其数据内容与具体应用无关，使得用它表达的数据有很好的使用效率和可重用性。通过结合 DTD 的分析，可以理解 XML 文档中各个元素的含义，即 XML 文档具有自解释性，只需要通过分析标签就可以找到真正相关的信息，方便了搜索和组织信息的方式。

（3）简单性。XML 文档语法包括一个非常小的规则集，使得开发者可以根据它立刻开始工作，同时根据这种文档的结构，可以创建自己的 DTD 以满足自己的需要。在核心集上，开发人员可以增加一层又一层的细节，从而大大降低开发的复杂程度。

（4）开放性。XML 标准在 Web 上是完全开放的，可以免费获得。XML 文档也是可以开放的，可以对任何一个文档进行语法分析，如果得到相应的 DTD，还可以校验它。开发者也可以自己的方式进行加密，XML 并不禁止创建自己私有的格式。开放性是 XML 的最大优点。

2）XML 的三个主要技术

XML 主要包括 XSL、DTD 和 XLL 三个主要技术。

（1）可扩展样式语言（eXtensible Style Language，XSL）。XSL 是专门为 XML 文档所设计的高级样式表语言。XSL 包含一个小而严格的规则集，用来说明 XML 文档中标签的行为格式，Web 浏览器只有通过 XSL 的格式翻译，才能阅读 XML 文档的内容。

（2）文档类型定义（Document Type Definition，DTD）。一般来说，DTD 可以分为内部 DTD 和外部 DTD。它提供包含文档的元素、标记、属性和实体的清单及其相互关系。因此，用户可以用它十分方便地为某些特殊应用（如化学公式、数学符号公式等）提供专门的标记语言。

（3）可扩展链接语言（eXtensible Linkage Language，XLL）。XLL 由 Xlinks 和 Xpointers 组成，提供 XML 文档之间的链接。其中，Xlinks 定义如何进行文档间的链接，而且链接可以是双向的，也可以是多向的。当然，Xlinks 也可以使用 URL 来实现链接。Xpointers 是一种链接手段，它定义了如何寻找文档，即链接到特定位置的特定文档，甚至是特定文档中的特定部分。

3.1.4 动态网页与客户端脚本

动态网页是一种用来表现数据的技术，侧重于和用户进行交互，交互既可在客户端实现，也可在服务器端实现。在客户端实现的技术主要是一些客户端的脚本，如 JavaScript、Applet 等；而在服务器端实现的技术主要是服务器端的脚本，如 JSP、ASP 和 PHP 等。

1．动态网页概述

静态网页主要是通过超链接的方法来访问 Web 服务器上的静态页面，静态页面的内容是固定的，不随访问要求的改变而改变，页面文件多以 htm 或 html 为后缀。动态网页与静态网页相比，本质的区别在于动态网页能够与用户进行交互，能够根据用户的不同访问请求在 Web 页面上直接进行简单的业务数据处理和对数据库中的数据进行必要的存取，以实现不同的访问结果。动态网页中含有的动感特征不是其与静态网页的本质区别，静态网页的页面中其实也有动感的内容。

动态网页的出现，在商务表达层上弥补了静态网页的许多不足之处。例如对于一个企业来说，当企业的产品和规格成百上千时，如果仅以静态网页来表达，则需要制作大量的静态网页，这样不仅会增大制作的工作量，增加网站管理更新的难度，而且也会给用户的访问带来不便，试想用户为选择一种商品需要访问成百上千的网页才能找到，那会是什么样的一种心情。如果以动态网页来表达，当用户发出访问请求（如购买某类价格 2 000～3 000 元的商品）时，动态网页就会执行相应的业务数据处理，将所有符合要求的商品一一列出，过程简洁、自然。当然，动态网页的意义远不止于此，根据要求的不同，小到产品查询、用户注册，大到建立一个电子商务网站，动态网页都能胜任。同时，动态网页又是连接商务表达层和商务逻辑层的桥梁，服务器端的动态网页通过调用应用服务器上的商务逻辑，实现了完整意义上的电子商务功能。

2．JavaScript 语言

客户端的脚本语言最早出现在 Netscape 2.0 浏览器上，由 Java 的语法派生而来，所以被称为 JavaScript。JavaScript 是 Netscape 公司的产品，它是一种基于对象（ObjectBased）和事件驱动（EventDriver）的编程语言。

JavaScript 是为了扩展 Netscape Navigator 功能而开发的一种可以嵌入 Web 页面中的基于对象和事件驱动的解释性语言，其源代码在发往客户端执行之前不需要经过编译，而是将文本格式的字符代码发送给客户端由浏览器解释执行。这样就提高了页面对客户的响应速度，提高了客户端的性能，减少了网络通信时间。

要实现上述功能，采取的技术一是直接利用高级语言编写功能模块（如 Applet、ActiveX 控件）嵌在 HTML 标记中；二是将客户端脚本嵌入 HTML 脚本中，由浏览器来解释执行。有了客户端的脚本，结合层叠式的样式表（Cascaded Style Sheet，CSS），就可以开发动态网页。若再结合文档对象模式，还可开发出所谓的动态 HTML（Dynamic HTML，DHTML）网页。

脚本语言的出现，使客户端具有一定的逻辑处理能力，Web 页面的交互性大大提高。随着脚本语言的广泛运用，脚本语言编写的简易性，使人们逐渐希望将这种开发思想应用到服务器端的应用系统中，由此诞生了服务器端的脚本语言。

3．Applet

Applet 是一种特殊的客户端脚本，也是一种程序，称为 Java 小程序，它们可以直接嵌入到网页中，并能够产生非凡的效果。当用户访问这样的网页时，它就从服务器端下载到客户端的浏览器中并执行。这样，利用 Applet 就能实现人机交互，并能进行必要的商务逻辑处理，实现与后台服务器的交互。通常将执行 Applet 的浏览器称为 Applet 容器。

在 Applet 中，可以实现图形绘制、字体和颜色控制、动画和声音的插入、人机交互及网络交流等功能。Applet 还提供了抽象窗口工具箱（Abstract Window Toolkit，AWT）的窗口环境开发工具。AWT 利用用户计算机的 GUI 元素，可以建立标准的图形用户界面，如窗口、按钮和滚动条等。

编写 Applet 动态网页，一般需要经过以下几个步骤：第一步，用 Java 开发工具编写一个符合 Applet 规范的 Java 源程序，源程序文件的扩展名为.java；第二步，利用 Java 编译工具将此 Java 源程序译成扩展名为.class 的类文件；第三步，利用 "<applet>" 标识，把此类文件嵌入到编写好的网页中；第四步，将网页文件和 Applet 类文件一起发布到网站上。

3.1.5　服务器端脚本

1．ASP 与 ASP.NET

ASP 是 Active Server Pages 的缩写，意为 "动态服务器页面"。ASP 是微软公司开发的代替 CGI 脚本程序的一种应用，它可以与数据库和其他程序进行交互，是一种简单、方便的编程工具。ASP 的网页文件的格式是.asp，现在常用于各种动态网站中。通过 ASP 可以结合 HTML 网页、ASP 指令和 ActiveX 元件建立动态、交互且高效的 Web 服务器应用程序。

ASP 内部提供了两种脚本引擎：JavaScript 和 VBScript。ASP 默认的脚本语言为 VBScript，用于 ASP 的编码开发，同时 Microsoft 在其一整套开发工具包中也提供界面友好的开发平台，使熟悉 Microsoft 产品的开发人员能够很容易使用。

ASP 技术采用浏览器/Web 服务器/数据库服务器三层体系结构。Web 服务器层主要实现企业业务过程和相关规则的集合，并解决 Web 服务器与浏览器之间的接口问题，实现 Web 服务器对用户的响应、解释；数据处理层主要解决数据库服务器与 Web 服务器的接口问题，实现数据库服务器对 Web 服务器的请求功能。用户层主要来实现用户的浏览、请求和交互等功能，用户使用浏览器通过 HTTP 协议从 Web 服务器申请一个由 ASP 定义的页面时，Web 服务器响应 HTTP 请求，用 ASP 引擎解释被申请的文件，执行所有脚本文件，并将 ASP 的执行结果以 HTML 格式（即 Web 页面）传送给用户浏览器。当遇到基于 COM 的标准组件时，ASP 引擎启动相应的组件完成制定的功能。

ASP 对后台数据库的访问采用 ADO（Active Data Objects）技术。ADO 是位于 ODBC 和 OLE DB 之上的高性能数据库操作接口，提供了开发数据操作对象的模型，是新一代数据访问与连接标准 UDA（Uniform Database Access）模型的核心技术。ADO 本身具有高速、简便以及低内存开销的特点。用户通过脚本语言调用 ADO 的数据库访问构件。

ASP 的缺点主要有以下几个：

（1）无法实现跨操作系统的应用。ASP 目前几乎只能运行在 Microsoft 的平台上，无法实现跨操作系统的应用。这是由于微软的设计理念造成的，ASP 的概念原本是为了设计能够运行在多种环境下的系统而形成的，可以说是 Windows 限制了 ASP 的跨平台应用。

（2）处理能力受制约。ASP 是一种 Script 语言，由服务器解释执行，除了大量使用组件外，没有很好的办法提高其处理能力。

（3）安全性、稳定性不足。由于与 Windows NT 捆绑应用，深受 Windows 系统存在的漏洞或缺陷的影响，在安全性、稳定性等方面的问题较为突出。

ASP 的上述特点表明它的适用对象是熟悉 Microsoft 架构的技术人员和系统管理人

员。对于一些希望用简单且快速的方式完成设计的电子商务项目适合采用 ASP 技术。ASP 常用的开发工具可以从 VisualInterDev、Dreamweaver FrontPage 等流行设计工具中根据项目的实际情况进行选择。开发环境则可以选择 Windows NT 或者 Windows 2000 Server 作为操作系统，IIS 作为 Web 服务器，数据库选择 SQL Server 比较理想。

在 ASP 的基础上，微软公司又推出了 ASP.NET。ASP.NET 不仅是 ASP 的下一个版本，而且是一种建立在通用语言上的程序构架，能被用于一台 Web 服务器来建立强大的 Web 应用程序。

ASP.NET 是基于.NET 平台的，开发者可以使用任何.NET 兼容的语言，所有的.NET Framework 技术在 ASP.NET 中都是可用的。ASP.NET 提供了许多比现在的 Web 开发模式强大的优势，如下所示：

（1）执行效率大幅提高。

（2）世界级的工具支持。

（3）更好的语言特性。

（4）简单、高效、可管理。

（5）用于多处理器环境。

（6）可靠、可扩展，并且安全性好。

ASP.NET 与 ASP 技术还是具有一定的差别，可以通过在现有 ASP 应用程序中逐渐添加 ASP.NET 功能，随时增强 ASP 应用程序的功能。

2．PHP 技术及其特点

超文本预处理器（Hypertext Preprocessor，PHP）是目前流行的动态网页设计技术。PHP 技术是以 HTML 内嵌式语言的形式出现的，PHP 独特的语法混合了 C、Java、Perl 及 PHP 自创的语法。类似于 ASP 技术，它可以比 CGI 或者 Perl 更快速地执行动态网页。PHP 采用面向对象的思想，提供类和对象，支持构造器、提取类等，基于 Web 的编程工作非常需要面向对象编程能力。PHP 代码可编译成能与许多数据库相连接的函数，其中与 MySQL 数据库的组合是绝佳的；它还可以自己编写外围函数来间接存取数据库。PHP 是一种跨平台的语言，可在 Windows、UNIX 和 Linux 的 Web 服务器上正常运行，还支持 IIS、Apache 等通用 Web 服务器，几乎可运行于所有平台。PHP、Apache 和 MySQL 数据库免费软件的紧密结合，成为一种自由软件的重要标志，特别是 PHP 的源代码完全公开，在自由软件意识抬头的今天，它更是这方面的中流砥柱。PHP 提供了多种数据库的接口手段。此外，PHP 在 Web 可发布的动态图形图像生成方面也有很多独到之处，因此，此工具在目前电子商务系统的构造中很流行。

PHP 技术有如下优点：

（1）安全性和可靠性很好。由于 PHP 本身的代码对外开放，经历了许多软件工程师和用户的测试，因而是符合安全性和可靠性要求的。同时 PHP 与 Apache 联编结合的方式支持对应用系统进行灵活的安全设定。

（2）与 Apache 及其扩展库紧密结合。PHP 与 Apache 是通过静态联编的方式结合起来的，用这样的方式也可以与其他扩展库相结合（Windows 平台除外）。这种方式的优点就是充分利用了 CPU 和内存，并且有效地利用了 Apache 的强大处理能力，使系统达到最快的运行速度、发挥最佳的性能。

（3）易学习、跨平台、有良好的数据库交互能力。这种能力是 ASP 所不具备的，也体现出 PHP 的价值所在。

PHP 技术的缺点如下：

（1）安装复杂。由于 PHP 的每一种扩充模块并不是完全由 PHP 本身来完成，需要许多外部的应用库，如图形需要 GD 库，LDAP 需要 LDAP 库。在安装完成相应的应用库后，再联编进 PHP 中来。

（2）数据库访问接口不统一。PHP 虽然支持许多数据库，可是针对每种数据库开发的接口都完全不同。当对已完成的数据库进行升级时，需要开发人员进行几乎全部的代码更改工作，这样便加大了程序维护的工作量。

（3）缺少企业级的支持。从网络的结构来看，一个网络项目最少分为数据层、逻辑层和用户层三层。微软提出的三层模型为：用户层用 ASP/ASP +、逻辑层是 COM/COM +和数据层是 ADO；SUN 提出的三层模型为：用户层用 JSP、逻辑层是 JavaBeans 以及数据层是 JDBC；PHP 没有这些结构，缺乏对多层结构的支持。由于缺少组件的支持，所有的扩充只能依靠 PHP 开发组所给出的接口，但这并不能满足复杂商务应用的要求，同时难以将集群、应用服务器这样的特性加入到系统中去。而一个大型的站点或是一个企业级的应用一定需要这样的支持。对于大负荷站点，解决方法只能分布计算，这就增加了开发应用系统的难度。

3．JSP 技术及其特点

JSP 是 Java Server Page 的缩写，是由 SUN 公司倡导、许多公司参与一起建立的一种动态网页技术标准。JSP 技术有点类似 ASP 技术，两者都提供在 HTML 代码中混合某种程序代码、由语言引擎解释执行程序代码的能力。JSP 在传统的网页 HTML 文件中插入 Java 程序段和 JSP 标记，从而形成 JSP 文件。用 JSP 开发的 Web 应用是跨平台的，既能在 Linux 下运行，也能在其他操作系统上运行。

在 JSP 或 ASP 环境下，HTML 代码主要负责描述信息的显示样式，而程序代码则用来描述处理逻辑。普通的 HTML 页面只依赖于 Web 服务器，而 ASP 和 JSP 页面需要附加的语言引擎分析和执行程序代码。程序代码的执行结果被重新嵌入到 HTML 代码中，然后一起发送给浏览器。ASP 和 JSP 都是面向 Web 服务器的技术，客户端浏览器不需要任何附加的软件支持。

ASP 的编程语言是 VBScript 之类的脚本语言，而 JSP 使用的是 Java，这是两者最明显的区别。此外，JSP 与 ASP 相比，还有一个更为本质的区别：两种语言引擎用完全不同的方式处理页面中嵌入的程序代码。在 ASP 下，VBScript 代码被 ASP 引擎解释执行；在 JSP 下，代码被编译成 Servlet 并由 Java 虚拟机执行，这种编译操作仅在对 JSP 页面的第一次请求时发生。

JSP 运行模式有两种：

（1）JSP 页面独自响应客户端请求并将结果返回客户，有关数据处理则由 JavaBeans 完成。

（2）结合 Servlet 技术，用 JSP 表现页面，而用 Servlet 完成大量的处理。在这种运行模式中，Servlet 起控制作用，同时负责响应客户端的请求，如创建 JSP 需要的 JavaBeans 对象，并根据请求情况将 JSP 页面发送给客户端。

绝大多数 JSP 页面依赖于可重用的、跨平台的构件（JavaBeans 或 EnterpriseJavaBeans）来执行应用程序所要求的更为复杂的处理，开发人员能够共享和交换执行普通操作的构件或者使得这些构件为更多的使用者或者开发团体所使用。基于构件的方法不仅加速总体开发过程，而且使得各种组织在他们现有的技能和优化结果的开发努力中得到平衡。

JSP 技术很容易整合到多种应用体系结构中，以利用现存的工具和技巧，并且扩展到能够支持企业级的分布式应用。由于 JSP 页面的内置脚本语言是基于 Java 编程语言的，而且所有的 JSP 页面都被编译成为 Java 类，因此，JSP 页面具有 Java 技术的所有优点，如具有"一次编写，各处运行"的特点等。

JSP 技术的优点如下：

（1）通用性很好。JSP 技术几乎可运行于所有的平台，只要该平台提供了 Java 虚拟机。

（2）代码可移植性好、执行高效。在一种平台的机器上编写的 JSP 代码，只要做很少的变动，就可原封不动地在另一种平台的机器上编译通过。JSP 代码只在第一次运行时被编译一次，以后每次执行时都不再编译。

（3）与数据库连接方便。JSP 通过 Java 语言的 JDBC 技术，可以和任何与 JDBC 兼容的数据库建立连接，使用 JSP 能访问诸如 Oracle、Sybase、MS SQL Server 和 MS Access 等主流数据库。

（4）与 XML 技术集成。SUN 在设计 JSP 规范时，特意提供了一个机制，用以创建任意 JSP 页面的一个 XML 版本。因此，JSP 页面与 XML 工具是兼容的，利用这种方法 XML 工具能够直接创作和操作 JSP 页面。

JSP 技术的缺点如下：

（1）增加产品的复杂性。为了解决跨平台的功能及提高伸缩能力，增加了产品的复杂性。Java 系统中产品众多，如 jdk、jsdk、jswdk 等，在增加扩展性时也增加了应用的复杂性。

（2）占用更多的内存。Java 的运行速度是用 class 常驻内容完成的，运行 JSP 的 Web 服务器需要更多的内存，还需要额外的空间来存储一系列的.java 文件和.class 文件以及对应的版本文件。

（3）不适合简单应用。在简单易用型方面存在不足，会加长系统开发周期。

JSP 适合用于需要考虑平台移植的应用项目，以及高可靠性的 Internet/Intranet 应用系统。开发工具可以是 Eclipse、Jbuilde、Visual C++等。

其开发环境可以从以下几种方式中选择：

（1）Windows 构架，即 Windows +JBuilder+ Tomcat+JDK +SQL。

（2）Linux 构架，即 Linux+MySQL+Apache+Tomcat+JDK。

（3）UNIX 构架，即 Solaris+Sybase +iPlanetEnterprise Web Server+JDK。

3.2 商务逻辑层及其技术

在多层的电子商务系统体系结构中，商务逻辑层处于核心的地位，电子商务中的大部分功能都是在这里实现的。

3.2.1 商务逻辑层的构成

企业的商务逻辑层可以分为两大部分：一部分是构成企业核心商务应用的核心商务逻辑，与具体的企业应用密切相关；另一部分是支持核心商务逻辑运行的软硬件环境，如图 3-3 所示。

核心商务逻辑应用（企业宣传、网上销售、网络银行等）
商务服务平台
商务支持平台
基础支持平台
Web服务器平台、数据库平台
操作系统
计算机硬件及网络基础设施

图 3-3 商务逻辑层的构成

软硬件环境主要包括商务服务平台（如 CRM、SCM、市场、社区、支付网关接口、认证中心接口等）、商务支持平台（如内容管理、目录管理、搜索引擎等）、基础支持平台（如 Visual Basic、C++、Java 之类的应用开发环境与开发工具）；负载均衡与错误恢复等高性能与高可靠性的系统环境；主机管理、网络管理、安全管理等一些系统管理工具；JDBC、ODBC、EJB、XML 等一些对象组件集成环境、Web 服务器平台、数据库平台、操作系统、计算机硬件与网络基础设施。

通常，将 Web 服务器、部分的商务服务平台软件、商务支持平台软件、基础支持平台中的部分集成开发工具集中在一个称为应用服务器的软件包中。因此，商务逻辑层在物理上可以简化为三个部分：核心商务应用、应用服务器和其他支持的软硬件。

3.2.2　应用服务器

从 1994 年开始，在基于三层或 N 层分布式 Web 计算技术及动态 Web 应用的思想主导下，出现了应用服务器，它将核心应用从 Web 服务器和数据库服务器中分离出来，为处理大量的用户与事务提供了一个更为结构化的解决方案。此外，应用服务器还能提供诸如负载均衡、线程池和服务恢复、Web Service 等特性。

应用服务器技术由第一代基于 CGI 的应用服务器，经过基于 ASP 的应用服务器，再到基于 Java 的应用服务器，演变到基于 Java 组件的应用服务器。

1．基于 CGI 的应用服务器

第一代应用服务器产品，以微软公司的早期 IIS 为代表，功能比较简单，只是在 Web 服务器上提供运行 CGI 程序的能力。IIS 原本是用来发布静态 HTML 的 Web 服务器产品，后来通过 CGI、ISAPI（Internet Server Application Programming Interface）等应用接口，演化为应用服务器。

由于 CGI 程序是将 HTML 标识嵌入在传统的程序设计语言语句中，而不像 JSP、ASP 那样将控制代码嵌在 HTML 标识中，所以如果 HTML 内容有所变化，就需要直接修改 CGI 程序，使得维护工作变得非常复杂，这是 CGI 技术的一大缺点。另外，CGI 技术也存在严重的扩展性问题。每一个 CGI 程序在服务器上执行时要产生一个进程，如果多个用户并发地访问该 CGI 程序，则需要独立地生成多个进程，这样将会耗费服务器上的大量资源，甚至用尽服务器资源，直到系统瘫痪。基于上述弊端，一般只有核心的商务系统功能单纯才选用这种服务器平台。

2．基于 ASP 的应用服务器

基于 ASP 的应用服务器，不但致力于克服 CGI 的缺点，而且还提供了集成开发的工具和相关的应用组件，通过使用 ActiveX 控件来实现相关的核心商务逻辑功能，使开发和发布动态网页变得十分容易。这样的应用服务器主要有微软的 IIS 系统。

在 IIS 系统中，ASP 利用"插件"和 API 简化了 Web 应用程序的开发。与 CGI 相比，其优点是可以包含 HTML 标签，在程序编制上具有灵活性。

尽管 ASP 技术以其简单、易用获得了许多用户的支持，但它的缺点也较明显。

（1）通用性差：它只能运行在微软的操作系统平台上，不能或很难实现跨平台的 Web 服务器程序开发。

（2）安全性差：由于 ASP 自身存在安全问题，所以容易泄露 ASP 源代码。除此之外，还存在诸如数据库密码验证、inc 文件的安全问题。

3. 基于 Java 的应用服务器

由于 Java 的跨平台性，利用 Java 构筑应用服务器端的应用，无论是在 NT、UNIX 上，还是在其他主机系统上都能运行，而且还能利用 Internet、中间件和分布对象等新功能。通过将 Java 应用配置在多个节点上，可以实现负载平衡。另外，Java 应用还具有安全的特性。

（1）Servlet。Servlet 是一组运行在 Web 服务器端的 Java 程序，Servlet 的工作原理和 CGI 有很多相似之处。由于现在的 Web 服务器大多提供 Servlet 接口，因此使用 Servlet 程序可做到与平台无关；同时由于 Servlet 内部是以线程的形式提供服务的，因此不必对每个请求都启动一个进程，提高了 Servlet 的效率。

（2）JSP。JSP 是把 Java 程序嵌入在 HTML 文件中，这样在改变 HTML 的内容时不需要重新编译程序。当嵌入在 HTML 中的 Java 代码也随着商务应用而越来越复杂与庞大时，对这些代码的管理和程序调试便很难进行。在这种情况下，尽可能地减少 JSP 中的代码，也就是将 HTML 代码和 Java 代码分离开来，或者说是将页面显示和商业逻辑处理分开，对于商务应用的开发者来说是最好的方法。常采用的模式如图 3-4 所示。

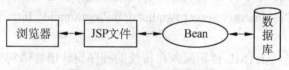

图 3-4　JSP+Bean 服务模式

（3）JSP+Servlet+JavaBean。JSP 主要实现页面的构建；Servlet 主要实现与用户的交互及控制功能，即接受用户的请求，控制 JSP 来产生响应；JavaBean 主要实现业务逻辑处理，如图 3-5 所示。

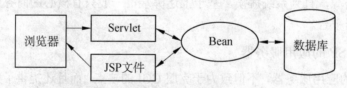

图 3-5　JSP+Servlet+JavaBean 服务模式

基于第三代应用服务器的应用，对于数据库和中间件的访问，一般是采用直接调用 API 来实现，在复杂性和应对未来技术变革的能力上还有许多问题需要解决。

4. 基于 Java 组件的应用服务器

Java 组件，是指以 EJB 为中心的服务器端的软件组件技术，是构建分布式应用的关键技术。

分布式的多层体系结构要求应用服务器主要考虑三个方面的技术：

（1）开发环境。开发人员需要一种创建新组件，并将已有组件加以集成的开发环境。

（2）应用程序集成。由于企业计算环境比较复杂，它综合了传统的应用程序和新型应用程序，因此开发人员需要集成各种应用程序，以创建出更强大的应用。

（3）应用程序配置。由于典型的 Web 应用程序是分布式的，其组件运行在不同的服务器上，并且有大量的用户对其进行访问，因此需要配置平台的支持，以便在用户剧增时能有效地扩展，并保持系统的稳定。

目前，应用服务器正朝着集成化、可扩展的方向发展。一方面，应用服务器又向着兼容多种技术标准（如 CORBA、DCOM、EJB、RMI 和 XML 等）的方向发展，可在多个平台上运行，能连接多种数据库（如 Oracle、Sybase、DB2、SQL Server、informix 和 MySQL 等）；另一方面，应用服务器会集成越来越多的功能。常见的应用服务器有 WebLogic、Tomcat 等。

WebLogic 是美国 BEA 公司出品的一个 Application Server，确切地说是一个基于 Java（J2EE）架构的中间件。BEA WebLogic 是用于开发、集成、部署和管理大型分布式 Web 应用、网络应用和数据库应用的 Java 应用服务器，是商业市场上主要的 Java（J2EE）应用服务器软件（Application Server）之一，是世界上第一个成功商业化的 J2EE 应用服务器。WebLogic 最早由 WebLogic Inc.开发，后并入 BEA 公司，最终 BEA 公司又并入 Oracle 公司。WebLogic 最常用的使用方式是为在 Internet 或 Intranet 上的 Web 服务提供安全、数据驱动的应用程序。WebLogic Server 能够提供对 SUN J2EE 架构的支持。

Tomcat 是一个小型的、轻量级的应用服务器，在中上型系统和并发访问用户不是特别多的应用程序中被普遍使用，也是开发和调试 JSP 程序的首选。Tomcat 服务器是一个免费的开放源代码的 Web 应用服务器。Tomcat 是 Apache 软件基金会（Apache Software Foundation）的 Jakarta 项目中的一个核心项目，由 Apache、SUN 和其他一些公司及个人共同开发而成。由于有了 SUN 的参与和支持，最新的 Servlet 和 JSP 规范总是能在 Tomcat 中得到体现。Tomcat 和 IIS、Apache 等 Web 服务器一样，具有解释处理 HTML 页面的功能。另外，它还是一个 Servlet 和 JSP 容器，独立的 Servlet 容器是 Tomcat 的默认模式。Tomcat 提供了各种平台的版本下载，可以从 http://jakarta.apache.org 下载并使用其任意版本。

3.2.3　中间件与组件技术

中间件是一种位于具体应用和底层系统（包括操作系统、网络协议栈、硬件等）之间的软件。中间件在这个软件体系中所扮演的角色是：连接应用程序和底层软硬件基础设施，协调应用各部分的连接和互操作，使系统开发者能够实现并简化基于各种不同技术的服务组件之间的集成。

中间件技术已经成为分布式软件系统不可或缺的关键基础设施，它同操作系统、数据库系统共同构成了基础软件体系的三大支柱。中间件的作用主要有以下四点：

（1）支持分布式软件（资源）的交互与访问。分布式软件必须包含分布式操作，需要与其他分布软件/服务通信交互，需要访问分布资源。现代操作系统不能解决这些互联、互操作问题，而中间件系统就是要提供高层次的抽象和封装，解决分布软件的通信交互、分布资源的访问问题。

（2）屏蔽异构。网络分布应用面临多种多样的异构问题，要实现分布应用的正确交互，必须有相应的机制解决异构问题，而中间件系统的主要作用就是提供不同层次和方面的抽象机制，屏蔽操作系统、编程语言、通信协议、交互模式和数据编码的异构，提高网络分布应用的互操作性。

（3）提供公共服务。公共服务是对分布式应用共性功能的抽取，其好处在于：一方面共性功能的抽取由中间件进行统一提供，减少了系统开发的工作量；另一方面使得应用开发者更关注业务功能，有助于提高软件质量。

（4）运行管理。中间件就像是交互枢纽、生态环境，它支持网络分布应用的连接交互，支撑网络分布应用的运行。在分布应用的运行期间，中间件需要对其通信能力进行调度，对其计算资源进行管理，对负载进行均衡，对计算进程/线程进行调度等。中间件不仅提供这些管理能力，更重要的是这些管理活动大多是由中间件系统自动进行的，这样就降低了系统管理的复杂度，提高了系统的可靠性。

组件是实现中间件最有效的技术手段。组件规范是关于开发可重用组件及组件间相互通信的一组标准的描述。遵循软件组件规范，通过重用已有的组件，就可以像搭积木一样快速地构造自己的应用程序。

组件技术在开发大型分布式电子商务应用系统中表现出来的卓越性越来越显现，已经成为建立应用框架（Application Framework）和软构件（Software Component）的核心技术，形成了 OMG（Object Management Group，对象管理组）的 CORBA（Common Object Request Broker Architecture）、Microsoft 的 ActiveX/DCOM（Distributed Compound Object Model）和 SUN 公司的 Java/RMI、XML/Web Service 等几项具有代表性的主流技术。

1. CORBA

OMG 是一个 1989 年成立的非营利性国际组织，今天已经是拥有 900 多个机构成员的"议会式"标准化组织，它致力于使 CORBA 成为"无所不在的中间件"。世界上几乎所有最有影响力的计算机公司（如 IBM、Microsoft 和 HP 等）、著名的工商企业（如 Boeing、Citibank 和 FordMotor 等）和大学研究机构都是这个组织的成员。

OMG 制定了包括 CORBA/IIOP、对象服务、公共实施和领域接口的分布对象计算标准规范。遵照这些规范开发出的分布处理软件环境具有良好的通用性，可以在几乎所有的主流硬件平台和操作系统上运行。现在，CORBA/IIOP 已成为 Internet 上实现对象互访的技术标准，OMG 的 IIOP 也已成为许多公司（如 Oracle、Netscape、SUN 和 IBM 等）进行系统集成的基本协议。

2．DCOM/COM+

Microsoft 公司推出的最初仅用于集成 Microsoft 公司办公软件的 ActiveX/DCOM 对象组件模型，目前已发展成为 Microsoft 世界的应用系统集成标准，并集中反映在其产品 ActiveX 中。目前，在支持异构环境中大型分布式电子商务应用开发方面，Microsoft 公司的 DCOM 技术尚不能完全胜任，只有 OMG 的技术能够支持。Microsoft 公司的优势主要表现在应用和市场能力上，从市场策略考虑，为了使 COM 的对象能够与 CORBA 的对象进行通信，Microsoft 公司决定支持 OMG 提出的 OLE/COM 与 CORBA 的互操作标准。因此，OMG 和 Microsoft 公司的分布对象技术在今后若干年内将共存，并在许多方面相互渗透。

3．RMI

由于 CORBA 技术与 Java 技术存在着天然的联系，因此可以说 RMI（Remote Method Invocation，远程方法调用）是分布在网络中的各类 Java 对象之间进行方法调用的一种 CORBA 实现机制。

CORBA 标准中的许多内容（如 IDL 标准、IIOP 标准）是以 OMG 的创始成员 SUN 公司提交的方案为核心制定的。CORBA 与 Java/RMI 的主要区别在于以下两个方面：

（1）Java/RMI 依赖于 Java 语言和 Java 虚拟机，而 CORBA 的重要设计原则是程序设计语言无关性。

（2）Java/RMI 技术使对象能够作为参数在 Internet 上迁移和执行，而 CORBA 2.0 标准中只考虑对象的远程访问，没有对象作为"值"传递的承诺。

CORBA 技术与 Java 技术融合的趋势正是基于这两个技术的天然联系和各自的优势。随着 Java 与 CORBA 技术的融合，后期出现了支持与用非 Java 语言书写的对象进行通信的 RMI-IIOP 协议。这两种协议的实现机制不同，但编写 RMI 程序的过程基本相同，它们都是基于存根（stub）/骨架（skeleton）架构结构。RMI-IIOP 和 JNDI（J2EE 中的目录和名字服务，商务支持平台的基本功能）是实现企业 JavaBean 的技术基础。

4．Web Service

Web Service 主要是为了利用成熟的 Web 技术，通过 SOAP 协议、WSDL 服务描述语言和 UDDI 统一描述、发现和集成协议来实现跨语言（RMI 要求处理两端都是 Java 环境）、跨平台（DCOM 要求处理两端为 Windows 平台，CORBA 要求处理两端为同一个 ORB）和跨网络之间的分布处理与组件应用而制定的一组标准。

3.2.4　EJB 组件规范

1．EJB 组件简介

企业 JavaBeans（EnterpriseJavaBeans，EJB）是由 SUN 公司提出的针对企业应用程序的新的 Java 组件模型。在考虑了商务系统的安全性、资源性、持久性、并发性和事务完整性等要求的基础上，将服务器端的组件和分布式对象技术如 CORBA 和 Java RMI 结合起来，从而大大简化了应用程序开发的任务。为了满足架构目标，EJB 规范中描述了服务器、容器、类和实例、Home 和 Remote 接口及客户端。

SUN 公司对 EJB 的定义是：EJB 是用于开发和部署多层结构的、分布式的、面向对象的 Java 应用系统的跨平台的构件体系结构。EJB 的主要特点如下：

（1）使用 EJB 结构编写的应用程序具有可扩展性、交互性以及多用户安全特性。

（2）应用程序只需要编写一次，便可以在支持 EJB 规范的任意服务器平台上配置。

（3）EJB 定义了 Java Server 端的构件模型，而 EJB 容器（container）是 EJB 组件的一个执行环境，由 EJB 容器来提供服务器端的系统级功能，实现线程管理、交易管理、状态管理和资源共享。

（4）EJB 的客户端使用 RMI（Remote Method Invocation）访问 EJB，而 EJB 也可以通过 IIOP（InternetInter-ORB Protocol）和 CORBA Object 实现互操作。

使用 EJB 开发应用层的优势在于：实现包括操作系统的独立、中介软件层的独立、数据库系统的独立等平台的独立性；缩短了开发的时间，同时节省了 IT 部门的投资；实现了系统的弹性、可重用性和轻便性，并能得到广泛的工业支持；借助 Java 跨平台的优势，用 EJB 技术部署的分布式系统可以不限于特定平台。

2．EJB 与 JavaBeans 的异同

在电子商务应用编程时，Java 是目前受到普遍欢迎和看好的程序设计语言，JavaBean 和 EJB 是广泛使用的技术。JavaBean 是 Java 的组件模型，在 JavaBean 的规范中定义了事件和属性等特性。EJB 也定义了一个 Java 组件模型，但是 EJB 组件模型是不同于 JavaBean 组件模型的。EJB 组件总是分布式的，这是它们与标准 JavaBeans 组件最根本的区别。

JavaBean 提供了基于组件的开发机制，一般 JavaBean 是可视化的组件，也有一些 JavaBean 是非可视化的。在 JavaBean 组件模型中，重点是允许开发人员在开发工具中可视化地开发组件，为此，JavaBean 规范详细地解释了组件间事件登记、传递、识别和属性使用、定制和持久化应用编程接口和语义。但是，EJB 没有用户界面，并完全位于服务器端，它的侧重点是详细地定义了可移植的部署 Java 组件的服务框架模型。EJB 通常不发送和接收事件，因此，其中并未提及事件；属性定制并不是在开发时进行，而是在运行时（实际上是在部署时）通过一个部署描述符来描述，因此，EJB 同样也没有提及属性定制。

EJB 可以由多个 JavaBean 组成，规范详细地说明了 EJB 容器需要满足的需求以及如何与 EJB 组件相互协作。EJB 可以和远程的客户端程序通信，并提供一定的功能。根据规范说明，EJB 是 Client/Server 系统的一部分，如果不与客户端程序交互，EJB 一般不执行具体的功能，而 JavaBean 不一定要用于 Client/Server 系统。EJB 和 JavaBean 的另一个重要区别是 EJB 提供了网络功能。

通常一个标准的 JavaBean 是一个客户端组件，在运行时不能被其他客户机程序存取或

操作。JavaBean 不仅可以用于客户端应用程序的开发，也可以用于非图形化服务器端 Java 应用开发的组件模型。在多层结构的分布式应用中，如果用 JavaBean 创建服务器端应用程序，需要设计整个服务框架，服务框架的实现是非常烦琐的。相比 JavaBean，EJB 的服务框架已经提供，这样便简化了系统的开发过程。

EJB 和 JavaBean 有一些基本相同之处：其一，它们都是用一组特性创建，以执行其特定任务的对象或组件；其二，它们都有从当前所驻留服务器上的容器获得其他特性的能力，这使得 Bean 的行为根据特定任务和所在环境的不同而有所不同。

3.3　数据层及其技术

在电子商务系统中，数据库系统作为数据层的核心，通过数据访问接口与表达层、逻辑层进行交互。数据层的任务主要是负责对数据进行分类、组织、编码、存储、检索和维护等管理工作。

3.3.1　数据库系统

数据库系统是在随着计算机软硬件的发展，计算机越来越多地应用于管理领域，数据规模越来越大，数据共享的要求也越来越强，单靠原有的文件系统越来越不能胜任的背景下应运而生的。

在数据库系统中，数据具有广泛的共享性和高度的独立性。为了提高数据的共享性，能够供所有的应用使用，同时也为了降低冗余度，数据被整合到一个数据库中。为了提高数据的逻辑独立性和物理独立性，数据被组织成三级模式：外模式、模式和内模式，如图 3-6 所示。

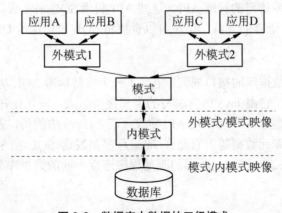

图 3-6　数据库中数据的三级模式

模式即逻辑模式，它是对数据库中全体数据的逻辑结构和特性的描述，是所有用户的公共数据视图，可以看作是装配数据的一个框架而非数据库本身。模式不涉及数据的物理存储细节或硬件环境，与具体的应用程序或程序设计语言无关。外模式是模式的子集，也称为子模式或用户模式，它是数据库用户能够看见和使用的、局部的逻辑结构和特征的描述，与某一应用有关的数据的逻辑表示。一个数据库只有一个内模式，内模式也称为物理模式或存储模式，它是数据物理结构和存储方式的描述，是数据库内部的表示方法。

数据库系统的三级模式是数据的三个抽象级别，使用户能够逻辑地、抽象地处理数据，而不必关心数据在计算机中的表示和存储。数据库系统在这三级之间提供了两层映像——外模式/模式映像、模式/内模式映像，保证了数据和程序之间的逻辑独立性和物理独立性，同时也实现了三级抽象的模式层次之间的联系和转换。上述数据的三级模式和两层映像的实现是由数据库管理系统（DBMS）提供完成的。

利用数据库系统进行数据管理主要具有以下一些特点：

（1）数据组织结构化且面向全组织。

（2）提供数据检索及数据处理等功能。

（3）数据具有较高的独立性。

（4）统一的数据控制功能，包括安全性控制、完整性控制和并发控制。

（5）数据冗余度低，容易扩充。

3.3.2　数据库开发连接技术

数据库访问是电子商务中重要的一项工作，对于数据库访问存在着多种不同的处理方法。下面介绍几种常见的数据库开发连接技术。

1．ODBC

ODBC 是微软公司开放服务结构中有关数据库的一个组成部分，它建立了一组规范，并提供了一组对数据库访问的标准 API。这些 API 利用 SQL 来完成其大部分任务。ODBC 本身也提供了对 SQL 语言的支持，用户可以直接将 SQL 语句送给 ODBC。

2．JDBC

JDBC 是 Java 与数据库的接口规范，定义了一个支持标准 SQL 功能的通用低层的应用程序编程接口（API）。它由 Java 语言编写的类和接口组成，旨在让各数据库开发商为 Java 程序员提供标准的数据库 API。JDBC API 定义了若干 Java 中的类，表示数据库连接、SQL 指令、结果集和数据库元数据等。它允许 Java 程序员发送 SQL 指令并处理结果。通过驱动程序管理器，JDBC API 可利用不同的驱动程序连接不同的数据库系统。

3．ADO

ADO 是一组优化的访问数据库的专用对象集，它为 ASP 提供了完整的站点数据库解决方案，它作用在服务器端，提供含有数据库信息的主页内容，通过执行 SQL 命令，让用户在浏览器页面中输入，更新和删除站点数据库的信息。

3.3.3 数据库智能应用技术

随着网络技术和数据库技术的成熟，商业电子化的趋势为客户提供了便利的交易方式和广泛的选择。电子商务的发展促使公司内部收集了大量的数据，并且迫切需要将这些数据转换成有用的信息和知识，为公司创造更多潜在的利润，数据库智能应用技术应运而生。

本节将介绍电子商务领域涉及的基于因特网的数据仓库技术、联机分析处理技术、数据挖掘技术和知识发现技术等。

1．数据仓库技术

电子商务是以 Web 网络技术和数据库技术为支撑的，其中 Web 数据库技术是电子商务关键性的核心技术。Web 数据库就是能将数据库技术与 Web 技术很好地融合在一起，使数据库系统成为 Web 的重要有机组成部分的数据库，并能够实现数据库与网络技术的无缝有机结合。

Web 数据库技术采用三层或多层的体系结构，如图 3-7 所示，客户机通过 Web 服务器及中间件完成对数据库的访问。基于因特网的数据仓库技术也可采用类似的体系结构，为客户浏览器提供对数据仓库服务器中动态历史性数据的较高级的数据查询、分析服务。

图 3-7　Web 数据库体系结构

企业要在 Internet 环境下实现电子商务，但是电子商务的应用环境非常复杂，所需信息可能分布在不同的地理位置，使用不同的数据组织形式和操作系统平台也可能存在应用方向不同所造成的数据不一致性问题。如何将这些高度分布的数据集中起来并充分利用是亟待解决的问题。建立在异构数据库系统基础上的数据仓库技术便应运而生了。

数据仓库概念始于 20 世纪 80 年代中期，随着人们对大型数据系统研究、管理和维护等方面的深刻认识和不断完善，在总结、丰富、集中多行企业信息的经验之后，对数据仓库给出了更精确的定义，即"数据仓库是在企业管理和决策中面向主题的、集成的、与时间相关的、不可修改的数据集合"。

从以上定义可以看出，数据仓库具有以下特点：

（1）面向主题的。基于传统关系数据库建立的各个应用系统，是面向应用进行数据组织的，而数据仓库的数据是面向主题进行组织的。主题是指在较高层次上企业信息系统中的数据综合、归类并进行利用的抽象。

（2）集成的。对外部的信息进行必要的变换和集成，包括格式转换、消除冲突、运算、总结、综合、设置时间属性和设置默认值。

（3）相对稳定的。反映的是历史信息内容，而不是处理联机数据，每个数据项对应一个特定的时间，需要大量的查询操作，很少进行修改和删除，通常需要定期加载和刷新。

（4）反映历史变化的。数据是从过去某个时间点到目前各个阶段的信息，利用信息对过去的发展历程和未来趋势做出分析和预测。

（5）数据随时间变化。每隔一定时间后，系统要刷新，新的数据经过抽取、转换等集成到数据仓库中，或者对数据进行按时间段综合、按时间片抽样等。

数据仓库的重点与要求是能够准确、安全、可靠地从数据库中取出数据，经过加工转换成有规律的信息之后，再供管理人员进行分析使用。

总之，数据仓库成功应用的第一步应该是转变思维方式。数据仓库并不是针对业务问题的解决方案，而只是解决方案的一个手段。一个完整的解决方案包含着一种文化的变迁，这种变迁是把详细数据作为总体决策过程中的关键组成部分来使用的。

2. 联机分析处理技术

数据处理大致可以分成联机事务处理（On-Line Transaction Processing，OLTP）和联机分析处理（On-Line Analytical Processing，OLAP）两大类。OLTP 是传统的关系型数据库的主要应用，一般是处理基本的、日常的事务。OLAP 是数据仓库系统的主要应用，用户能够从多角度对信息进行快速、一致和交互的存取与分析，从而获得对数据更深层次的了解的一种软件技术，它支持复杂的分析操作，侧重于决策支持，并且提供直观易懂的查询结果。

OLAP 的技术核心是"维"这个概念。维是人们观察数据的特定角度，是考虑问题时的一类属性，属性集合构成一个维，它是一种高层次的类型划分。OLAP 关心维的层次、维的成员，以及维的度量。通过把一个实体的多项重要的属性定义为多个维，能让用户对不同维度上的数据进行比较，因此 OLAP 也可以说是多维数据分析工具的集合。

OLAP 的基本多维分析操作有钻取（Drill-up 和 Drill-down）、切片（Slice）、切块（Dice）和旋转（Pivot）等。通过这些分析操作，用户可以从多角度、多侧面观察数据。钻取是一种通过改变维的层次、变换分析的粒度来分析数据的操作，它包括向上钻取和向下钻取。向上钻取是在某一维上将低层次的细节数据概括到高层次的汇总数据，或者减少维数；向下钻取则相反，它是从汇总数据深入到细节数据进行观察，或增加维度。切片和切块是指在一部分维上选定值后，观察度量数据在剩余维上的分布。如果剩余的维只有两个，则称为切片；如果有三个或三个以上，则称为切块。旋转是指变换维的方向，即在表格中重新安排维的放置（如行列互换）。在数据仓库应用中，OLAP 一般作为应用的前端工具，同时也可以同数据挖掘工具、统计分析工具配合使用，增强决策分析功能。

3. 数据挖掘技术

随着数据库技术和数据库管理系统的不断发展，数据库中存储的数据量急剧增大。在这些大量的数据中隐藏着许多信息，要从数据库或数据仓库中发现并提取这些隐藏的有用信息，就要用到数据挖掘技术。

1）数据挖掘的定义

数据挖掘（Data Mining，DM）是指从大型数据库或数据仓库中提取隐含的、未知的、非平凡的及有潜在应用价值的信息或模式的一种技术。数据挖掘建立在数据库及数据仓库基础之上，它能够自动对数据进行多维分析及归纳性的推理及联想，从中发现内在联系，发掘出潜在的、对预测和决策行为起着重要作用的信息或模式。数据挖掘技术是数据库研究中的一个有应用价值的新领域，它涉及数据库、人工智能、机器学习、神经网络计算与遗传算法和统计分析等多种技术，能够预测将来的趋势和行为，以便更好地支持人们的决策。在数据信息处理的发展阶段中，数据挖掘属于高层次阶段。

2）数据挖掘体系

电子商务是数据挖掘技术最恰当的应用领域，这主要是因为电子商务可以很容易地满足数据挖掘所必需的因素：丰富的数据语言、自动收集可靠的数据，并且可将挖掘的结果转化成商务行为。但是要真正发挥数据挖掘技术在电子商务中的效率，除了充分利用前面讲到的基本方法和合理选择前面讲到的常用工具外，数据挖掘技术必须将事务处理阶段的数据转存到数据仓库中，并与电子商务行为有机结合。电子商务中数据挖掘的体系结构如图 3-8 所示。

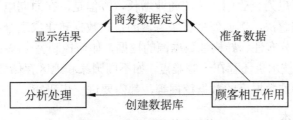

图 3-8　数据挖掘体系结构

该体系由三个主要部分组成：商务数据定义、顾客相互作用和分析处理。与这三个部分相连接的是三个数据转换过程：准备数据、创建数据库和显示结果。

（1）商务数据定义。在该部分，商务客户根据自身的商业规则来确定数据和原数据。这些数据包括商业信息（产品、产品分类、价格）、内容信息（Web 网页的图像和多媒体）以及商业规则。该部分是确定数据和挖掘数据的关键因素。

（2）顾客相互作用。该部分提供了顾客与电子商务的交互行为，该交互行为可能发生在 Web 网站客户服务或通信应用等诸多领域。为了有效地挖掘这些数据源，数据收集不仅包括销售的日志数据，还包括其他顾客行为，如对一个网站的网页浏览。

（3）分析处理。该部分利用数据统计报告、数据挖掘算法、可视化工具以及 OLAP 工具来提供决策支持的交互环境。此部分是系统的最后一环。

3）数据挖掘分析方法

在选择使用某种数据挖掘技术之前，首先要将待解决的商业问题转化成为正确的数据挖掘的任务，然后根据挖掘的任务来选择具体使用以下一种或几种数据挖掘分析方法。

（1）关联规则。在数据挖掘领域中，关联规则应用最为广泛，是重要的研究方向。关联分析是寻找在同一个事件中出现的不同项的相关性，例如在一次购买活动中所买不同商品的相关性。

（2）序列模式。序列模式分析和关联分析类似，它寻找的是事件之间时间上的相关性。例如对股票涨跌的分析，其目的也是挖掘数据之间的联系，但序列模式分析的侧重点在于分析数据间的前后序列关系。

（3）分类和预测。分类要解决的问题是为一个事件或对象归类。预测是根据历史的和当前的数据推测出未来数据的趋势。

（4）聚类。与分类和预测不同，聚类是在没有明确知道类对象分类的情况下进行的，即训练数据中不提供类标记。

（5）孤立点分析。数据库中可能包含一种数据对象，它们与数据的一般行为或模型不一致，这些对象就称为孤立点。在此应用中，如欺骗检测，罕见的事件比正常的事件更值得研究。

随着电子商务发展的势头越来越强劲，面向电子商务的数据挖掘将是一个非常有前景的领域。它能自动预测客户的消费趋势、市场走向，指导企业建设个性化智能网站，带来巨大的商业利润，可以为企业创建新的商业增长点。但是，在面向电子商务的数据挖掘中还存在很多问题急需解决，例如怎样将服务器的日志数据转化成适合某种数据挖掘技术的数据格式，怎样解决分布性、异构性数据源的挖掘，如何控制整个 Web 上的知识发现过程等。另外，数据挖掘技术也还存在一些难点，如不同国家和地区存储数据的语义不一致性、对多媒体数据库等特殊数据库的数据挖掘等，都需要进一步研究。

4．知识发现技术

1）知识发现的定义

知识发现于 1989 年出现，Fayyad 定义知识发现（Knowledge Discovery in Databases，KDD）是从数据集中识别出有效的、新颖的、潜在有用的，以及最终可理解的模式的非平凡过程。KDD 的一个目标就是将数据库中隐含的模式以容易被人理解的形式表现出来，从而帮助人们更好地了解数据库中所包含的有用信息。知识发现是数据库技术和机器学习的交叉学科，数据库技术侧重于对数据存储处理的高效率方法的研究，机器学习侧重于设计新的方法从数据中提取知识。KDD 吸收了这两种技术的优势，利用数据库技术对数据进行前端处理，利用机器学习方法从处理后的数据中提取有用的知识。KDD 是一门涉及不同领域的交叉性学科，不仅与数据库技术和机器学习密切相关，而且还与其他学科有很强的联系，如统计学、数学和可视化技术等。KDD 与数据库报表工具以及机器学习的区别如下：

（1）KDD 和数据库报表工具的区别。KDD 是对数据背后隐藏的特征和趋势进行分析，最终给出关于数据的总体特征和发展趋势，而数据库报表制作工具是将数据库中的某些数据抽取出来，经过一些数学运算，最终以特定的格式呈现给用户。

（2）KDD 和机器学习的区别。KDD 和机器学习分析使用的数据来源是不同的。KDD 是从现实世界中存在的具体数据中提取知识，处理的数据量可能很大，并且数据的完整性、一致性和正确性都必须得到保证，这导致 KDD 中的学习算法的效率和可扩充性显得很重要；而机器学习所使用的数据是专门为机器学习而特别准备的数据。

2）KDD 处理的基本过程

KDD 是一个多步骤的处理过程，在处理过程中可能会有很多次的反复。KDD 处理过程主要包括以下步骤：

（1）数据选择。根据用户的要求从数据库中提取相关的数据，KDD 将主要从这些数据中进行知识提取。在此过程中，可利用数据库提供的操作对数据进行筛选处理。

（2）数据处理。对上一阶段产生的数据进行再加工，检查数据的完整性和一致性并进行相关数据处理工作，同时还要通过投影或数据库操作减少数据量。

（3）确定算法。选择合适的算法来发现用户所要求的知识类型，包括选取合适的模型和参数，并保证知识发现算法与整个 KDD 的评判标准一致。

（4）数据挖掘。运用已确定的知识发现算法，从数据中提取出用户所需要的知识。

（5）知识评价。知识发现的目的就是将发现的知识以用户方便理解的方式呈现出来，这也是知识评价的主要工作。

从上面的过程可以看出，数据挖掘只是 KDD 中的一个步骤，它主要是利用某些特定的知识发现算法，在一定的运算效率的限制内从数据中发现用户所需要的相关知识。数据挖掘是 KDD 中最重要的一步，因此人们往往不加区别地使用 KDD 和数据挖掘。

3.4　电子商务系统集成开发环境

目前，可作为开放式企业应用集成的规范和平台的技术主流有两种，一种是 Microsoft 公司的.NET 平台，其核心规范为 COM+；另一种是 SUN 公司的 J2EE（Java 2 Platform Enterprise Edition）平台，其核心规范是 EJB。

3.4.1　.NET 开发平台

Microsoft .Net Server 服务器应用程序平台是 Microsoft 公司提供的电子商务解决方案的核心，配合 Microsoft 的其他产品和技术，能够为用户提供侧重于软件技术的电子商务解决方案。

Microsoft .Net Server 服务器应用程序平台提供了大量的实施电子商务系统的产品。例如，用于应用程序服务器和网络共享的 Windows 2000 操作系统；用于保存公司产品和客户信息的 SQL Server 2000 数据库；用于商业 Web 站点管理的 Commerce Server 2000；基于数据交换、用于 B2B 管理的 BizTalk Server 2000；用于邮件、无线服务、统一消息管理的 Exchange Server 2000 和 Mobile Internet Service；对应用及其组件进行统一管理、部署、监视的 AppCenter Server 2000。另外，Microsoft 还提供了用于软件开发的 Visual Studio/MSDN 和 Windows CE 开发工具。

Web Services 是.NET 的核心技术。Web Services 是新一代的计算机之间通用的数据传输格式，可让不同运算系统更容易地进行数据交换。

Web Services 具有以下特性：

（1）Web Services 允许应用之间共享数据。

（2）Web Services 分散了代码单元。

（3）Web Services 基于 XML 这种 Internet 数据交换的通用语言，实现了跨平台、跨操作系统和跨语言。

Web Services 扩展了软件重用的概念。程序员不必实现每一个应用程序的所有组件，而只需将注意力放在自己所开发的这一部分上。相反，公司可以购买 Web Services，从而将时间和精力放在产品开发上。面向对象的程序设计方法能让程序员利用预先包装好的组件方便地创建应用程序，同样，程序员可以利用 Web Services 为数据库、安全性、身份验证、数据存储和语言翻译创建应用程序，而无须知道这些组件的内部细节。

当公司通过 Web Services 链接它们的产品时，就出现了一种新的用户体验。例如，通过利用多个公司的 Web Services，一个单独的应用程序就能同时管理账单支付、税金退还、贷款和投资。

3.4.2　J2EE 开发平台

1．J2EE 的概念和功能

J2EE 是开发分布式企业软件应用的平台。Java 语言自诞生以来，经历了大量的扩充和发展。越来越多的技术被融入 Java 平台中，并且不断有新的 API 和标准被开发，以便更好地适应不同的需求。最终，SUN 和一些工业巨头在开放的基础上，将所有企业相关的标准和 API 统一到了 J2EE 平台上。它是一种全新概念的模型，与传统的互联网应用程序模型相比有着不可比拟的优势。当今许多企业都需要扩展他们的业务范围，降低自身经营成本，缩短他们和客户之间的响应时间，这就需要存在一种简捷、快速的服务于企业、合作伙伴和雇员之间的服务。提供这些服务的应用软件必须同企业信息系统（EIS）相结合，并提供新的能向更为广阔的用户提供的服务。这些服务要具备以下的特点：

（1）高可用性。满足现在的全球商业环境。

（2）安全性。保护用户的隐私和企业数据的安全。

（3）可依赖性和可扩展性。保证商业交易的正确和迅捷。

通常这些服务是由分布的应用程序组成的，包括前端数据源和后端数据源以及它们之间的一层或几层，这些中间层提供了把商业功能和数据与 EIS 相结合的功能。这些中间层把客户端从复杂的商业逻辑中分离出来，利用成熟的 Internet 技术使用户在管理上所花费的时间最小化。J2EE 正是降低了开发这种中间层服务的成本和复杂程度，才使得服务可以被快速地展开，并能够更轻松地面对竞争中的压力。

J2EE 通过定义一种标准的结构来实现它的优势，列举如下：

（1）J2EE Application Programming Model，是一种用于开发多层次和瘦型客户用户程序的标准设计模型。

（2）J2EE Platform，是一个标准的平台，用来整合 J2EE 的应用程序，它指定一系列的接口和方法。

（3）J2EE Compatibility TestSuite，是一套兼容测试组件，用来检测产品是否同 J2EE 平台兼容。

（4）J2EE ReferenceImplementation，用来示范 J2EE 的能力。

J2EE 通过定义一种标准的结构来实现它的优势，它为企业应用提供了如下好处：

（1）J2EE 在各种领域内创建了适用于企业计算需要的一系列标准，如数据库连接、企业业务组件、面向信息的中间件、Web 相关组件、通信协议和协同工作等。

（2）J2EE 基于开放的标准，可以使先进的技术更好地发展，保护技术投资。

（3）J2EE 提供开发组件的标准平台，适用于不同的供应商，有效地避免了供应商独立、封闭的局面。

（4）J2EE 缩短了产品投入市场的时间。绝大多数供应商的产品的基础架构或部件都是遵循 J2EE 指定标准而开发，因此，现在的 IT 机构可以摆脱中间件的困扰而专注于自己的业务应用。

（5）J2EE 提高了编程效率。因为 Java 程序员可以在 Java 语言基础上相对容易地掌握 J2EE 技术，因此所有企业软件的开发都可以在 J2EE 平台上使用 Java 作为编程语言来实现。

（6）J2EE 提高了现有不同种类开发环境的协同工作能力。

2．J2EE 应用程序模型

J2EE 使用多层的分布式应用模型，应用逻辑按功能划分为组件，各个应用组件根据它们所在的层分布在不同的机器上，消除了两层应用模型的弊端，从而提供了可伸缩的、易访问的且易于管理的方法。

按多层结构，J2EE 组件和所属层次包括以下四层：

（1）在客户端运行的客户层组件。客户机运行的程序，包括小应用程序、独立运行程序、网页和 JavaBeans 等。

（2）在 J2EE 服务器上运行的 Web 层组件。Web 层包括 Servlet 和 JSP。

（3）在 J2EE 服务器上运行的 Business 层组件。该层的组件为 EJB（Enterprise Java Beans）。

（4）运行在 EIS 服务器上的企业信息系统（Enterprise Information System）层。如果数据库系统运行在该层，可能有专门的数据库服务器，这不同于 J2EE 服务器。

J2EE 应用模型把实现多层结构服务的工作划分为两部分：开发者实现商业和表达逻辑，以及由 J2EE 平台提供标准的系统服务。开发者可以依赖于这个平台为开发中间层服务中遇到的系统及硬件问题提供解决方案。J2EE 应用模型为中间层应用程序提供了编译一次、任意运行（write once，run anywhere）的特点，这种标准模型最小化了培训开发人员的费用。

J2EE 应用程序模型通过在建立多层应用程序中最小化其复杂程度，使简化和加速应用程序的开发迈出了重要的一步。

3．J2EE 框架

Java 技术已经成为系统开发界的主流软件技术，近年来，各种 J2EE 框架技术涌现出来，其中最有名的是 Struts、Spring 和 Hibernate。

1）Struts 框架

Struts 是一个开放源代码的应用框架，它是一种基于 Java 技术的 JSP Web 开发框架，Web 应用程序开发人员通过 Struts 框架即可充分利用面向对象设计、代码重用以及"一次编写、到处运行"的优点。同时，Struts 还提供一种创建 Web 应用程序的框架，对应用程序的显示、表示和数据的后端代码进行了抽象。

Struts 是对 MVC 设计模式的一种实现，从而很好地结合了 JSP、Java Servlet 和 JavaBean 等技术。Struts 框架一般分为表示层、控制层和模型层，主要通过控制、视图以及模型来完成它的工作机制。在 Struts 中，由一个通用的控制组件 ActionServlet 起着控制器的作用。Struts 中的页面输出主要是由 JSP 来控制，它接收到模型数据（ActionForm）中的数据，利用 HTML、Bean 等显示数据。在 Struts 中，主要存在三种 Bean，分别是业务逻辑（Action）、模型数据（ActionForm）、EJB 或者 JavaBean。模型数据用来封装客户请求的信息，由业务逻辑取得模型数据中的数据，再由 EJB 或 JavaBean 来处理。

Struts 作为一种强有力的 Java Web 应用开发框架，必将摆脱 Web 开发的混杂局面以及难以维护的缺点，为开发者带来全新的体验。

2）Spring 框架

Spring 由 Rod Johnson 创建，它是轻量级的 J2EE 应用程序开源框架。Spring 的核心是一个实现了 IoC（Inversion of Control）模式的轻量级容器（container），它的目标是实现一个全方位的整合框架，在这个框架下实现多个既可相互独立也可以使用其他框架方案加以替代的子框架的组合。Spring 有自己的 MVC 框架方案，同时支持 AOP（Aspect-Oriented Programming），并且 Spring 还提供其他方面的整合，如持久层的整合，它的用途也不仅限于服务器的开发。总的来说，Spring 是一个轻量级的控制反转（IoC）和面向切面（AOP）的容器框架。

Spring 框架主要有以下主要特点：

（1）建立在框架内的，对 Java 数据处理 API 和单独的 JDBC 数据源的一般性策略让其在数据处理支持上消除了对 Java 企业版本环境的依赖性。

（2）通过基于 JavaBean 的配置管理，采用 IoC 的原理，特别是对依赖注射技术的使用，减少了各组件间对实施细则的相互依赖性。

（3）和一些可持续性的框架的整合让 Spring 成为一个全方位的应用程序框架。

（4）由于 Spring 支持 AOP，大量的 AOP 框架提供诸如数据处理管理的服务来提高系统的模块。

3）Hibernate 框架

Hibernate 是一个开放源代码的对象关系映射框架，由于它对 JDBC 进行了非常轻量级的对象封装，可以应用于任何使用 JDBC 的场合，因此可以使用对象编程思想来操纵数据库。Hibernate 是一个很成熟的 O/R Mapping 框架，它提供了强大的对象和关系数据库映射以及查询功能。

Hibernate 通过配置文件和映射文件把 Java 对象或持久化对象（Persistent Object，PO）映射到数据库的表格，然后通过操作 PO，对数据表中的数据进行增、删、改、查等操作。Hibernate 配置文件主要用来配置数据库连接参数，如数据库驱动程序、URL、用户名和密码等。Hibernate 映射文件用来把 PO 与数据库中的数据表、PO 之间的关系与数据表之间的关系以及 PO 的属性与表字段一一映射起来。持久化对象（Persistent Object，PO）可以是普通的 JavaBeans/POJO，唯一特殊的是它们正与仅仅一个 Session 相关联。

Hibernate 有五个核心接口，分别为 Configuration、SessionFactory、Session、Query 和 Transaction。通过这些接口，不仅可以对持久化对象进行存取，还能够进行事务控制。这五个核心接口是在任何开发中都会用到的。

3.5　电子商务系统支付技术

3.5.1　电子商务网上支付系统概述

电子商务支付系统是电子商务交易的核心，设计、构建一个安全、可靠、方便且实用的电子商务支付系统是电子商务交易的关键。

1．网上支付系统构架

电子商务的网上支付系统是融购物流程、支付工具、安全技术、认证体系、信用体系及金融体系为一体的综合系统。它的基本构成包括活动参与的主体、支付方式以及遵循的支付协议等几个部分。活动参与的主体包括客户、商家、银行和认证中心四个部分。电子商务支付系统的基本构成如图 3-9 所示。

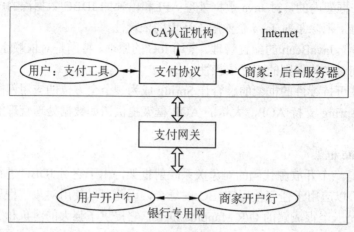

图 3-9　网上支付体系构架

　　活动主体一般包括客户、商家、银行以及相关的认证机构。网上支付系统的构成还包括支付中使用的支付工具以及遵循的支付协议等。电子支付工具主要有信用卡、智能卡、电子现金、电子钱包和电子支票等。电子支付协议是指在电子交易过程中实现交易各方支付信息正确、安全、保密地进行网络通信的规范和约定。目前，在电子支付中常用的安全协议有安全套接层协议（Secure Sockets Layer，SSL）和安全电子交易协议（Secure Electronic Transaction，SET）。一般一种协议针对某种支付工具，对交易中的购物流程、支付步骤、支付信息的加密和认证等方面作出规定，以保证在复杂的公用网中的交易双方能快速、有效、安全地实现支付与结算。

2．电子商务支付系统的功能

　　虽然不同形式的货币会导致不同的支付方式，但安全、有效、便捷是各种支付方式追求的目标。对于一个支付系统而言，它应具有以下功能：

　　（1）对交易双方进行认证。为保证交易的安全进行，电子支付系统必须对参与电子交易各方身份的真实性进行认证。通过认证机构向各参与方发放数字证书，使用数字签名和数字证书证实交易各方身份的合法性。

　　（2）对支付信息进行加密。电子支付系统应能够根据对安全级别的要求，采用对称密钥或公开密钥技术对传输的信息加密，并采用数字信封技术来加强数据传输的安全保密性，防止被未授权的第三方获取真实信息。

　　（3）确保支付信息的完整性。为保护传输的数据完整无误到达接收者，电子支付系统必须能够将原文用数字摘要技术加密后传送给接收者，接收者就可以通过摘要来判断所接收的消息是否被篡改。

　　（4）保证对业务的不可否认性。电子支付系统必须在交易的过程中生成或提供充分的证据，通过使用数字签名技术使发送方不能否认他所发送的信息；使用数字信封技术使接收方不能否认他所接收的信息。这样，当交易出现纠纷时，就能防止交易双方否认已发生的业务。

（5）确保信息的有效性。电子商务作为建立在信用上的交易形式，电子商务活动所传输的数据的有效性将直接关系到各交易方的经济利益和声誉。

3.5.2　电子商务常用支付工具

电子货币是适应人类网络经济时代的需要而产生的一种电子化货币。这种货币从形式上而言，是一种使用电子数据信息、通过计算机网络及通信网络进行金融交易的货币。电子货币是以 Internet 为基础，以计算机技术和通信技术为手段，以电子数据形式存储在计算机系统中，并通过计算机网络系统传递，实现流通和支付功能的货币，所以也称网络货币。

1．信用卡

信用卡是网络银行的重要支付工具，也是一种重要的、广泛应用的电子支付工具。

电子商务开展的必要条件是，必须具备在素不相识的交易对象之间可以使用的、能够即时支付购物款的结算方法。这是因为站在商家的立场，如果无法确认买家的信用程度，就不能确保收回货款，也就难以提交商品或信息。在使用网上信用卡结算时，由于处于商家和顾客之间的信用卡发行机构能保证对于购物款的支付，商家就能放心地即时回应和满足顾客的购物要求。

由信用卡进行的结算，由于第三者即信用卡的发行者的介入，虽然结算关系复杂化，但是买卖双方之间仅仅需要提交信用卡号（以及卡的有效期等）等简单信息，即可完成结算的必要手续。信用卡号等信息的交换，可以不通过物理媒体传递，而使用电子方式交换。因此，电子货币首先在信用卡的应用方面迈向实用化，同时信用卡的含义也变得更加宽泛。从广义上理解，凡能够为持卡人提供信用证明，提供购物、消费或特定服务支付的特殊卡片均可称为信用卡，如贷记卡、借记卡和储蓄卡等。从狭义上理解，信用卡有以下几个要素：能够为持卡人提供信用证明；必须有一定的信用额度；必须支持先消费后付款。

2．电子现金

电子现金（E-Cash）也称数字现金，是一种以电子数据形式流通的货币。数字现金可以在互联网上自由流通，成为网上商品交换的支付手段。这种数字现金应该是一种隐形货币。它把现金数值转换成为一系列的加密序列数，通过这些序列数来表示现实中各种金额的币值。用户在开展电子现金业务的银行开设账户并在账户内存钱后，就可以在接受电子现金的商店购物了。

电子现金的表现形式有两种：基于卡介质的电子现金和纯电子形式的电子现金。基于各种卡介质的电子现金主要用于现实交易中的支付，近些年来随着 IC 卡的发展，其应用也越来越广泛。基于卡介质的电子现金通常使用电子钱包形式的 IC 卡作为媒介，无须密码，主要用于小额交易，持卡人每次使用时，由终端机从卡上直接划钱，卡中的现金金额用完时，还可以向卡中追加所需金额。纯电子形式的电子现金以电子形式存储并通过网络完成支付。

随着电子商务的发展，电子现金已广泛应用于网上支付，特别适用于涉及个体的、小额网上消费的电子商务活动。电子现金具有以下优点：

（1）成本低。电子现金的发行成本、交易成本都比较低，而且不需要运输成本。

（2）匿名性。电子现金在制作过程中使用了盲签名技术，保证了电子现金的匿名性，并且在使用电子现金进行网上支付的过程中，无须银行的直接参与，这使得电子现金具有类似纸币的匿名和不可追踪的特征，可以直接转让给别人使用，并且保护了使用者的个人隐私。

（3）方便性。电子现金完全脱离实物载体，使得用户在支付过程中不受时间、地点的限制，使用更加方便。

（4）安全性。电子现金是高科技发展的产物，它融合了现代密码技术，提供了加密、认证和授权等机制，只限于合法人使用，能够避免重复使用。

3．电子支票

电子支票是采用电子技术完成纸质支票功能的电子货币。这种支付方式必须由第三方来证明这个支付是有效和经过授权的。支票一直是银行大量采用的支付工具之一。将支票改变为带有数字签名的报文或者利用数字电文代替支票的全部信息，这种支票就是电子支票。

电子支票交易的过程可分为以下几个步骤：

（1）消费者和商家达成交易协议并选择使用电子支票支付。

（2）消费者通过网络向商家发出电子支票，同时向银行发出付款通知单。

（3）商家通过验证中心对消费者提供的电子支票进行验证，验证无误后将电子支票送交银行索付。

（4）银行在商家索付时，通过验证中心对消费者提供的电子支票进行验证，验证无误后即向商家兑付或转账。

在电子支票的处理过程中，买方通过电子邮件或者电子数据交换方式将支票发送给卖方，电子邮件或电子数据交换程序将支票送至第三方的在线计算机系统，我们称之为服务器，其中包含确认支票所需要的信息。服务器将存款支票发送到卖方银行，卖方银行像对处理普通支票一样进行处理。电子支票除具有方便、容易使用的优势外，而且还有以下几个优点：

（1）降低成本。电子支票非常适合现存的银行系统，它使得整个支票处理过程自动化与网络化，极大地降低了银行的处理成本。

（2）安全可靠。电子支票则通过使用数字证书、数字签名、各种加密技术以及唯一电子支票号码检验技术使其更加安全可靠。

（3）减少风险。在线的电子支票可在收到支票时验证出票者的签名、资金状况，避免了收到传统支票时发生的无效和空头支票现象，减少了风险。

4．电子钱包

电子钱包是用户在网上购物过程中常用的一种支付工具，它是进行安全电子交易并储存交易记录的软件。电子钱包一般由电子钱包用户端和电子钱包服务器组成。电子钱包用户端软件安装在用户的计算机上，它通常被设计为浏览器的一个插件（从电子钱包支持银行或商家下载）。该用户端软件负责与发卡行的电子钱包服务器进行通信，接收用户输入的 SET 购买指令，并将指令安全地传送到发卡行电子钱包服务器上，再将执行结果安全地取回并显示给用户。用户也可以通过该用户端软件查看和管理存储在电子钱包服务器上的账号信息、交易历史记录。电子钱包服务器安装在银行或第三方金融机构，它为多个用户提供了有关账号管理、历史交易记录管理及支付处理的服务。目前，世界上有许多电子钱包服务系统，如 VISA cash 和 Mondex 电子钱包服务系统。

在使用电子钱包时，将有关的应用软件安装到网络贸易服务器上，利用电子钱包服务系统就可以把自己的各种电子货币或电子金融卡上的数据输入进去。在发生收、付款时，如果顾客用电子信用卡付款，如用 VISA 卡或者 MasterCard 卡等，顾客只简单地操作即可完成。

在电子钱包内可以装入电子现金、电子信用卡等。电子钱包提高了购物的效率，用户选好商品后，只要点击自己的钱包就能完成付款过程。电子钱包帮助用户将所需信息自动输入到收款表里时，不需要电话确认、签名和密码，就可以用来支付货款，加速了购物的过程。

3.5.3　电子商务系统支付安全协议

1．SSL 协议

SSL 协议是国际上最早应用于电子商务的一种安全协议，也是目前安全电子交易支付中使用最多的协议之一，它被许多世界知名厂商的网络产品所支持，如 IE 和 Netscape 浏览器，IIS、Netscape Enterprise Server 和 Apache 等 Web 服务器。

1）SSL 协议的运行原理

SSL 协议运行在传输层之上、应用层之下，它与应用层的协议无关，在应用层协议通信之前就已经完成了加密算法、通信密钥的协商以及通信双方的认证工作，为应用层提供了安全的传输通道。高层的应用层协议（如 HTTP、FTP、TELNET 等）可以透明地建立于 SSL 协议之上，应用层协议所传送的数据都会被加密，从而保证了通信的机密性。

SSL 协议中有两个重要的概念：SSL 连接和 SSL 会话。SSL 连接提供恰当类型服务的传输，它是短暂的点对点的连接关系，每个连接都与一个会话相联系，在任何一对交互实体之间可能存在多个安全连接。SSL 会话是用户和服务器之间的关联，会话通过握手协议来创建。会话定义了加密安全参数的一个集合，该集合可以被多个连接所共享。会话可用来避免为每个连接进行繁重的新安全参数的协商。一个 SSL 会话可以包括多个安全的连接，而实体可以同时有多个会话。每个会话存在一组状态。一旦建立了会话，就可以将当前的操作状态用于读和写。另外，在握手协议期间，创建了挂起读和写状态。一旦握手协议成功，挂起状态就变成当前状态。

2）SSL 协议的主要功能

SSL 协议主要有以下三个方面的功能。

（1）加密以隐藏被传送的数据：SSL 所采用的加密技术既有对称密钥加密技术，也有公开密钥加密技术。用户机与服务器在安全通道中传输的所有信息都将经过加密处理，网络中的非法窃听者所获取的信息都将是无意义的密文信息。

（2）保护传送数据的完整性：SSL 利用信息验证码（Message Authentication Codes，MAC）机制来保证信息的完整性，可以保证所有经过 SSL 协议处理的业务在传输过程中完整准确地到达目的地，避免用户机和服务器之间传输的信息受到破坏。

（3）用户和服务器的合法性认证：为了验证证书持有者是其合法用户而不是冒名用户，SSL 协议要求证书持有者在握手时相互交换数字证书，通过验证来保证对方身份的合法性，确保通信数据被发送到正确的用户机和服务器上。这样利用数字证书技术和可信任的第三方认证，便可以让用户机和服务器相互识别对方的身份。

3）SSL 协议的体系结构

SSL 协议被设计成一种可靠的端到端的安全服务。SSL 协议不是单个协议，而是二层协议，上层是被封装的协议，即 SSL 握手协议、SSL 修改密文协议、SSL 报警协议和 SSL 应用数据协议；下层是 SSL 记录协议，用于封装不同的上层协议，为不同的更高层协议提供基本的安全服务。SSL 握手协议和 SSL 记录协议是两个最主要的协议。

（1）SSL 握手协议。SSL 握手协议位于 SSL 记录协议之上，被 SSL 记录协议封装，允许服务器和用户机在传送数据信息前交换 SSL 协议版本信息，相互认证、协商加密算法和密钥，用户机提出自己能够支持的全部加密算法，服务器选择最适合它的算法，这样来保护在 SSL 记录中传送的数据。握手协议是在所有数据信息传输之前使用的。

（2）SSL 记录协议。SSL 握手协议结束后，实际的数据传输是通过 SSL 记录协议来实现的，所有的 SSL 通信包括握手消息都要使用 SSL 记录。在 SSL 协议中，所有的传输数据都被封装在 SSL 记录中。SSL 记录是由记录头和长度不为 0 的记录数据组成的。SSL 记录头可以是两个或三个字节长的编码，包括记录头的长度、记录数据的长度以及记录数据中是否有附加数据。

SSL 的记录数据包含三个部分：MAC 数据、实际数据和附加数据。其中，MAC 数据用来检查数据的完整性；附加数据用来在使用分组加密算法时填充实际数据，使明文长度为分组长度的整数倍。

SSL 记录协议是通过将数据流分割成一系列的片段并加以传输来工作的，在传输过程中对每个片段单独进行保护和传输，由接收方对每条记录单独进行解密和验证。在传输片段之前，为了防止数据被篡改，通过计算数据的 MAC 来提供完整性保护，然后将 MAC 与片段一起进行传输，由接收方加以验证。

2．SET 协议

为了避免 SSL 协议在应用中存在的一些安全风险，以保护商家和用户等电子支付参与方的隐私信息及各方真实身份的认证，一个更新的电子支付安全协议诞生了，这就是 SET 协议。

1）SET 协议概述

SET 协议采用公开密码体制和 X.509 数字证书标准，通过公开密钥加密、数字签名和数字证书等核心技术，解决了用户、商家和银行之间通过信用卡支付时支付信息的保密性和完整性、支付过程的安全性，以及商家和持卡人身份的合法性等问题。由于 SET 协议设计合理，目前已成为事实上的安全协议标准。

2）SET 协议解决的主要问题

（1）解决多方的认证问题。不仅实现了对用户的信用卡认证，还通过使用数字证书实现了用户、商家、银行间的相互认证。

（2）通过对信息摘要的检验，保证了信息的完整性。

（3）通过验证对方的数字签名来确认消息确实是对方发送的，保证了交易的不可否认性。

（4）通过双重签名技术实现订单信息和个人账号信息的隔离。当持卡人将包含持卡人账号信息的订单发送给商家时，商家只能看到订货信息，而看不到持卡人的账户信息；类似地，银行只能看到相关的支付信息，看不到订货信息。

（5）提供一个开放式的标准，规范协议和消息报文格式，使不同厂家开发的软件具有兼容性和互操作功能，可在不同的软硬件平台上运行。

3）SET 协议的体系结构

基于 SET 协议的电子支付系统主要由持卡人、商家、客户开户银行、商家开户银行、支付网关和认证中心（CA）六大部分组成。

（1）持卡人。持卡人即消费者，通过 Web 浏览器或客户端软件购物，通过由发卡机构颁发的支付卡（信用卡、借记卡等）进行结算。持卡人必须能够上网，还必须到发卡银行申请一套 SET 交易的持卡人软件（也被称为电子钱包），还要在认证中心注册登记，获得数字证书，然后才能采用基于 SET 协议的电子支付手段来购物。在持卡人和商家的交易支付过程中，SET 协议可以保证持卡人的个人账号信息不被泄露给商家，从而保证支付信息的保密性。

（2）商家。商家为持卡人提供商品或服务，也必须先到可以接受网上支付业务的信用卡收单银行开设账户，并去认证中心申请数字证书。

（3）客户开户银行。客户开户银行为持卡人开设账户，并发放支付卡，保证对每一笔认证交易的支付。

（4）商家开户银行。商家开户银行为商家开设账户，并且处理支付卡的认证和支付。在支付过程中，客户开户银行和商家开户银行之间进行支付授权和账户结算，客户开户银行和商家开户银行可以是同一银行。

（5）支付网关。银行的业务系统大都建立在封闭的安全数据网络之上，资金的清算都是在这个金融专用网络上进行的。在电子商务中，如果资金从开放的互联网进入这一封闭的金融专用网络，中间必须有一套专用系统把从互联网上传来的信息翻译成后端系统所能接受的信息，以使两套互不兼容的信息模式在切换时的安全性得到保证，这一套专用系统就是支付网关。支付网关是连接互联网与金融专用网络的接口。支付网关也需要去认证中心申请数字证书，它将 Internet 上的传输数据转换为金融机构的内部数据，一般可由信任的第三方来处理商家的支付信息和持卡人的支付指令。

（6）认证中心（CA）。认证中心是为持卡人、商家和支付网关颁发并管理数字证书的可信任的第三方，虽然不参与 SET 的支付流程，但它在 SET 支付中起了至关重要的作用，各参与方正是通过查看对方的数字证书来确定对方的身份的。

3．SET 协议与 SSL 协议的比较

SET 协议和 SSL 协议的区别大致体现在以下六个方面。

（1）用户方面。SSL 协议已被浏览器和服务器内置，无须安装专门软件，也不用申请数字证书；而 SET 协议要在用户端安装专门的电子钱包软件，在商家服务器和金融专用网络上也需安装相应的软件，还必须向交易的各方发放数字证书，而且只适用于 B2C 模式的信用卡交易。这使得 SET 比 SSL 的使用成本要高得多，推行起来阻力大，也限制了 SET 协议的发展。

（2）效率方面。SET 协议非常复杂、庞大，处理速度慢，系统负载重，通常需要较长时间；而 SSL 协议则简单得多，整个交易过程仅需几秒钟，工作效率要比 SET 协议高很多。

（3）认证方面。SSL 协议不能实现多方认证，而且 SSL 协议中只有商家服务器的认证是必需的，用户端认证则是可选的；相比之下，SET 协议的认证要求较高，所有参与的成员都必须申请数字证书，并且解决了用户与银行、用户与商家、商家与银行之间的多方认证问题。

（4）协议层次方面。SSL 位于传输层和应用层之间，可以很好地封装应用层的数据，对用户是透明的；SET 协议则位于应用层，对网络上其他各层也有涉及，规范了整个商务活动的流程。

（5）应用层次方面。SSL 协议是面向连接的，但它只是简单地建立起了通信双方的安全连接，运行在 SSL 协议下的支付系统只能与 Web 服务器捆绑在一起；而 SET 协议是一个多方的报文协议，它定义了持卡人、商家和银行之间必须遵守的报文规范。SET 报文能够在银行内部网或者其他网络上传输，它不仅能加密两个端点之间的对话，还可以加密和认定三个方面的多个信息，而这是 SSL 协议不能解决的问题。

（6）安全性方面。一般公认 SET 协议的安全性较高，SET 协议采用了公钥加密、数字签名等安全技术，可以确保信息的机密性、完整性和不可否认性，而且 SET 协议采用了双重签名来保证各参与方信息的相互隔离；SSL 协议虽也采用了公钥加密、信息摘要，可以提供机密性、完整性和一定程度的身份验证功能，但缺乏一套完整的认证体系，不能提供完备的防抵赖功能。

3.5.4　电子商务系统支付安全技术

在电子商务的支付过程中涉及许多安全方面的技术，这是构成电子商务系统以及实现电子商务系统功能的重要基础。这里主要介绍与电子商务系统支付相关的数字签名技术、数字证书和电子认证，以及身份认证技术等。

1．数字签名技术

对信息进行加密只解决了电子商务安全中的信息保密性问题，而要防止对信息的篡改和身份确认，就需要采用数字签名技术。数字签名是电子商务安全的一个非常重要的分支，它在大型网络安全通信中的密钥分配、安全认证、公文安全传输以及电子商务系统中的防范等方面具有重要作用。

数字签名技术的基础是应用数学和密码学。数字签名是由签字人使用一对电子密钥来产生的。这两把电子密钥中，一把被称为私钥，另一把被称为公钥，它们是赋予签字人的独一无二的位数很多的号码。签字人通过专用软件用私钥签署发出电子文件，收件人通过专用软件解密，并用签字人的公钥验证收到的电子文件上签名的真实性，同时也确认该文件自发出后没有被更改。这一确认的过程是通过一个具有权威性和公开性、被称为认证机构（Certificate Authority）的中介环节来进行的。简而言之，数字签名就是通过一个单向函数对要传送的消息进行处理得到的用以认证消息来源并核实消息是否发生变化的一个字母数字串。

在电子商务安全系统中，数字签名有着重要的地位，在电子商务系统安全服务中的源鉴别、完整性服务、不可否认服务中都要用到数字签名技术。目前的数字签名技术建立在非对称加密体制基础上，是非对称加密技术的另一类应用。数字签名主要有三种方法：RSA 签名、DSS 签名和 Hash 签名。这三种方法可以单独使用，也可以综合使用。这三种方法都属于常规的数字签名方案，它们具有以下特点：

（1）签名者知道所签署的消息的内容。

（2）任何人只要知道签名者的公开密钥，就可以在任何时间验证签名的真实性，不需要签名者"同意"。

（3）具有基于某种单向函数运算的安全性。

但在实际应用中，为了适应各种不同的需求，可能要放宽或加强上述特征中的一个或几个，甚至添上其他安全性特征。下面是几种可以满足某种特殊需求的专用数字签名。

（1）带有时间戳的签名方案（Digital Timestam Ping System）。它将不可篡改的时间信息纳入数字签名方案。带有时间戳的签名方案应该具有下列三条性质：

① 数据本身必须有时间标记，而不用考虑它所用的物理媒介。

② 不存在改变文件的一个比特而文件却没有明显变化。

③ 不可能用不同于当前日期和时间的日期和时间来标记文件。

（2）代理签名（Agent Signature Scheme）。它是指用户由于某种原因指定某个代理代替自己签名。这种代理具有以下特性：

① 可区别性。任何人都可区别代理签名和正常的签名。

② 不可伪造性。只有原始签名者和指定的代理签名者能够产生有效的代理签名。

③ 不可否认性。代理签名者不能否认由他建立且被认可的代理签名。

④ 可验证性。从代理签名中，验证者能够相信原始的签名者认同了这份签名消息。

⑤ 可识别性。原始签名者能够从代理签名中识别代理签名者的身份。

⑥ 代理签名者必须创建一个能检测到是代理签名的有效代理签名。

（3）团体签名，又称小组签名方案（Group Signature Scheme）。一个小组中的任一成员都可以签署文件，验证者可以确认来自该小组，但不知道是小组的哪一名成员签署了文件。如果出现争议，签名能够被"打开"，以确认签名者的身份。

（4）不可否认签名方案（Undeniable Signature Scheme）。它是在签名和验证之外添上"抵赖协议"（Disavowal Protocol），即仅在得到签名者的许可号后才能进行验证。

（5）指定确认者签名方案（Designated Confirmer Signature Scheme）。它是指由某个指定的人员自行验证签名的真实性，其他任何人不能验证签名（除非得到该指定人员或签名者的帮助）。

2．数字证书和电子认证

数字证书是构建电子商务认证系统的重要技术，它的作用类似于现实生活中的身份证，由一个权威机构发行的标志在网络通信中通信各方身份信息的一系列数据。

认证是以特定的机构，对签名及其签署者的真实性进行验证的具有法律意义的服务。与电子签名一样，电子认证也是电子商务中的安全保障机制。但两者的具体功能是有所不同的，电子签名侧重于解决身份辨别与文件归属问题，使数据信息不被否认或者篡改，主要是技术手段上的保证；而电子认证侧重解决的是交易人的可信度问题，主要应用于交易关系的信用安全方面，是一种组织制度上的保证。

电子认证，从根本上说是一种服务，其通过对交易各方的身份、资信进行认定，对外可以防范交易当事人以外的人故意入侵而造成风险，从而防止欺诈的发生；对内则可防止当事人的否认，以避免当事人之间的误解或抵赖，从而减少交易风险，维护电子交易的安全，保障电子商务活动顺利进行。

电子认证一般采用数字证书来实现，它是由权威的认证机构（Certificate Authority，CA）产生，功能和个人身份证一样，用来解决网络上的身份问题。认证机构是提供身份验证的第三方机构，由一个或多个用户信任的组织实体构成。认证机构核实某个用户的真实身份以后，签发一份报文给该用户，以此作为网上证明身份的依据，这个报文称为数字证书。电子证书能够起到标识交易方的作用，是目前电子认证广泛采用的技术之一，一般用户和商家交易前都使用数字证书证实自己的身份。

3．身份认证技术

身份认证技术的目的是确保网络资源按照企业的安全策略被正确的用户访问。这项技术的应用实际上是在网络资源和用户之间建立了某种受信任的访问控制矩阵。它与数字签名等不同，前者侧重于识别和判定用户的身份，防止用户身份的伪造；而后者则侧重于如何保证网络的资源被正确的用户按正确的方法使用。

简言之，身份认证就是鉴别互联网上用户身份的真实性，并保证通信过程的不可抵赖性和信息的完整性。在许多时候，通过认证机构所进行的信息认证比信息保密更为重要。认证机构或信息服务商提供的认证具有以下功能：

（1）保证信息源的可信性。保证信息的来源是可信的，即信息的接收者能够确认所获得的信息不是由假冒者所发出的。

（2）保证信息的完整性。保证信息在传输过程中保持了完整，即信息接收者能够确认所获得的信息在传输过程中没有被修改、替换和延迟。

（3）保证信息收发过程的不可抵赖性。保证信息发送者不能否认自己所发出的信息，同时信息接收者也不能否认已经收到了信息。

在网络世界中认证手段与真实世界中是一致的，为了达到更高的身份认证安全性，通常需要多种认证手段相结合使用。以下是在电子商务中常见的认证手段：

（1）静态密码。静态密码通常是自己设定的，在网络登录时输入正确的密码，计算机就认为操作者是合法用户。

（2）短信密码。这是一种较常见的身份认证手段。一般短信密码以手机短信形式请求包含 6 位随机数的动态密码，身份认证系统以短信形式发送随机的 6 位密码到客户手机上。当客户输入接收到的密码时，便确认了身份信息。

（3）USBKEY。它是一种 USB 接口的硬件设备，内置单片机或智能芯片，可以存储用户的密钥或数字证书，它利用设备内置的密码算法实现对用户身份的认证模式。这是一种近年来发展起来的很安全、方便的身份认证技术，在网上银行上用得比较普遍。

身份认证还有其他很多方法，如动态口令牌和生物识别技术等，此外，可通过双重身份认证技术相结合进行身份验证，以进一步加强身份认证的可靠性。

3.6 电子商务系统安全技术

电子商务系统安全技术主要有防火墙技术、入侵检测技术、数据加密技术、虚拟专用网技术、数据备份与灾难恢复技术等。电子商务系统安全技术对电子商务系统正常、安全运行至关重要。

3.6.1 防火墙技术

防火墙（Firewall）是在企业或商家的内部网和外部网之间构筑的一道屏障，用来保护内部网中的信息、资源等不受来自互联网中非法用户的侵犯。它可以限定源和目标的 IP 地址/地址列，限定源和目标的主机端口，限定 FTP（文件传输协议）、HTTP（超文本传输协议）和 Telnet（远程登录）等对系统的访问，还可根据制定的安全策略对信息进行过滤和限制。防火墙是一种非常有效的网络安全模式，通过它可以隔离风险区域与安全区域的连接，同时不会妨碍用户对风险区域的访问。安装了防火墙，就可以控制、鉴别和隔离各种用户的访问。

防火墙技术就是一种隔离控制技术，在逻辑上，防火墙是一个分离器、一个限制器，也是一个分析器，有效地监控了内部网和互联网之间的所有活动，保证了内部网络的安全。按照防范的方式和侧重点的不同，防火墙可以分为三大类：包过滤型、代理服务器型和监测型防火墙。

（1）包过滤型防火墙。包过滤型防火墙是基于硬件的、最普通的防火墙，适用于简单网络，是面向网络层和传输层的防火墙产品，其技术依据是网络中的分包传输技术。这种方法只需简单地在互联网网关处安装一个数据包过滤路由器，并设置过滤规则以阻挡协议或地址。

（2）代理服务器型防火墙。代理服务器型防火墙面向应用层，通过对应用服务提供代理程序来实现监视和控制应用层的通信流，因此也称为应用型防火墙。代理服务器型防火墙将所有跨越防火墙的网络通信链路分为两个部分，一部分是从外部网络到代理服务器，另一部分是从代理服务器到内部网络，从外部网络只能看到该代理服务器而无法知道内部网的任何内部资源信息。

（3）监测型防火墙。监测型防火墙是第三代网络安全产品，能够对各层的数据进行主动的、实时的监测，在不影响网络正常工作的前提下，采用抽取相关数据的方法对网络通信各层实行监测，并加以分析，从而有效地判断出各层中的非法侵入。同时，这种监测型防火墙产品一般还带有分布式探测器，这些探测器安置在各种应用服务器和其他网络的节点之中，不仅能够检测来自网络外部的攻击，同时对来自内部的恶意破坏也有极强的防范作用。

在电子商务业务活动中，包括网络支付与结算业务在内，商家、银行与用户均需在网络上进行互动，如查询商品信息、填写订单、选择支付方式、提交支付表单、确认支付等，这些活动主要是基于 WWW 方式进行的，所以商家与银行就需要设置对应的业务 Web 服务器，为顾客提供网络服务。为了保证电子支付在内的网络业务能够顺利进行，防火墙与这些业务的 Web 服务器之间就要进行必要的关联设置，以便商家和银行既能利用 Web 服务器对外提供网络业务服务，又能借助防火墙保证内部网络安全。按照防火墙和相应业务的 Web 服务器所处的位置，根据需要有如下两种配置方式：

（1）业务 Web 服务器设置在防火墙之内。将业务 Web 服务器设置在防火墙之内的好处是它可以得到安全防护，不容易被外界攻击，但 Web 服务器本身也不易被外界应用。这种防火墙的作用是创建一个仅能由内部网中的用户访问的"内部网络站点"，仅用于企业面向职员的网络服务的专门站点中。

（2）业务 Web 服务器设置在防火墙之外。将 Web 服务器放到防火墙外面使 Internet 上的所有用户都能够访问业务 Web 服务器。这种配置方式使 Web 服务器不受保护，主要是为了保护内部网络的安全，即使外部攻击者进入了该 Web 站点，内部网络仍然是安全的。虽然防火墙在这种配置中并未对业务 Web 服务器起到一点保护作用，但是可以通过系统软件和操作系统自身的病毒检测和安全控制功能来对 Web 服务器进行保护。

3.6.2　入侵检测技术

入侵，指的就是试图破坏计算机保密性、完整性、可用性或可控性的一系列活动。入侵活动包括非授权用户试图存取数据、处理数据，或者妨碍计算机的正常运行。入侵检测就是对计算机网络和计算机系统的关键节点的信息进行收集分析，检测其中是否有违反安全策略的事件发生或攻击迹象，并通知系统安全管理员。

入侵检测（Intrusion Detection）技术是一种主动保护自己免受攻击的网络安全技术。作为防火墙的合理补充，入侵检测技术能够帮助系统对付网络攻击，扩展了系统管理员的安全管理能力（包括安全审计、监视、攻击识别和响应），提高了信息安全基础结构的完整性。一般把用于入侵检测的软件、硬件合称为入侵检测系统（Intrusion Detection System，IDS）。入侵检测系统主要执行如下任务：

（1）监视、分析用户及系统活动。

（2）系统构造和弱点的审计。

（3）识别和反映已知进攻的活动模式并向相关人士报警。

（4）异常行为模式的统计分析。

（5）评估重要系统和数据文件的完整性。

（6）操作系统的审计跟踪管理，并识别用户违反安全策略的行为。

一个成功的入侵检测系统，不仅可使系统管理员时刻了解网络系统（包括程序、文件和硬件设备等）的任何变更，还能给网络安全策略的制定提供依据。它应该管理和配置简单，使非专业人员非常容易地获得网络安全信息。入侵检测系统在发现入侵后，会及时做出响应，包括切断网络连接、记录时间和报警等。

入侵检测系统被认为是防火墙之后的第二道安全闸门，在不影响网络性能的情况下能对网络进行监测。它可以防止或减轻上述的网络威胁。

3.6.3 数据加密技术

数据加密技术就是对信息进行编码和解码的技术，数据编码过程就是把原来的可读信息（明文）译成不能直接读的代码形式（密文），数据解码过程就是把不能直接读的代码形式（密文）译成原来可直接读的信息（明文）。因此，编码和解码过程互逆。它是实现数据保密性的重要措施之一，其目的是防止合法接收者之外的人获取信息系统的机密信息。在电子商务系统中，为了保护数据在传输过程中的安全，需要对数据进行加密，加密前的普通数据称为明文，加密后的数据称为密文。采用一定的加密方法对数据进行加密后，即便在传输过程中被他人窃取了密文，但由于不知道解密的方法，也很难知道数据所代表的准确含义。数据传输加密是对信息传输过程中的数据流加密，常用的手段如下。

1．"线路到线路"的加密方法

线路到线路加密又称为物理层的加密，其目的是对物理线路中不安全的信道采取保护措施，这种加密方法主要是实现两个相邻的网络节点之间在线路上进行传输的数据加密，侧重在线路上，是对保密信息通过各线路采用不同的加密密钥提供安全保护。

2．"节点到节点"的加密方法

节点到节点加密提供源节点到目的节点的数据加密保护。在线路到线路加密方式中，如果存在中间节点，信息在中间节点内以明文形式出现，而节点到节点加密在每对节点间采用一个共同的密钥进行数据的加密处理，使数据在通过中间节点时仍以密文形式出现，到达目的节点时再还原成明文。

3．"端到端"的加密方法

端到端加密是指信息由发送者端自动加密，并进入 TCP/IP 数据包回封，然后作为不可阅读和不可识别的数据穿过互联网，这些信息一旦到达目的地，将被自动重组、解密，成为可读数据。端到端加密提供了对源用户端数据的连续保护，发方节点加密的密文到收方节点之间不进行解密处理。

目前，加密技术分为两类，即对称加密和非对称加密。相关的加密算法有代表性的主要包括 DES、TripIeDES、RC2 和 RC4、IDEA、RSA、IDEA、Diffie-Hellman、DSA、SHA、SHA-1 和 MD5 等。

3.6.4　虚拟专用网技术

作为一种安全电子商务技术，VPN 技术越来越受各类企业的欢迎。虚拟专用网络（Virtual Private Network，VPN）技术是一种网络连接新技术。VPN 技术利用公用网络可以对企业内部专用网络进行远程连接，从而实现不同网络之间的资源共享。它既能利用 Internet（或其他公共网络）的开放性、便利性、普及性和低成本，发展可扩展的电子商务，又能提供与专用网络一样的私密性与安全性。

与其他网络连接方式不同，VPN 使用建立在公用网络基础上的"隧道"作为传输介质或传输通道。VPN 利用 Internet 或其他公共互联网络的基础设施为用户创建"隧道"，并提供与专用网络一样的安全和功能保障，因此可以把 VPN 定义为"以身份认证、数据加密和密钥交换技术为基础，在开放的公共网络上建立安全专用隧道的网络"。虽然 VPN 通信建立在开放的互联网络的基础上，但是用户在使用 VPN 进行通信时感觉如同在使用专用网络，所以叫虚拟专用网络。

当前，Internet 已经深入到社会生活的各个方面，为社会经济活动创造了一个无比广阔的空间，电子商务正在飞速发展。VPN 技术把企业的内部网络向 Internet 上延伸，通过加密隧道，在用公网传送内部专网的内容的同时，保证内部数据的安全性，从而实现企业总部与各分支机构之间的数据、语音、视频等互通。现在，不但大部分世界 500 强企业早已把 VPN 作为连接它们在各国的分支机构和移动员工的主要手段，而且我国国内众多企业也纷纷采用这种方式，并逐渐开始实施构建以 VPN 技术为基础的企业虚拟业务网。

VPN 在不安全、不可信任的公共互联网络上实现端到端的连接，却要给用户提供一种私人专用的效果，因而它的首要任务是解决安全性问题。VPN 的安全性要求可通过隧道技术、用户认证、数据加密和密钥管理得以实现。

（1）隧道技术。隧道技术是通过互联网络基础设施在网络间传递数据的一种方式。其基本过程是：使用隧道传输的数据包在隧道的一端被重新封装到新的包头中发送。新的包头提供了路由信息，被封装的数据包通过互联网络到达隧道的另一端并被解包。这将在一定程度上防止数据包在传输中被截获或打开。

（2）用户认证。作为一种私用网络，只有得到授权的用户才能访问 VPN 网络。VPN 还能够验证用户的合法性，并提供日志和审计功能，以便及时发现和处置非法入侵和越权访问。

（3）数据加密。通过公共互联网络传递的数据无法保证不被中途截获。经过加密，可确保信息不被未授权用户读取。连接分支机构的 VPN，一般都应运用加密技术来保护敏感信息。

（4）密钥管理。高强度的数据加密依赖于可靠的密钥管理。可靠的密钥不应是固定不变的，VPN 方案应能生成和更新客户端、服务器端的加密密钥。

3.6.5　数据备份与灾难恢复技术

数据备份的重要性往往被人们所忽视。事实上，只要发生数据传输、数据存储和数据交换，就有可能产生数据故障。这时，如果没有采取数据备份和数据恢复的手段与措施，就会导致数据的丢失，有时造成的损失是无法弥补和无法估量的。

1．数据备份

常见的数据备份有数据库备份和个人数据备份两种。数据备份不仅是简单的文件复制，在多数情况下是指数据库备份。

数据库备份是指对整个数据库结构和数据进行复制，以便在数据库遭到破坏时能够恢复数据库。备份的内容不仅包括用户的数据库内容，而且还包括系统的数据库内容。

个人数据备份主要指对个人计算机硬盘中的数据进行备份。存储在个人计算机中的数据可能会因为各种原因而被损坏，因此，定期备份个人数据可以预防数据故障或失效的发生，节约数据恢复所需的时间和金钱。

进行数据备份的必要性主要体现在防范数据故障和防范系统失效两个方面。数据故障的形式多种多样。通常，数据故障可划分为系统故障、事务故障和介质故障三大类。在信息的收集、处理、存储、传输和分发中经常会出现一些问题，其中最值得我们关注的就是系统失效。系统失效会导致数据丢失或遭到破坏，后果非常严重。

数据备份有多种类型，应根据不同的情况选择最合适的备份方法。如按备份的数据量划分，有完全备份、增量备份、差分备份与按需备份四种。在备份工具的选择上还应根据企业或个人的需要选择不同的备份工具。

2．灾难恢复

灾难恢复是指在发生灾难性事故时，能利用已备份的数据或其他手段，及时对原系统进行恢复，以保证数据的安全性以及业务的连续性。对于一个计算机业务系统，一切引起系统非正常停机的事件，我们都可称之为灾难。因此，无论是台风、洪水、地震、雷击等自然灾害，还是火灾、塌方、供电故障等意外事故，抑或是网络故障、机器故障、软件故障、病毒等系统问题，还有各种人为的误操作，甚至是机房洗手间漏水，只要导致系统被破坏或停机，都可称为数据灾难。

通常情况下，在遇到数据灾难后，系统管理员想要恢复系统至少需要进行下列几个步骤：恢复硬件；重新装入操作系统；设置操作系统（驱动程序设置、系统、用户设置）；重新装入应用程序，进行系统设置；用最新的备份恢复系统数据。即使一切顺利，这一过程至少也需要 2～3 天时间。这么漫长的恢复时间对现代企业来说几乎是不可忍受的，将严重损害企业的经济效益和信誉。如果系统管理员采用系统备份措施，那么灾难恢复将变得相当简单和迅速。系统备份与普通数据备份的不同在于：系统备份不仅仅备份系统中的数据，还备份系统中安装的应用程序、数据库、用户设置和系统参数等信息，从而可以在需要时迅速恢复整个系统。

系统备份方案中必须包含灾难恢复措施，灾难恢复同普通数据恢复的最大区别在于：在整个系统都失效时，用灾难恢复措施能够迅速恢复系统而不必重装系统。这就需要备份系统。需要注意的是，备份不等于单纯的复制，因为系统的重要信息是无法用复制的方式备份下来的，而且管理也是备份的重要组成部分，管理包括自动备份计划、历史记录保存、日志管理、报表生成等，没有管理功能的备份，不能算是真正意义上的备份，而单纯的复制并不能承担这一任务。同时，在网络环境中，系统和应用程序的安装并不是那么简单，因此，最有效的方法是对整个网络系统进行备份。

灾难恢复与数据备份密不可分，数据备份是灾难恢复的前提和基础，而灾难恢复是在数据备份的基础之上的具体应用。

灾难恢复策略决定了所需要采取的数据备份策略，与数据备份策略有紧密的联系。数据备份考虑的是要确保备份所要保存的所有区域、所有类型的数据，而灾难恢复策略考虑的是当数据灾难发生时，如何使这些数据和拥有数据的系统能够及时被恢复。灾难恢复策略在整个备份制度中占有相当重要的地位，因为它关系到系统在经历灾难后能否迅速恢复。同时，灾难恢复策略也应该依据数据备份的情况来制定，如备份所采用的存储介质、使用的软硬件产品，都是制定灾难恢复策略时需要考虑的因素。

本章小结

- 电子商务系统的三层结构体系包括商务表达层、商务逻辑层和商务数据层。
- 电子商务系统开发平台主要有.NET 开发平台和 J2EE 开发平台。开发者还可以根据自身需要搭建经济适宜的开发平台。
- 商务表达层主要涉及静态网页、动态网页、客户端脚本和服务器端脚本等相关技术内容，这些技术都是电子商务系统开发的基础。商务逻辑层主要涉及应用服务器、中间件和组件技术等内容，它处于电子商务系统构架的核心地位，电子商务中的大部分功能都是在这里实现的。通过使用现成的中间件软件包，借助组件调用技术就可以搭建一个具备绝大部分功能的系统。商务数据层的任务主要是负责对数据的管理，也就是对数据进行分类、组织、编码、存储、检索和维护等。
- 信息大爆炸时代数据知识也呈现爆炸式增长。涉及数据处理的技术主要有数据库技术、联机分析处理技术、数据挖掘技术和知识发现技术等。
- 电子商务支付模式主要分为线上交易线下支付、线上交易线上支付等模式，电子商务网上支付的实现完整地体现了电子与商务的结合。

● 电子商务系统安全问题的有效解决在以诚信为交易基础的电子商务活动中显得越来越重要。主要有入侵检测技术、防火墙技术、数据加密技术、虚拟专用网技术、数据备份与灾难恢复技术等。

综合练习

一、单项选择题

1. 下列不属于 PHP 技术的优点的是（　　　）。

A. 易于学习、跨平台、有良好数据库交互能力

B. 与 Apache 及其扩展库结合紧密

C. 数据访问接口统一

D. 良好的安全性

2.（　　　）是静态网页开发技术。

A. HTML　　　　　　B. JavaScript　　　　　C. ASP　　　　　　D. PHP

3.（　　　）是浏览器端动态网页开发技术。

A. VBScript　　　　　B. ASP　　　　　　　　C. JSP　　　　　　D. PHP

4. 中间件是一种位于具体应用和（　　　）之间的软件。

A. 操作系统　　　　　B. 应用系统　　　　　　C. 硬件　　　　　　D. 底层系统

5.（　　　）、Web 浏览器、HTTP 协议、HTML 语言、URL 网页地址构成了 Web 系统的五个要素。

A. Web 服务器　　　　B. TCP/IP　　　　　　　C. Web 客户端　　　D. 服务器

6. 在数据信息处理的发展阶段中，（　　　）属于高层次阶段。

A. 数据挖掘　　　　　　　　　　　　　　　　B. 知识发现技术

C. 联机分析处理技术　　　　　　　　　　　　D. 数据仓库技术

7. OLAP 技术核心是（　　　）。

A. 维　　　　　　　　B. 钻取　　　　　　　　C. 切片　　　　　　D. 旋转

8. 目前在电子支付中常用的安全协议有 SSL 和（　　　）。

A. SAT　　　　　　　B. XML　　　　　　　　C. SET　　　　　　D. WML

9. 下面不是入侵检测系统主要的执行任务的是（　　　）。

A. 监视、分析用户及系统活动　　　　　　　　B. 异常行为模式的统计分析

C. 系统构造和弱点的审计　　　　　　　　　　D. 限定人们从一个特定的点离开

10. 一般把用于入侵检测的软件、硬件合称为（　　　）。

A. DBMS　　　　　　B. IDS　　　　　　　　C. OS　　　　　　　D. MS

二、多项选择题

1.（　　　）是信息技术的核心。

A. 计算机技术　　　　B. 网络技术　　　　　　C. 通信技术　　　　D. JSP 技术

2. XML 的优越性有（　　　）。

A. 简单性　　　　　　　B. 可扩展性　　　　　C. 互操作性　　　　　D. 开放性

3. ASP 的缺点有（　　　）。

A. 安全性和健壮性方面存在不足　　　　　　B. 无法实现跨操作系统的应用

C. 处理能力受制约　　　　　　　　　　　　D. 无法采用第三方脚本语言

4. 数据库有（　　　）几种模式。

A. 模式　　　　　　　　B. 外模式　　　　　　C. 内模式　　　　　D. 中间模式

5. OLAP 的基本多维分析操作有（　　　）。

A. 钻取　　　　　　　　B. 切块　　　　　　　C. 切片　　　　　　D. 旋转

6. 下面是常用的数据库开发连接技术的有（　　　）。

A. ODBC　　　　　　　B. DBMS　　　　　　C. ADO　　　　　　D. JDBC

7. 以下是 J2EE 框架技术的是（　　　）。

A. .NET　　　　　　　　B. Hibernate　　　　　C. Struts　　　　　D. Spring

8. 网上支付系统构成包括（　　　）。

A. 活动主体　　　　　　B. 支付方式　　　　　C. 支付工具　　　　D. 支付协议

9. 电子商务常用的支付工具有（　　　）。

A. 信用卡　　　　　　　B. 电子支票　　　　　C. 电子货币　　　　D. 电子钱包

10. 防火墙有（　　　）几种类型。

A. 包过滤型　　　　　　B. 代理服务器型　　　C. 分离型　　　　　D. 监测型

三、判断题

1. 制作静态网页只需要利用相关的工具进行图文编辑就可以了，而动态网页的开发必须进行程序设计。（　　　）

2. 在客户端实现的技术主要是一些客户端的脚本，如 JavaScript、Applet 等；而在服务器端实现的技术主要是服务器端的脚本，如 JSP、ASP、PHP 等。（　　　）

3. 应用服务器技术由第一代基于 CGI 的应用服务器，经过基于 ASP 的应用服务器，再到基于 Java 的应用服务器，演变到基于 Java 组件的应用服务器。（　　　）

4. 中间件技术已经成为分布式软件系统不可或缺的关键基础设施，它同应用系统、数据库系统共同构成了基础软件体系的三大支柱。（　　　）

5. 在数据挖掘领域，序列模式的目的是分析数据间的前后序列关系。（　　　）

6. 为了提高数据的共享性，能够供所有的应用使用，同时也为了降低冗余度，数据被整合到一个数据库中；为了提高数据的逻辑独立性和物理独立性，数据被组织成三级模式：外模式、模式和内模式。（　　　）

7. J2EE 应用模型把实现多层结构服务的工作划分为两部分：开发者实现商业和表达逻辑，以及由 J2EE 平台提供的标准的系统服务。（　　　）

8. 电子商务的网上支付系统是融购物流程、支付工具、安全技术、认证体系、信用体系及金融体系为一体的综合系统。（　　　）

9. SSL 握手协议结束后，实际的数据传输是通过 SSL 记录协议来实现的，所有的 SSL 通信（不包括握手消息）都要使用 SSL 记录。（　　）

10. 数据加密技术编码和解码过程互逆。（　　）

四、简答题

1. 目前商务表达平台的主要实现方式有哪些？

2. PHP 技术的缺点有哪些？

3. 试简单论述 XML 的基本特点。

4. 数据挖掘的定义是什么？有哪几种挖掘技术？

5. 电子商务系统安全技术有哪些？

五、论述题

1. 数据挖掘的分析方法与特点。

2. 比较 SET 协议与 SSL 协议的区别。

六、案例讨论题

某实体书店要建一个网上书店，经过网上书店系统规划、分析和设计过程，现已进入系统实施阶段，在网上书店系统平台的选择与搭建上选择如下：

（1）应用平台选择

网上书店系统使用 JSP 技术来实现，数据库系统使用 SQL Server 2000，方便了解表结构和进行数据库的连接，并使用 JDBC 驱动来连接数据库。

（2）服务器配置

作为 JSP 的服务器有很多，该网上书店系统使用了 Tomcat 服务器，因为该服务器配置操作简单，容易上手。

（3）开发环境

该系统实施的开发环境建立在 JDK 的基础上。JDK 是 SUN 公司的 Java 应用程序和组件的开发环境，既是编译和测试工具，也是提供 Java 程序的虚拟机，是调试和运行 JSP 不可缺少的工具。

（4）开发工具

该网上书店系统选择使用 Eclipse 作为开发源代码的应用软件。

试讨论以下问题：

1. 该网上书店系统实施选择 JSP 技术，请分析 JSP 技术的优缺点。

2. 该网上书店使用 JDBC 驱动来连接数据库，请分析 JDBC 技术的特点，介绍几种其他相关链接技术。

3. Tomcat 是一款经典的服务器产品，请简要说明它的特点。

第4章 电子商务系统规划

学习目标

- 理解什么是电子商务系统规划
- 了解电子商务网站的系统规划
- 了解零售企业电子商务系统的系统规划
- 掌握企业对企业电子商务系统的系统规划

导言

好的计划等于成功了一半，在电子商务系统建造的过程中也是如此。要建立一个成功的电子商务系统，需要在建造前期就做好详细的系统规划。具体来说就是根据要达到的系统目标，设计相关的实施步骤，给出具体的行动计划，并做出对人员、任务和时间等的安排。

4.1 电子商务系统的系统规划

4.1.1 概述

1. 电子商务系统规划的必要性

从电子商务的兴起至今已有很多年，开展电子商务的企业成功与失败的都不在少数，这表明电子商务的实施过程是收益与风险并存的。电子商务是企业依托网络、现代信息技术开展的商务活动，而技术环境的飞速发展也使得电子商务系统的构造、企业电子商务的实施存在很大的挑战。企业电子商务的实施实际上意味着企业商务活动的转型，而这种变革不是一蹴而就的，需要经历一个过程，因此，需要对这一过程中的每个步骤如何实施、何时实施进行统筹安排，从而降低企业实施电子商务中的风险。要做到这一点，就要求在企业电子商务中扮演重要角色的电子商务系统与企业的电子商务计划同步、配套，在建造伊始，就明确系统的目标、范围、规模和实施方式等内容，形成一个轮廓性、框架性的方案。

电子商务系统规划的目的是为完成未来的某个目标，而设计相关的实施步骤，其主要内容是给出达到的这一目标的行动计划，要求指明行动过程中的人员组织、任务、时间及安排。

2．电子商务系统规划的定义

电子商务系统规划是指以完成企业核心业务转向电子商务为目标，给定未来企业的电子商务战略，设计支持未来这种转变的电子商务系统的体系结构，说明系统各个组成部分的结构及其组成，选择构造这一系统的技术方案，给出系统建设的实施步骤及时间安排，说明系统建设的人员组织，评估系统建设的开销和收益。

3．电子商务系统规划的特点

电子商务系统规划工作的特点如下：

（1）电子商务系统的规划强调的是从战略层次或者决策层次做出的，因此在规划中对未来电子商务系统的描述是概要性的、逻辑性的，并不阐述系统实现的细节和技术手段。

（2）电子商务系统的规划并不强调未来的系统"怎样做"，但是一定需要明确地给出系统未来的目标与定位，也就是说需要指明为了配合企业电子商务的实施，目标系统要"做什么"。

（3）电子商务系统的规划依据企业实施电子商务的目标来完成，服从于企业电子商务的整体战略，但反过来，这种规划也对企业电子商务战略的实施产生一定的影响。例如，给出的系统体系结构、实施方式和投资效益分析可能成为企业电子商务分阶段实施的参考依据。

（4）电子商务系统所要处理的企业核心商务逻辑与传统的商务逻辑相比较发生了重大的变化，也就是说，系统规划的前提条件——企业的商务模式是变化的。

（5）电子商务系统的规划过程是一个集企业商务模式变革和系统开发于一体的过程，电子商务系统规划和企业商务模式转变是不可分割的。电子商务系统的规划是需要以企业过程再造为前提的。如果脱离企业商务模式的变革而单纯地考虑系统的规划，那么未来的电子商务系统所支持的仅仅是企业现有商务活动的网上翻版，不能从根本上支持企业价值链的增值过程。如果从企业过程再造的角度来看待企业的电子商务系统规划，那么这种规划首先应当对企业商务运作的合理性进行根本的再思考和彻底的再设计，从电子商务的本质出发重新考察企业的商务活动，将电子商务系统作为企业价值链的倍增器，使企业与合作伙伴、企业与客户形成一个新的、互动的整体，以求得企业的生产及管理效率得到巨大的改善和提高。

4．电子商务系统规划的组织及人员

（1）企业的经营人员。企业的经营人员了解企业的核心业务是什么，对于企业现在甚至未来的盈利点有清醒的认识，而且他们对企业与其合作伙伴的联系与协同过程非常清晰。

（2）企业外部的专业技术咨询人员、咨询顾问专家。专业技术咨询人员会对企业电子

商务系统需要的技术及集成提供建议。与此同时，电子商务方面专门的咨询顾问则会对企业的未来和商务模式设计提供有用的建议与案例。

（3）各方面的专业技术人员。这些专业技术人员包括负责控制项目进度的项目管理人员，熟悉 Internet 和计算机网络、数据通信方面的技术人员。

（4）电子商务成功营运经验的合作伙伴。有电子商务营运经验的人员（如某些 ISP）能够参与，对于系统规划也是很重要的，尽管他们对企业的业务不熟悉，但是他们对企业未来电子商务运行及管理会有很多有价值的建议。

4.1.2　电子商务系统规划的主要内容

1．分析企业所在的行业和竞争力

针对企业未来的市场定位、产品和服务方式，对企业的商务活动进行分类，确定企业的核心商务活动主要可以划归哪种类型，例如是以 B2C 为主的电子销售，还是以电子市场为主的 B2B 的商务活动。但是这种分类并不意味着可以照搬已经成功的经验，重要的是从这些模式中找到那些一般的、对企业有参考价值的内容，还要根据企业的核心商务活动，参考成功的经验，抽取企业商务模式的基本特征，其中包括：

（1）企业未来的服务对象以普通消费者为主，还是以企业客户为主，抑或两者兼而有之？

（2）企业未来的核心业务是什么？盈利方式是什么？这一点非常关键，因为在电子商务环境中，任何物理的设备都是可以购买的，所以企业在电子商务取得成功后，其竞争者完全可能模仿并超越其技术系统，而且这种超越过程所需要的时间是非常短暂的。但是不可模仿的是其最核心的商务活动，也就是其核心竞争力。

（3）企业未来业务的增值点和延伸范围是什么？

在分析过程中，需要着重考虑以下问题：

（1）企业属于哪一个行业？企业在该行业中的地位如何？主要竞争对手如何？

（2）企业的核心业务是什么？核心竞争优势是什么？

（3）企业既有的盈利方式是什么？在整个价值链当中是如何取得增值的？

（4）同业当中有无成功的电子商务企业？如果有，对手是如何成功的？

2．分析确定企业如何开展电子商务

以企业流程再造（Business Process Rebuilding，BPR）为主线，对企业核心商务过程进行分析，讨论电子商务环境对企业基本商务流程的影响。以缩短企业的产品供应链、加速客户服务响应、提高客户个性化服务、提高企业信息资源的共享和增值为主线，抽象企业电子商务的基本逻辑组成单元，界定其相互关系，与此同时确定企业的外部环境（明确与哪些合作伙伴发生关联），最后明确企业信息流、资金流和商品流的关系。

在分析过程中，首先需要了解电子商务一般会对企业商务流程产生哪些影响，然后针对企业自身的特点，分析确定企业试图利用电子商务做什么。

1）电子商务对企业商务活动各个环节的影响

企业的商务活动是通过多种形式的商务手段实现的，在电子商务环境中，尤其是电子商务系统的支持，能使企业具备很多新的商务手段，从而丰富自己的市场行为、销售方式和服务内容。

2）分析确定企业电子商务的目标

企业电子商务的目标就是企业通过电子商务可以达到的、可度量的目的。这一目标的确定实际上也就为未来的电子商务系统建设目标提供了最初的也是最基本的起点。在这一步骤中，需要重点考虑以下问题：

（1）是否利用网络改善企业的销售方式和渠道？

（2）是否利用网络变更企业的采购方式？

（3）能否利用网络产生新的增值服务或新的产品？

（4）可否促进企业既有信息资源的整合，提升企业信息化的水平？

（5）是否有利于企业价值链的增值？

（6）是否有利于提高客户的忠诚度？

（7）是否能够使企业信息流、物流和资金流的融合更加紧密、快捷？

（8）能否与合作伙伴形成虚拟的、更为紧密的企业联盟或共同市场？

3．确立电子商务系统的体系结构

电子商务系统的体系结构是指这一系统的外部环境、内部组成部分的集合。

电子商务系统不是一个孤立的系统，它需要和外界发生信息交流，各个不同的企业之间的协同工作和企业及消费者之间的商品交流构成了整个社会的电子商务活动体系。同时，对每个企业来讲，其电子商务活动的开展必须需要特定的电子商务系统的支持，这一系统内部还包括不同的部分，如网络、计算机系统和应用软件等。因此，确定系统的基本结构有助于我们了解这一系统的运行环境、内部结构及它们之间的相互关系。

1）社会环境

电子商务系统同其他系统一样需要特定的法律环境，而且这一系统对法律、国家政策等的依赖性更大。例如，在电子商务系统中客户关系管理（CRM）是一个非常重要的部分，如果企业试图建立 CRM 并通过 CRM 来发掘企业潜在的用户，那么就需要利用这一系统对客户的行为（如对商品的嗜好、个人兴趣、采购历史等）进行分析，实际上这可能涉及客户个人隐私的问题。如果没有法律依据，那么是难以处理此问题的。同样，对于电子交易，当发生商务纠纷时，能够利用电子契约（如电子证书、电子订单等）作为法律证据。为刺激网络经济的发展，美国规定对通过 Internet 进行的商品交易的税收减免，因而 Internet 上交易的产品价格明显比传统市场交易低廉。

　　因此，电子商务系统的存在和发展必须以特定的法律、税收政策来规范。同时，国家也需要制定相应的政策，鼓励甚至引导电子商务系统的建设，例如美国政府制定的"全球电子商务的政策框架"中对相关的法律、政策等进行了说明。

　　电子商务的社会环境主要包括法律、税收、隐私和国家政策等方面。

　　2）网络环境

　　网络环境是电子商务系统的底层基础。一般而言，电子商务的开展可以利用电信网络资源（就我国而言，电信部门专营的公共数据通信网络体系大体包括 ChinaPAC、ChinaDDN、ChinaNet 等），同时也可以利用无线网络和原有的行业性数据通信网络，如铁路、石油和有线广播电视网络等。在电子商务系统中，应用系统大体都构造在公共数据通信网络基础上。

　　3）硬件环境

　　计算机主机和外部设备构成电子商务系统的硬件环境，这是电子商务应用系统的运行平台。

　　4）软件及开发环境

　　软件及开发环境包括了操作系统（如 Windows、UNIX/Linux 等）、网络通信协议软件（如 TCP/IP、HTTP、WAP 等）和开发工具等。这一环境为电子商务系统的开发、维护提供了平台支持。

　　5）商务服务环境

　　商务服务环境为特定商务应用软件（如网络零售业、制造业应用软件）的正常运行提供了保证，为电子商务系统提供了软件平台支持和技术标准。商务服务环境和应用软件的差别主要体现在：商务服务环境提供公共的商务服务功能，如资金转账、订单传输和系统安全管理等，这些公共的服务和具体业务关系并不密切，具有一般性，基本上任何企业的商务活动都需要这些服务支持；而应用软件则主要实现某一企业特定的功能。

　　6）电子商务应用

　　电子商务应用是企业利用电子手段开展商务活动的核心，也是电子商务系统的核心组成部分，是通过应用程序实现的。企业商务服务的业务逻辑规划得是否合理，直接影响到电子商务服务的功能。

4．明确电子商务系统的基本组成

　　电子商务系统由以下几部分组成，每个部分实现不同的功能。

　　1）企业内部信息系统

　　企业内部信息系统（Intranet）是利用 Internet 技术（TCP/IP 协议及其他标准）构造的、面向企业内部的专用计算机网络系统。这一部分与企业内部生产和管理相关，负责完成企业生产过程中的信息处理、信息管理，并为生产和管理提供决策依据。企业内部信息系统利用 TCP/IP、Web 等 Internet 技术构造，该部分主要实现的是企业内部生产管理的电子化，它面对的是企业内部的用户。

2）电子商务基础平台

电子商务基础平台为企业的电子商务应用提供运行环境和管理工具及内部系统的连接。它是保证电子商务系统具有高扩展性、集中控制、高可靠性的基础。电子商务基础平台的目标是提高系统整体性能，是面向系统效率的，这是它与电子商务服务平台的根本差异。

电子商务基础平台一般包括以下组成部分：

（1）负荷均衡。它是指如何使电子商务系统服务器的处理能力和它承受的压力保持均衡。负荷均衡还可对服务器集群结构中的各个服务器性能进行动态调整和负荷分配，使电子商务系统中的硬件性能得到有效的均衡，避免特定的设备或系统软件由于压力过大而出现崩溃和拒绝服务的现象。这样在一定程度上能够提高系统的可靠性。

（2）连接/传输管理。主要作用是满足系统可扩充性的需要，用以实现电子商务系统和其他系统之间的互联以及应用之间的互操作。这一部分包括以下三个方面的内容：

① 异构系统的连接及通信。

② 应用间的通信接口，保证应用程序通过不可靠信道连接时，可以完成差错恢复及续传，并为应用之间的互操作提供 API 接口，简化应用通信的开发工作。

③ 应用和数据库的连接之间的接口。

（3）事务管理。电子商务系统支持的商务活动涉及大量的联机事务处理，这就要求系统具备很强的事务处理性能。事务管理的作用包括以下两个方面的内容：

① 保证分布式环境下事务的完整性、一致性和原子性。

② 缩短系统的响应时间，提高交易过程的实时性。

（4）网站管理。网站管理的基本作用是为站点维护、管理和性能分析提供技术支持手段，它主要实现系统状态的监控、系统性能调整、用户访问授权和客户访问历史记录等功能。

（5）数据管理。该部分为电子商务应用相关数据的存储、加工、备份和表达提供支持，同时为应用程序提供应用开发接口。通常该部分利用支持 Web 的数据库管理系统实现。但是与传统的数据库管理系统相比，该部分与 Web 的接口方式更加丰富，如支持 API、JDBC、ODBC 等接口方式，而且对多媒体数据的支持能力更强。

（6）安全管理。该部分为电子商务系统提供安全、可靠的运行环境，防止或减少系统被攻击的可能，提高系统抗拒非法入侵或攻击的能力，保障联机交易过程的安全。

3）电子商务服务平台

电子商务服务平台的基本作用是为电子商务系统提供公共的服务，为企业的商务活动提供支持，增强系统的服务功能，简化应用软件的开发。

电子商务服务平台通过集成一些成熟的软件产品向企业提供一些公共的商务服务，如客户关系管理、企业供应链管理和涉及交易的支付及认证等。电子商务服务平台包含以下内容：

（1）支付网关接口。它是电子商务系统和银行之间的接口，负责通过 Internet 和 Extranet，与客户和银行之间进行交互，完成与商品交换相关的电子支付。

（2）认证中心接口。如果需要确保商务活动的安全，企业就需要将电子商务系统与认证中心建立接口，将企业与交易客户的信息传递给认证中心，由认证中心完成交易双方身份的识别和认证。

（3）客户关系管理。任何企业从事现代商务活动都需要对客户、客户的需求具有深刻的了解，并能够主动地通过 Internet 发现其潜在的客户群落，客户关系管理（Customer Relationship Management，CRM）正是为了满足这样一类需要而产生的。

（4）内容管理。内容管理一般以 LDAP（Light Directory Access Protocol）为基础，可实现集成或综合查询、内容过滤、非结构化数据管理和外部数据整理等。内容管理与 OLAP（On Line Access Process）、数据仓库（Data Warehouse）等方面要相互配合才能发挥更大的作用。

（5）搜索引擎。搜索引擎是一项既传统又不断发展的技术，它负责向用户提供对电子商务系统中的数据进行快速、综合的检索的功能。

（6）商务智能工具。目前，人们将数据仓库、OLAP 等技术引入到电子商务系统中，力图在全部数字化的信息资源中，通过数据发掘和整理对企业运作的规律进行自动的分析，给出商务建议，从而使电子商务系统具备"智能"。

4）电子商务应用系统

该部分是电子商务系统的核心，它对企业电子商务活动提供具体的支持。前面所阐述的各个部分都是为该部分提供不同的环境和技术支持。

电子商务应用系统一般是在 Web Server 之上，由应用开发人员根据企业特定的应用背景和需要来建立的，它实现企业应用逻辑所需要的各种功能。电子商务应用系统的基本特征可以归纳为：

（1）在 Web 之上建立的，以实现企业的商务模型为目标。

（2）使用各种与 Internet 相关的技术手段（如 TCP/IP、HTTP 等）实现企业的业务逻辑。

（3）依赖于底层的支持平台，并需要和底层平台紧密集成。

（4）是一种分布式的应用体系，采取 B/S 的计算模式。

（5）其处理结果可以通过多种形式加以表达，并支持多种信息终端。

5）电子商务应用表达平台

电子商务应用表达平台在整个系统的顶层，面向电子商务系统的最终用户。电子商务系统的表达平台有两个基本功能：一是作为与用户的接口接受用户的各种请求，并传递给应用系统；二是将应用系统的处理结果以不同的形式进行表达，并将其提供给不同的用户信息终端。

电子商务应用表达平台的特点也是难点在于：它要将一种业务逻辑处理结果表示成为多种表达形式（如支持 PC 的 HTML 格式、支持无线移动设备的 WAP 结构），而且要使这些结果适应于不同信息终端的特点。

6）安全保障环境

安全保障环境包括安全策略、安全体系和安全措施等内容。

① 安全策略是企业保障其电子商务系统安全的指导原则集合，它定义了从哪些方面提高系统的安全性能。一般来讲，它包括对避免非法入侵、减少安全隐患、控制存取内容、访问授权、受攻击后的响应等方面的策略，并定义系统所需要的软件和技术设备的选用及评判标准、系统需要的技术规范等。

② 安全体系由保证系统安全所需要的技术和设备构成。一般包括网络的物理安全、访问控制安全、系统安全、用户安全、信息加密、安全传输和管理安全等。利用各种技术手段，如主机安全技术、身份认证技术、访问控制技术、密码技术、防火墙技术、安全审计技术、安全管理技术、系统漏洞检测技术和黑客跟踪技术等，在攻击者和受保护的资源间建立多道严密的安全防线，极大地增加了恶意攻击的难度，并增加了审核信息的数量，利用这些审核信息可以跟踪入侵者。

③ 安全措施则是在安全策略及安全体系下所采取的具体手段。

4.1.3　电子商务系统规划报告的撰写

电子商务系统规划报告的内容主要是对企业电子商务系统的商务模式、电子商务系统的体系结构和该系统的各个组成部分进行阐述，具体包括如下基本内容。

1．系统背景描述

该部分阐述电子商务规划涉及的企业的基本情况，包括企业的性质、实施电子商务的范围和规模、计划的项目周期、外部环境及其他的一些特殊说明。

这一部分还需要对整个规划报告中涉及的一些专门概念进行初步定义。

2．企业需求描述

该部分的对企业转向电子商务的动机、基本设想等进行描述。其关键内容是阐述企业的核心商务逻辑，以及企业对未来电子商务的一些基本认识。主要包括以下内容：

（1）企业核心业务描述。

（2）企业现行的组织结构及主要协作伙伴。

（3）核心业务分析。

（4）核心商务流程。

（5）企业商务活动中存在的问题。

（6）电子商务对企业商务活动的影响。

（7）未来企业业务的增值点和业务延伸趋势。

（8）企业实施电子商务中存在的困难。

3．电子商务系统建设的原则及目标

该部分主要阐述企业建设电子商务系统的策略、所要达到的目标、规划过程中需要遵循的原则。

4．商务模型建议

该部分主要是描述企业未来商务模式、商务模型的建议。它是企业商务模型规划结果的总结。主要包括以下内容：

（1）商务模式分析和建议。

（2）商务模型分析和建议。

（3）电子商务环境下企业核心商务流程说明。

（4）客户服务策略。

（5）外部信息系统接口。

（6）内部系统整合。

5．目标系统的总体结构

该部分的目标是阐述电子商务系统的体系结构，说明其逻辑层次，界定各个部分的作用及其相互关系。其特征是：侧重于从逻辑上阐述系统各部分的关联关系，而不是说明构造系统的技术产品，但是这种体系为系统的集成提供依据。主要包括以下内容：

（1）系统的体系结构。

（2）系统各层次的构成及作用。

（3）Intranet。

（4）Extranet。

（5）网站或企业信息门户。

6．应用系统方案

该部分说明应用软件的基本结构、功能分布和平台结构等。主要包括以下内容：

（1）应用软件结构。

（2）应用的功能。

（3）主要应用流程描述。

（4）数据与数据库。

（5）应用支持平台。

（6）应用互联接口。

7．网络基础设施

该部分描述电子商务系统运行所需要的网络基础设施的基本构成，阐明支持电子商务系统运行的网络结构、组成、特征、互联方式等。主要包括以下内容：

（1）网络基本结构。

（2）Internet 及接入。侧重于说明企业电子商务系统是通过接入设备和线路连接到 Internet 还是通过托管方式在 ISP 的数据中心配置。

（3）Intranet 结构。

（4）Extranet 及数据交换。本部分阐述企业电子商务系统与合作伙伴、商务中介以及银行、认证机构之间的网络连接、数据交换方式。

（5）网络互联方式。

8．联机交易中的支付与认证

该部分侧重于阐述联机交易中的支付和认证的实现方案，说明保证交易安全的方式和方法。主要包括以下内容：

（1）联机支付方案。

（2）认证方案。

9．系统安全及管理

该部分说明保证电子商务系统安全的整套体系、系统的管理等，其目的是说明电子商务系统的安全性和可管理性。主要包括以下内容：

（1）系统安全体系。

（2）系统管理。

10．系统性能优化及评估

该部分说明保证系统高可靠性、可用性和高性能的方案。主要包括以下内容：

（1）系统可靠性。

（2）可用性。

（3）性能优化方案。

11．系统集成方案

该部分说明支持应用系统的软硬件平台的选择、集成方式。

12．系统开销与投资

该部分说明系统建设各个部分的开销及投资计划。

13．实施方案

该部分说明电子商务系统实施的基本过程及相关的保障措施。主要包括以下内容：

（1）系统实施的主要任务。

（2）实施进度安排。

（3）实施过程的分阶段目标。

（4）实施人员组织。

14．商务系统收益分析

该部分说明系统投产后可预见的收益。

15．其他说明

由于电子商务系统涉及的不仅仅是技术问题，很多会涉及组织、管理甚至法律、人文环境等因素，其相关的配套措施在本部分阐述。

4.2　电子商务网站的系统规划

企业电子商务网站的系统规划工作，原则上是按照电子商务系统规划的流程来进行的。然而，根据网站这类特殊信息系统的自身特点，在规划电子商务网站时，特别需要注意对网站定位、环境设置等方面的总体考虑。

4.2.1　概述

1．电子商务网站系统规划的重点内容

成功的电子商务网站系统规划需要开始就从六个方面进行综合考虑：

（1）目标市场情况。针对的顾客消费群体定位在一定范围。

（2）市场环境。综合权衡国际和地区经济环境、政府部门支持以及本地 Internet 基础设施等完备程度。

（3）产品、服务和品牌。

（4）其他促进因素。包括各种传统媒体（如报纸杂志、电视等）宣传企业的网站和电子商务。

（5）价格。对于价格经常浮动的产品和服务，电子商务可以成为理想的报价方式。

（6）送货渠道。考虑国内外客户的实际需要，如何通过发达的送货网络配送满意的商品，是客户对服务认可的最终标准。

2．电子商务网站系统调研的主要内容

（1）用户组织的概况。它包括用户的规模、历史、系统目标、人力、物力、设备和技术条件、组织结构等。

（2）系统的外部环境。它包括现行系统和哪些外部实体有工作联系，有哪些物质或信息的来往关系，哪些环境条件（包括自然环境和社会经济环境）对该组织的活动有明显的影响。

（3）现行系统的概况。它包括系统的功能、人数、技术条件、技术水平、管理体制（归哪一级领导）、工作效率和可靠性等。

（4）现行系统的重要性。包括它和用户的领导、各管理部门以及各基层是怎样联系的，信息收集和传输的渠道是什么，包括它能掌握哪些信息，不能掌握哪些信息，哪些部门向信息系统提出信息要求。

（5）对现行系统的意见。它是指各方面对现行信息系统的情况及新信息系统的研制持怎样的态度，包括各级领导、各管理部门、各基层单位以及有工作联系的外单位，它们对现行系统是否满意，希望如何改变，反对如何改变，以及这些看法的理由。

（6）系统研制工作的资源情况。它是指用户对于新的信息系统，可以或者打算投入多少人力（何种技术水平及管理水平的人员）、物力（多少钱、多少设备）以及时间（可以给出多长的研制时间）。

4.2.2 电子商务网站系统规划的关键因素

1．确立网站定位

网站定位的具体内容包括：企业应当策划短期和长期盈利项目，既寻求电子商务的经济支撑点，又考虑到电子商务长远的发展规划；应提供翔实的电子商务在线定位策划书，分析网络中企业现有的竞争对手，分析取胜的机会，制定相应的策略和正确的操作步骤。

2．进行网上宣传

如果企业在 Internet 建立了自己的网站，但对自己的网站不做任何宣传推广，客户就不知道企业的网址，访问其网站的概率就非常小。因此，企业网站的宣传推广并非是可有可无的事情，它决定着网站实现其目标的能力。所以，企业一旦建立了网站，选好了网站的域名，下一步就是要进行宣传推广工作。以下是推广企业网站的两种主要途径：

（1）利用传统媒体宣传推广企业网站。

（2）利用 Internet 宣传推广企业网站。

3．开展网络市场调研

企业开展网络市场调研一般采用以下两种方式：

（1）借助 ISP 或专业网络市场研究公司的网站进行调研。这对于那些市场名气不大、网站不太引人注意的企业是一种有效的选择。

（2）企业在自己的网站进行市场调研。就知名企业而言，其网站的常客多是一些对该企业感兴趣或与企业业务有一定关系的上网者，他们对企业有一定了解，这将有利于访问者提供更准确有效的信息，也为调研过程的及时双向交流提供了便利。

4．采取提高企业网站访问率的措施

（1）吸引用户反复访问网站。企业建立企业网站主要是为了宣传和营销。为了实现这一目的，企业的经营者不但要千方百计地推销自己的网站，使自己的网站吸引人，而且要吸引用户反复访问自己的网站。

（2）举办网络促销活动，引发顾客参与意识。相对于传统的促销方式，Internet 不仅可以吸引广大的消费者参与到促销活动中来，而且可以更进一步吸引消费者参与到整个销售过程中来。这一点是其他销售方式所无法做到的。顾客可以通过 Internet 了解促销活动的信息、内容和参加方式，可以通过电子邮件进行远程参与，还可以通过讨论组在同一时间从世界各地聚集到活动中发表自己的意见和看法。

（3）使用免费与折扣手段。使用免费与折扣手段可换取访问人数的增加，扩大企业网站的宣传效果。

（4）完善网站功能。不断完善网站功能，使网站能够对网上的订货做出必要的处理。

5．明确站点应用对象的目标

成功站点在各个行业可能标准不一，但对于商业站点，有一条最基本的衡量标准，就是网站必须能吸引目标用户，并以此为企业带来利润。因此，企业在建立一个网站之前，必须明确网站的商业目标。

Web 站点的规划是企业或机构发展战略的重要组成部分，要将企业站点作为在 Internet 上展示企业形象、企业文化的信息空间。企业应当挑选与精炼企业的关键信息，确定页面设计原型，选择用户代表来进行测试，并逐步精炼这个原型，形成创意。

有些网站的效果不如预想的好，主要是对用户的需求理解有偏差，缺少用户的检验造成的。设计者除了明确企业的商业目标外，还需要了解用户和潜在的用户的真正需求，要清楚地了解本网站的受众群体的基本情况，如受教育程度、收入水平、需要信息的范围及深度等，从而做到有的放矢。

4.2.3　电子商务网站的可行性分析

可行性是指在组织当前的内外具体条件下，信息系统的研制工作是否已具备必要的资源及其他条件。

电子商务网站的可行性分析要从以下三个方面进行考虑。

1．管理可行性分析

管理可行性主要保证系统建设中所需要的人力资源，并为系统设计开发与建立一套管理制度。管理可行性分析工作中很重要的一项工作就是进行组织结构调查与分析，组织在这里是指一个单位或部门。组织结构调查与分析，即组织内部的部门划分及它们之间的相互关系。信息的流动关系是以组织结构为背景的，在一个组织中，各部门之间存在着各种信息和物质的交换关系。物质材料由外界流入，进入某一部门加工或处理后，又流向另一个部门，最后流出系统，成为系统的转出。在这种物质流动的情况下，有关组织本身运行情况的各种数据在组织的各部门产生出来，通过一定的途径流向管理部门，经过加工所得的信息再流向组织领导，组织领导按照上、下级的关系下达各种指令（这也是信息）给基层单位。

管理可行性分析应从以下两个方面去考虑：

（1）科学管理的基础工作是建立信息系统的前提。只有在合理的管理体制、完善的规章制度、稳定的生产秩序、科学的管理方法和程序，以及完整、准确的原始数据基础上，才能有效地建立信息系统。一些企业管理基础工作薄弱，管理水平与先进的信息处理技术手段不匹配，原始数据的来源与正确性、及时性无法保证，这样的企业必须在建立网站之前在企业管理方面做一些改进，或是开发一些比较规范、见效快的业务系统，在开发中逐步积累经验、改进管理，再逐步过渡到建立全企业真正意义上的电子商务系统。

（2）社会环境因素的变化对管理现代化的要求具有影响。社会环境因素一般涉及科学技术、经济体制、法律法规、市场竞争、与世界经济接轨、建立健全管理机制、信息高速公路和无纸化办公等。目前，这些因素常常促使用户的领导及管理人员努力掌握先进的科学管理技术，以适应新时代、新形势的发展要求。对此，应该强调新系统的建设重要的是从长远的发展角度出发，从提高组织的素质、增强组织竞争力的意义上看待建立新系统的必要性。

2．技术可行性分析

技术方面的可行性分析，就是根据现有的技术条件，分析所提出的要求能否达到。信息系统技术上的可行性可以从硬件（包括外围设备）的性能要求、软件的性能要求（包括操作系统、程序设计语言、软件包、数据库管理系统及各种软件工具）、能源及环境条件、辅助设备及备品配件条件等几个方面去考虑。

1）分析网站的可使用性

网站必须设计得易于使用，而不只是信息的简单堆砌。这一要求直接与网站的版面设计和服务器的功能定义相关联。网站的可使用性包括以下几点：

（1）网站要有好的导航功能，以便读者浏览。例如，每一网页都应能链接到网站的主页和逻辑上的前后页、上下页，当网站网页数目超过 100 页时，应考虑提供搜索引擎服务。

（2）网站网页要有好的被检索设计。上面提到，大型网站要提供检索功能，为了让检索出来的结果真切地反映网页内容的相关性，应该用简洁明了的文字来撰写网页的题目和标题；同时注意用好网页最前面的二三十个文字，以求最为精炼地反映网页的内容。这是因为搜索引擎也将摘录网页的这部分内容再现给用户。除此之外，应定义好网页的关键词，以增大被检索到的概率。

（3）网页要有可读性。网页需要有结构，尤其是长篇的网页，可以考虑把长篇的网页分开成多幅，或者提供网页之内的捷径链接，使用户可以很快地跳跃过部分篇幅。要有节制地使用网页上的动感画面和动感标题，因为过度使用将影响用户阅读。注意图像的编辑、色调、色彩与剪裁，使其与总体相称。

（4）网站应能让用户达到其专门的使用目的。

2）分析网站的交互性

交互性网站是网站发展的主流趋势。网站的交互有人对机和人对人两种。人对机的交互有网上多媒体点歌播放、在线购物、订票等。人对人的交互有电子邮件、BBS 和聊天室等。网站设计应提供足够的交互渠道，最起码要提供电子邮件、BBS 和聊天室等应用，在网站上设立反馈信箱，同时注意融合新的交互技术与手段。

3）分析网站的性能

网站所必须具备的高性能可以用以下几个方面来衡量：一是响应时间；二是处理时间；三是用户平均等待时间；四是系统输出量。

3．电子商务网站经济可行性分析

经济可行性分析主要是对开发项目的成本与效益做出评估，即分析新系统所带来的经济效益是否超过开发和维护网站所需要的费用。

1）网站费用

网站费用包括以下几项内容：

（1）设备费用。它包括计算机硬件、软件、输入/输出设备、空调、电源及其他机房设施、设备的安装及调试费用等。

（2）开发费用。系统开发所需要的劳务费及其他有关开支。

（3）运行费用。它包括运行所需的各种材料费用，如电、纸张等费用，以及设备的维护费用。其他与运行有关的费用开支也应包括在内。

（4）培训费用。它包括用户管理人员、操作人员及维护人员培训等费用。

2）网站收益

网站收益的估计不像网站费用估计那样具体，因为应用系统的收益往往不易定量计算。收益估计可以从直接效益和间接效益两个方面考虑：

（1）直接效益。它是指网站系统交付使用后，在某一时期能产生的明显的经济效益。一般来说，网站系统投入使用后，只有通过一定时间的运作、维护和宣传，才可能逐步产生效益。

（2）间接效益。主要包括以下内容：一是工作效率提高，从而提高了企业管理水平；二是节省人力，减轻了有关业务人员手工处理的工作负担；三是及时给企业领导提供决策信息；四是提高了企业素质。

4.3　零售业电子商务系统的系统规划

4.3.1　零售业电子商务系统构成及优势分析

1．零售业电子商务系统建设的必要性分析

零售业的商品从制造商产出，在到达单个消费者手中之前往往经过一个繁复的流通过

程，由各级批发商/中间商将商品层层向下批发，带往各类消费市场，满足顾客需求，因而生产企业的商品大部分都要通过批发商，才能到达零售商手中。零售作为这个流通环节中的最后一步，直接面对最终消费者。在提倡"以客户为中心"的销售的今天，业主们尽力用最优的价格、最好的服务提供消费者所需的各种商品，来吸引众多的顾客。要有最优的价格，就要降低商品成本和销售费用；要提供最好的服务，除了建设良好的购物环境外，还要建立完备的客户关系管理，及时向顾客提供各种商品和服务；而要提供消费者可能所需的各种商品，则要求零售商能够及时了解市场变化，把握消费动向，调整商品结构。

过多中间商的介入使得商品的出厂价与零售价之间存在很大的差异，为降低商品成本提供了空间，也使零售商能准确、全面地了解各类供应商的商品品种与价格，进而选择最优的采购途径，是最理想的方法，该方法要求零售商与众多的供应商建立一种动态的联系。良好的购物环境需要巨额投资的支持，而且维护费用不菲，建立完善的客户关系，要投入大量的人力和物力；至于及时提供顾客所需商品和服务，则依靠准确的信息和工作的效率。

2．零售业电子商务系统的优势

零售业电子商务系统的优势可归结为以下几个方面：

（1）改变传统采购模式，有效地缩短供销链，降低商品的采购成本，而且可以快速响应市场变化。

（2）提高资金运营水平，降低库存资金占用，节省开设店面所需投资。

（3）促进与供应商、分销商和客户的良好沟通，建立良好的供销关系。

（4）面向全球的网络互联扩大采购、销售对象范围，在世界范围内实现资源分配。

（5）自动化的处理系统和快捷、准确的市场信息，改善对销售的监管与控制，提高工作效率和质量。

（6）高效的电子商务购物平台，提供更方便、自由的消费方式。

（7）多媒体技术支持的商品发布空间，完善产品的展示，实施层次清晰的商品类别管理。

（8）提供全天候的服务，方便顾客随时选购。

（9）为顾客提供个性化服务。顾客可以定制商品，商城可以自动根据老顾客以前购买的情况为其推荐商品，自动按其累计购买量打折，还可以为顾客提供个人信息服务，提高客户对服务的满意程度。

（10）采取双向沟通的方式，获取有效的用户反馈，随时掌握客户信息，迅速利用正在发生变化的信息，及时调整产品结构。

3．零售业电子商务系统构成分析

（1）内容管理。管理需要发布的各种信息，如商品说明、优惠策略、特色服务和联合促销等。通过充分利用有效信息来增加网站的品牌价值，扩大公司的影响和服务，具体内容包括：提供公司内商品和服务等信息的传播，推出有关品牌宣传及吸引会员注册的相关信息。对企业内部系统而言则包括业务清单、呼叫记录、数据库的维护及管理工作，如企业财经数据、客户数据和产品信息等。此外还有关于系统维护的相关数据管理。

（2）协同处理。支持群体人员的协同工作，它提供自动处理业务流程，减少了成本和开发周期。其主要内容为：一是企业内部系统，自动处理企业内部日常性业务，实现办公自动化，将企业内部各组织紧密地联系在一起，通过通信系统与外部进行信息交互，如电子邮件；二是 Web 服务器和网关，自动回应顾客请求或验证呼叫者身份。

（3）售后服务。从接受订单开始对消费者应尽的义务。它包含以下内容：提供顾客不同的支付或配送服务，提供商品使用咨询，回答客户提问并尽力提供网上问题解决方案。企业的服务支持和产品信息在降低开支的同时强化了与客户联系的能力。

4.3.2　零售业电子商务系统的运作模式及其解决方案

1．零售业电子商务系统的运作模式

（1）网上电子商城。网上电子商城的功能相当于现实中的商业街，即将大大小小、分门别类、风格迥异的商户汇集到一个大的市场中摆摊吆喝，服务于形形色色的顾客。其实质是为商家和顾客提供一个制造贸易的平台，有所求的顾客可到这里查询、选购，有所售的商人提供不同的商品和服务。一切系统功能、信息传输的提供者是网上电子商城的营运商，入住其间的商户无须自行搭建网站，只要在提交申请时说明所经营商品的种类、特色、价目、支付方式和配送手段等因素，即可建立展示销售产品、介绍相关信息、接受顾客请求的网页，并接受客户订单或咨询要求等内容，最后完成物流、商流、资金流等牵扯到商品交易的工作。也可由商城提供电子支付等服务，但由于诸多商家在具体的交易环节上可能存在较多的差异，如接受的支付手段不同，采取的配送方式不同，商城管理者很难提供一个可平衡各方需求的交易平台。

（2）网上专卖店。虽然大多数专卖店的实质仍然是中间商，正是网络交易发展过程中制造商和消费者认为该极力削减的行业，但专营商的销售有其特殊的一面。它们不仅帮助生产商向顾客推销产品，而且借着出售的过程也将一种有特定意义的销售或服务的概念传递顾客。经销商与顾客之间的联系不再局限于商品，而是通过更多的附加服务向深度延伸。在传统的零售业务中，专卖店的商品相对普通商家更有特色，单一类别的商品品种更齐全，质量、服务也更有保证，甚至可提供更多个性化服务，这里潜在商家对每个顾客有更多的投入，因而成本和价格也相对较高。电子零售相对于传统零售的一个巨大不同点就是提供深层次服务，从客户关系管理到与顾客建立双向交流都是以客户为中心的指导，这在一定程度上与专卖店的宗旨相同，可以说电子零售技术能以更经济的方式发展专卖店的特色。

（3）网上直销。直销这种形式通常发生在大型公司与消费者之间，如家电制造商、知名化妆品公司和电信、电力等服务提供商。直销一般适合于大宗的、销售量小而销售周期

长、售后服务量大、销售点与企业的距离较近的商品。直销的优势在于：一是避免流通过程烦琐造成商品成本过高；二是保护品牌，免受造假者的偷窃；三是可提供更加专业化的售后服务，让消费者放心购买。

2．电子零售解决方案

在网上建立一个零售站点，有多种可选择的方案。在做决定之前，你需要确定自己的目标，为客户提供些什么样的服务，未来的发展战略如何，如果是试验性的触网，可选择一些捷径；如果是企业未来发展的方向，则需要长远的考虑，使得方案能够适应公司的成长与发展。

（1）租柜台。这是一种最简单的网上商场建设方案。在提供柜台出租的站点，企业只需为商品挑选一种设计和流行方式，就可以开张了。服务商会向企业提供用于管理商品、促销、客户和订单的软件和基础的硬件设施，也提供站点的维护服务，但一些应用性的小程序则需要企业自主开发。

（2）购买标准产品。选择一套标准的电子商务方案，会为企业节省金钱与时间，而在系统中增加新特征则意味着对软件进行定制的工作和额外的培训。对一个成长性的企业来说，购买软件包与硬件设备并不是投资的全部，若要使系统的功能达到满足企业需求的程度，企业需要在后续阶段不断投入，完善、更新现有系统的功能。

（3）自建。建立一个完善的电子零售系统，需要做大量的准备工作：

① 必须了解系统期望达到的目标，即打算投入什么，收获多少。

② 在后期的应用过程中，应定期分析其运作状况，或在扩展系统时进行网络资源整体规划，确保新系统满足业务要求，运行稳定。

虽然自建系统有更好的适应性，但投资大、见效慢，需要高水平的维护队伍，系统运行成本也高，一般适合大型企业。

4.3.3 零售业电子商务系统规划的目标

1．稳定性

要使电子商务正常运作，必须确保其稳定性。Internet 上有数以百万计的用户，其上网时间并不是均衡分布的，而是不定时地出现高峰状况。倘若一家企业原来设计每天受理 40 万人次访问，而在实际设计上对访问量上限的设定则应充分考虑高峰影响，否则客户访问量将因不时地速度问题而急剧下降，甚至还会拒绝可能带来丰厚利润的客户的来访。高质量的服务是商务所需要的，关键任务的应用将影响企业处理商务的基本能力。

2．可扩展性

应用的设计者及部署者、网络管理员之间需要高水平的并列。一个好的规划方案不仅要支持系统的初次运行，还要支持网络和应用程序的发展。

3．可维护性

软件在运行阶段尚需不断"修正"，因为软件虽经测试，但不可避免地总还隐含着各种错误，这些错误在运行阶段会逐步暴露出来，因而要进行排错，并不断地完善。

4．可恢复性

系统运作期间，难以避免各类未知因素可能对系统造成的损害，万一遇到意外（硬件出错、输入错误）时，要能做出反应，保护重要的信息，事后经人工处理能够恢复正常。

5．经济性

在规划企业网上应用的过程中，应兼顾成本与效益，一切活动的使用与否皆以其长期或短期的经济价值为衡量尺度。

4.4　B2B 电子商务的系统规划

4.4.1　B2B 电子商务的分类及模式分类

1．B2B 电子商务的分类

（1）根据控制主体，可分为如下三种类型：面向供应商的市场；面向买方的市场；面向中介的市场。

（2）根据内容，可分为横向型（水平型）网站和纵向型（垂直型）网站，详见第 1 章相关内容。

2．B2B 电子商务模式分类

企业的商业模式是对企业商业活动过程的特点的描述性解释。B2B 电子商务模式分类如下：

（1）卖方控制型模式。指由单一卖方建立，以寻求众多的买者，其目的是建立或维持其在交易中的市场势力的市场战略。

（2）买方控制型模式。是由一个或多个购买者建立，旨在把市场势力和价值转移到买方的市场战略。

（3）中介控制型模式。是由买卖双方之外的第三者建立，以便匹配买卖双方的需求与价格的市场战略。

4.4.2　B2B 电子商务的交易流程及特点

1．B2B 电子商务的交易流程

（1）客户方向供货方提出商品报价请求，说明想购买的商品信息。

（2）供货方向客户方回答该商品的报价，说明该商品的报价信息。

（3）客户方向供货方提出商品订购单，说明初步确定购买的商品信息。

（4）供货方向客户方对所提出的商品订购单做出应答，说明有无此商品及规格型号、品种和质量等信息。

（5）客户方根据应答提出订购单是否有变更请求，说明最后确定购买的商品信息。

（6）客户方向供货方提出商品运输说明，说明运输工具、交货地点等信息。

（7）供货方向客户方发出发货通知，说明运输公司、发货地点、运输设备和包装等信息。

（8）客户方向供货方发回收货通知，报告收货信息。

（9）交易双方收发汇款通知，买方发出汇款通知，卖方报告收款信息。

（10）供货方向客户方发送电子发票，买方收到商品，卖方收到货款并出具电子发票，完成全部交易。

2．B2B 电子商务的特点

与传统商务相比较，B2B 电子商务具有以下特点：

（1）从交易空间来讲，B2B 电子商务的交易空间变得无限。

（2）从交易成本角度来讲，大大降低了交易成本。

（3）从交易流程来讲，交易流程变得更加快捷、简单、直接，更加自动化。供应链的协调性得到增强。

（4）从交易手段来讲，网络成为主要的交易手段，电子成为主要的方式。

4.4.3　B2B 电子商务系统规划要点

1．系统初步调查

（1）系统初步调查的主要目的表现在如下几个方面：

① 理解业务流程，加深对业务系统的理解。

② 分析现行系统的优缺点，从而逐渐理解新系统开发的目标。

③ 对现行系统做出延用分析，即是否有部分子系统可用，现行系统的数据资料是否可用。

（2）对现行系统的调查，主要依靠总体规划人员采用现场调研、座谈会、业务跟踪和发放调查表等方式进行。

2．B2B 电子商务系统规划报告的主要内容

（1）制定一套系统开发的文档规范作为各分系统书写文档的标准。

（2）设计系统总体结构。

（3）设计系统总体网络结构。

（4）进行系统所需编码分析设计。

（5）完成系统的接口设计。

（6）制定系统安全标准。

（7）制定系统运行及维护标准。

4.5　案例——电子商务系统规划报告

4.5.1　e 擂——大学生的威客网系统规划报告

威客源于英文单词 witkey，威客的中文意思是"智慧的钥匙"，指的是通过互联网把自己的智慧、知识、能力转换成实际收益的人。在威客网上，个人和企业有任何需求，只需发布任务，公布任务期限和愿意支付的酬金，在网站上等活儿的威客们就会竞标来争取接下任务。威客任务小到取名、Logo 设计，大到广告设计、项目开发，应有尽有。

1．中国威客网现状分析

2005 年，博客的出现令大家欣喜不已，可是博客的盈利模式到现在还是不清晰，于是出现了威客。目前国内的威客网站主要有以下几个：威客猪八戒、任务中国、K68 创意平台、witkey 威客、wk198 威客、威客中国、孙行者威客、淘智网、智迅威客网和 lai178 在线工作平台等。当中最受瞩目的当数威客猪八戒网。

2．e 擂市场定位及发展前景概况

我们对 e 擂电子商务系统的用户定位如下：

（1）学生群体。e 擂旨在提供来自企业的各种任务，学生们可以量力而行进行选择，可以以个人或团队的名义完成。除了获取一定的任务犒赏金以外，学生的参与将被 e 擂的能力指标库记录，网站可以为学生的就职提供权威的能力资格认证。

（2）企业群体。e 擂旨在提供优越广泛的任务发布平台，企业借此可以集思广益，利用相对较少的资源，采纳学生的创新思维和技巧，这是企业内部资深专家难免缺乏的。e 擂的能力指标库也将为企业的招聘工作提供权威依据。

3．e 擂市场分析

1）威客网站发展存在的问题

威客模式实现的是智力产品的交易，由于智力产品区别于实体产品的独占性与虚拟性的特征，所以威客模式的发展出现了很多问题。归结如下：

（1）智力成果标价问题。从互联网的现状看，用户虽然提出大量问题，但对求得这些问题的答案而愿意付出现金的意愿并不高，那些用户愿意支付超过 1 元钱的问题只占总数很小的比例。按照二八原则，只有 20%的问题提问者愿意支付超过 1 元钱征求答案，而超

过 80%的大量问题还需要按互联网原有的方式运转。

（2）威客群体的特定性。由于威客的交易内容是知识产品，只有含有较高效益和效用价值的知识产品才能够得到消费者的青睐，因此，只有那些知识、智慧、经验较高的人才能在威客网站上把知识、智慧、经验转化为财富。这就限制了威客群体的规模，影响了其发展空间。

（3）智力商品的质量控制问题。威客群体的特定性与排他性的最主要影响就是：在威客发展的初期，可能会有不合格的"威客"参与竞标，这样会增加任务发布者的知识搜索成本，打击任务发布者的积极性。

（4）网络互动问答模式中作弊的问题。作弊目前是网络互动问答模式发展过程中面临的最大问题，正是这一问题的存在，使实践网络互动问答模式的网站不敢轻易进入智力产品的现金交易阶段。

2）e擂目标市场分析与确定

（1）市场细分。通过对于威客的行业分析，我们首先将市场分为知识提供者和知识消费两大类，然后再分别对于两大类进行市场细分，以确定我们的目标市场。

① 知识提供者——威客。根据智力产品的排他性原则，我们根据参与度与知识水平两个维度，将目前市场上的威客分为四类，如图 4-1 所示。

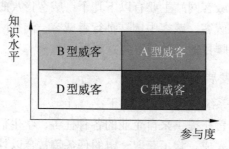

图 4-1　威客类型细分

A 型威客：是威客市场价值链的核心价值来源。主要由熟练掌握互联网技术且有较高知识和经验水平的年轻群体构成。主要有大学生、年轻白领。目前的比例还不是很高，大约占网民的 10%～12%。

B 型威客：是威客市场最直接的潜在参与者。他们的知识水平较高，但是由于不了解或不认同威客模式，或者网络熟悉度以及网络习惯的差异导致其参与度不是很高，一般而言年龄偏高。主要由学者、教师和部分大学生、白领组成。该类顾客在网民中占有的比例较大，占网民总数的 40%～50%。

C 型威客：是目前威客市场繁荣的"经济泡沫"。这类顾客对于威客的模式具有较大的认可度与好奇心，但是由于其知识水平的限制，往往不能得到价值回报。其在威客市场的活跃一方面暂时地提升了威客网的人气，另一方面也增加了任务发布者的搜索负担。这类顾客可能通过威客网认识到自己的不足，进而加强学习，最终变成 A 型威客。主要由中学生或低学历的网络爱好者构成，大约占网民总数的 30%～33%。

D 型威客：这类顾客群体较小，主要以年龄较大、学历或学力比较低的网民为主。

② 任务发布者。根据任务发布者的任务发布的规模以及悬赏的金额将任务发布者分为企业发布者和个人发布者两类，如图 4-2 所示。

企业发布者：其发布的任务一般较难，对于产品的知识质量要求较高，一般悬赏金额也较高，约占任务发布者的 20%。

个人发布者：其发布的任务种类多样，对于产品的知识质量要求参差不齐，一般悬赏金额较少，通过调查 K68、任务中国等威客网站发现，"1 元"任务较多。这类顾客占任务发布者的 80%。

（2）目标市场的确定。通过提出假设、检验假设，根据"关键融合"战略，得到 e 播网站的目标市场说明图，如图 4-3 所示。

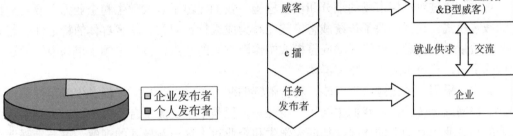

图 4-2　任务发布者市场细分　　　　　　图 4-3　目标市场说明图

3）市场竞争与优势构成

（1）SWOT 分析。从优势、劣势、机会和威胁四个角度对 e 播公司进行 SWOT 分析，如表 4-1 所示。

表 4-1　SWOT 分析

优势（S）	劣势（W）	机会（O）	威胁（T）
"关键融合"战略，打破了传统威客模式的缺点，使得价值链两端的连接更加紧密与牢固；公司的发起人是大学生，了解大学生需求，能够很好地推出有利于大学生的个性化服务	开发团队由大学生组成，经验不足，与企业的交流存在一定的障碍；开发的资金不够，在初期容易造成财务风险	目前市场上没有同类网站，市场份额很高；国内媒体对于威客网站的广泛宣传与报道有利于网站的发展；目前市场上的威客网站没有对威客群体实行限制，不易管理，容易造成信用危机，同时增加任务发布者的检索成本	目前市场上已经形成了几个较大型的威客网站，其他人在看到这些网站的成功后，会复制它们的经营模式，利用资金和经验优势，将它们打垮

通过分析得出我们的主要竞争对手是市场上一些大型的威客网站，如任务中国、K68等。它们对于威客网站的开发、运营都已经积累了相当的经验，并且其注册量已经非常之

高，如表 4-2 所示。

表 4-2　竞争对手分析

主要的竞争对手	网　站　特　征
任务中国、K68、威客网等大型网站	注册人数较多。任务发布者以企业、个人为主，威客的范围极广，收取 10%～20%的交易费用，但是由于传统威客网的缺点，交易量较小

（2）竞争策略。通过 SWOT 分析和对主要竞争对手的分析，我们识别出了自身所固有的优点和所存在的问题，因此将采用成本领先与标新立异相结合的竞争策略。

① 成本领先。针对大学生对价格比较敏感的特点，在交易初期，对大学生实行免费政策，不从大学生的交易报酬中扣去交易费用，只对企业收取相应的信息发布费用。当网站发展人数达到一定规模后再逐步加入 VIP 费用、短信增值费用等个性化服务收费。

② 标新立异。e 播网站最大的竞争优势就是威客模式的创新。

首先，通过对目标市场的细分和反复检验，我们提出了以大学生和企业为主要目标群体的威客模式。这样解决了传统威客模式在智力成果标价问题、威客群体的特定性、智力商品的质量控制问题、网络互动问答模式中作弊方面的缺点，抢先占领了市场中关于这一领域的空白，获得了最大的顾客群体。

其次，采用"关键融合"战略，将价值链的两方关系进行稳固，促进生成良性循环。因此，在网站宣传阶段，我们主要以"企业——优秀学生交流平台"为主，为大学生提供免费的与企业"互动"的体验，加深大学生和企业对于这一新模式的理解，进一步强调与传统威客网站的区别。

另外，还引进了评价机制，让学生和企业之间互相监督评价，减少"信用危机"的发生，同时为企业招聘用人提供很好的决策支持，更使得威客具有了"以大脑链接为主"的知识管理工具的特征。

4．e 播业务流程设置

e 播业务流程图如图 4-4 所示。

5．e 播营销策略

1）销售渠道

（1）用户可以通过软件网站、搜索引擎等网页上的超链接对 e 播进行访问。

（2）用户可以从学生门户网站进行链接访问。

（3）用户可以从已结成联盟的企业门户网站进行链接访问。

（4）用户可以从传统媒体，如报纸、杂志、电视等得到网址，对 e 播进行访问。

2）销售伙伴

（1）软件网站：天空软件。

（2）学生门户网站：5Q、占座网、校内网。

（3）企业门户网站：惠普、海尔。

（4）传统媒体：《参考消息》《读者》《青年文摘》和 CCTV。

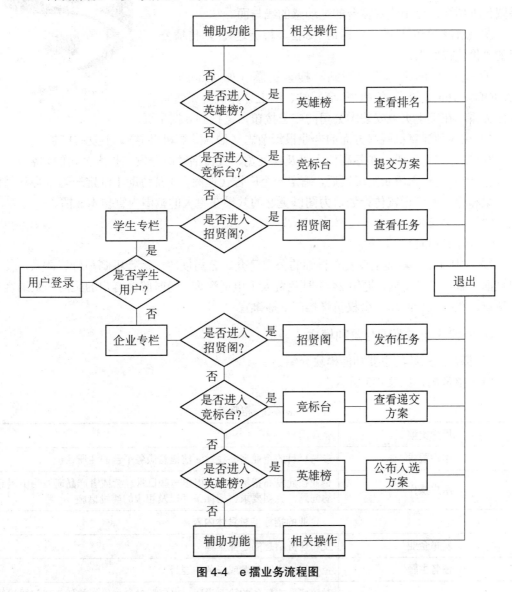

图 4-4　e 擂业务流程图

3）市场联络

（1）广告宣传。

① 响亮的公司名称——e 擂。e 擂有两层含义，其一，"e 擂"为英文单词 elite 的谐音，代表精英，寓意"精英之擂"；其二，"e 擂"也寓意了本网站是基于 Internet 的网络招投标

擂台。

②　设置醒目生动的公司商标，传播公司的"标志提案"，初步标志构思如图 4-5 所示。采用一个抽象化的"e"，中间的椭圆代表擂台，而围绕着擂台的是动感的线与面。

③　设计统一醒目的广告标语"e 擂，精英之擂"，传播公司的"价值提案"。

图 4-5　e 擂标志

④　与软件网站、门户网站、搜索引擎（如 Google、YAHOO!、Baidu 等）、各 PC 厂商网站、网上计算机商城建立合作关系，在其主页上安装本公司的广告按钮，链接到 e 擂主页。

⑤　在各种计算机网络方面的专业报纸杂志（如《计算机世界》）上发布广告。

⑥　设计宣传手册，在各高校内以及在展览、宣传活动时分发，扩大公司的知名度。

⑦　当公司进入成长阶段以后，确定一个广告代理商，在其协助下制定一套整合营销传播方案和综合性广告宣传计划，力图以更好的效果在更大的范围内宣传本 e 擂。

（2）公关宣传。

①　新闻发布会。

②　主体宣传。e 擂主页发布详细的公司简介、公司展望、运行机制和价值体系，使用户全面了解和信任 e 擂。提供 24 小时免费人工电话咨询，随时解决客户的疑问和采纳客户的建议。设立宣传经理，全权负责推广 e 擂事宜。

6. e 擂的业务范围与盈利模式

1）拟开发系统的主要功能模块介绍

（1）招贤阁，如表 4-3 所示。

表 4-3　招贤阁

用户类型	企业用户
用户要求	参与栏目的企业需要经过 e 擂信息服务平台的注册认证
用户操作	企业在此发布招标信息，提出一些日常经营或者产品研发当中遇到的问题，说明要求、招标条件以及相应的奖励措施
企业的招标信息具体内容	
发布企业	发布任务信息的企业全称
任务主题	企业拟完成的问题或任务的题目
任务简介	对该问题或任务的简要说明，也包括对参与投标的任务或问题的解决方案的要求
悬赏金额	完成该任务或问题将获得的货币价值，由企业方支付
截止日期	任务解决方案的最后提交日期

（2）英雄会，如表 4-4 所示。注册学生用户可以在这个平台发布征集队友的信息，个人完成或组队合作完成项目任务。队友征集模式有两种：面向项目组队和长期合作组队。

表 4-4 英雄会

面向项目组队	e 播信息服务平台为每个发布的企业项目任务提供一个组队入口，注册学生用户通过这个入口直接组队，组队完成后小组直接承揽项目的解决任务，为企业项目的解决提供快捷、即时的组队模式。项目任务完成后系统平台执行两种操作：默认注销项目小组；队员申请保留项目小组成为长期合作小组
长期合作组队	e 播信息服务平台提供长期合作组队平台。该平台上的合作组信息长期保留，合作组可以直接参加企业项目。该组队模式旨在建立一个长期的学生合作团队并提供稳步发展的充分空间。长期合作小组与独立的个人用户一样具有能力指数。合作组成员个人能力指数随合作组能力指数增加

英雄会组队模式如图 4-6 所示。

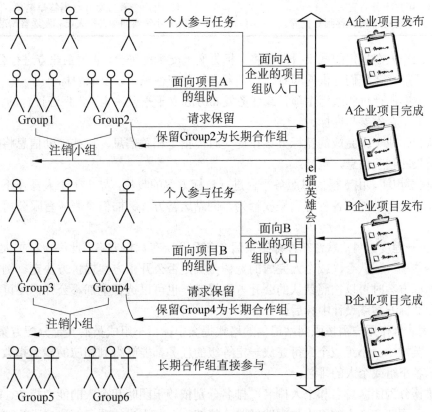

图 4-6 英雄会组队模式

（3）竞标台。该模块功能用例描述如表 4-5 所示。

表 4-5 "竞标台"功能用例描述

3 竞标台

3.1 简单描述

本用例允许学生个人或小组提交方案。

本用例允许企业用户查看方案和给出答辩名单。

学生用户	企业用户
3.2.1 前置条件 学生用户进行操作前必须登录。	3.2.2 前置条件 企业用户进行操作前必须登录。
3.3.1 后置条件 学生提交方案。	3.3.2 后置条件 企业查看提交的方案并筛选。
3.4.1 事件流 当学生用户想要提交方案时，用例启动。 （1）用户单击"竞标台"页面。 （2）用户选择任务并点击"提交方案"。 （3）系统显示提交窗口。 （4）用户上传方案。 （5）系统将方案保存到数据库。	3.4.2 事件流 当企业用户想要查看方案时，用例启动。 （1）用户单击"竞标台"页面。 （2）用户选择"我发布的任务"。 （3）用户选择任务并点击"查看方案"。 （4）用户查看方案并给出答辩名单。 （5）系统将通知答辩人员和发送答辩准入密码。

小组或个人在规定的截止日期前将竞标方案上交到此平台，并由企业方进行公开评标。入围的选手能够在我们提供的即时信息平台进行秘密答辩，以争取中标。

竞标方案的评价和选用由项目或任务发布方独立于平台决定。为保证评标的公正性，e 播信息服务平台不参与评标。

团队合作或个人完成的竞标方案在提交时需指定相关信息，这些辅助信息将提供竞标过程与结果的细节信息，包括：

① 权责声明。由 e 播信息服务平台进行竞标方案的收集，如由于个人操作不当等原因造成独立于平台之外的各种恶意侵权行为，网站运营方（e 播信息服务有限公司）不对此负责。

② 公开程度。网站默许在评标结束后全部公开所有竞标方案，此举旨在扩大交流，促进知识的共享。团队合作或个人完成的竞标方案是否公开由方案提供方决定。例如，用户在提交竞标方案时可以按照默认的公开方案提交，也可以选择全部不公开，还可以制定仅当所提交竞标方案或设计中标后公开等。

③ 团队合作用户需按照网站提供的格式提交中标后小组成员的奖金分配方案。

（4）英雄榜。小组或个人每完成一定等级的任务都能够得到相应的能力指数，在此将公开展示各小组或个人的排名。

英雄榜分为团队排名和个人排名，排名分别依赖于团队和个人的能力指数。排名信息充分展示了团队和个人的能力与实践经验，能够为企业用户的项目解决提供简洁、便利的参考信息。

英雄榜的排名信息是作为一个简单参考而设置的。在这个模块中，用户可以详细地浏览网站每个注册的学生用户或学生团队的能力信息和投标记录，包括参与项目的次数、获得悬赏金总额、中标率和企业用户的评语等。

这一部分服务是本网站的一大特色，是学生证明自己能力、企业招收员工的良好平台。

2）辅助栏目

（1）博客地带。注册的企业和学生用户能够在此获得自己的免费博客，更好地展示自己的特色。此博客内容必须真实。"博客地带"栏目作为 e 擂的辅助服务，一是为注册用户提供个人空间，扩大个人宣传和心得交流，以达到知识共享和站内合作便利的目的；二是充分发挥 Web 2.0 的特点，结合当前网络盈利模式的多样性，借博客营销的东风扩大 e 擂的宣传。

（2）e 擂社区。借鉴各门户网站的社区建设的经验以及各新型网络企业的建站特点，开展 e 擂社区服务。该辅助服务以社区论坛为主，为用户提供一个同时引入了 e 擂多种主要栏目服务的大平台和另一个访问网站服务的入口，即注册用户不需借助网站导航便可在社区内实现各主要服务的链接。

e 擂社区的特色服务包括企业招标区、项目讨论区和团队合作区。这些服务为注册用户的集中交流和团队合作提供了便利。

① 企业招标区：针对某个企业项目开辟的论坛专区。企业项目发布用户具有开辟此专区的权限。用户与企业可以在此就该项目所设计的种种细节问题进行讨论。

② 项目讨论区：针对某项目内容的论坛专区。由 e 擂网站自动为每个要求提供该论坛服务的项目而开辟，由参与竞标的学生用户或团队参加交流和讨论。

③ 团队合作区：为特定的项目合作组开辟的论坛专区。项目小组的负责人具有创建权限，同时项目小组负责人可以指定该交流专区的开放程度：仅向合作组成员公开、向指定注册用户公开、全部公开。这是出于一些团队的隐私要求的考虑。

3）收费模式

e 擂信息服务有限公司的收费模式主要分为企业与用户两种，分别如表 4-6 和表 4-7 所示。

表 4-6　企业收费模式

收 费 项 目	业务招聘信息发布费	广 告 费	VIP 服务费
项目简介	招标费是企业在本网站发布每条招标信息所需要缴纳的费用。本费用是一次性费用，即它包括每次招投标过程中招标信息发布、竞标、提供网络交流平台的费用	在 e 擂发布的广告必须通过业务人员的审核。收费随点击次数同比上升。基础费用为 10 元/天	（1）在竞标信息有变动时，e 擂会及时对企业负责人进行短信通知 （2）VIP 企业还享有 15 元广告封顶的优惠（即当点击率大于 100 时，仍按点击率为 100 收费）
收费标准	10 元/条	$Sum=(10+0.05k)$ 其中 k 为一天内广告的点击次数	100 元/年

表 4-7　个人收费模式

收 费 项 目	VIP 服务费	短信增值服务费
项目简介	若注册成为 VIP 用户则可享受： （1）在英雄榜中进行排名的待遇 （2）获得免费的博客空间服务 （3）发布招标信息（需另缴纳招标费用）	（1）企业发布的招标信息如含有用户预先设定的关键字，用户将立刻得到 e 擂的短信提醒 （2）在企业选定了入围名单后，参与竞标的用户将立刻得到入选名单，并且此消息将比网站公布的时间要早
收费标准	10 元/年	15 元/月

7．e 擂电子商务系统的研究与开发

1）实名认证

实名认证是为了实现如下目的：证实个人的身份和建立信任，保障所有用户的合法权益，让中标个人或团队顺利拿到悬赏金，发布人自由发布任务。

企业实名认证：主要通过 CA 认证中心获得企业签名，或提交企业的合法证件信息。

注册用户实名认证：所有具有可以说明本人身份的在校大学生均可以注册为网站的合法用户。为了确认注册用户的真实学生身份，e 擂信息服务有限公司利用如下方法进行实名认证：

（1）校内邮箱认证。注册学生用户利用所在高校的校内邮箱进行认证，e 擂信息服务平台通过检测校内邮箱的真实性以及与用户注册信息的相符性进行验证。

（2）校发银行卡认证。注册学生用户根据高校所发银行卡号进行验证。e 擂信息服务平台验证对应卡号的真实用户信息，并默认该银行卡号所对应的账户即为用户在本网站所使用的账户。

（3）其他方式。

对大学生进行实名认证是为了屏蔽其他非学生用户利用冒充或欺骗等手段获取不当赏金。当注册学生用户无法利用前述两种方式进行认证时，可与网站管理人员联系，通过其他方式进行认证。

2）支付与银行服务

e 擂预收企业发布项目的悬赏金，需要实现的支付模式如图 4-7 所示，涉及支付网关、银行专网以及客户端、服务端支付处理模块或软件。

3）认证接口

参与 e 擂竞标和投标的企业用户、学生团队或个人用户需要通过认证中心验证身份。e 擂信息服务平台作为运营环境提供方需要签名验证。需要的支持服务有 CA 认证中心颁发的 CA 证书、支付信息的数字时间戳等。

参与认证的各方之间有如图 4-8 所示的关系。

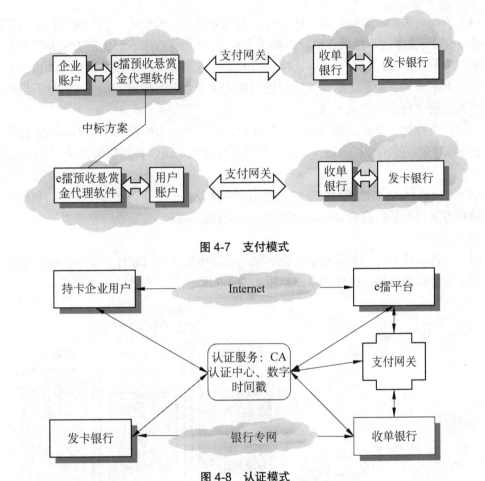

图 4-7　支付模式

图 4-8　认证模式

4）移动服务

e 播信息服务平台的移动服务需要相关移动设备、技术服务的支持，如 WAP 无线应用协议、移动增值服务的移动支持等。

5）竞标控制

为了最大限度地减少不诚信和侵权行为，e 播采用如下控制手段尽最大可能建立学生用户的权益保障环境：

（1）用户提醒。e 播将提醒用户注意可能的侵权行为和保护措施，如尽量关闭提交竞标方案的可公开权限、竞标前对招标企业本身进行适当调查以获取企业的诚信信息。

（2）预付赏金。e 播强烈建议发布招标项目任务的企业预付悬赏金。e 播将向最终中标方案的提交用户或团队代为支付悬赏金。对于未预付悬赏金的招标企业，e 播将对该招标信息附加未支付悬赏金声明。

（3）提交时限。e 擂控制用户的竞标方案提交时间。对于所有早于最终截止日期提交的方案，e 擂将提醒用户尽量在截止日期当天提交。e 擂保存所有已提交方案并保护其不被任何第三方利用。在提交截止后，e 擂将所有竞标方案提交给任务发布企业，由发布方进行评标。此举是为了防范企业内部用户通过篡改优秀方案而伪造中标方案进行不当牟利，从而直接侵犯竞标方的知识产权。

（4）评价控制。企业必须对各竞标方案进行评价并公布中标方案和中标团队或个人用户。e 擂将对企业的所有行为进行记录（包括不良信用记录、良好信用记录），建立企业诚信体系。

（5）用户权利。e 擂接受网站下的注册用户对所发现的 e 擂内部员工或部门利用注册用户的竞标方案进行任何商业交易活动的行为的投诉和举报，并赔偿用户损失。

6）系统框架

（1）外部环境结构。主要包括社会环境、法律环境等公司运行所需的外在大环境。

（2）硬件体系结构。硬件体系结构图如图 4-9 所示。

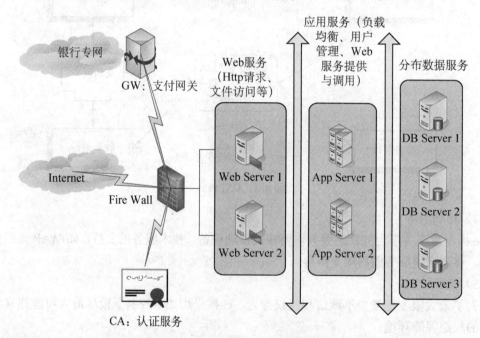

图 4-9　硬件体系结构图

（3）软件体系结构。软件体系结构图如图 4-10 所示。

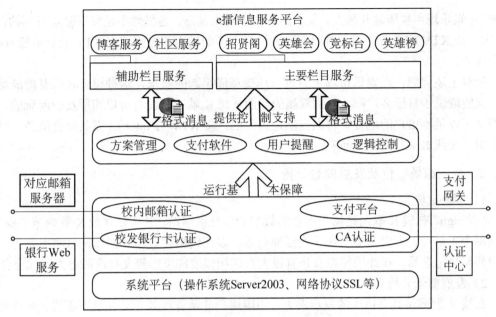

图 4-10　软件体系结构图

4.5.2　"真 high"在线 K 歌网站规划报告

1．系统背景

1）KTV 备受青睐

随着日常生活水平的提高，平时工作和学习压力的增加，现代人越来越注重在生活中调节和放松自己的心情，保持平和心态。在各种各样的休闲方式中，KTV 越来越受到广大消费者的青睐，已成为不同年龄、层次的消费者放松身心、减少压力的首选休闲娱乐项目。

目前，全国量贩 KTV 几乎占到了各种歌厅总量的一半以上，已经成为城市里同学、朋友、家庭聚会的首选地，甚至成为一些情侣约会的重要场所。纵观全国，KTV 风潮正由北而南、由东而西、由大城市向中等城市迅速扩散。

KTV 娱乐场所遍地开花，一方面是新兴的 KTV 娱乐企业风生水起，另一方面是老牌的 KTV 娱乐企业在巨大的竞争压力下连连求变。KTV 娱乐行业正面临新一轮的洗牌。经过多年的发展，KTV 的娱乐方式已受到普通市民的认可，也引发了不少企业的跟风。相信还会有更多的 KTV 场所出现在人们眼前，那时也将是 KTV 企业竞争和洗牌最为激烈的时候。

2）竞争与需求

根据国家税法规定，目前 KTV 娱乐行业被收取的税费是服务行业内最高的，被征以营业额的 33%。KTV 多建立在比较繁华和奢侈的地段，企业投资规模大，需要尽快收回成本，否则将面临亏本的可能。经营 KTV 娱乐业，谁拥有最高档的场所，谁就最具有竞争力，所以 KTV 娱乐场所规模越开越大，豪华的程度也越来越高。这显然不是商家愿意看到的。另外，大多数 KTV 的消费者由于时间的冲突没有太多的精力和时间花在 KTV 上来放松身心、减少压力。

针对上述问题，在娱乐市场上急需一场变革满足新的需求，这种模式必须既能满足商家，又能取悦于目标客户群，达到双赢的局面。想 K 歌？有没有可以和朋友一起玩的，又免费又可以足不出户的地方？答案自然是肯定的。将 KTV 与 Internet 完美结合就是一种解决方案，在线 K 歌网站应运而生了。

2. 企业市场定位及发展前景分析

1）市场定位

"真 high"在线 K 歌网站属于专业的数字音乐社区网站。其中以在线 K 歌为核心业务，以录制个人单曲、专辑及唱歌评分为延伸业务，以在线销售音乐、在线销售演出票务、在线销售明星纪念品、在线销售跟音乐有很大兴趣相似度的电影等文化产品等为附加业务。

2）发展前景分析

在线 K 歌网站具有巨大的发展潜力。中国用户非常喜欢 K 歌。从线下来说，全国唱歌的 KTV 到处都是，中国人聚会的经常项目之一就是唱歌。从线上的现实情况来说，我们从 UC 和快乐米网站及 163888 等可以看出有相当数量的网民喜欢 K 歌的服务，而且从这几个主要的 K 歌网站来看，这还是一个老少皆宜的娱乐活动，有不少 35 岁以上的用户也积极参加到这一全民娱乐的洪流中来。

从硬件来看，只要有摄像头和简单的麦克等附加设备（计算机、带宽等都将不是问题）即可完成这一娱乐活动。这就解决了大规模用户加入的可能性问题。

在线 K 歌也可以做成一个社区，K 歌跟博客、照片分享、视频分享一样，都是用户用来展示自己与其他人交流互动的工具。这就是联系用户和让用户和用户之间形成黏性的纽带。我们常说，一个网站有没有黏度，不在于用户对网站本身功能形成的黏性，而在于这个网站上的用户之间形成黏性。一旦形成了一个音乐社区，有了庞大的 K 歌群体，那么将来的盈利模式绝对不是问题，除了显而易见的广告，还可以开发出实实在在的盈利模式，如 B2C，包括在线销售音乐、在线销售演出票务、在线销售明星纪念品、在线销售跟音乐有很大兴趣相似度的电影等文化产品。还有其他的盈利模式，如家园植入点击广告模式等。原创音乐也能借势而起。

3. 企业市场环境分析

1）宏观环境

数字音乐是一个快速增长的市场，随着更多的网民选择从网上下载音乐产品，而且这部分网民的平均年龄也逐渐提高，在成熟的消费心态下，肯定会让这个市场有比较快的发展。

2009 年合法数字音乐销售额增加到 42 亿美元，增幅约为 12%，远低于 2008 年 25%的增幅和 2007 年 30%的增幅，如图 4-11 所示。

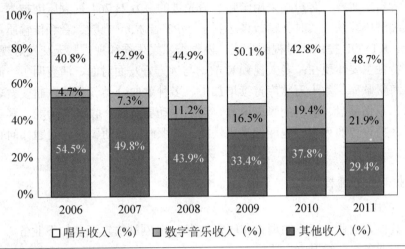

Source:Grabstats 2011.12

2012.2iResearchInc.   www.iresearch.com.cn

图 4-11　2006—2011 年全球音乐行业收入来源分布

可见，中国数字在线音乐市场还有待进一步挖掘其市场空间，在线 K 歌无疑是在线音乐市场一种新颖的形式，加上传统 KTV 的风靡全国，使其良好发展成为可能。

2）行业环境

目前国内的音乐网站大致分三类：

（1）众多打"擦边球"的中小音乐下载网站。

（2）综合音乐门户网。

（3）专业的数字音乐社区网站。

这些网站因背景和实力不同，各有自己的核心竞争优势，同时也有一些重合的功能，像数字音乐、铃音下载、试听、在线 K 歌、多媒体博客、音乐交友社区、铃音 DIY 并捆绑传统 SP 业务等。

传统的音乐下载网站和综合音乐门户网站无论从业务流程、盈利模式还是技术支持上看已经做得相当成熟了。它们给数字音乐网站的认可和推广带来了广阔的前景，三大类音乐网站相互制约、相互影响。在数字音乐网站发展势态良好的情况下，在线 K 歌被广泛地接受和看好成为一种趋势。

3）技术环境

在线 K 歌是全国首家以视频 KTV 模式为主体，利用网络通信，基于新一代互联网视频语音技术打造的包含视频即时通信、视频 MV 欣赏、视频聊天室在内的三大板块作为卖点的大型娱乐交友社区。KTVOL 提供多人在线视频功能，是中国概念最新的主题交友乐园。

网站集当前最热门的多种 Web 2.0 应用于一身，其中多人视频 KTV 是 KTVOL 的特色环节，所有技术都为自主研发。客户端采用国际上最先进的多方 H.264 视频压缩技术，结合自主研发的音频编解码算法（实时传输效果达到了 MP3 音质），视频、音频传输质量都位于国内领先地位。KTVOL 提供即时视频交流、视频秀、娱乐秀和视频聊天交友等视频应用。

其软件特性主要体现在：多人视频 K 歌、与远方好友面对面、清爽明了、简单易用的用户界面、海量歌库、数十万歌库持续增加中、多种歌曲分类、支持歌曲搜索功能、优秀的缓存技术、不伤硬盘、丰富的聊天道具、沟通生动更及时、收藏夹功能、喜欢的歌曲节目想听就听、内设包厢列表、包厢切换更快捷、客服时时帮助、遇到问题你问我答、多种帮助渠道等。

4．企业的业务流程设置

1）业务范围

根据对其他企业业务流程的调查和研究，真 high 网站决定涵盖如下业务。

（1）核心业务：在线 K 歌。

（2）延伸业务：录制个人单曲、专辑，参与唱歌评分。

（3）附加业务：在线销售音乐、在线销售演出票务、在线销售明星纪念品。

2）网站总体结构如图 4-12 所示。

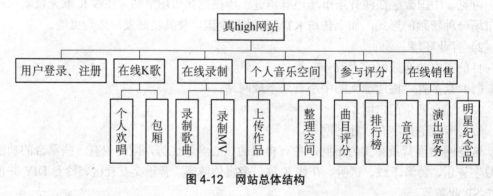

图 4-12　网站总体结构

3）网站具体业务流程如图 4-13 所示。

5．拟开发系统的主要功能模块介绍

1）前台

（1）用户注册登录模块。用户要想在该网站 K 歌、录歌，必须录下客户的真实信息，以便使得业务有章可循。

（2）在线 K 歌模块。点击"K 歌大厅"，客户可以自建一个包厢，邀请自己的好友一起进来 K 歌。在曲库中选中歌曲，系统将播放字幕和伴奏，用户跟唱，系统同步合成并通过声卡音箱播放出来就可以 K 歌；从曲库中点击选中的歌曲，自动倒入播放状态，伴有同

步字幕及背景 MV 显示，伴随音乐跟唱即可，客户还可以在唱的同时插入情景音效（包含剧场、音乐厅、KTV、空房间、浴室、平原等）以及对伴奏、话筒、混响音量进行调节。

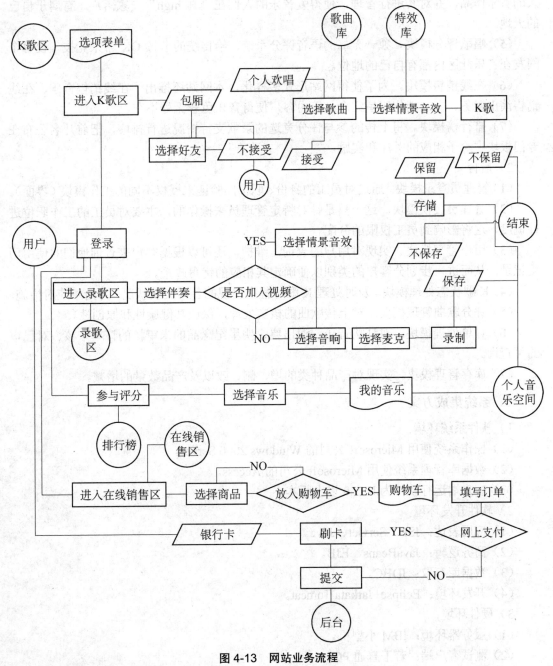

图 4-13　网站业务流程

（3）在线录制模块。展示个人发布的单曲或打造自己的音乐专辑，分享给所有网友。

（4）个人音乐空间模块。在个人音乐空间模块中，可以上传自己的音乐作品或保存他人的音乐作品，并对其进行管理，使得爱音乐的人们在"真 high"安家落户，有属于自己的天地。

（5）唱歌评分模块。独一无二的语音评分系统，给传统的卡拉 OK 带来竞技，使每个网友在音乐社区内都有自己的地位。

（6）在线销售模块。为了使得网站形式多样化，本网站还推出了在线销售音乐、在线销售演出票务、在线销售明星纪念品等内容，使得音乐色彩无处不在。

（7）排行榜模块。将上传的参与评分竞选的录歌支持情况进行排序，把前几名公布在专门板块中给予相应的关注和奖励。

2）后台

（1）管理员登录模块。通过对员工的身份、职位的验证来授权不同的工作模块（界面）。

（2）管理员授权模块。这个只是针对特定管理员来操作的，主要对员工的工作职位进行调度，这将影响到员工权限的分配。

（3）用户管理模块。实现对用户的查询、维护，还可以根据客户来查询他们的使用历史记录，从而进一步划分客户的类别以便确定其相应的优惠政策。

（4）K 歌状态处理模块。及时处理 K 歌过程中出现的各种突发状况，并给予应对措施。

（5）评分歌曲管理模块。对上传歌曲的核实处理，保证其健康性和原创性。

（6）订单处理模块。对订购音乐、演出票、明星纪念品的未审核的订单审核、对已审的可查询。

（7）库存管理模块。实现对产品种类的增、删、改以及产品数量的增减。

6．系统集成方案

1）软件系统环境

（1）操作系统使用 Microsoft 公司的 Windows 2000 Server。

（2）数据库管理系统使用 Microsoft 公司的 Access。

（3）客户端运行软件为 IE 5.0 以上版本。

2）软件开发环境

（1）应用表达：JSP、Servlet、Java。

（2）商务逻辑：JavaBeans、EJB。

（3）数据库存取：JDBC。

（4）开发环境：Eclipse+Jarkata Tomcat。

3）硬件环境

（1）服务器环境：IBM 小型机。

（2）测试客户端：若干普通 PC。

（3）网线、交换机。

本章小结

● 电子商务系统规划以完成企业核心业务转向电子商务为目标，强调从战略层次明确地给出系统未来的目标与定位，是以变化的企业商务模式为依托，实现企业商务模式变革和系统开发于一体的过程。

● 电子商务网站是一种特殊类型的信息系统，它具有自身的特点。通过详细的调研，确定系统规划的关键因素，然后从管理、技术、经济等方面进行可行性分析，从而建造成功的电子商务网站。

● 在以客户为中心的今天，零售业建立电子商务系统具有非常重要的意义。根据零售业的特点，分析零售业电子商务系统的运作模式；根据企业目标及产品特性，选择适合的电子商务运作模式。

综合练习

一、单项选择题

1. 为电子商务系统提供公共的服务，为企业的商务活动提供支持，增强系统的服务功能，简化应用软件的开发，是（　　）。

A. 电子商务服务平台　　　　　　　　　B. 电子商务应用系统

C. 电子商务应用表达平台　　　　　　　D. 安全保障环境

2. 计算机主机和外部设备构成电子商务系统的（　　）。

A. 网络环境　　　　B. 硬件环境　　　　C. 社会环境　　　　D. 软件及开发环境

3. （　　）的主要作用是满足系统可扩充性的需要，用以实现电子商务系统和其他系统之间的互联以及应用之间的互操作。

A. 负荷均衡　　　　B. 连接/传输管理　　　　C. 事务管理　　　　D. 网站管理

4. （　　）是电子商务系统和银行之间的接口，它负责通过 Internet 和 Extranet，与客户和银行之间进行交互，完成与商品交换相关的电子支付。

A. 认证中心接口　　　　B. 支付网关接口　　　　C. 内容管理　　　　D. 搜索引擎

5. 为电子商务系统的开发及维护提供平台支持的是（　　）。

A. 商务服务环境　　　　B. 软件及开发环境　　　　C. 电子商务应用　　　　D.网络环境

6. 利用 Internet 技术构造的、面向企业内部的专用计算机网络系统是指（　　）。

A. 电子商务基础平台　　　　　　　　　B. 企业内部信息系统

C. 电子商务服务平台　　　　　　　　　D. 电子商务应用系统

7. 在安全策略及安全体系下所采取的具体手段是指（　　）。

A. 安全政策　　　　B. 安全协议　　　　C. 安全措施　　　　D. 安全环境

8. 在电子商务系统规划报告中说明支持应用系统的软硬件平台的选择、集成方式的是（　　）。

A. 系统性能优化及评估　　　　　　　　B. 系统集成方案

C. 实施方案　　　　　　　　　　　　　　D. 商务系统收益分析

9.（　　　）的关键内容是阐述企业的核心商务逻辑，以及企业对未来电子商务的一些基本认识。

A. 电子商务系统建设的原则及目标　　　　B. 商务模型建议

C. 企业需求描述　　　　　　　　　　　　D. 目标系统的总体结构

10. 网络基础设施不包括（　　　）。

A. 网络基本结构　　　　　　　　　　　　B. 数据结构

C. Intranet 结构　　　　　　　　　　　　D. Extranet 及数据交换

二、多项选择题

1. 电子商务系统规划的组织及人员包括（　　　）。

A. 企业的经营人员　　　　　　　　　　　B. 各方面的专业技术人员

C. 电子商务成功运行经验的合作伙伴　　　D. 专业技术咨询人员、咨询顾问专家

2. 电子商务的社会环境主要包括（　　　）。

A. 法律　　　　　　B. 税收　　　　　　C. 隐私　　　　　　D. 商业渠道

3. 电子商务网站系统调研的主要内容有（　　　）。

A. 用户组织的概况　　　　　　　　　　　B. 现行系统的概况

C. 系统的外部环境　　　　　　　　　　　D. 目标系统的概况

4. 网站系统的可行性分析要从（　　　）方面进行考虑。

A. 电子商务网站管理可行性分析　　　　　B. 电子商务网站技术可行性分析

C. 电子商务网站经济可行性分析　　　　　D. 电子商务网站人员可行性分析

5. 零售业电子商务系统构成包括（　　　）。

A. 内容管理　　　　　　　　　　　　　　B. 协同处理

C. 售后服务　　　　　　　　　　　　　　D. 网上电子商城解决方案

6. 零售业电子商务系统运作模式有（　　　）。

A. 网上电子商城　　　B. 租柜台　　　　C. 网上专卖店　　　D. 网上直销

7. B2B 电子商务根据控制主体可分为（　　　）。

A. 面向卖方的市场　　　　　　　　　　　B. 面向供应商的市场

C. 面向买方的市场　　　　　　　　　　　D. 面向中介的市场

8. B2B 电子商务模式分类可分为（　　　）。

A. 卖方控制型模式　　　　　　　　　　　B. 买方控制型模式

C. 客户控制型模式　　　　　　　　　　　D. 中介控制型模式

9. 网站费用包括（　　　）。

A. 设备费用　　　　　B. 开发费用　　　　C. 运行费用　　　　D. 培训费用

10. 网站所必须具备的高性能可以用（　　　）来衡量。

A. 响应时间　　　　　　　　　　　　　　B. 处理时间

C. 用户平均等待时间　　　　　　　　　　　D. 系统输出量

三、判断题

1. 计算机主机和外部设备构成电子商务系统的硬件环境。（　　　）

2. 商务服务环境为特定商务应用软件的正常运行提供保证，为电子商务系统提供软件平台支持和技术标准。（　　　）

3. 按内容分类，B2B 电子商务网站可以分为横向型（水平）网站和纵向型（纵向）网站。（　　　）

4. 电子商务系统规划的目的是为完成未来的某个目标而设计相关的实施步骤，其主要内容是给出达到这一目标的行动计划，要求指明行动过程中的人员组织、任务、时间及安排。（　　　）

5. 软件及开发环境是电子商务系统的核心组成部分。（　　　）

6. 电子商务服务平台为企业的电子商务应用提供运行环境和管理工具及内部系统的连接。（　　　）

7. 电子商务应用系统在整个系统的顶层，面向电子商务系统的最终用户。（　　　）

8. 电子商务网站技术方面的可行性分析，就是根据现有的技术条件，分析所提出的要求能否达到。信息系统技术上的可行性可以从硬件（包括外围设备）的性能要求、软件的性能要求（包括操作系统、程序设计语言、软件包、数据库管理系统及各种软件工具）、能源及环境条件、辅助设备及备品配件条件等几个方面去考虑。（　　　）

9. 电子商务网站管理可行性分析主要是对开发项目的成本与效益做出评估，即分析新系统所带来的经济效益是否超过开发和维护网站所需要的费用。（　　　）

10. 卖方控制型模式是由一个或多个购买者建立，旨在把市场势力和价值转移到买方的市场战略。（　　　）

四、简答题

1. 什么是电子商务系统规划？

2. 进行电子商务系统规划时，如何分析企业所在的行业和竞争力？

3. 什么是电子商务系统的体系结构？

4. 电子商务应用系统具有哪些基本特征？

5. 电子商务系统规划报告包括哪些基本内容？

五、论述题

1. 请分析电子商务系统规划的必要性。

2. 请分析电子商务系统体系结构的构成。

六、案例讨论题

A 公司是京城几家较大的书店之一，营业面积达 20 000 平方米，经营着全国 200 余家出版社的 20 多万种图书杂志、音像制品和电子出版物。每天接待客流量在 2 万～5 万人次，营业额在 80 万元左右，在行业中具有一定的规模和货源优势。

近几年由于网上购物的兴起，书店的业务量受到一定影响。特别是计算机类图书，由于网上销售的方便和快捷以及较低的折扣，其销售量下降了近 30%。因此，该店决定建设网上销售业务，主要以工程技术类和计算机类图书为主。他们认为开展网上业务能够提升企业的客户服务能力，从而较好地服务于企业发展战略，为企业增加效益，满足顾客的不同需求，挖掘市场的销售潜力，扩大市场占有率，提高企业竞争力、树立企业形象，增强用户的信任度，有利于打开新产品的市场，降低企业经营风险。为了更好地开展网络营销计划并达到以上目的，开发一套性能优良、功能强大的电子商务系统势在必行。

公司对本电子商务系统的用户定位是：年龄为 20～40 岁的技术人员以及 IT 人员，包括在校的大学生和研究生。

根据对自身需求的初步调查和对竞争对手网站的调查，初步拟定本电子商务系统包括以下功能模块：

（1）针对用户的功能描述

用户注册模块：实现用户的注册，得到用户的基本信息。

用户登录模块：实现用户登录此系统。

图书选购：实现注册用户的图书选购，包括图书列表、图书信息的查看和添加进购物车等功能。

购物车管理：实现用户对自己的购物车的管理。

查看订单模块：实现订单管理。

（2）针对系统管理员的功能描述

管理员登录模块：实现管理员登录。

图书管理模块：实现图书管理，包括查看图书列表，图书信息增加、修改和删除等功能。

订单管理模块：实现订单管理，包括订单列表，订单查看、修改和删除等功能。

试讨论以下问题：

1. 登录竞争对手网站 http://www.china-pub.com，分析其页面风格、系统功能和盈利模式，并与本电子商务系统进行比较。

2. 分析该书店电子商务系统的核心业务流程。

3. 分析本电子商务系统开发的可行性。

第5章 电子商务系统分析

📖 **学习目标**

- 了解电子商务系统分析的含义、内容、过程和意义
- 理解电子商务网站分析的内容及过程
- 掌握零售业电子商务系统分析的内容
- 掌握企业对企业电子商务系统分析的内容

🖨 **导言**

系统分析是系统设计的基础，是电子商务系统建设中的一个重要阶段。系统分析就是要结合不同电子商务活动的基本需求，进而确定企业的详细需求定义，从而建立与企业动机相吻合的电子商务系统。

5.1 电子商务系统的系统分析

企业的商务目标是最大限度地扩大利润空间，增加企业收入。为了达到这一目标，企业需要不断改善和提高其核心竞争能力，扩大市场份额。利用电子商务系统改进其核心竞争能力是企业建设电子商务系统的最直接也是最为原始的动机。基于这一点，在设计电子商务系统之初，必须准确、完整地了解企业电子商务的需求，掌握企业中各个商务过程的数据及其处理过程。只有这样，才能在设计阶段有针对性地设计电子商务系统软件所应具备的相应功能。这样构造的电子商务系统才能最终与企业建设电子商务系统的动机相吻合。而这些工作就是系统分析所要完成的任务，因此系统分析是系统设计的基础，是电子商务系统建设中的一个重要阶段。

5.1.1 概述

1. 电子商务系统分析的基本概念

电子商务系统分析就是在系统规划确定的原则和目标的指导下，结合电子商务系统的

特点，对企业进行调查，全面了解企业的目标、组织结构、数据流程和业务处理过程，结合不同的电子商务活动的基本需求，进而确定企业的详细需求定义，为系统设计奠定基础。

2．电子商务系统分析的特点

电子商务系统与一般企业信息系统的系统分析相比较，既有相似的地方也有不同之处。具体表现为：

（1）目标相同。无论电子商务系统还是其他的企业信息系统，系统分析的目的都是给未来要建设的新系统提出明确的、具体的需求，从而使得系统设计可以有的放矢，具有明确的针对性。

（2）方法类似。系统分析的所有方法都是为实现系统分析的目标服务的。信息系统的分析方法，无论是面向数据流的结构化分析方法，还是面向对象的分析方法，虽然表现形式不同，但是目标都是从不同层次、不同角度描述清楚企业的业务过程究竟如何、企业业务模型究竟是什么样的。电子商务系统作为一种特殊的信息系统，仍然可以利用这些工具对企业的现行业务进行描述，也可以利用这些工具来刻画未来系统的特征。

（3）系统分析的对象不尽相同。传统信息系统的系统分析，着重于从业务的手工处理系统或者企业既有的信息系统入手，描述既有系统的业务处理中的数据、加工处理过程，在此基础上分析其中的不足或缺陷，进而提出未来要构造的新系统的需求。电子商务系统的系统分析，尽管也是为了给未来的新系统——电子商务系统提出需求，但是由于企业电子商务活动还没有实施，企业不可能在没有技术支持的条件下开展电子商务，所以目标系统的参照物并不存在。因此，电子商务系统所要分析的对象并不完全是企业的手工处理过程，至少可以说企业既有系统只是电子商务系统分析对象的一个组成部分。

（4）系统分析的任务不同。传统的系统分析主要包括系统调查、系统业务分析和提出对新系统的需求几个方面。但是，对于电子商务系统而言，很难直接通过分析企业既有系统或手工作业的不足，进而给出对电子商务系统的需求，所以电子商务系统分析除了要对企业业务流程进行调查，分析老系统的不足之外，还有一部分重要的工作是创新工作，即在既有系统分析的基础上，结合电子商务的特点、不同电子商务模式需求的共性，创新性地提出企业尚未开展而目标系统应当满足的一部分需求。

总之，电子商务系统分析与传统信息系统分析的目标是一致的，主要是分析提出未来新系统的业务需求。但是电子商务系统分析不仅需要调查分析企业业务处理过程，描述既有系统的业务要求，而且要在其基础上结合电子商务的特点创新性地描述未来系统应当满足的需要和实现的功能。

5.1.2　电子商务系统分析的过程

1．信息系统分析的基本思路

在系统分析阶段，需要全面、准确地了解企业的现状和对未来系统的要求。该阶段最为关心的问题是系统到底要"做什么"，至于"怎么做"的问题要等到系统设计阶段去完成。因此，在系统分析阶段需要对企业生产、经营全过程的数据收集、存储、加工、处理和传递等信息处理工作进行调查分析；此外，系统分析阶段还要调查和分析企业的主要商务活动的功能，如数据处理、预测、计划、辅助决策、公共信息服务等。系统分析完成后，技术人员能够明确企业商务活动的内容、数据和处理过程，厘清企业各项业务活动的相互关系。从某种意义上讲，系统分析的结果就是建立起表述企业运作过程的清晰的、准确的、动态的模型。

那么，怎样才能建立起这种能够清晰而完整地描述企业商务活动的模型来呢？在一个企业中有不同的业务，而且即使是一项相对独立的业务活动，其处理过程所涉及的对象不仅种类繁多，而且也存在内在的联系。例如，企业中有不同的商务活动，如销售、市场和财务等，以销售为例，可能处理的对象包括产品、顾客和订单等。面对这样一个复杂的问题，人们从不同的角度提出了很多不同的方法，有代表性的方法主要有结构化分析方法、面向对象的分析方法。

尽管每一种分析方法都有其各自的特点，但是这些系统分析方法的共同思路可以归结为"自顶向下，从静到动，去伪存真、不断迭代"。

所谓"自顶向下"，主要指系统分析过程的层次和顺序。"自顶向下"意味着系统分析首先从比较宏观的抽象层次上进行分析，在结构化分析方法中，体现为数据和处理过程不断细化；在面向对象的分析方法中，这一思路体现为，对象的层次不断丰富，识别抽象出父类后再考虑子类、派生等细节。

"从静到动"则意味着系统分析过程可以先从孤立的个体出发，然后再考虑不同个体的联系；首先考虑业务的静态特征，然后再考虑其动态行为。在结构化分析方法中，这一思路体现为先独立地分析企业商务活动中的实体、处理过程、数据，然后将实体与数据、数据和处理过程联系起来。而在面向对象的分析当中，这一思路则体现为：先识别独立的对象，然后考虑对象之间的关系；先进行静态分析，然后进行动态分析等。

"去伪存真、不断迭代"主要指系统分析的过程，所谓不断迭代意味着系统分析过程是一个不断深入的过程。由于系统分析是自顶向下在不同抽象层次上进行细化的过程，所以在每一层当中分析方法是类似的，在每个分析层次上可以不断地、重复地利用相应的分析方法。另外，在实际的系统分析过程中，不见得通过一次系统分析就能了解清楚企业的所有需求，可能需要重复若干次系统分析后才能明确地把握企业对目标电子商务系统的要求。在这种情况下，每次分析过程都可以使用同样的方法，去除不确切的地方，了解企业商务活动的真实状况。

2．电子商务系统分析的基本过程

1）电子商务系统分析的思路

电子商务系统的分析过程还需要包括一个创新性的综合加工过程，这一过程的目的是在了解企业商务活动过程的基础上，通过分析、综合和创新提出新系统应该满足的而既有业务中不具备的需求。一般来讲，这种需求实际上是既有系统没有而新系统需要的需求，一般用户很难清楚地表述，而需要由电子商务系统的分析设计人员来提出。

那么，如何才能提出这样的需求呢？事实上，提出这种需求的活动是一种创新性的活动，其基础主要包括以下几个方面：

（1）了解企业商务活动以及电子商务可能对企业商务活动的改进方式。

（2）掌握企业既有商务活动的详细特征。

（3）了解典型的电子商务活动的基本需求。

了解电子商务对企业商务活动的改进方式，可以使我们有针对性地着重分析企业诸多的商务活动中哪些方面是可以作为利用电子商务加以改进的重点；掌握企业既有商务活动的特征，可以使得分析设计人员掌握企业的现状、企业商务活动的个性；而典型电子商务活动的基本需求，则是掌握电子商务需求的共性；在对共性和个性都有充分把握的基础上，通过分析、评估和综合，就能够完成电子商务系统的需求分析。

2）电子商务系统分析的任务

（1）掌握企业商务活动的特点。这一任务的内容主要是了解企业商务运作过程中都有哪些基本的商务环节，其基本特点是什么，在开展电子商务活动中的重点和要点是什么。这一任务的目的是在系统调查之前能够使系统分析人员做到心中有数，进而在调查过程中有针对性地和企业人员进行交流，并对调查的重点有的放矢。

（2）系统调查。这一任务的内容主要是对企业的组织机构、主要业务、各项业务活动的数据流程和相关的处理过程等进行详细的调查。目的是获取原始资料，了解企业的运作情况，为后续的企业商务活动分析做好准备。

（3）企业既有商务活动分析。这一任务的目标是通过对系统调查获取的资料进行分析，建立系统的模型，分析模型中的各项活动要求，提出系统的用户需求。

（4）分析、综合、评估和创新，提出电子商务系统的需求。该部分的任务是针对前一步骤的结果进一步进行分析综合，结合系统规划给出的企业商务模式，并参考典型的电子商务模式的一般性需求，再次进行审查，在上一步需求的基础上补充如何利用电子商务手段改善企业竞争能力方面的相关需求，最终给出未来电子商务系统的需求，描述未来电子商务系统（或者说新系统）需要实现的功能。

5.2　电子商务网站的系统分析

5.2.1　网站客户的需求分析

对于商务网站，确定网站的目标客户十分重要。只有清楚地确认谁是站点的客户，他们需要什么，他们的兴趣所在，企业才可能在站点上提供他们所需要的内容和信息。只有让企业的站点吸引住目标客户并用站点所提供的信息留住他们，企业的站点才可能取得成功。

如何才能保证企业网站的内容符合客户的需要呢？在进行网站建设之前，就应当进行企业网站的客户需求分析，即在充分了解本企业客户的业务流程、所处环境、企业规模和行业状况的基础上，分析客户的各种需求。有了客户需求分析，企业可以了解潜在客户在需求信息量、信息源、信息内容、信息表达方式和信息反馈等方面的要求，企业网站能够为客户提供最新、最有价值的信息。全面的客户需求分析的目的是使企业网站不仅仅只停留在浅层的信息浏览上，而且成为真正的应用功能型网站，使之成为宣传与实用并重的网站。

网络客户需求分析服务方式主要包括：网站建设前，依据客户要求对潜在用户进行实际调研，并提交需求分析报告；网站开通后，依据客户要求对现有及潜在用户进行实际调研并提交需求分析报告。

5.2.2 详细调查与结构化分析

在新系统开发项目的可行性被认定之后，就要进行详细调查与分析工作。详细调查与初步调查不同，它要了解现行系统中信息处理的具体情况，而不是系统的外部情况；要弄清现行系统的基本逻辑功能及信息流程，其重点在于调查与分析系统内部功能结构，包括组织结构、业务流程、数据流程、数据存储及其组成等。这些正是新系统研制中有可能要加以修改、更换的内容。详细调查的程度比初步调查要细致得多，工作量也大，参与的人员也多，而且要有一些熟悉现行系统业务和管理工作的人员参加。

详细调查与分析是系统分析中最重要的工作。如果对具体情况不调查清楚，就不能完整地、正确地反映现行系统的状况，就不能设计出一个好的系统逻辑模型，因而要影响到后面的系统设计工作，影响到整个系统的开发质量。

调查与分析是为新系统的研制准备条件，整个过程自始至终都围绕着信息（数据）处理这个问题。信息系统渗透于整个组织之中，信息流与其他各种商流、物流是纠缠在一起的，因此，必须从实际情况出发逐步抽象，最后得到信息系统的全貌。

详细调查与分析，最行之有效的方法是与具体工作人员一起经历一个或几个基本的工作周期（一天、一周或一个月）。在此基础上，再通过阅读历史资料、开调查会、发调查表和专门访问有关人员等方法，在调查分析的同时逐步完成各种图表的细致部分。

1．建立系统逻辑模型

1）确定新系统的目标

新系统的目标是在详细调查与分析的基础上，根据可行性分析中所提出的目标确定的。确定新系统目标的原则如下：

（1）适用性。它要求新建立的系统能解决系统中的关键问题，能够在短时期内表现出明显的经济效果。

（2）经济性。它是指研制任何一个信息系统都要考虑成本费用，因此，应该根据企业的现有条件和可能提供的条件分阶段去实现。

（3）整体性。它是指新系统的目标既要考虑到眼前的现状，又要考虑到长远发展的需要，最终要形成一个完整的信息系统。

确定新系统目标的依据是：

（1）以现行系统存在的问题作为系统开发的突破口。

（2）根据开发资源的情况，恰当地确定新系统开发的范围和进度。

（3）按照不同层次，先易后难地进行开发。

2）确定新系统的边界

确定新系统的边界，也就是确定新系统的人机接口边界，即恰当地划定出哪些处理部分由计算机处理比较合适，而哪些处理由人工来完成。

在确定新系统的边界之前，首先要检查系统的边界是否有变更，以及边界上的输入和输出信息有无增加或减少；其次要对数据流程图进行修改和完善，尤其要增加一些容易出错或例外情况的处理细节，以保证系统能正常运行。

很多新推出的站点和很多想做站点的人，都没有把站点的技术看得很重，甚至有人认为网站最重要的是内容，把内容做好是网站发展的根本。这实际上走入了网站建设的误区。对于一个网站来说，基本上是由前台和后台两个方面构成的，用户只能看到最终的使用界面，而事实上这个界面的好坏直接取决于网站后台结构的建设。例如，我们只看到页面是否美观，使用起来是否方便，是否可以更好地交互，但事实上没有一个强大的后台支撑，上述内容都不可能更好地在 Internet 上实现。

3）明确新系统的功能

新系统的功能是在对旧系统的完善基础上建立起来的。首先是检查系统中的主要处理功能是否能够满足新系统目标的要求；其次要检查每项功能细节，例如，有些处理细节是否需要删除、合并，或者增添新的功能。同样地，还要检查文件是否都有保留的必要，如哪些可以去掉，哪些可以归并，还需要在何处增加新的数据存储文件等。随着上述情况的变动，还要求合理地修订出新系统内部的各种数据流及其合理流向。

从总的情况来说，新系统的逻辑模型与旧系统的逻辑模型相比，变化是很小的，可能只是在某一个或几个处理中引进新技术，改变几处数据的流程，或者改变某些数据存储的组织方式。一般情况下，在开发过程进行的变更应该是切实可行、能够较快地带来收益的，而且尽可能地循序渐进，不要企图一次做过多的变更；否则会牵涉面过大，出现预想不到的困难，扰乱日常工作，形成一些不必要的社会和心理上的阻力。

即使所作的变更不大，也必须谨慎地全面考虑其影响，特别要考虑到进行变更时有关的环节和有关人员的工作方式及工作负担会发生怎样的变化。信息系统如同神经系统，牵一发而动全身，对于系统变更可能带来的各种影响事先必须有充分的估计。

2．定位站点主题

（1）网站主题的选择。在进行站点系统的详细分析时，遇到的主要问题就是定位网站主题。所谓主题也就是网站的题材。

（2）网站名称的设计。如果我们对网站已经有很多创意，就应该立即为网站命名。有人可能认为起名字与网站设计无关，其实网站名称也是网站设计的一部分，而且是很关键的一个要素。

总之，题材和名称的定位是设计网站的第一步，也是很重要的一部分。如果能找到一个满意的名称，花再多时间和心血也是值得的。

3．确定站点内容和功能

网站内容发布是网站开发的一项重点，它直接影响到一个网站的受欢迎程度。

我们可使用目标清单、访问者的需求和竞争性分析来确定网站的内容。为此，可以制作两个清单：一个是网站的内容要素；另一个是网站的功能，并为每个清单增加任何潜在的页面或内容的类型。内容的类型包括静态的、动态的、功能的和事务处理的。静态内容包括版权信息、独家声明和成员规则等。功能性的内容应包括成员登录页、E-mail 时事通信登录页以及其他涉及表单和事务处理的网页。我们可浏览竞争对手的网站，取其精华充实到自己的清单；自己合并参与人员的清单，确定清单中每个条目的重要性，形成一份较完整的"内容货存清单"。

4．勾画站点逻辑结构图

网站内容纲要确定后，即可勾画站点结构图。站点结构图有很多种，包括顺序结构、网状结构、继承结构和 Web 结构等，应依据网站的内容而定。勾画结构图的目的主要是便于有逻辑地组织站点和链接，同时为下一步的分配工作和任务做准备。

5.3　零售业电子商务系统的系统分析

5.3.1　零售业电子商务系统的基本需求

1．用户管理的需求

（1）用户注册。

（2）注册用户信息管理。

2．客户的需求

（1）提供电子目录，帮助用户搜索、发现需要的商品。

（2）进行同类产品比较，帮助用户进行购买决策。

（3）商品的评估。

（4）购物车。

（5）为购买产品下订单。

（6）撤销和修改订单。

（7）能够通过网络付款。

（8）对订单的状态进行跟踪。

3．销售商的需求

（1）检查客户的注册信息。

（2）处理客户订单。

（3）完成客户选购产品的结算，处理客户付款。

（4）进行电子拍卖。

（5）进行商品信息发布。

（6）发布和管理网络广告。

（7）商品库存管理。

（8）跟踪产品销售情况。

（9）和物流配送系统建立接口。

（10）和银行之间建立接口。

（11）实现客户关系管理。

（12）售后服务。

5.3.2 零售业电子商务系统分析的任务

1．市场状况调查及定位客户群体

（1）市场性分析。其中包括的要素有市场环境、目标市场构成情况、适销于网络的产品、服务与品牌的特点、其他推动力、价格以及物流渠道等。

（2）企业结构特点。如何结合网络优势，发挥企业的商品或服务方面的特色。

（3）网络用户服务质量要求。已存在的对网络性能的抱怨，需要保证的服务级别。

（4）后期变化的可能性。包括预计发展规模、潜在客户增长、系统扩展性和应用程序变化等。

2．电子零售商务系统业务运作要求及说明

（1）基础设施服务，包括电子零售系统设计、配套设施及网络服务提供商的选择。

（2）应用继承，包括对企业资源计划和已有软件的整合。

（3）基于 Web 的企业应用重组，其目的在于为企业实现端到端的解决方案。

3．虚拟组织机构设定及其功能分析

（1）客户关系管理系统。在从以产品为中心到以客户为中心的观念转变过程中，企业对于个体顾客的关注不断加强。技术日益发展和成熟，也使得将企业范围内所有客户的资料放到单一的系统中成为可能。越来越多的企业正在转向客户关系管理系统（CRM），以求对客户的需求有更好的理解。客户关系管理系统，加上与其配合使用的数据库、电子零售系统的一些客户分析工具，使企业能收集和整理客户的购买历史、兴趣爱好、意见和不满等各种各样的数据，以便更好地预测和满足客户的需求，培养客户的忠诚度。

客户关系管理的功能分析包括如下几个方面：

① 通过对客户消费记录的分析，区分客户价值，更深入地了解和认识客户，采取更有效、具体的营销策略。

② 通过电子邮件、用户评论区等工具与客户之间形成亲密的往来关系，改善客户满意度，减少销售环节中的潜在障碍。

③ 根据消费者的反馈信息，更深入地了解商品销售状况，准确掌握消费需求变动，加快商品周转，提高效率。

④ 对消费群体有更准确的定位，有利于今后在开拓新市场方面进行清晰的目标策划和营销管理。

⑤ 有利于个体营销的实施。

⑥ 使雇员能遵循科学的流程来了解客户需求。

（2）网上交易系统。为企业提供一系列的交易工具，完成向企业内部网传输数据的工作，向用户提供良好的操作界面，响应网络用户的请求，完成与配送系统、收款银行间的信息传递。

网上交易系统的功能分析包括如下几个方面：

① 为商家提供基于 Web 界面的交易处理及管理。

② 购物车服务，帮助消费者建立用于存储、更新、删除个体采购信息的记录。

③ 支持用户网上下订单。

④ 提供多种可选择的支付、配送手段。

⑤ 提供全面的商品分类和查询工具，实现对商品的智能检索。

⑥ 向消费者提供可以随时查询订单处理情况和进行个人交易统计的服务。

⑦ 控制支付流程，向消费者提供具体的交易信息。

（3）售后服务系统。从顾客订单确认执行那一刻起，商家有责任按指定的配送、支付方式完成与客户间的订单协议，并对此过程负责；交付使用后，对某些商品提供使用指导和维护服务；对于商品质量问题，代表消费者与供应商商谈等。

售后服务系统的功能分析包括如下几个方面：

① 完成订单选定的配送、支付服务。

② 根据客户记录分析，提供针对性的商品服务，如提供家电的维护方面的信息、推荐物品使用技巧等。

③ 解答顾客使用疑问。

④ 对顾客提出的商品质量问题进行检测、确认。

⑤ 提供商品质量检测、顾客跟踪服务的分析报告。

5.4 B2B 电子商务的系统分析

企业对企业电子商务系统分析的主要任务是将在系统详细调查中所得到的文档资料集中在一起，对组织整体管理状况和信息处理过程进行分析。它侧重于从业务全过程的角度分析。其目的是，将用户的需求和解决方法确定下来，这些需要确定的结果有：开发者关于现有组织管理状况的了解、用户对电子商务系统功能的需求、数据和业务流程、管理功能和管理数据指标体系、新系统拟改动和新增的管理模型等。

5.4.1 B2B 电子商务的基本需求

1．会员管理

所有参加交易的机构都必须先注册成为会员，同时系统提供完善的会员管理机制。注册会员可在网上进行产品信息发布及销售（卖方）产品、浏览购买（买方）。会员管理包括会员身份管理、会员资料管理和权限控制。

（1）会员身份管理。一个会员机构中将只有一个机构管理员，但可定义多个交易操作员，这些操作员可具有不同权限。一般成员可分为两大类：管理员和一般会员。管理员负责用户角色分配、产品目录管理、组织管理及一些日常的管理工作。

（2）会员资料管理。包括：审批交易会员及其成员的注册申请；创建新的交易会员；注销会员资格；修改交易会员信息；删除交易会员信息。

会员注册允许新的成员（用户或组织）进入交易市场进行交易，并在注册过程中收集成员信息，这些信息可用于以后的用户个性化服务。非注册用户也可以进入交易市场，但他们的行为可能要受到限制，如只能浏览产品目录，无权进行交易。

（3）权限控制。

2．产品目录管理

（1）目录管理。交易会员（卖方）可在平台上发布自己的产品信息，包括创建新的产品信息、设置交易方式、选择修改产品信息和删除产品信息。

（2）目录视图。包括目录浏览、管理产品和我的目录。

（3）目录查找。用户可按产品名称、描述或产品交易类型进行查找。

3．审批流程

（1）注册审批。

（2）交易审批。创建、修改和删除交易物品、合同验证、合同提交。

4．订单管理

（1）当交易会员通过标准价格或合约价格方式采购产品时，可先将需要采购的产品放入购物车中，当采购完毕后，可进入购物车浏览选择的产品并修改购物车中的内容。

（2）对购物车内容修改完毕后，可生成采购订单。若交易会员采购多家其他交易会员（卖家）的产品，每个卖家生成一张采购订单。

5．交易定价

（1）定价销售。

（2）协议价格。买卖双方就某种产品的价格进行协商。

（3）请求报价。

6．拍卖与投标采购

（1）电子拍卖。

（2）电子采购。

7．网络支付

5.4.2　B2B 电子商务系统分析的任务

1．系统调查

1）调查的内容

（1）企业的总体情况。了解企业的历史、文化、经营现状、领导人态度和规模等，对企业的总体状况有一个了解。

（2）企业的目标和战略。

（3）系统的界限和运行状态。了解现在系统与外界的联系、目前的规模和业务范围等。

（4）企业的组织结构及部门说明书。

（5）业务流程。全面而细致地了解整个系统的业务流程。

（6）数据与数据流程。

（7）可用的资源和限制条件，尤其是信息技术基础与技术人员。

（8）存在的问题和改进的意见。

2）调查的方法

（1）自上而下的方法逐步展开。

（2）弄清工作原理。

（3）全面铺开与重点调查相结合。全面铺开在于从全局来考虑问题，对所要开发的系统则要重点调查，搞清细节。

（4）工程化的方式。要做好工作计划和人员的分配，改用规范、统一的工具及表格。

2．B2B 电子商务系统功能分析

1）系统功能范围的确定

企业电子商务系统任务的确定是基于企业的经营分析，针对电子商务在企业应用范围内的和电子商务应用的目标，结合本企业的价值链或供应链模型提出完整的电子商务功能。

2）新系统采购流程优化

采用业务流程再造的方法，考虑在运用信息技术的前提下，通过分析原有各流程存在的原因及是否成立，确定再造的流程，删除或合并那些多余的或重复处理的过程。

3）新系统功能设计

（1）销售管理分析。实现目标：支持销售决策，安全地实现顾客购买，并争取更多的购买；收集顾客资料支持营销，并争取更多的顾客满意度和忠诚度。

销售管理分析的具体功能包括如下内容：收集生产、服务等部门信息进行分析并支持营销决策；采用促销手段吸引顾客购买；建立顾客数据库，以期实现面向顾客的销售管理；实现企业与经销商之间的标准通信，企业可以用 EDI 实现与他们经销商进行有关的购货订单、发货安排和相关发票支付的通信；网上谈判对于企业定购来说，可以引入协商机制，通过各种方式进行价格、数量、交付地点、时间等项目的商议；网上订单处理；安全支付处理；形成支付清单列表，详细显示购买和支付情况；订单处理状态的查询；收集调查信息并及时处理；提供所有的服务、软件、技术支持；解答顾客提出的各种问题；广告管理；货物发送。

（2）采购管理分析。实现目标：控制供应商的数量和质量，减少订货订单成本；降低订货成本，提高订货效率。

采购管理分析的具体功能包括如下内容：采购需求管理；预算管理；采购订购单管理；审批流程管理；采购订单管理；合同管理；采购接收；供应商关系管理；采购分析与供应商的评价、搜索。

5.5　案例——基于 UML 的电子商务系统分析

5.5.1　e 擂——大学生的威客网系统分析报告

1．主要商务活动简介

e 擂威客网平台旨在为招标企业和在校大学生提供便利的信息交流平台，因此主要的

参与者是企业用户和学生用户。e 播在整个商务活动中充当平台管理员和信息中介的角色。网站的主要商务活动围绕类似网上招、投标方式的企业用户与学生用户开展，网站用户在一个完整的任务发布、任务解决、解决方案评价的过程中按照逻辑顺序的先后分别在招贤阁、英雄会、竞标台和英雄榜参与商务活动。在每个项目中都有三方的参与者：企业任务发布方（企业用户）、提交任务解决方案方（学生用户）和监督管理方（e 播威客网平台）。

以此主要商务活动为基础的用户博客地带和项目社区服务是为辅助主要商务活动而设立的。企业用户和学生用户可以借此平台进行更便利和深入的交流。

2．需求模型——商务体系结构

针对网站商务活动的需求，我们总结出如图 5-1 所示的商务体系结构。

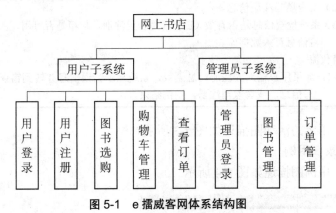

图 5-1　e 播威客网体系结构图

在该体系结构中，正常的注册用户可以进行给定权限内的网站内容和服务的浏览和使用。如果要参与网站提供的主要商务活动（参与发布、提交、评审任务等），则需要经过 e 播威客网的实名认证机制。该机制旨在最大限度地减少商务活动过程中的各种信息不对称问题和欺诈行为。

3．需求模型的建立——用例模型和活动图描述

1）"用户注册"用例

任何希望成为 e 播威客网的互联网用户都可以在 e 播威客网提供的注册环境下成为网站的注册用户。注册用户可以访问和浏览 e 播威客网提供的公共页面和公开信息。注册用户是通过身份认证的前置条件之一。注册用户可以不进行身份认证，而希望在 e 播提供的服务平台参与 e 播核心商务活动的用户需要先注册再通过身份认证。

"用户注册"用例图描述如图 5-2 所示。

"用户注册"用例的事件流描述如表 5-1 所示。

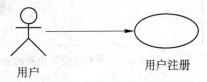

图 5-2　"用户注册"用例图

表 5-1　"用户注册"用例的事件流

1　"用户注册"

  1.1　简单描述

    本用例用于用户注册操作。

  1.2　前置条件

    无。

  1.3　后置条件

    用例成功后，系统添加新的用户。

  1.4　事件流

    1.4.1　基流

      用户希望在 e 播网站注册时触发用例。

      （1）系统转到用户注册页面。

      （2）用户填写注册信息。

      （3）系统检查信息是否有效（E-1）（是否已注册，邮箱是否可用，密码是否过于简单），
        将信息存入数据库。

    1.4.2　替代流

      E-1：如果用户输入的注册信息无效，系统显示错误信息并转到错误页面，用户重新填
        写信息，或者取消注册，用例结束。

"用户注册"用例的活动图描述如图 5-3 所示。

2）"用户登录"用例

"用户登录"用例图描述如图 5-4 所示。

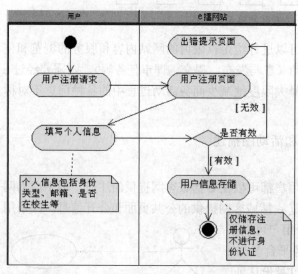

图 5-3　"用户注册"用例的活动图

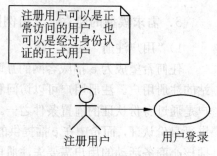

图 5-4　"用户登录"用例图

"用户登录"用例的事件流描述如表 5-2 所示。

表 5-2　"用户登录"用例的事件流

2　"用户登录"
　2.1　简单描述
　　　用例用于用户登录网站。
　2.2　前置条件
　　　登录网站用户是网站的注册用户。
　2.3　后置条件
　　　用例成功后，用户登录网站。
　2.4　事件流
　　2.4.1　基流
　　　　已注册成功的用户登录网站时触发用例。
　　　（1）系统转到用户登录页面，提示用户输入用户名和密码。
　　　（2）用户填写用户名和密码信息。
　　　（3）用户验证输入的用户名和密码，若正确（E-1），则转到首页，系统激活这一用户。
　　2.4.2　替代流
　　　　E-1：如果输入无效的用户名和（/或）密码，系统显示错误信息，用户可以选择返回基
　　　　　　流起始点，重新输入正确的用户名和（/或）密码；或者取消登录，用例结束。

"用户登录"用例的活动图描述如图 5-5 所示。

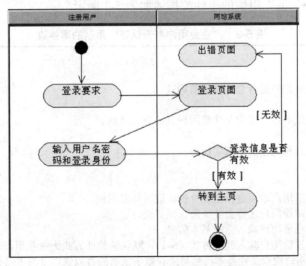

图 5-5　"用户登录"用例的活动图

3）"身份认证"用例

任何希望使用 e 擂威客网提供的核心服务的合法注册用户可以进行身份认证。这里"合法"的意义是：必须是有正规营业许可的企业法人或法人代表，必须是在校大学生。网站是面向企业用户和在校大学生的，其认证机制是对企业用户的身份和学生用户的合法身份进行认证的。

身份认证分为两种：企业用户身份认证和学生用户身份认证。

"身份认证"用例图描述如图5-6所示。

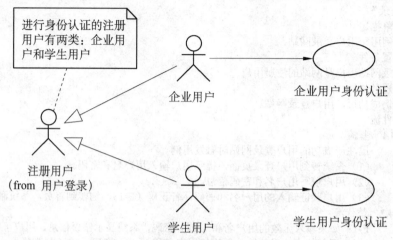

进行身份认证的注册
用户有两类：企业用
户和学生用户

企业用户

企业用户身份认证

注册用户
（from 用户登录）

学生用户

学生用户身份认证

图 5-6　注册用户"身份认证"用例图

其中注册用户可以分为两类：企业用户和学生用户。

"企业用户身份认证"用例的事件流描述如表5-3所示。

表 5-3　"企业用户身份认证"用例的事件流

3　"企业用户身份认证"
　　3.1　简单描述
　　　　本用例对企业用户进行合法身份的确认。
　　3.2　前置条件
　　　　进行身份认证的用户必须是注册用户且已登录网站。
　　3.3　后置条件
　　　　数据库中保存相关企业的真实信息。
　　3.4　事件流
　　　　3.4.1　基流
　　　　　　当注册用户希望进行企业身份认证时触发用例。
　　　　　　（1）注册用户选择企业身份认证界面。
　　　　　　（2）注册用户输入企业基本信息。
　　　　　　（3）注册用户输入验证方式（S-1），默认的验证方式为企业用户数字证书验证。
　　　　　　（4）系统检查企业基本信息与企业数字证书的有效性以及两者是否相符（E-1），将信息
　　　　　　　　存入数据库。
　　　　3.4.2　分支流
　　　　　　S-1：如果企业用户选择其他线下认证方式，则指定具体的联系方式，由 e 播威客网站
　　　　　　　　与企业用户商定进行其他方式的身份认证，并结束用例。
　　　　3.4.3　替代流
　　　　　　E-1：如果企业填写的基本信息与数字证书信息不符，或证书签发机构不是 e 播网站可
　　　　　　　　以信任的机构，则提示认证不通过和具体的错误信息，并重新转到认证页面。

"企业用户身份认证"用例的活动图描述如图5-7所示。

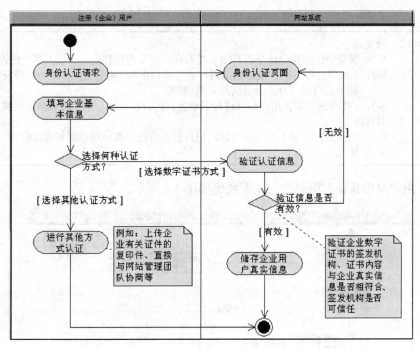

图 5-7　"企业用户身份认证"用例的活动图

　　其中，企业用户可以通过直接与网站管理团队交流协商成为 e 播威客网站的正式认证用户，这对于大部分没有经过专门的 CA 机构签发数字证书的企业而言是一种比较便利的解决方式。

　　"学生用户身份认证"用例的事件流描述如表 5-4 所示。

表 5-4　"学生用户身份认证"用例的事件流

4　"学生用户身份认证"
　4.1　简单描述
　　　本用例对学生用户进行合法身份的确认。
　4.2　前置条件
　　　进行身份认证的用户必须是注册用户且已登录网站。
　4.3　后置条件
　　　数据库中保存该学生用户的真实信息。
　4.4　事件流
　4.4.1　基流
　　　当注册用户希望进行学生身份认证时触发用例。
　　　（1）转到学生身份认证界面。
　　　（2）注册学生用户输入本人基本信息。
　　　（3）注册用户输入验证方式，如果选择校内邮箱认证则转 S-1，选择校发银行卡认证转
　　　　　S-2，选择其他方式转 S-3。
　　　（4）系统获取身份认证结果（E-1），并将认证信息与该注册用户绑定存储。

续表

    4.4.2 分支流

        S-1：系统验证邮箱地址是否有效（是否存在、是否是有效的在校大学生校内邮箱）。

        S-2：系统通过银行网关接口验证银行卡号是否正确（是否有效、是否是校发银行卡号、持卡人信息与身份验证信息是否相符）。

        S-3：e播网站与学生用户协商进行其他方式的身份认证，用户可以结束用例。

    4.4.3 替代流

        E-1：如果验证结果不通过，则转向用户提示页面，用户可以重新进行验证，或者退出用例。

"学生用户身份认证"用例的活动图描述如图 5-8 所示。

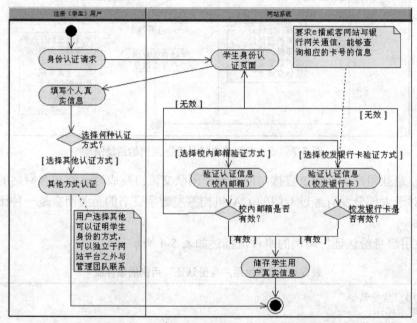

图 5-8   "学生用户身份认证"用例的活动图

学生用户身份认证的方式可以更灵活，学生用户可以出具各种能够证明自己学生身份的证明，如学生证复印件、校内邮箱地址等。

4）招贤阁

招贤阁栏目是为企业用户发布任务信息而设置的一个信息发布平台。该平台面向企业用户开放信息上传和修改权限，面向其他注册用户开放信息浏览权限。根据商务活动需求，建立该栏目功能的用例模型："任务发布"用例。

"任务发布"用例图描述如图 5-9 所示。

"任务发布"用例的事件流描述如表 5-5 所示。

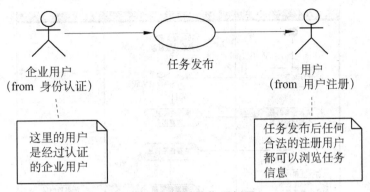

图 5-9 "任务发布"用例图

表 5-5 "任务发布"用例的事件流

5   "任务发布"
    5.1 简单描述
        经认证的企业用户发布招标任务及明细。
    5.2 前置条件
        发布信息的企业用户经过身份认证。
    5.3 后置条件
        注册用户浏览招标信息。
    5.4 事件流
        5.4.1 基流
            认证企业用户发布招标任务时触发该用例。
            (1) 系统验证当前用户是否经过身份认证(E-1),转向任务发布页面。
            (2) 企业用户输入招标任务或项目的基本信息和明细信息。
            (3) 系统添加任务信息到数据库,并更新招贤阁任务列表。
            (4) 其他注册用户浏览该新发布的任务信息。
        5.4.2 替代流
            E-1:如果当前企业用户并未经过企业身份认证,则提示警告并转向企业用户身份认证
            页面。用户也可以选择结束用例。

其中企业用户所发布的招标任务或项目的明细信息可以包括任务的具体要求、提交任务解决方案的形式、相关附件和资料、提交任务解决方案截止日期、悬赏金额等。

"任务发布"用例的活动图描述如图 5-10 所示。

5)英雄会

英雄会为经过身份认证的学生用户提供一个完成企业发布任务的组队平台。在这个平台中,学生用户可以按照自己的意愿与其他学生用户进行组队,以共同完成特定的招标任务。学生用户也可以以个人身份参与投标过程。本服务提供组队信息的上报、拟完成任务的选择等功能。英雄会也可以有两种模式:面向项目的组队和长期合作组队。面向项目的组队在项目评标结束后自动注销,长期合作组队模式针对一个长期合作的团队并持久保存组队信息。根据以上需求,建立"组队合作"用例模型。

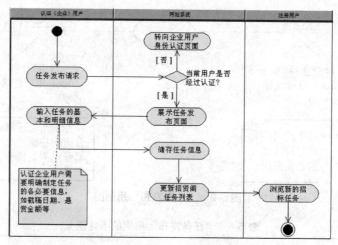

图 5-10　"任务发布"用例的活动图

"组队合作"用例图描述如图 5-11 所示。

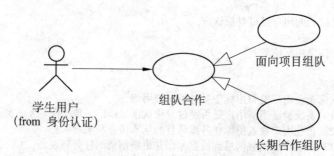

图 5-11　"组队合作"用例图

"组队合作"用例的事件流描述如表 5-6 所示。

表 5-6　"组队合作"用例的事件流

6　"组队合作"

6.1　简单描述

学生用户进行网上组队以完成招标任务。

6.2　前置条件

认证后的学生用户登录系统。

6.3　后置条件

系统增加一个长期合作组或面向招标项目的合作组。

6.4　事件流

6.4.1　基流

学生用户希望进行组队合作时触发该用例。

（1）系统验证当前用户是否经过身份认证（E-1），转向合作组信息填写页面。

（2）学生用户选择合作组的方式：面向特定任务的合作（S-1）；长期合作（S-2）。

（3）学生用户填写合作组基本信息。

（4）系统获取信息并验证有效性（E-2）。

（5）系统增添一个合作组并激活。

6.4.2　替代流

E-1：如果当前学生用户并未经过学生身份认证，则提示警告并转向学生用户身份认证页面。用户也可以选择结束用例。

E-2：如果合作组信息无效，则重新转到信息填写页面，或结束用例。

6.4.3　分支流

S-1：选择面向特定任务的合作需要指明合作组要完成的任务。

S-2：选择长期合作需要指明合作组信息的保留时间。

合作组信息可以包含以下三个方面：

（1）组员名称。

（2）ID 等信息。

（3）奖励分配策略。它是指如果合作组中标，奖金和能力值分配由组内自行决定还是由系统根据提交的分配比例进行分配或使用系统预设的分配策略。

合作组信息有效性主要包括以下四个方面：

（1）合作组成员是否重复。

（2）是否重复填写（不同的组员填写了相同的合作组信息，包括组员组成和要完成的任务）。

（3）合作组中每个组员是否都经过了身份认证。

（4）面向招标任务或项目的合作组的组队时间是否已经超出该任务的提交方案截止时间。

"组队合作"用例的活动图描述如图 5-12 所示。

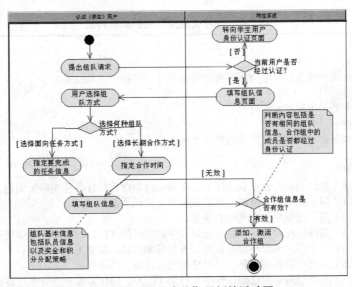

图 5-12　"组队合作"用例的活动图

6）竞标台

竞标台栏目面向学生用户和企业用户。学生用户在这里提交任务发布方的任务解决方案，提交者可以以个人身份，也可以以合作组的名义。企业用户在提交截止日期之后收集所有已提交的合法解决方案，进行评标，然后向 e 播威客网系统提交评标结果并交付悬赏金。

根据以上商务需求，建立"任务提交"用例模型和"企业评标"用例模型。

"任务提交"用例图描述如图 5-13 所示。

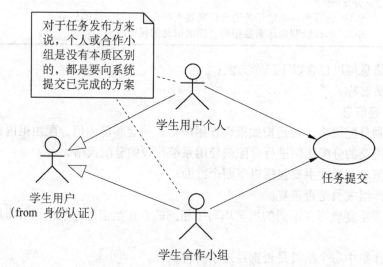

对于任务发布方来说，个人或合作小组是没有本质区别的，都是要向系统提交已完成的方案

学生用户个人

学生用户
（from 身份认证）

学生合作小组

任务提交

图 5-13 "任务提交"用例图

"任务提交"用例的事件流描述如表 5-7 所示。

表 5-7 "任务提交"用例的事件流

7 "任务提交"

7.1 简单描述
学生个人用户或合作小组向网站提交特定任务的解决方案或结果。

7.2 前置条件
当前任务处于未解决和未评标状态。

7.3 后置条件
提交完成后企业用户进行提交的解决方案的评价。

7.4 事件流

7.4.1 基流
学生用户或合作组在到达任务提交截止日期前进行任务提交触发用例。
（1）用户以个人身份或合作组身份登录竞标页面。
（2）用户选择要进行竞标的任务。
（3）系统检测对应任务是否已到任务截稿时间（E-1），转向方案提交页面。
（4）学生用户或合作组代表填写方案基本信息，提交方案详细内容。
（5）系统获取提交信息，将提交信息与发布的任务绑定。
（6）系统检测是否已到任务截稿日期（E-2），向任务发布方公布已提交的方案。

7.4.2　替代流

E-1：如果提交时间未到任务截稿日期，系统将提示用户，并且用户可选择继续提交或结束用例。

E-2：如果未到截稿日期，则系统暂不向任务发布方公布已提交的方案。

其中，学生个人用户或合作组在提交方案时可以指定提交方案的可见性，即该提交的方案是否被除了评标企业用户之外的其他用户可见。可见性包括全部可见、不可见和自定义策略。这种机制是为了最大程度地增进交流和观摩，建立优秀解决方案的榜样作用，从另一个角度看也是知识产权保护的需要。在提前提交时提醒用户未到截止时间是为了防止企业用户方窃取已提交的方案并据为己有构成作弊行为。但在截止日期之前，网站将不向任务发布方公布已提交的方案内容。

"任务提交"用例的活动图描述如图 5-14 所示。

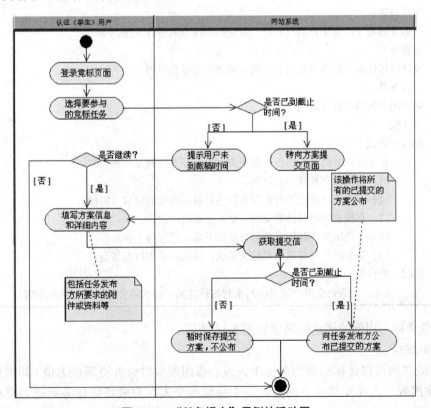

图 5-14　"任务提交"用例的活动图

"企业评标"用例图如图 5-15 所示。

"企业评标"用例的事件流描述如表 5-8 所示。

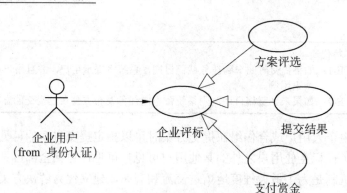

图 5-15 "企业评标"用例图

表 5-8 "企业评标"用例的事件流

8 "企业评标"
    8.1 简单描述
        任务发布方（认证企业用户）对已提交的解决方案进行评选。
    8.2 前置条件
        有针对该任务的解决方案提交且到达任务提交截稿日期。
    8.3 后置条件
        企业用户向网站提交评选结果。
    8.4 事件流
        8.4.1 基流
            企业用户对已提交的任务解决方案进行评选时触发用例。
            （1）企业用户登录评标页面。
            （2）企业用户提出查看所发布任务的解决情况的请求（E-1）。
            （3）系统查询所有已提交的方案并展示给用户。
            （4）企业用户获取所有或部分解决方案，进行线上评选。
            （5）企业用户将评选结果提交系统，并向网站支付悬赏金。
        8.4.2 替代流
            E-1：如果企业用户请求时间未到截稿时间，系统将会提示，并结束用例。

    "企业评标"用例的活动图描述如图 5-16 所示。

    7）英雄榜

    e 播威客网根据评标结果为中标个人或合作组发放赏金并更新能力值（即增加积分），更新合作组或个人在英雄榜上的排名。中标组或个人在完成特定任务后能力值将会得到提升。

    根据以上商务需求，建立"方案公布"用例模型。

    "方案公布"用例图描述如图 5-17 所示。

    "方案公布"用例的事件流描述如表 5-9 所示。

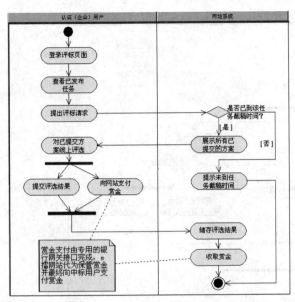

图 5-16　"企业评标"用例的活动图

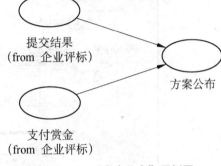

图 5-17　"方案公布"用例图

表 5-9　"方案公布"用例的事件流

9　"方案公布"

9.1　简单描述

网站管理员向注册用户公布评标结果并实现对中标合作组或用户的奖励。

9.2　前置条件

企业用户已提交评标结果并支付赏金。

9.3　后置条件

英雄榜排名更新。

9.4　事件流

9.4.1　基流

企业用户向系统提交评标结果并支付赏金后触发用例。

（1）系统存储评选结果。

（2）系统向注册用户公布评选结果。

（3）系统向中标用户（S-1）或合作组（S-2）支付悬赏金，更新用户（S-3）或合作组的（S-4）能力值。

（4）系统更新英雄榜排名。

9.4.2　分支流

S-1：只向中标个人支付赏金。

S-2：向合作组中的每个人支付由合作组指定的赏金比例支付赏金。

S-3：更新学生用户的个人能力值。

S-4：更新合作组整体能力值并且更新合作组成员的能力值。

"方案公布"用例的活动图描述如图 5-18 所示。

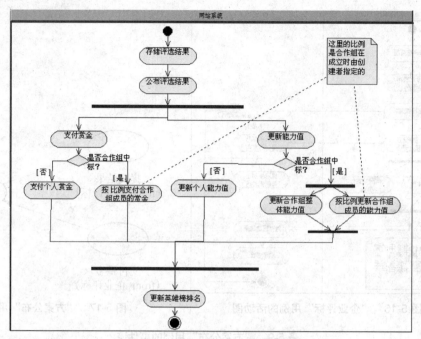

图 5-18　"方案公布"用例的活动图

4．系统分析模型概述

经过上述功能结构的描述，通过语句筛选，得到如下主要的分析类。

（1）"用户"：普通的互联网用户的映射。

（2）"注册用户"：在 e 搜网站注册，访问和浏览公共信息的用户的映射，是用户的子类。

（3）"企业身份认证"：用来对发送的企业认证信息进行验证操作的控制类。

（4）"学生身份认证"：用来对不同类型的学生认证信息进行验证操作的控制类。

（5）"真实信息"：经过身份认证后的与特定用户绑定的真实信息的抽象映射，"学生真实信息"和"企业真实信息"是对该类的具体实现。

（6）"认证学生用户"：在 e 搜网站经过学生身份认证的，参与任务解决的用户的映射，是注册用户的一个子类。

（7）"认证企业用户"：在 e 搜网站经过企业身份认证的，参与任务发布和任务评标的用户的映射，是注册用户的一个子类。

（8）"任务信息"：认证企业用户发布的在实践中遇到的问题的详细信息和有关解决此问题或任务的悬赏金等其他信息的映射。

（9）"合作组"：是由认证学生用户组成的，为完成某一特定的已发布的任务为目的的用户团队。

（10）"解决方案"：认证学生用户或合作组对某一特定的已发布任务的解决方案的映射。

（11）"已提交任务"：针对某一已发布任务的所有已提交的解决方案集合的映射，"解决方案"实体类复合于该实体容器类。

（12）"评选结果"：任务发布方对已提交的所有任务解决方案进行评标后的结果，包括任务信息、中标用户或合作组信息等。

5．系统分析模型的建立

1）用户注册

"用户注册"用例的分析类图描述如图 5-19 所示。

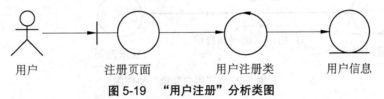

图 5-19　"用户注册"分析类图

"用户注册"用例的协作图描述如图 5-20 所示。

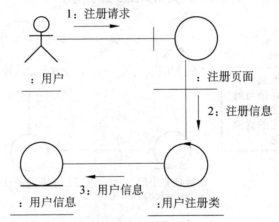

图 5-20　"用户注册"协作图

2）用户登录

"用户登录"用例的分析类图如图 5-21 所示。

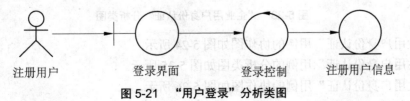

图 5-21　"用户登录"分析类图

"用户登录"用例的协作图如图 5-22 所示。

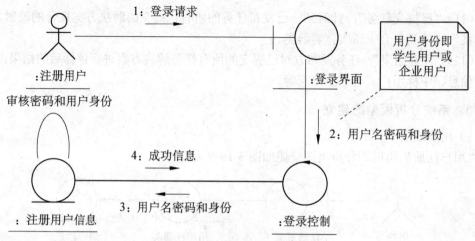

图 5-22　"用户登录"协作图

3）身份认证

"企业用户身份认证"用例的分析类图如图 5-23 所示。

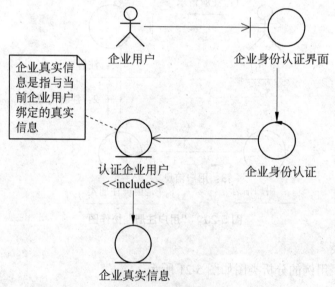

图 5-23　"企业用户身份认证"分析类图

"企业用户身份认证"用例的协作图如图 5-24 所示。

"学生用户身份认证"用例的分析类图如图 5-25 所示。

"学生用户身份认证"用例的协作图如图 5-26 所示。

4）招贤阁

"任务发布"用例的分析类图如图 5-27 所示。

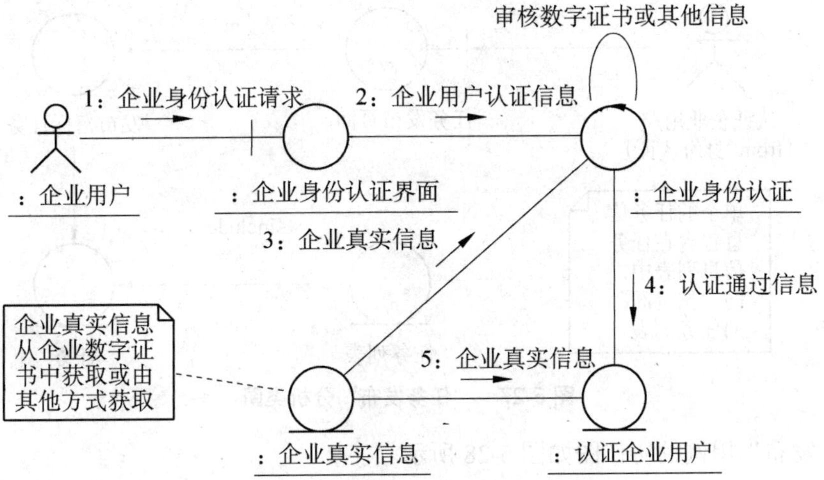

审核数字证书或其他信息

1：企业身份认证请求　　2：企业用户认证信息

：企业用户　　　：企业身份认证界面　　　：企业身份认证

3：企业真实信息

企业真实信息
从企业数字证
书中获取或由
其他方式获取

4：认证通过信息

5：企业真实信息

：企业真实信息　　　：认证企业用户

图 5-24　"企业用户身份认证"协作图

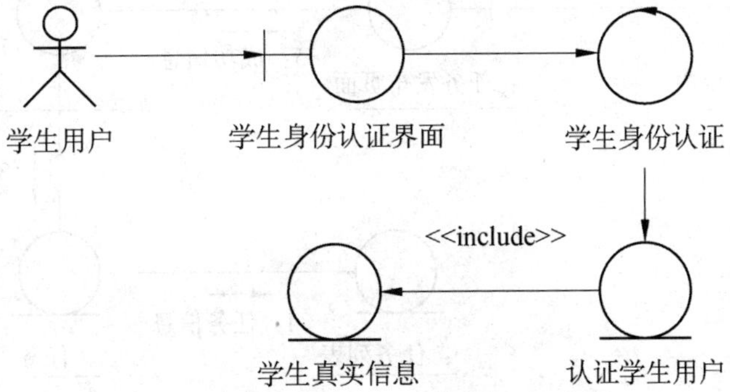

学生用户　　　学生身份认证界面　　　学生身份认证

<<include>>

学生真实信息　　　认证学生用户

图 5-25　"学生用户身份认证"分析类图

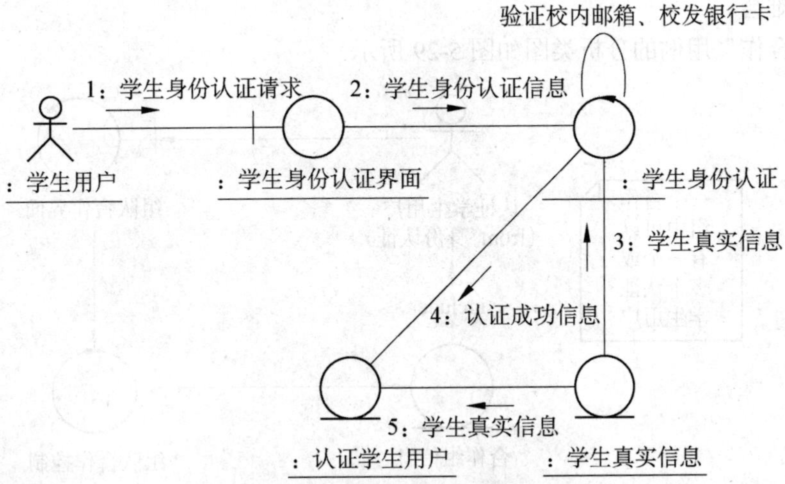

验证校内邮箱、校发银行卡

1：学生身份认证请求　　2：学生身份认证信息

：学生用户　　　：学生身份认证界面　　　：学生身份认证

3：学生真实信息

4：认证成功信息

5：学生真实信息

：认证学生用户　　　：学生真实信息

图 5-26　"学生用户身份认证"协作图

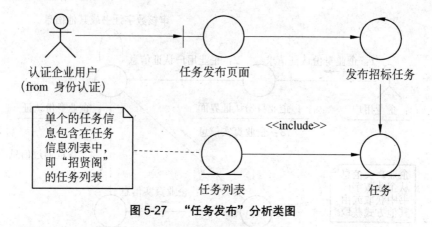

图 5-27　"任务发布"分析类图

"任务发布"用例的协作图如图 5-28 所示。

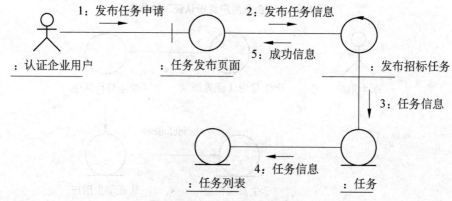

图 5-28　"任务发布"协作图

5）英雄会

"组队合作"用例的分析类图如图 5-29 所示。

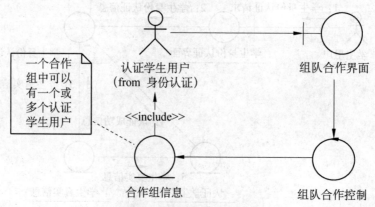

图 5-29　"组队合作"分析类图

"组队合作"用例的协作图如图 5-30 所示。

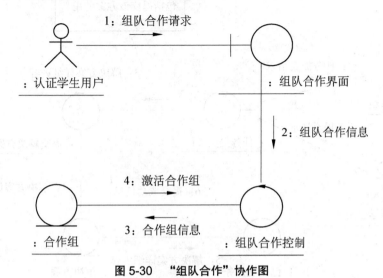

图 5-30 "组队合作"协作图

6）竞标台

"任务提交"用例的分析类图如图 5-31 所示。

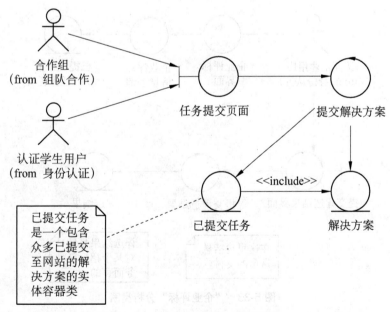

图 5-31 "任务提交"分析类图

"任务提交"用例的协作图如图 5-32 所示。

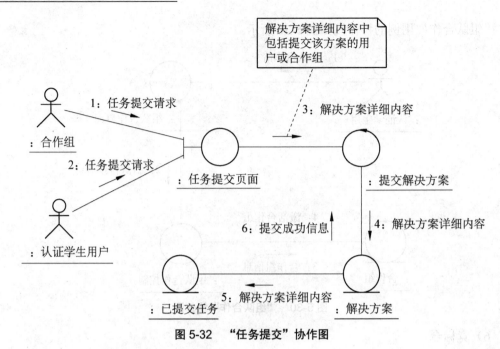

图 5-32 "任务提交"协作图

"企业评标"用例的分析类图如图 5-33 所示。

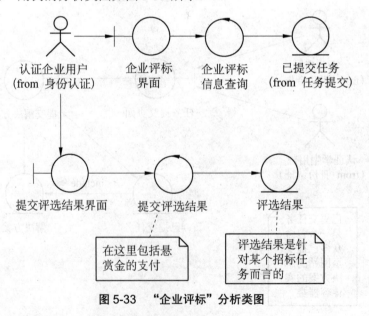

图 5-33 "企业评标"分析类图

"企业评标"用例的协作图如图 5-34 所示。

7）英雄榜

"方案公布"用例的分析类图如图 5-35 所示。

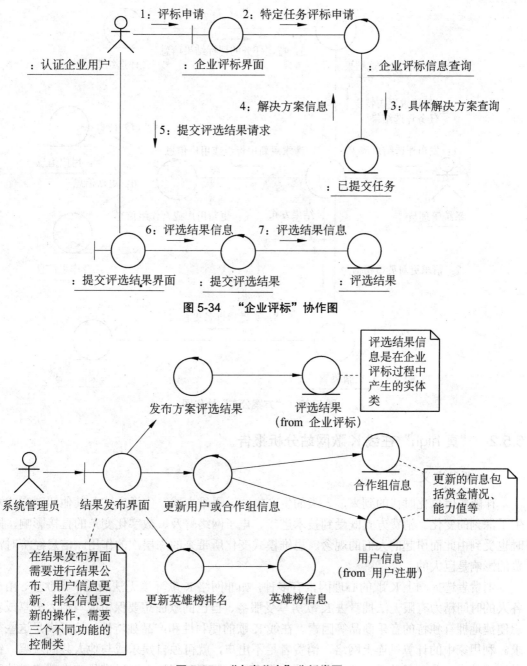

图 5-34　"企业评标"协作图

图 5-35　"方案公布"分析类图

"方案公布"用例的协作图如图 5-36 所示。

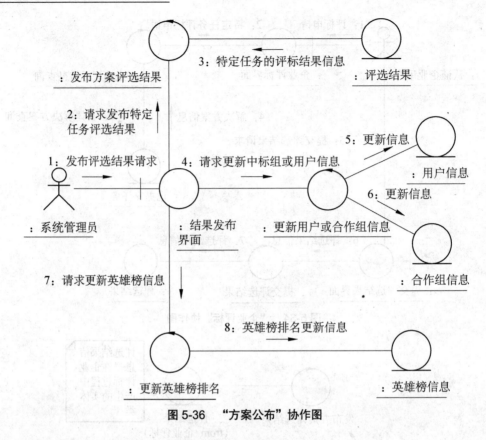

图 5-36 "方案公布"协作图

5.5.2 "真 high"在线 K 歌网站分析报告

1．项目定义

伴随着信息化时代的到来，人类的生产方式、思维方式、生活方式及其他活动方式发生了深刻的变化。消费方式既受到技术进步、电子网络普及、数字化变革的直接影响，同时也受到由此而引起的人们的观念、思维模式变化所带来的深层次的作用。信息经济对消费的影响是巨大的。

消费者选择网上 K 歌的心理因素有多种，如非网络 K 歌环境无法满足个人欲望、由于各人的时间精力有限无法抽身去 K 歌房享受服务、自己的歌曲想要保留或与他人分享或者想便捷地拥有独特的音乐商品等因素。在线 K 歌的便利性和产品独特性，恰可满足这些需求。利用家中的计算机连上网络，消费者足不出户，就可独自娱乐或与他人共同欢唱。针对这些特点，此项目的重点放在开发一个强大的电子商务网站上，以满足广大消费者的网上购物需求。

2．需求分析

1）在线 K 歌市场存在的意义

随着人们精神消费水平的提高，娱乐消费品市场空前发展，我们发现，KTV 越来越受到广大消费者的青睐，已成为不同年龄、层次消费者放松身心、减少压力的首选休闲娱乐项目。可是如何能在有限的时间和精力、特定的空间和环境内享受到这项娱乐活动却成为一个令人头疼的问题。以年轻的白领阶层为例，由于他们平时的工作压力大，而且生活节奏感不断加强，所以会想要去调解和放松自己的心情，而这恰好与自己的时间、空间、精力和环境背道而驰。若能在有限的时间和精力、特定的空间和环境内个人欢唱或与他人包厢愉悦岂不是皆大欢喜？

与此同时，随着草根音乐、网络音乐的流行，爱好音乐的人士更愿意在广阔的环境中让自己的音乐元素存在其中。要是有一个平台供其在线 K 歌、录制音乐、自我音乐展示等，将给 K 歌一族带来极大的便利。

2）现存在线 K 歌市场的缺陷

现存在线 K 歌市场无论是网站风格、布局还是内容上，每一个环节都做得很细腻，融合了几乎音乐的所有新颖元素。但正因为如此，过于"花哨"容易脱离中心，凸现不出主题，在线 K 歌一般只是其中的一部分，或许也不是核心的部分，大都还不能称之为专业的在线 K 歌网站。

3）本系统平台概述

本系统主要涵盖前台和后台两个方面，即用户使用端和公司管理端。

在前台，系统为用户建立了完善的 K 歌大厅，用户可以自建一个包厢，邀上自己的好友一起 K 歌，在唱的同时还可以插入情景音效；其次，用户可以通过录制功能展示个人发布的单曲或打造自己的音乐专辑，分享给所有网友。系统还提供了个人音乐空间，供用户上传自己的音乐作品或保存他人的音乐作品，使爱音乐的人们在"真 high"安家落户，有属于自己的天地；若愿意可进一步参加歌曲评分参与排行榜；其附加业务——在线销售与音乐有关的产品也是系统前台的亮点之一。而后台则是对前台一系列活动的管理，使得整个系统正常运行，商业模式明朗，给企业带来利润。

3．需求模型——商务体系结构

根据在线 K 歌规划报告中功能模块的分析，结合对实际电子商务系统的调查，最终得出系统的体系结构图，如图 5-37 所示。

4．用例模型和活动图描述

1）"在线 K 歌"用例

（1）"在线 K 歌"用例图如图 5-38 所示。

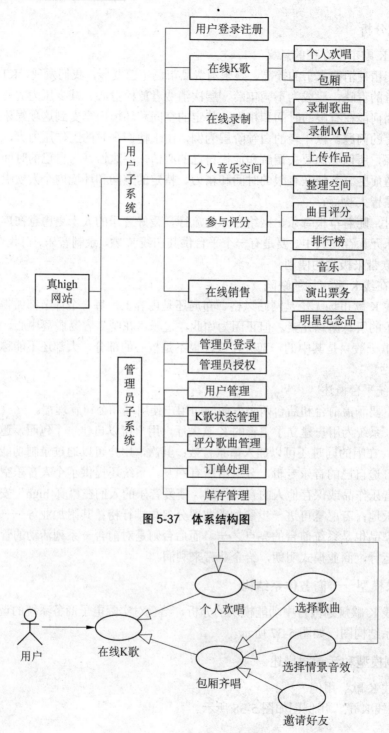

图 5-37　体系结构图

图 5-38　"在线 K 歌"用例图

（2）"在线 K 歌"用例的事件流描述如表 5-10 所示。

表 5-10　"在线 K 歌"用例的事件流

1　"在线 K 歌"

  1.1　简单描述

    本用例允许用户进行在线 K 歌。

  1.2　前置条件

    用户 K 歌之前必须先登录。

  1.3　后置条件

    用户选择自己 K 歌的方式，选择歌曲及情景模式进行 K 歌。

  1.4　事件流

    1.4.1　基流

      当用户想要进行在线 K 歌时，用例启动。

      （1）用户单击选择 K 歌方式页面。

      （2）系统显示 K 歌方式（个人欢唱/包厢齐唱）。

      （3）用户选出 K 歌方式。如果用户选择个人欢唱，则执行支流 S-1；如果用户选择包厢齐唱，则执行支流 S-2。

      （4）系统显示数据库中的歌曲及所提供的情景模式。

      （5）用户选择歌曲和情景模式。

      （6）系统提供相应歌曲的信息和情景模式。

      （7）用户进行 K 歌。

      （8）系统显示保存歌曲信息页面。

      （9）用户选择保存 K 歌信息（E-1）。系统将歌曲信息保存于个人空间，退出系统。

    1.4.2　分支流

      S-1：进行个人欢唱。用户单击选择歌曲和情景模式页面。

      S-2：进行包厢齐唱。

      （1）系统显示邀请好友页面。

      （2）用户邀请好友，好友接受邀请则用户单击选择歌曲和情景模式页面。

    1.4.3　替代流

      E-1：用户放弃保存歌曲，退出系统。

（3）"在线 K 歌"用例的活动图如图 5-39 所示。

2）"在线录制"用例

（1）"在线录制"用例图如图 5-40 所示。

（2）"在线录制"用例的事件流描述如表 5-11 所示。

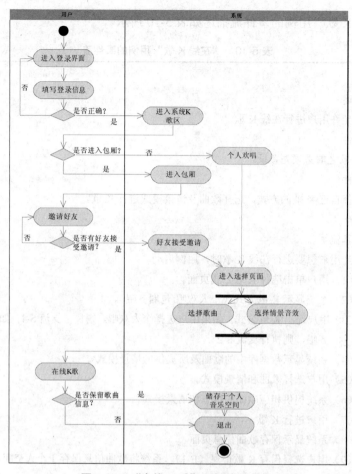

图 5-39　"在线 K 歌"用例的活动图

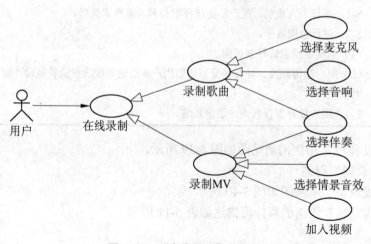

图 5-40　"在线录制"用例图

表 5-11 "在线录制"用例的事件流

2 "在线录制"

2.1 简单描述

本用例允许用户进行在线录制 MV 或者歌曲。

2.2 前置条件

用户录制之前必须先登录。

2.3 后置条件

用户录制自定义 MV 或歌曲。

2.4 事件流

2.4.1 基流

当用户想要进行在线录制歌曲或 MV 时，用例启动。

（1）用户单击录制歌曲页面。

（2）用户选择伴奏方式和是否加入视频。如果用户选择"是"，则执行支流 S-1；如果用户选择"否"，则执行支流 S-2。

（3）系统提供符合用户要求的录制模式。

（4）用户录制歌曲或 MV。

（5）系统显示保存录制结果信息页面。

（6）用户选择保存录制结果信息（E-1）。系统将歌曲或 MV 信息保存于个人空间，退出系统。

2.4.2 分支流

S-1：不加入视频。用户单击选择音响和麦克页面。

S-2：加入视频。用户单击选择情景音效页面。

2.4.3 替代流

E-1：用户放弃保存录制结果，退出系统。

（3）"在线录制"用例的活动图如图 5-41 所示。

3）"参与歌曲评分"用例

（1）"参与歌曲评分"用例图如图 5-42 所示。

（2）"参与歌曲评分"用例的事件流描述如表 5-12 所示。

（3）"参与歌曲评分"用例的活动图如图 5-43 所示。

4）"在线销售"用例

（1）"在线销售"用例图如图 5-44 所示。

（2）"在线销售"用例的事件流描述如表 5-13 所示。

（3）"在线销售"用例的活动图如图 5-45 所示。

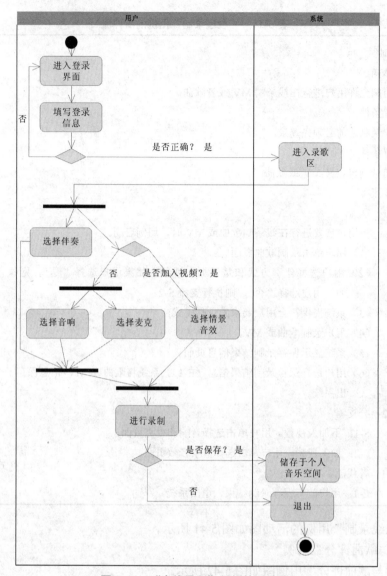

图 5-41 "在线录制"用例的活动图

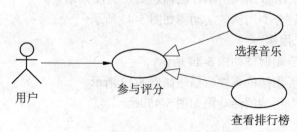

图 5-42 "参与歌曲评分"用例图

表 5-12　"参与歌曲评分"用例的事件流

3　"参与歌曲评分"

3.1　简单描述

本用例允许用户在线参与歌曲评分。

3.2　前置条件

用户在线参与歌曲评分前必须登录。

3.3　后置条件

用户选择需要评分的歌曲，并查看排行榜。

3.4　事件流

3.4.1　基流

当用户想要进行在线参与歌曲评分时，用例启动。

（1）用户单击选择个人空间页面。

（2）系统显示个人空间。

（3）用户提出某歌曲参与评分。

（4）系统进行评分，并显示评分结构界面。

（5）用户查看结果和排行榜。

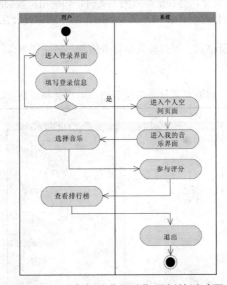

图 5-43　"参与歌曲评分"用例的活动图

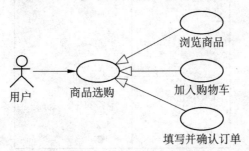

图 5-44　"在线销售"用例图

表 5-13 "在线销售"用例的事件流

4 "在线销售"

4.1 简单描述
本用例允许用户在线选购商品。

4.2 前置条件
用户选购商品前必须登录。

4.3 后置条件
用户选择自己需要的商品，并提交相应的订单。

4.4 事件流

4.4.1 基流
当用户想要进行选购时，用例启动。
（1）用户单击选择商品页面。
（2）系统显示商品列表。
（3）用户提出选购某商品。
（4）系统检查是否缺货（E-1），购物车中加入相应的商品信息。
（5）系统生成订单。
（6）用户确认订单，并决定是否网上支付。如果用户需要网上支付，则执行分支流 S-1：
填写银行信息。如果用户需要删除图书，则执行分支流 S-2：提交订单。

4.4.2 分支流
S-1：填写银行信息。用户输入银行卡信息，提交订单。
S-2：提交订单。

4.4.3 替代流
E-1：缺货时，屏幕显示缺货信息页面。用户选择缺货策略（放弃还是等待直到有货）。

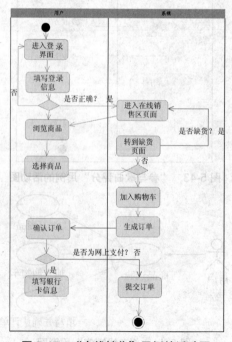

图 5-45 "在线销售"用例的活动图

5．建立分析模型

1）"在线 K 歌"用例

（1）"在线 K 歌"用例的分析类图如图 5-46 所示。

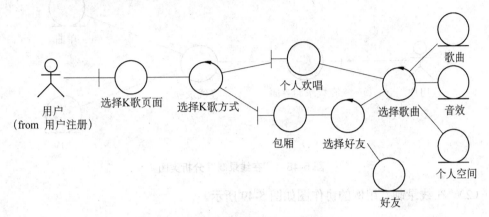

图 5-46 "在线 K 歌"分析类图

（2）"在线 K 歌"用例的协作图如图 5-47 所示。

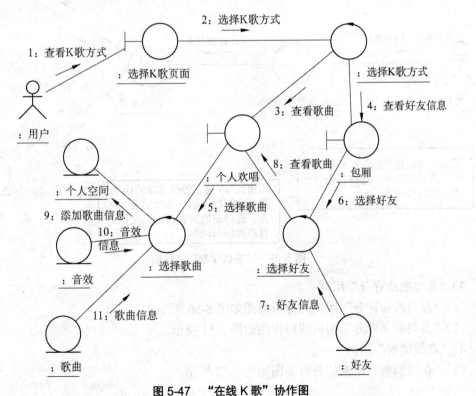

图 5-47 "在线 K 歌"协作图

2）"在线录制"用例

（1）"在线录制"用例的分析类图如图 5-48 所示。

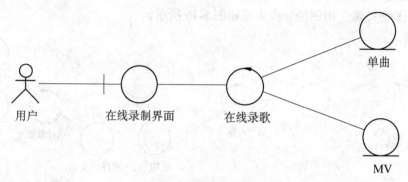

图 5-48 "在线录制"分析类图

（2）"在线录制"用例的协作图如图 5-49 所示。

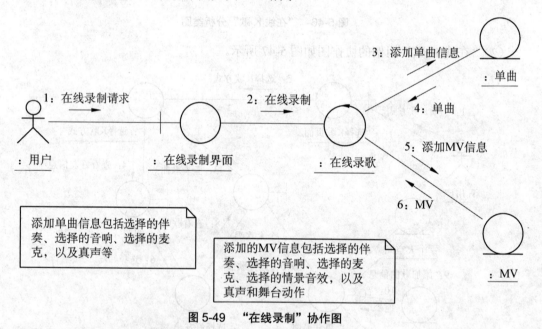

图 5-49 "在线录制"协作图

3）"参与歌曲评分"用例

（1）"参与歌曲评分"用例的分析类图如图 5-50 所示。

（2）"参与歌曲评分"用例的协作图如图 5-51 所示。

4）"在线销售"用例

（1）"在线销售"用例的分析类图如图 5-52 所示。

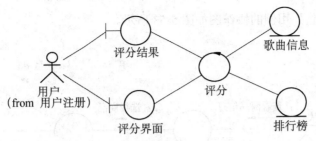

图 5-50　"参与歌曲评分"分析类图

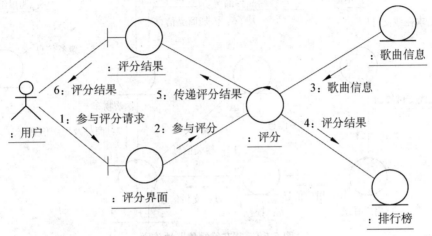

图 5-51　"参与歌曲评分"协作图

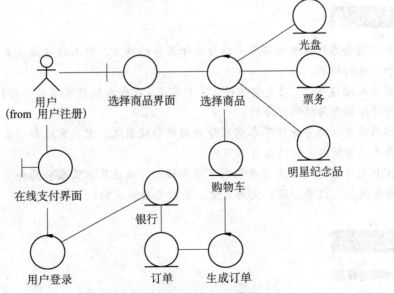

图 5-52　"在线销售"分析类图

（2）"在线销售"用例的协作图如图 5-53 所示。

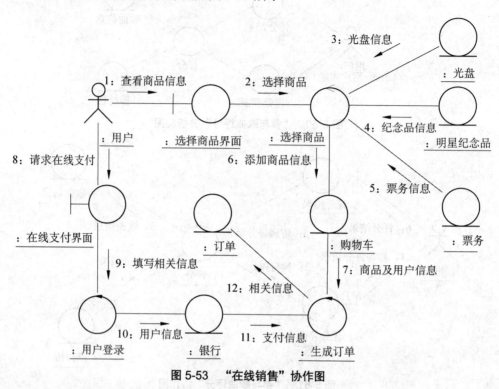

图 5-53　"在线销售"协作图

本章小结

- 电子商务系统分析的任务是结合电子商务的特点，创新性地描述未来系统应当满足的需要和实现的功能。

- 商务网站建立时，首先要明确其客户需求，在新系统开发项目的可行性被认定之后，就要进行详细调查与结构化分析。

- 零售业电子商务系统基本需求分为用户管理需求、客户需求和销售商需求，在进行电子商务系统分析时要分清各自不同的需求。

- B2B 电子商务是最有前途的电子商务模式，系统基本需求分为会员管理、产品目录管理、审批流程、订单管理、交易定价、拍卖与投标采购和网络支付。

综合练习

一、单项选择题

1. 电子商务系统分析除了要对企业业务流程进行调查，分析既有系统的不足之外，还有一部分重要的工作是（　　　）。

　　A. 从静到动　　　　　B. 创新工作　　　　C. 去伪存真　　　　D. 不断迭代

2. 先识别独立的对象，然后考虑对象之间的关系；先进行静态分析，然后进行动态分析，是指（　　　）。

　　A. 自顶向下　　　　　B. 从静到动　　　　C. 去伪存真　　　　D. 不断迭代

3. 对象的层次不断丰富，识别抽象出父类后，再考虑子类、派生等细节，是指（　　　）。

　　A. 自顶向下　　　　　B. 从静到动　　　　C. 去伪存真　　　　D. 不断迭代

4. 通过对系统调查获取的资料进行分析，建立系统的模型，分析模型中的各项活动要求，提出系统的用户需求，是指（　　　）。

　　A. 掌握企业商务活动的特点　　　　　　B. 系统调查

　　C. 企业既有商务活动分析　　　　　　　D. 提出电子商务系统的需求

5. 全面的（　　　）的目的是使企业网站不仅仅只停留在浅层的信息浏览上，而且成为真正的应用功能型网站，从而成为宣传与实用并重的网站。

　　A. 网站客户需求分析　　　　　　　　　B. 详细调查与结构化分析

　　C. 建立系统逻辑模型　　　　　　　　　D. 定位站点主题

6. 确定新系统目标的依据不包括（　　　）。

　　A. 以现行系统存在的问题作为系统开发的突破口

　　B. 确定新系统的边界

　　C. 根据开发资源的情况，恰当地确定新系统开发的范围和进度

　　D. 按照不同层次，先易后难地进行开发

7. （　　　）为企业提供一系列的交易工具，完成向企业内部网传输数据的工作，向用户提供良好的操作界面，响应网络用户的请求，完成与配送系统、收款银行间的信息传递。

　　A. 客户关系管理系统　　　　　　　　　B. 网上交易系统

　　C. 售后服务系统　　　　　　　　　　　D. BPR

8. 进行 B2B 电子商务系统功能分析时，考虑在运用信息技术的前提下，通过分析原有各流程存在的原因及是否成立，确定再造的流程，删除或合并那些多余的或重复处理的过程，是指（　　　）。

　　A. 系统功能范围的确定　　　　　　　　B. 新系统采购流程优化

　　C. 新系统功能设计　　　　　　　　　　D. 会员交易管理

9. 进行 B2B 电子商务系统功能分析时，（　　　）实现下述目标：支持销售决策，安全地实现顾客购买，并争取更多的购买；收集顾客资料支持营销，并争取更多的顾客满意度和忠诚度。

　　A. 销售管理分析　　　　　　　　　　　B. 采购管理分析

　　C. 企业信息管理　　　　　　　　　　　D. 会员交易管理

10. 进行 B2B 电子商务系统功能分析时，（　　　）实现下述目标：控制供应商的数量和质量，减少订货订单成本；降低订货成本，提高订货效率。

　　A. 销售管理分析　　　　　　　　　　　B. 采购管理分析

　　C. 企业信息管理　　　　　　　　　　　D. 会员交易管理

二、多项选择题

1. 电子商务系统与一般企业信息系统的系统分析相比较，既有相似的地方也有不同之处。具体表现为（　　　）。

A. 目标是相同的   B. 方法是类似的

C. 系统分析的对象不尽相同   D. 系统分析的任务相同

2. 电子商务系统分析的任务包括（　　　）。

A. 掌握企业商务活动的特点   B. 系统调查

C. 初步调查   D. 企业既有商务活动分析

3. 网站主题选择主要考虑的建议有（　　　）。

A. 主题要小而精   B. 题材最好是比较专业的内容

C. 题材不要太滥或者目标太高   D. 名称比内容重要

4. 企业对企业电子商务的基本需求分析中会员管理包括（　　　）。

A. 会员身份管理   B. 会员资料管理   C. 产品目录管理   D. 权限控制

5. 系统分析方法的共同思路可以归结为（　　　）。

A. 自顶向下   B. 从静到动   C. 去伪存真   D. 不断迭代

6. 建立系统逻辑模型包括的工作有（　　　）。

A. 确定新系统的目标   B. 定位站点主题

C. 确定新系统的边界   D. 明确新系统的功能

7. 电子商务系统分析过程中要通过分析、综合和创新提出新系统应该满足的而既有业务中不具备的需求，包括（　　　）。

A. 了解企业商务活动以及电子商务可能对企业商务活动的改进方式

B. 掌握企业既有商务活动的详细特征

C. 了解典型的电子商务活动的基本需求

D. 系统建模

8. 企业既有商务活动分析包括（　　　）。

A. 分析评估

B. 系统建模

C. 提出需求

D. 分析、综合、评估和创新，提出电子商务系统的需求

9. 零售业电子商务系统客户需求包括（　　　）。

A. 提供电子目录   B. 进行同类产品比较

C. 为购买产品下订单   D. 对订单的状态进行跟踪

10. 零售业电子商务系统销售商的需求包括（　　　）。

A. 处理客户订单   B. 能够跟踪产品销售情况

C. 能够进行商品信息发布   D. 能够撤销和修改订单

三、判断题

1. 电子商务系统分析与传统信息系统分析的目标是一致的，主要是分析提出未来新系统的业务需求。
(　　　)

2. 电子商务系统分析就是在系统设计阶段确定的原则和目标的指导下，结合电子商务系统的特点，对企业进行调查，全面了解企业的目标、组织结构、数据流程和业务处理过程，结合不同电子商务活动的基本需求，进而确定企业的详细需求定义，为系统设计奠定基础。(　　　)

3. 系统分析阶段需要对企业生产、经营全过程的数据收集、存储、加工、处理、传递等信息处理工作进行调查分析。(　　　)

4. 无论电子商务系统还是其他的企业信息系统，系统分析的目的都是给未来要建设的新系统提出明确的、细致的需求，从而使得系统设计可以有的放矢，具有明确的针对性。(　　　)

5. 电子商务系统分析方法的共同思路可以归结为"自顶向下、从静到动、去伪存真、不断迭代"。(　　　)

6. 初步调查的内容主要是对企业的组织机构、主要业务、各项业务活动的数据流程和相关的处理过程等进行详细的调查。(　　　)

7. 确定新系统边界，也就是确定新系统的人机接口边界，即恰当地划定出哪些处理部分由计算机处理比较合适，而哪些处理由人工来完成。(　　　)

8. 在系统分析阶段，需要全面、准确地了解企业的现状和对未来系统的要求，该阶段最为关心的问题是系统到底要"怎么做"，至于"做什么"的问题要等到系统设计阶段去完成。(　　　)

9. 新系统目标的原则中的经济性是指要求新建立的系统能解决系统中的关键问题，能够在短时期内表现出明显的经济效果。(　　　)

10. 新系统的功能是在对旧系统的完善基础上建立起来的。(　　　)

四、简答题

1. 什么是电子商务系统分析？
2. 为什么必须进行电子商务系统分析？
3. 电子商务系统分析的任务是什么？
4. 进行电子商务网站客户需求分析时应注意哪些问题？
5. B2B 电子商务系统分析中的系统调查包括哪些内容？

五、论述题

1. 请分析电子商务系统分析的特点。
2. 零售业电子商务系统的基本需求包括哪些内容？

六、案例讨论题

根据对第 4 章习题案例——某网上书店系统规划报告中功能模块的分析，结合对实际电子商务系统的调查，最终得出该书店电子商务系统的体系结构图，如图 5-54 所示。

该系统包括用户子系统和管理员子系统两个子系统。通过对两个子系统各功能模块建立用例图、创建活动图、使用文档化模板对用例进行需求描述，即可建立系统的需求模型；再按步骤画出分析类图、创建协作图来分析各个用例，画出系统的分析类和用例实现过程，即可建立系统的分析模型。

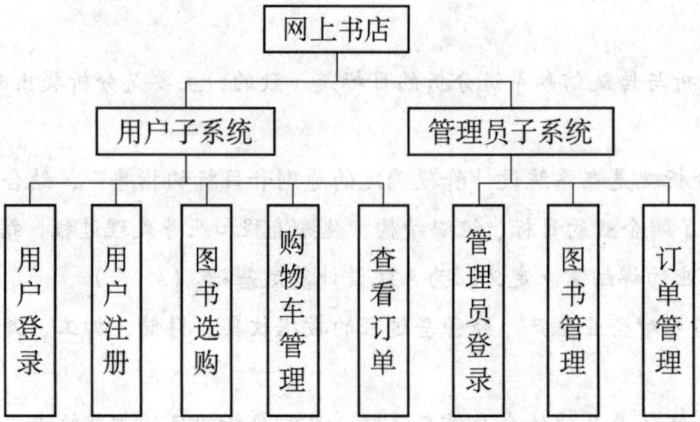

图 5-54　网上书店体系结构图

对用户子系统的"用户注册"功能，试讨论以下问题：

1. 如何建立用例图、创建活动图、使用文档化模板对用例进行需求描述，建立系统的需求模型？

2. 如何筛选得到分析类？

3. 如何画出其分析类图、创建协作图，建立系统的分析模型？

第6章　电子商务系统设计

📖 **学习目标**

- 了解什么是电子商务系统设计
- 掌握电子商务系统设计内容
- 学会设计电子商务网站
- 掌握零售业电子商务系统应用软件设计
- 熟悉企业对企业电子商务系统设计

🖨 **导言**

在系统分析阶段，获取完整、准确的需求后，就需要根据需求对电子商务系统进行设计，设计能实现各需求的功能。系统设计的重点是描述清楚系统由哪些部分构成，说明系统各个部分的相互关系，描述系统的处理流程。设计目标是给出未来系统的结构。

6.1　电子商务系统的系统设计

6.1.1　概述

1．电子商务系统设计的基本概念

电子商务系统的设计是指在系统规划和分析的基础上，界定系统的外部边界，说明系统的组成及其功能和相互关系，描述系统的处理流程，目标是给出未来系统的结构。换句话说，完成电子商务系统的设计后，对未来电子商务系统的整体构成能够有一个清晰的理解，为后续的系统开发工作奠定基础。

2．电子商务系统设计的重点

系统设计的重点是描述清楚系统由哪些部分构成，说明系统各个部分的相互关系。所以，在系统设计阶段所关心的重点是一个系统中的各个组成部分是如何相互配合、共同完成企业开展电子商务的需求的。

3．电子商务系统设计的主要工作

系统设计阶段要细化系统规划阶段给出的系统体系结构中的各层次的内容，所要完成的主要工作是：

（1）系统总体结构设计。

（2）系统信息基础设施设计。

（3）支持平台的设计。

（4）应用系统设计。

4．电子商务系统设计的目标

系统设计的基本目标就是要使所设计的系统必须满足系统逻辑模型的各项功能要求，同时还要尽可能地提高系统的性能。系统设计的目标是评价和衡量系统设计方案优劣的基本标准，也是选择系统设计方案的主要依据。

评价和衡量系统设计目标实现程度的指标主要有以下几个方面。

1）系统的可靠性

系统的可靠性是指系统在正常运行时对各种外界干扰的抵御能力。这是对系统的基本要求，也是系统设计时必须首先要解决的主要问题。系统在工作时可能会遇到各种各样的外界因素的影响和干扰，这些影响和干扰有些是意外的操作错误，有些则是外界不可控因素造成的。

如果在系统设计时，对所有可能发生的这些情况都有所考虑，并采取相应的防范措施，则系统就会有较高的可靠性；反之，如果对可能发生的外界干扰因素考虑不周，就会在意外情况发生时措手不及，造成严重的后果。

提高系统的可靠性可以从系统的硬件、软件和运行环境三个方面来考虑。

（1）硬件主要指选用可靠性较高的设备。

（2）软件指在程序中设置各种检验措施，以防止误操作和非法使用。

（3）系统运行环境则指对系统的硬件和软件的各种安全保障措施、操作的规章制度等。

2）系统的可维护性

系统的可维护性是指系统的可变更或可修改性。系统投入运行以后，由于系统的环境和条件是在不断地发展和变化的，所以不可避免地会逐渐暴露出设计上的缺陷和功能上的不完善，以及在使用过程中出现的硬件故障和软件故障等情况。因此，系统就需要不断地修改和完善，以适应用户的使用要求。而对系统修改的难易程度，主要取决于系统硬件的可扩充性、兼容性和售后服务质量，系统软件的可操作性、先进性和版本升级的可能性，数据存储结构规范化程度及方便性，以及应用软件的设计方式等方面的因素。如果对应用软件采用结构化设计方法，将会增加系统模块的独立性，使系统的结构清晰，便于维护和修改，从而可以提高系统的适应性。

3）系统的工作效率

系统的工作效率可以用对处理请求的响应时间或单位时间内处理的业务量来衡量。由于系统所选择的工作方式不同，其工作效率的含义也不相同。比如，联机实时处理系统的工作效率为对处理请求的响应时间；而批处理系统则为单位时间内平均处理的业务量。这里需要指出的是，系统的工作效率和计算机的效率是有一定区别的。一般来讲，影响系统工作效率的主要因素有：硬件的运行速度，软件系统的性能、参数的设置情况，应用软件结构设计的合理性及中间文件调用的次数和数量等。

4）系统的通用性

系统的通用性是指同一软件系统在不同使用单位的可应用程度。系统的通用性好，可以保证当系统的使用条件发生变化时，该系统不经变动或经少量变动后，仍能完成预定的使用功能。对于一般的用户来说，他们都希望有成熟的软件系统不经修改或经过少量修改后就可以适用于本单位。因此，提高软件系统的通用性，可以扩大它的应用范围，降低研究成本，减少系统扩展时的工作量和费用，增强系统的生命力。影响系统通用性的主要因素是系统功能的完善程度和处理业务的规范化、标准化程度。

5）系统的工作质量

系统的工作质量是指系统处理数据的准确性，输出各种信息的易读、易懂性，系统操作的方便性等。系统的工作质量和系统的硬件设备及软件设计质量有直接关系。硬件设备是系统工作的基础，然而硬件设备作用的发挥必须有高质量的软件设计作保证。系统设计阶段的各项工作几乎都与系统的工作质量有关，系统的工作质量直接影响系统的使用效果。因此在系统设计时，既要考虑到实现系统功能的要求，又要考虑到使用者的要求和反应。

上述评价系统性能的指标是相互联系、相互制约的。在某些条件下，它们是相互矛盾的，但是在另外一些条件下，它们又可能是彼此促进的。例如，对系统的可靠性和工作效率来说，为了提高系统的可靠性，就需要增加校验功能和对错误情况的处理功能，这势必要延长系统的处理时间，似乎降低了系统的工作效率。但是从另一方面来看，如果系统的可靠性提高了，则能保证系统长时间安全运行而不中断，实际的效率可能并不低。因此，系统设计人员必须根据具体系统的目标要求和实际情况，权衡利弊后再决定将哪一个指标放在主要位置上加以考虑，哪一个指标应该放在次要位置上考虑。一般情况下，系统设计人员往往要把系统的可维护性看得更重要一些。

6.1.2 电子商务系统设计的原则

1. 简单性

简单性是指在达到系统预定目标的条件下，应该使系统尽量简单、适用。一般来说，用户总是希望得到一个操作简单、使用方便、功能完善、易于维护和修改的系统。因此在系统设计过程中，必须考虑到尽量使数据处理过程简化。要使输入的数据尽可能减少，使输入数据的形式易于理解和掌握，系统结构必须清晰、合理，尽力避免一切不必要的复杂化，以满足用户在操作和维护方面的需求。

2．经济性

经济性是指在设计过程中尽可能地降低系统的设计成本，减少不必要的费用支出。这里既要考虑到实现系统的费用，又要考虑到系统实现后的运行费用。这是因为用户投入一定的资金获得一个系统后，就是通过系统的运行带来一定的经济效益，使用户对系统的投资和经营费用得到补偿。当然，在考虑系统的经济效益时，既要考虑它带来的直接效益，也要考虑到它的间接效益。

3．完整性

系统是一个有机的整体，应该具有一定的整体性。因此，在系统设计时，必须保持它的功能完整、联系密切。要使整个系统有统一的信息代码、统一的数据组织方法、统一的设计规范和标准，以此来提高系统的设计质量。

4．可靠性

可靠性既是评价系统设计质量的一个重要指标，又是系统设计的一个基本出发点。只有设计出的系统是安全可靠的，才能在实际运行中发挥出它应有的作用。因此在系统设计过程中，必须考虑到对各种不安全因素抵御能力的设计。例如，对错误数据检错纠错能力的设计，出现意外情况后系统恢复能力的设计等。

5．技术的先进性

电子商务既然是利用现代信息技术开展的商务活动，那么技术因素在电子商务中所占有的地位就是非常重要的。所谓先进性，是指系统设计应当立足先进的技术，采用最新的技术成果，从而使系统具有一个较高的技术起点。

之所以要求系统设计具有先进性，原因在于电子商务系统的实现技术发展很快，而系统的建造过程则需要一定的时间，当技术成为企业保持竞争优势的一个重要因素时，如果在设计伊始，没有在技术方面领先的话，将对企业电子商务的竞争能力产生不利影响。

此外，应当注意的是电子商务技术发展得很快，对采用的技术是否先进的评判依据可能不一样，这时应当注意从是否满足标准、是否是未来发展的方向加以判定。考察时如果没有国际标准，那么要看是否有事实上的工业标准，可选择的技术或产品是否符合未来技术的发展方向。要尽可能地选择主流的、有代表性的产品，这样才可能保证未来构造的系统有生命力。

6．符合企业信息化的整体技术战略

很多企业的电子商务系统建设并不是白手起家的，我们经常遇到的情况是：企业为了提高生产和管理的需要，已经制定或者建立了信息技术政策并建立了相关的信息系统。由

于这样的背景，在进行系统设计时，需要考虑到未来的系统应当作为企业信息化的一部分，符合企业的整体技术战略。

7. 满足开放、可扩充的要求

如果设计的系统满足开放性的要求，不仅意味着电子商务系统可以独立于硬件、操作系统，系统开发建设中能够获得更多的技术支持，容易升级，而且也要开放系统结构和企业已有的信息资源集成。

产品的可扩充性好，则意味着设计开发的电子商务系统投产后，一旦我们的需求发生变化，系统能够尽快地得到扩充，原有的投入得到有效的保护，从而在整体上得到良好的投入产出效益。

8. 与现行的应用具有良好的兼容性

兼容现行的应用意味着电子商务系统可以有效地利用已有的信息资源，节约投资，并在更大程度上实现信息的增值。

9. 成熟性

所谓成熟性是指设计中选用的技术、工具、平台应当是符合标准的，或者是受到市场欢迎并得到广泛认同的。

由于电子商务系统建设是一个复杂的工程，而工程建设则强调用成熟的技术去满足企业的实际需要。如果不注重技术的标准化、成熟程度，那么可能造成企业的损失，给企业的服务、形象等方面带来不利影响。

10. 安全性

安全性是指保证系统物理实体（主机、网络、存储等）及交易过程具有抗攻击、不受侵害的能力。

电子商务系统直接关系到企业商务活动中的交易、营销等至为关键的敏感数据，而且关系到企业能否为客户、合作伙伴所信任，所以系统的安全非常重要。这里再次强调系统的安全性，在系统设计时至少要从两个方面考虑系统的安全：一是从物理实体安全方面考虑主机系统、操作系统、网络、数据存储与备份等安全问题；二是从电子交易方面考虑身份认证、数据加密等安全措施。

6.1.3　电子商务系统总体结构设计

1. 总体结构设计概述

电子商务系统的总体设计是系统设计的一个重要组成部分，是在系统体系结构的基础上，针对企业电子商务的目标，界定系统的外部边界和接口，刻画系统的内部组成及其相互关系，确定未来电子商务系统的逻辑结构。

在前面系统规划部分谈到了电子商务系统的体系结构包括较多的内容，既有网络、主机设备，也有支持平台软件和应用软件，这些内容居于不同的层次，并对系统有不同的贡献，而系统的总体结构则进一步明确目标系统的各个组成部分是什么，都有什么样的作用，其相互关系是什么。如果说系统规划中给出的体系结构是一个宏观的战略层次上的说明，那么系统的总体结构设计则是一个战术层次上的描述。

系统总体结构设计完成后，要给出系统总体结构设计方案，这一方案需要明确构成整个电子商务系统的外部接口和内部组成，是后续细化设计（基础设施设计、系统平台设计、应用软件设计等）的基础。因此，有了系统总体结构设计后，我们不仅可以对系统的结构能够有较为清晰的把握，而且可以进一步对系统的各个部分进行有所侧重的设计。

2．总体结构设计的内容

1）外部环境

企业商务活动发生于企业及其客户、合作伙伴之间，所以电子商务系统不是一个封闭系统，系统是开放的，与其他系统之间存在着数据交换和接口。在总体设计中，首先应当确定的是系统的外部边界，即通过分析，将电子商务系统与其外部环境区分开来，从而使总体设计有一个明确的范围。

一般来讲，系统与其外部环境的接口包括以下四个方面：

（1）与企业合作伙伴之间的接口。该类接口主要存在于企业与其商务合作、业务往来的商务伙伴之间，目标系统将于这些企业之间发生数据交换。这类接口一部分可能是标准化的，也有相当部分是不标准的，需要企业与其伙伴之间进行协商确定。

（2）与企业内部既有信息系统的接口。该类接口存在于电子商务系统与企业内部既有的信息系统之间。这类接口一般由企业单方面就可以界定。

（3）与交易相关的公共信息基础设施之间的接口。该类接口主要指企业电子交易过程中，介于企业与商务中介和公共信息环境（如 CA 认证机构、银行）之间的接口。这类接口一般具有标准化的形式，常由对方（如 CA、银行）来提供标准，需要企业满足相关标准的要求，同时接口的数据交换时序、流程等也具有标准的规范要求。

（4）其他接口。主要是企业与政府或其他机构之间的接口。例如，企业与政府的电子政务之间实现网络保税、网络通关等。这一类接口一般遵循政府机构实施电子政务时确定的规范。

2）系统组成结构

如果说外部环境界定的是电子商务系统的外部边界，那么系统组成结构则主要说明目标系统内部的组成部分，以及系统内部与外部环境的相互关系。

6.1.4 系统信息基础设施设计

系统信息基础设施设计主要包括计算机网络环境、计算机系统、系统集成及开发方面的有关标准以及产品的设计与选择。

这一部分主要对应于电子商务系统体系结构中的基础支持层。一般对于企业而言，这一部分主要通过选用合适的产品来实现。

1．网络环境设计

1）网络环境设计的要求

（1）支持网络的互联和应用的互操作。

（2）能够隔离和控制对系统的访问，保证网络设备的安全。

（3）网络环境是可以管理的。

2）网络环境设计的主要内容

电子商务系统的网络环境包括 Internet、Intranet 和 Extranet 三个组成部分。

2．服务器主机设计与选择

电子商务系统的服务器主机是应用系统运行的主要环境。一般地，对于传统的信息系统而言，主要根据系统未来支持的应用、负荷及运行环境等基本参数来选择服务器主机的配置参数。但是，对于电子商务系统而言，它所面临的是用户对系统响应时间的苛刻要求、动态变化和难以预估的未来负荷、未知的升级周期等特殊的问题。所以在选择服务器主机时应当注意以下问题：

（1）可靠性高、安全性好。

（2）可扩展性。

（3）网络吞吐量及网络接口能力。

（4）开放的体系结构。

6.1.5　电子商务系统平台的设计

电子商务系统的平台对应于系统体系结构中的商务支持层和应用支持层。其设计内容一般包括：

（1）操作系统。

（2）数据库管理系统（DBMS）。

（3）应用服务器。

（4）中间件软件。

（5）开发工具。

（6）其他系统软件。

其中需要说明的是，中间件软件是电子商务系统设计中一个非常突出的特点。电子商务系统一般是典型的 B/S 结构，而且是一个多层结构的系统，在系统的前端和后台之间的中间层上有可能应用中间件软件以简化系统的开发难度、提高系统的性能。因此，与其他信息系统的设计相比较，系统软件中的中间件软件设计就成为一个重要内容。

一般地，在进行系统软件设计时，操作系统、数据库管理系统、应用服务器和中间件软件主要是根据电子商务系统应用软件设计的需要进行选择。

6.1.6　电子商务系统应用软件设计

电子商务系统的应用软件是系统的核心部分，在系统设计阶段，电子商务应用软件设计主要包括以下几个方面。

1．应用软件系统与子系统的划分

应用软件的系统划分的目的是从计算机实现的角度入手，将整个应用软件分解为不同的、功能相对独立的子系统，在此基础之上将每个子系统进一步细化，最终到可编程的应用程序模块。

在划分时，一般可以采用以下方法：

（1）按业务逻辑划分，相似的业务处理逻辑集中在一个子系统当中。

（2）按照过程划分，即按照系统的处理逻辑划分。

（3）按照企业的业务部门划分等。

需要说明的是，系统与子系统的划分目前还没有完全统一的方式，但是应用软件子系统划分后，一般要使结果满足下述要求：

（1）各个子系统相对比较独立，能够满足明确的业务需求。

（2）各个子系统之间的耦合比较少，也就是说子系统之间的数据依赖、数据联系较少。

（3）划分后的结果应当是数据的冗余较少。

（4）划分后的结果便于后续的开发实现。

2．数据库与数据结构设计

数据库与数据结构的设计主要针对应用软件中要处理的数据对象进行。数据库与数据结构设计的目的是使应用程序中用到的数据能够根据其性质、用途、要求等特征，组织成为有效的形式。

所谓数据库设计主要针对利用数据库管理系统（DBMS）管理结构化数据。数据库设计的内容主要是对数据的逻辑结构、存取方式等方面进行设计。

3．输入/输出设计

输入/输出设计主要是对应用软件的输入/输出数据的格式、内容、方法、校验等方面进行设计，目的是保证应用软件所要处理的输入数据是合法的、准确的，系统输出的数据正确、直观和美观。

1）输入设计

输入设计主要包括输入方式和输入界面设计两个主要内容。

电子商务系统应用软件的数据的输入方式一般包括用户的键盘输入、其他系统的输入和自动识别输入等。

键盘输入主要是用户在客户端通过键盘,由网络将客户端软件输入到应用软件系统中。该类输入主要用于小批量数据的输入。需要注意的是,客户利用浏览器输入的数据在应用软件中需要进行一定的处理才能够使用。另外,在电子商务系统中,除非必要,应尽可能避免用户利用键盘一次性输入大批量的原始数据。

自动识别输入主要是客户通过条形码设备、射频识别设备等输入数据。这种数据输入方式在物流、运输、零售、海关等部门得到大量的应用。从发展的角度看,由于该技术与商业自动化的关系非常紧密,所以前景广阔,在电子商务系统输入设计中应当充分认识到这一点。

其他系统的数据主要是来自企业内部信息系统、企业合作伙伴或用户的数据。例如,来自贸易伙伴的 EDI、来自用户的电子邮件等。这类数据一般数据量较大,界面设计方面的工作量比较小。

2）输出设计

输出设计主要是系统输出的结果。一般的电子商务系统的输出数据根据其标准化的情况可以分成两类:一类是必须满足特定标准规范的数据,如满足 EDI 要求、SET 协议要求的数据;另一类是非标准数据,如输出用户数据。

在输出设计中需要注意的是,电子商务系统输出的形式多种多样,尤其是 HTTP 协议的应用为系统的输入提供了非常大的灵活性,可以充分利用多媒体数据的特点,使得输出数据的形式直观并易于理解;另外,在 B/S 结构的电子商务系统当中,由于客户端形式多样,在输出设计时,应当考虑到不同客户端的特点。

4. 网页设计与编辑

电子商务系统采用 B/S 的结构,很多情况下数据 I/O 是通过浏览器与电子商务系统后台服务器之间交互实现的。在这种情况下,网页设计就成为电子商务系统设计中的一个重要的内容。

网页设计与编辑的目标是对电子商务系统中网站的整体风格、页面组织结构进行设计,完成页面内容的组织与编写。该部分的主要任务包括以下几个方面。

1）站点设计与策划

站点结构设计的目标是确定站点所要表达的内容如何能够有效地为用户理解。它的核心是对站点内容的组织、页面/超链接、导航设计和站点风格等关键问题进行有效的决策。

由于站点的组织初始可能是一种网状的结构,但从设计角度看,我们最终需要将其抽象成为可以由各类静态、动态页面表示的树状结构,这样才能够对站点的页面内容进行分解,进而分配给不同的 HTML 编写人员。

站点的风格直接影响到整个网络站点的效率、客户对站点的忠诚程度等方面,所以站点的结构与风格设计是非常重要的。

2）页面设计

页面编程主要是利用 HTML 及其他图形、图像表达工具，建立能够正确和准确表达商务服务的、对客户视觉有冲击力的页面。

页面设计的主要任务包括两部分：

（1）界面行为的表达（类似于软件工程中的界面设计）。该任务需要完成页面布局设计、素材搜集和 HTML 页面编写。

（2）集成动态页面当中需要嵌入的脚本。

6.2　电子商务网站的系统设计

在电子商务网站系统设计阶段，应充分考虑到网站信息组织、网站管理和维护、网站经营的特点及需要，使系统的成本投入尽可能低，并容易实现。同时，网站设计还要充分考虑网站的扩展及延伸，为企业最终应用提供良好的环境和平台。

6.2.1　Web 站点的结构化设计

企业网站作为一类特殊的信息系统，在系统设计时应当遵循系统设计的总体思想和原则。同时，由于它的特殊性，在进行站点系统设计时，还应根据该类系统的自身特点把握以下要点。

1．Web 站点的设计原则

（1）良好的可扩充性。

（2）高效率的并发处理能力。

（3）安全快速的访问。

（4）强大的管理工具。

（5）可靠地确保提供 7×24 小时的服务。

（6）良好的容错性能。

（7）及时更新信息。

（8）完善检索能力。

（9）与企业已有信息资源的整合。

（10）网站的信息交互能力。

（11）支持多种客户终端。

（12）方便客户访问和购买。

2．Web 站点的设计要点

要将企业站点作为在 Internet 上展示企业形象、企业文化的信息空间，有明确目标、良好定位的 Web 站点设计是企业或机构发展战略的重要组成部分。对此，主管部门一定要给予足够的重视，明确设计站点的目的和用户需求，从而做出切实可行的计划。挑选与锤炼企业的关键信息，利用一个逻辑结构有序地组织起来，并开发一个页面设计原型，选择有代表性的用户来进行测试，然后逐步精炼这个原型，最终形成创意。

3．网站设计的成功要素

（1）整体布局：结构清晰，便于使用。

（2）提供有价值的信息。

（3）快速的访问速度。

（4）良好的版面设计。

（5）很强的文字可读性。

（6）良好的标题设计。

（7）导航明确，导向清晰。

（8）方便的反馈及订购程序。

6.2.2　首页设计

1．确定首页的功能模块

首页的内容模块是指在首页上需要实现的主要内容和功能。Web 站点首页应具备的基本成分包括：页头，准确无误地标识企业的站点和标志；E-mail 地址，用来接收用户垂询；联系信息，如普通邮件地址或电话；版权信息。注意：可重复利用已有的信息，如客户手册、公共关系文档、技术手册和数据库等。

一般的站点都需要这样一些模块：网站名称、广告条、主菜单、新闻、搜索、友情链接、邮件列表、计数器和版权等。

选择哪些模块，实现哪些功能，是否需要添加其他模块，都是首页设计首先需要确定的。

2．设计首页的版面

在功能模块确定后，开始设计首页的版面。在设计中，应避免"封面"问题。封面是指没有具体内容，只放一个标徽 Logo 供用户点击进入，或者只有简单的图形菜单的首页。除非是艺术性很强的站点，或者确信内容独特足以吸引浏览者进一步点击进入的站点，否则封面式的首页并不会给企业站点带来什么好处。

6.2.3 网站内容的开发

1．协调页面元素的关系

在页面中，图片、文字之间的前后位置及疏密程度所产生的视觉效果各不相同。在网页上，图片、文字前后叠压所构成的空间层次目前还不多见，常见的是一些设计得比较规范化、简明化的页面，这种叠压排列能产生强节奏的空间层次、视觉效果强烈。例如，页面上、左、右、下、中位置所产生的空间关系，以及疏密的位置关系所产生的空间层次，这两种位置关系使视觉流程生动而且清晰，注目程度高，疏密的位置关系变化使空间层次富有弹性，同时也让人产生轻松或紧迫的心理感受。

2．网站内容开发的要点

影响网站成功的因素主要有网站结构的合理性、直观性和多媒体信息的实效性。成功网站的最大秘诀在于让用户感到网站对他们非常有用。因此，网站内容开发对于网站建设至关重要。进行网站内容开发的要点包括以下几个方面：

（1）网站信息的组织没有任何简单、快捷的方法，吸引用户的关键在于总体结构的层次分明。应该尽量避免形成复杂的网状结构，网状结构不仅不利于用户查找感兴趣的内容，而且在信息不断增多后还会使维护工作非常困难。

（2）图像、声音和视频信息能够比普通文本提供更丰富和更直接的信息，产生更大的吸引力，但文本字符可提供较快的浏览速度。因此，图像和多媒体信息的使用要适中，减少文件数量和大小是必要的。

（3）对于任何网站，每一个网页或主页都是非常重要的，因为它们会给用户留下第一印象，而好的第一印象能够吸引用户再次光临这个网站。

（4）网站内容应是动态的，随时进行修改和更新，以使自己的网站紧跟市场潮流。在主页上，注明更新日期对于经常访问的用户很有用。

（5）网页中应该提供一些联机帮助功能。

（6）网页的文本内容应简明扼要、通俗易懂。

6.2.4 页面可视化设计

1．页面组织效果

形式服务于内容，内容又为目的服务，形式与内容的统一是设计网页的基本原则之一。因此，设计页面时应将丰富的意义和多样的形式组织在一个统一的结构里，而且形式语言必须符合页面的内容，体现内容的丰富含义。

在页面组织过程中，可以运用对比与调和，对称与平衡，节奏与韵律以及留白等手段。例如，通过空间、文字、图形之间的相互关系建立整体的均衡状态，产生和谐的美感。对称原则运用在页面设计中时，它的均衡有时会使页面显得呆板；但如果加入一些动感的文字、图案，或采用夸张的手法来表现内容，往往会达到比较好的效果。

2．页面色调效果

色彩是艺术表现的要素之一，会对人们的心理产生影响，应合理地加以运用。在网页设计中，应根据和谐、均衡和重点突出的原则，将不同的色彩进行组合、搭配来构成美丽的页面。

3．页面版式设计

1）版面布局的步骤

（1）草案。这属于创造阶段，不讲究细腻工整，也不必考虑细节功能，只以粗陋的线条勾画出创意的轮廓即可。尽可能多画几张，最后选定一幅满意的作为继续创作的脚本。

（2）粗略布局。在草案的基础上，将需要放置的功能模块安排到页面上。功能模块主要包含网站标志、主菜单、新闻、搜索、友情链接、广告条、邮件列表、计数器和版权信息等。必须遵循突出重点、平衡协调的原则，将网站标志、主菜单等最重要的模块放在最显眼、最突出的位置，然后再考虑次要模块的排放。

（3）定案。将粗略布局精细化、具体化，最后达到满意定案。

2）常用版面布局的形式

（1）"T"形布局。"T"形布局指页面顶部为横条网站标志+广告条，下方左面为主菜单，右面显示内容的布局。因为菜单条背景较深，整体效果类似英文字母"T"，所以称为"T"形布局。这是网页设计中使用最广泛的一种布局方式。这种布局的优点是页面结构清晰、主次分明，正是初学者最容易掌握的布局方法。缺点是规矩呆板，如果色彩细节上再不注意，很容易让人看后感到乏味。

（2）"口"形布局。页面一般上下各有一个广告条，左面是主菜单，右面放友情链接等，中间是主要内容。这种布局的优点是充分利用版面，信息量大。缺点是页面拥挤，不够灵活。也有将四边空出，只用中间的窗口型设计。

（3）"三"形布局。页面上横向有两条色块将页面整体分割为三部分，色块中大多放广告条。

（4）对称对比布局。采取左右或者上下对称的布局，一半深色，另一半浅色，一般用于设计型站点。优点是视觉冲击力强。缺点是将两部分有机地结合比较困难。

（5）POP 布局。指页面布局像一张宣传海报，以一张精美图片作为页面的设计中心。优点是显而易见，漂亮吸引人。缺点是速度慢。

4．页面美术设计

专业美术设计人员的帮助对企业站点的成功设计是至关重要的。即便是一个没有一点网页设计经验的专业美术设计人员，也能提供很多关于排版、色彩等方面的建议。实际上传统出版行业的很多规则和禁忌，也大都适用于网页的设计。

要与美术设计人员有良好的合作，首先，应该能向他们提供前面所说的内容和逻辑结构图。这是因为他们的责任仅仅是对网页的形式负责，而至于内容必须由企业业务人员去敲定。其次，应该把站点的美术需求、风格等告诉美术创作人员。如果可能的话，最好能带着他们去见业务人员，直接了解站点形象方面的要求。此外，还应该把企业原有的一些成功的宣传册子、CI手册等材料交给美术人员作为参考。

在向美术设计人员提供了上述信息和材料后，就可以让他们设计出形成站点风格的一些关键要素了。从美术和效率的角度出发，我们应该考虑采用可视化的页面编辑工具。最好能请一些有美感、懂得排版的人从事此项工作，他们可能多半不会使用HTML语言，但比程序员制作出来的网页页面好看得多。

6.3　零售业电子商务系统的系统设计

6.3.1　零售业电子商务系统系统设计的任务及功能

1．零售业电子商务系统系统设计的任务

依据系统分析报告和开发者的知识与经验在各种技术和实施方法中权衡利弊，精心设计，合理地使用各种资源，将系统分析阶段所获得的系统逻辑模型转换成一个具体的计算机实现方案的物理模型，最终勾画出新系统的详细设计方案，提交一份系统配置方案报告和一份系统设计报告。

系统设计的任务包括两个方面，首先是总体结构的设计，然后是详细设计，主要内容包括新系统总体结构设计、子系统划分、模块结构设计、网络设计、网络和设备的配置、代码设计、数据库设计、输入/输出设计和处理流程设计等。

系统设计的结果是系统设计文件，这些文件是物理地实现一个电子商务系统的重要基础。

2．零售业电子商务系统网络系统设计方案应满足的要求

（1）采用国际统一标准，以拥有广泛的支持厂商，最大限度地采用同一厂家的产品。

（2）合理分配带宽，使用户不受网上"塞车"的影响。

（3）具有高扩展性，针对用户未来数目的扩展具有调整、扩充的手段和方法。

（4）具有支持通用大型数据库的功能，支持多种协议，具有良好的软件支持。

（5）采用模块化结构设计，容易升级，根据业务流程进行结构设计。

3．零售业电子商务系统应具备的功能

（1）先进的商品及服务类别管理，商品目录条理清晰、结构明确；灵活的商品展示功

能，在保证下载速度的前提下采用多样化的展示方式，向消费者提供更丰富生动的商品的信息。

（2）丰富的商品交易功能，支持定价销售与议价销售，并包括阶段性商品打折销售，通过网上促销等优惠手段吸引更多网民的关注。

（3）通过搜索引擎或分层目录连接，提供客户引导，方便消费者的选择及购买。

（4）高效的订单管理，可随时更新及查询。

（5）高效易用的邮件管理系统，利于企业内部各部门的信息互通，也是有效地收集顾客信息的渠道之一。

（6）功能强劲的用户 BBS 系统，方便企业与用户、用户之间的各方面交流，增强网站的互动功能。

（7）适用性强的商品反馈系统，帮助企业及时地搜集有关客户需求和销售状况等方面的信息。

（8）全面网上支付方案，提供个性化购物车、支付配送信息表与所有开通网上支付业务的银行支付接口等全套网上支付系统，尽量减少网上消费的条件限制。

（9）安全、完善的客户关系管理，增强顾客的满意度和忠诚度。

（10）完善的售后服务，减少消费者对网上购物的不信任，认同新的消费模式。

6.3.2　零售业电子商务系统应用软件设计

1．客户关系管理

（1）客户信息子系统。收集并记录顾客的资料，并向商家和顾客提供数据查询、修改等操作，具体包括用户注册、口令提醒及修改、修改自身信息、以往订单查询和用户注销等。根据客户购买历史记录，结合网上有奖零售、商品促销等活动，建立一个有奖积分制度和资信评估制度。

（2）BBS 子系统。在网上建立一个客户与商家、客户与客户之间可以互动的社区，增进沟通，帮助商家及时了解客户需求是否得到满足、商品使用满意度、销售过程中存在的有待改进的地方，让消费者相互交流心得，促进购买行为。

（3）客户管理子系统。维护客户的相关信息，以便向客户提供及时、完善的服务。同时，根据客户服务获得的信息，为市场分析人员提供原始数据。该子系统具体包括建立客户档案、客户档案的查询与修改和客户调查等功能。

2．电子交易系统

（1）订单管理子系统。该子系统是电子交易系统的核心部分，完成交易信息传输、操作、确认过程，包括订单输入、订单修改、订单取消、订单查询、订单跟踪和订单确认等几项功能。

（2）商品展示子系统。该子系统负责企业网上销售产品信息的发布、管理与维护，包括增加、删除和修改产品的类别、型号、配置、价格等信息，查询产品的销量和库存等。

（3）商品管理子系统。该子系统负责商品的采购、库存、销售等信息的管理，具体包括订购批量、种类与价格，供应商的合作信誉评估、产品质量记录、制订具体的商品销售计划、商品需求预期。

（4）信息服务子系统。该子系统提供多个信息项目的说明，包括购物导航（含购物流程、支付流程等）、站点的安全保障体系、配送服务体系、售后服务体系、个人法律条款和联系方式等。

（5）营销策略子系统。该子系统根据客户消费信息和市场需求变动，制定不同的营销策略，即针对不同的产品、不同的时间、不同的客户群体、不同的地域范围采取不同的销售策略，其中包括正常销售、打折热卖、有奖促销、团体采购和每日特价商品回报等多种方式。

3．售后服务系统

（1）服务管理子系统。服务管理子系统直接面向客户，进行不合格商品的退换处理、部分商品的售后维修处理、质量跟踪调查和客户服务跟踪等活动，收集用户满意度和商品使用性能等信息，生成有关客户和商品分析统计数据，向其他子系统提供数据资料。

（2）投诉处理子系统。包括投诉信息录入、投诉受理、投诉处理、投诉查询和投诉分析。根据顾客提问进行分类汇总，将常见问题归入自动解答程序，并将有代表性的提问的解答张贴在网站公告栏，或负责具体回答顾客的疑问。

6.4　B2B 电子商务的系统设计

6.4.1　B2B 电子商务系统设计的主要内容

（1）网络结构设计与硬件、软件配置。

（2）Web 站点设计。

（3）数据库设计。

（4）接口设计。

（5）功能模块设计。

6.4.2　B2B 电子商务系统的主要功能

1．B2B 电子交易的会员管理

包括会员注册、会员登录和会员信息维护等。

2．交易商品信息维护

包括产品自然信息（如产品名称、品类等）的维护；产品交易信息（如价格、交易方式、交易期限等）的维护；产品其他信息的维护。

3．商品目录及分类管理

由于在线交易的产品种类繁多，分类标准不同，因此对产品归类是一件比较复杂且专业性较强的工作。

4．交易信息发布

为参与交易或者希望寻求合作的企业提供发布各类商务信息的环境。

5．搜索与产品查询

一般包括企业查询、产品信息查询、供货信息查询和招投标信息查询等方面。

6．交易撮合功能

一般包括订单管理、撮合匹配、成交结果管理和成交通知等功能。

7．网络招标采购（或反向拍卖）

网络招标采购功能一般是根据买方要求，发布招标标的、数量和交易条件等信息，卖方根据招标信息，通过网络应标，在招标截标期后系统评标，确定中标方并通知交易双方。

8．网络拍卖

网络拍卖包括网络团购一般是由电子商务系统接受卖方要求，发布拍卖标的、数量和交易条件等信息，卖方根据招标信息通过网络应标，在招标截标期后系统评标，确定中标方并通知交易双方。

9．电子支付与清算

如果交易双方同意网络支付，那么可以根据交易情况计算交易成交额（一些情况下还包括税金等），对交易双方的资金进行清算，通过支付网关完成支付过程。

10．新闻与公共信息服务

主要是向参与交易的会员提供时事新闻、交易动态、交易排行甚至于交易行情服务。同时，还包括社区会员的 BBS、意见反馈与投诉等。

11．系统管理

该部分主要针对 B2B 电子交易系统的性能、运行而言。主要包括系统运行状态监控和规范系统信息发布等。

12．系统外部接口

该部分主要与 B2B 电子市场相关的其他信息系统进行数据交换。例如，与物流企业、运输企业和零售企业等进行数据交换，保证交易完成后，商品能够及时在买卖双方之间实现交换。

6.5　案例——电子商务系统设计报告

6.5.1　e擂——大学生的威客网系统设计报告书

1．总体设计

1）系统总体设计的原则

e 擂威客网平台旨在为招标企业和在校大学生提供便利的信息交流平台，因此主要的参与者是企业用户和学生用户。e擂在整个商务活动中充当平台管理员和信息中介的角色。网站的主要商务活动围绕类似网上招、投标方式的企业用户与学生用户开展，网站用户在一个完整的任务发布、任务解决、解决方案评价的过程中按照逻辑顺序的先后分别在招贤阁、英雄会、竞标台和英雄榜中参与商务活动。在每个项目中都有三方的参与者：企业任务发布方（企业用户）、提交任务解决方案方（学生用户）和监督管理方（e擂威客网平台）。

因此，在系统总体设计方面需关注信息传输的安全性、保密性两个特点。根据"威客"模式的特点，我们制定的系统设计的原则如下：

（1）安全性原则——运用多种技术（防火墙技术等）保证信息平台的安全性。

（2）实用性原则——符合"威客"模式的运行特点。

（3）技术的先进性原则。

（4）开放、可扩充性原则。

根据以上原则，e擂威客网的总体结构设计如图 6-1 所示。

2）e擂威客网外部环境分析

e擂威客网的外部环境主要包括与交易相关的公共信息基础设施，即银行卡支付中心。当"威客"网开展会员制收费管理后，VIP 用户可以根据自己的需求定制个性化服务，如信息搜索、智能代理。因此，需要相应的支付平台以保证支付过程的安全性。

3）网络环境设计

e擂威客网是一个基于网络的系统，它的网络环境包括 Internet、Intranet 和 Extranet 三个部分，如图 6-2 所示。

其中，Internet 网络主要连接用户和威客网，Extranet 主要连接威客网与银行支付平台，而 Intranet 主要负责威客网内部业务流程的运作。

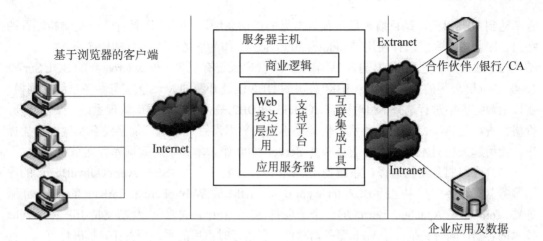

图 6-1　e 擂威客网总体结构图

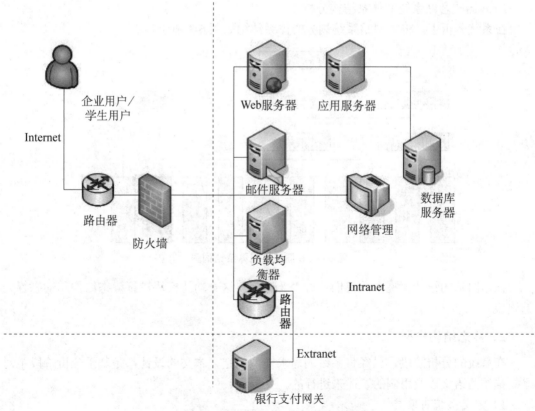

图 6-2　e 擂威客网网络环境结构图

4）e 擂威客网系统平台的选择

（1）操作系统的选择。Windows 系列运行在 Intel 的 CISC 芯片上，在计算机市场的占有率达到 70%以上，是目前市场上最为常见的操作系统，同时它还具有便于安装和配置的特点。因此，本系统选择使用 Windows 2000 Server 作为服务器上运行的操作系统。

（2）数据库管理系统的选择。目前数据库管理系统有很多，如 Microsoft 的 SQL Server 2000、Oracle 公司的 Oracle 10g、IBM 公司的 DB2 以及开源的 MySQL。可参考系统的规模，在以上数据库中进行选择。相对而言，Oracle 和 DB2 是大型的数据库管理系统，操作复杂，价格昂贵。而 MySQL 虽然免费，但却是小型的数据库管理系统，而且没有实现图形化操作，使用起来相对困难。因而选择 SQL Server 2000 作为本系统的数据库管理系统。

（3）应用服务器的选择。系统使用 Java 语言开发，支持 JSP+Severlet+JavaBeans 的应用服务器有许多，其中包括 BEA 的 WebLogic、IBM 的 WebSphere 和 Jarkata 的 Tomcat 服务器。Tomcat 是 Apache-Jarkata 的一个子项目，是一个开放式原码、免费支持 JSP 和 Servlet 技术的容器，同时又是一个 Web 服务器软件。它运行时占用的系统资源小，扩展性好，支持负载平衡与邮件服务等开发应用系统常用的功能。因此，我们选择 Tomcat 作为应用服务器。

5）e 擂威客网系统的体系结构分析

在系统分析中，将本网站系统划分的体系结构如图 6-3 所示。

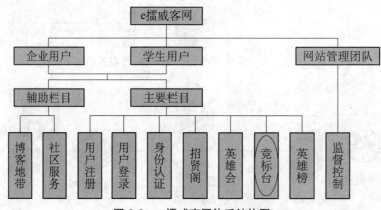

图 6-3　e 擂威客网体系结构图

在本网站的设计模型中，我们针对"竞标台"这一功能模块进行静态结构和动态行为的建模。

2．静态结构模型

在系统的分析阶段，已经将系统的需求模型确定，本文的设计都是基于分析阶段中对系统描述的语义以及用例的表述来进行的。

1）定义系统对象类

（1）注册用户类（User）：注册用户类是所有在 e 擂网站通过注册的，能够访问和浏览公共信息的用户的映射，类名为 User。

（2）认证用户类（AuthenticUser）：是网站可以相信的具有真实用户信息的用户映射，

是注册用户的子类。该类是一个抽象类，必须被特定的子类继承，类名为 AuthenticUser。

（3）认证学生用户类（AuthenticSUser）：是认证用户类的子类，是特定的表示经过身份认证的学生用户，类名为 AuthenticSUser。

（4）认证企业用户类（AuthenticEUser）：是认证用户类的子类，是特定的表示经过身份认证的企业用户，类名为 AuthenticEUser。

（5）合作组类（Team）：与认证学生用户类是聚合关系，一个合作组包括一个或多个认证学生用户，合作组在进行投标时与认证学生用户具有相同的用户功能，类名为 Team。

（6）任务信息类（Task）：任务发布方（即认证企业用户）发布的一个招标任务的信息，类名为 Task。

（7）解决方案类（Solution）：特定任务的解决方案，是由注册学生用户或合作组完成该任务后提交到网站的所有信息。解决方案类本身没有相关的操作，是实体类，类名为 Solution。

（8）已提交任务类（AllSolutions）：与解决方案是聚合关系，已提交任务是一个针对同一任务的解决方案的集合，在逻辑上是一个容器类，类名为 AllSolutions。

（9）评选结果类（JudgeResult）：任务发布方对已提交的所有任务解决方案进行评标后的结果，包括任务信息、中标用户或合作组信息等，类名为 JudgeResult。

2）系统对象类的具体设计

（1）User（注册用户类）。User 类具有如下私有属性：

① userID:String(用户登录 ID)。

② pwd:String(登录密码)。

③ name:String(用户姓名，可以是昵称)。

④ email:String(电子邮件)。

⑤ phone:String(电话)。

⑥ address:String(通讯地址)。

为了设置和访问对象的私有属性值，User 类还具有下述属性获取器和属性设置器方法。

① setID(ID:String)：设置用户 ID。

② setPWD(pwd:String)：设置用户登录密码。

③ setName(name:String)：设置用户名。

④ setEmail(email:String)：设置用户邮件。

⑤ setPhone(phone:String)：设置用户电话。

⑥ setAddress(address:String)：设置用户通讯地址。

⑦ getID():String：获取用户 ID。

⑧ getPWD():String：获取用户登录密码。

⑨ getName():String：获取用户名。

⑩ getEmail():String：获取用户邮件。

⑪ getPhone():String：获取用户电话。

⑫ getAddress():String：获取用户通讯地址。

由于不同的类的获取器和设置器功能和定义标签以及方法所完成的功能具有相似性，因此在后面类的定义中将不再进行获取器和设置器的说明。

User 类具有基于如下语义的公共操作。

① User 对象可以检查当前对象是否存在，以当前用户对象的 ID 和 name 属性作为方法的参数，如果不存在返回 false 值。该操作方法标签定义如下：

existUser(userID:String, name:String):Boolean

② User 能够创建新的注册用户，并将其保留至数据库。以 User 的注册信息属性作为参数，该操作的定义如下：

newUser(userID:String, pwd:String, name:String, email:String, phone:String, address:String): void

③ User 对象能够更新自己的信息，利用当前对象的 ID 进行对应信息的更新，新信息和登录 ID 作为参数。该操作的定义如下：

updateInfo(userID:String, pwd:String, name:String, email:String, phone:String, address:String):void

（2）AuthenticUser（认证用户类）。AuthenticUser 类是一个抽象类，同时继承了 User 类，它必须被 AuthenticSUser 类和 AuthenticEUser 类所继承，本身没有额外的属性，但有关于"认证"用户的相关操作。

AuthenticUser 类具有基于如下语义的操作。

① 认证用户在通过了相关的认证操作后，将进行用户真实信息的设置操作，以用户 ID 为参数进行识别，该方法通过子类 AuthenticSUser 和 AuthenticEUser 来实现具体的操作。方法具体定义如下：

identifyUser(userID:String):void

② 认证用户可以进行已认证信息的修改，仍然以用户 ID 为参数进行识别，方法具体定义如下：

updateAuthenticInfo(userID:String):void

（3）AuthenticSUser（认证学生用户类）。认证学生用户类是对认证用户的继承，除了继承 AuthenticUser 类的相关操作外，AuthenticSUser 类有自己附加的私有属性和附加操作。AuthenticSUser 类的私有属性如下。

① realName:String（学生真实姓名）。

② userSchool:String（所属院校）。

③ authenticType:String（认证学生用户真实信息类型，如银行卡、校内邮箱等）。

④ authenticValue:String（认证学生用户真实信息值，如银行卡号、校内邮箱地址等）。

⑤ ability:int（认证学生用户能力值）。

⑥ solutionCount:int（认证学生用户所参与并提交的招标任务个数）。

⑦ fund:float（认证学生用户所获取的奖金总额）。

⑧ team:Team[]（所参与的合作团队，一个认证学生用户可以属于多个团队）。

对 AuthenticSUser 类有基于如下语义的操作。

① 一个认证学生用户可以参加一个合作团队，以该合作组的组号为参数，表明该认证学生用户参加了该团队。方法的定义如下：

joinTeam(teamID:String):void

② 一个认证学生用户在任务评标完毕、团队解散的情况下可以退出该团队，或者在其他情况下退出该团队。该操作以要退出的合作组号为参数，方法的定义如下：

quitTeam(teamID:String):void

③ 一个认证学生用户可以创建一个团队，并由系统自动完成团队创建的操作。认证学生用户的该操作没有入口参数，将所有实现的功能封装在方法内。方法的定义如下：

createTeam():void

（4）AuthenticEUser（认证企业用户类）。认证学生用户类是对认证用户的继承，除了继承 AuthenticUser 类的相关操作外，AuthenticEUser 类有自己附加的私有属性和附加操作。AuthenticEUser 类的私有属性如下。

① companyName:String（企业的真实名称）。

② authenticType:String（该 AuthenticEUser 真实信息类型，如经营许可证）。

③ authenticValue:String（该 AuthenticEUser 真实信息值，如经营许可证的编号）。

④ tasks:Task[]（该认证企业用户所发布的所有招标任务）。

⑤ currentTask:Task（该认证企业用户当前所发布的未解决的招标任务）。

⑥ credit:int（该认证企业用户的信用值）。

对 AuthenticSUser 类有基于如下语义的操作。

① 认证企业用户可以发布招标任务。方法的定义如下：

publishTask():void

② 认证企业用户可以向网站预付特定任务的悬赏金，以该预付赏金的特定任务为参数。方法的定义如下：

prepay(task:Task):void

③ 认证企业用户可以向网站提交评选结果，以该评选结果对象为参数。方法的定义如下：

submitResult(result:JudgeResult):void

（5）Team（合作组类）。Team 类是包含一个或两个 AuthenticSUser 对象的类，无继承关系。Team 类包含如下私有属性。

① teamID:String（合作组编号）。

② teamName:String（合作组名称）。

③ teamHeader:AuthenticSUser（该合作组组长）。

④ teamMember:AuthenticSUser[]（该合作组成员）。

⑤ teamType:String（合作组类型，长期合作组或面向项目的合作组）。

⑥ ability:int（该合作组能力值）。

⑦ assignMode:String（该合作组的奖励分配方式，统一平均分配还是按指定比例分配）。

⑧ assignProportion:int[]（该合作组的分配比例，如果奖励分配方式为自定义比例策略则参照该比例）。

⑨ status:int（该合作组目前是否处于激活状态）。

Team 类具有基于如下语义的操作。

① 新建一个合作组，将合作组信息持久化：

createTeam():void

② 更新合作组信息：

updateTeam():void

③ 增加合作组成员，以要增加的认证学生用户对象为参数。方法定义如下：

addMember(member:AuthenticSUser) :void

④ 删除一个合作组成员，以要删除的认证学生用户对象为参数。方法定义如下：

deleteMember(member:AuthenticSUser) :void

⑤ 注销合作组，将当前合作组设置为未激活状态（而不是永久地从数据库中删除，以备将来使用）。方法定义如下：

removeTeam():void

⑥ 激活合作组，将当前合作组设置为激活状态。方法定义如下：

wakeTeam():void

（6）Task（任务信息类）。该类是一个认证企业用户所发布的招标任务信息的实体映射，与认证企业用户类具有多对一的关联关系。该类具有如下私有属性：

① taskID:String（该任务信息的编号）。

② taskTitle:String（任务的主题）。

③ taskIntro:String（任务的介绍）。

④ taskEUser:String（发布任务的认证企业用户）。

⑤ deadline:Date（任务解决方案提交的截止日期）。

⑥ reward:float（任务的悬赏金额）。

⑦ taskDetals:String[]（任务明细信息，即任务可能有的附件材料，该属性存储这些材料在服务器上的具体位置）。

⑧ status:int（任务当前状态，是否已经被解决）。

⑨ allSolutions:allSolutions（任务的所有已提交方案）。

⑩ result:JudgeResult（任务的评标结果）。

该任务的操作如下。

① 创建一个新的任务并将其持久化：

createTask():void

② 更新任务信息：

updateTask():void

③ 宣布任务已完成评标，即设置任务状态为已完成：

archieve():void

④ 提交评选结果，将任务的所有解决方案进行评选后产生评选结果，并将该评选结果提交给网站。

submitResult():void

（7）Solution（解决方案类）。解决方案类是与特定的认证学生用户相关联的类，并且又与特定的任务信息相关联。该类仅向系统提供信息，因此除获取器和设置器方法外不具有具体的操作。它具有如下私有属性：

① solutionID:String（解决方案编号）。

② name:String（解决方案名称）。

③ detail:String（解决方案简介）。

④ attaches:String[]（解决方案的详细附件资料，对于大的任务来说很可能会有很多附件资料，该属性表示这些资料的存储位置）。

⑤ taskID:String（该解决方案所解决的招标任务信息的编号）。

⑥ ownerType:String（该方案的所有人，是个人还是合作组）。

⑦ teamOwner:Team（创建该方案的合作组，如果方案所有人是合作组的话）。

⑧ userOwner:AuthenticSUser（创建该方案的认证学生用户，如果方案所有人是个人的话）。

（8）AllSolutions（已提交任务类）。该类是为了方便评标时读取解决方案信息的容器类，不在数据库中做具体存储，与 Solution 类是聚合关系。该类的私有属性如下。

① taskID:String（该解决方案集合所解决的招标任务信息的编号）。

② solutions:Solution[]（针对任务的解决方案的集合）。

AllSolutions 类的操作如下。

① 向集合中添加一个新的合法解决方案，以要添加的解决方案为参数：

addSolution(added:Solution):void

② 从集合中删除一个解决方案，在实际中可能没有应用背景，但作为一个备用的方法，目的在于保持一个对象逻辑上的完整性，以要删除的解决方案为参数。方法定义如下：

deleteSolution(deleted:Solution):void

（9）JudgeResult（评选结果类）。该类是针对一个特定的招标任务的评选结果，是在认证企业用户对已提交的解决方案进行评选后才产生的对象的抽象。该类具有如下私有属性：

① resultID:String（该评选结果的编号）。

② taskID:String（评选结果所对应的具体任务编号）。

③ winnerType:String（中标方的身份类型，即是合作组类型还是个人用户）。

④ teamWinnerID:Team（中标的合作组编号）。

⑤ userWinnerID:AuthenticSUser（中标的认证学生用户编号）。

⑥ winnerScore:int（将为此中标用户或合作组增加的能力值）。

⑦ postscript:String（认证企业用户对此评标结果的附言）。

该类具有的操作如下。

① 向数据库添加新的评选结果记录：

newResult():void

② 更新已有的评选结果记录，以要更新的结果编号为参数：

updateResult(resultID:String):void

3）业务类的设计

所谓的业务类，在建模中所体现的就是控制类，即做相应的控制操作，从边界类接收信息。在本设计文档中，对"竞标台"模块进行设计，即对"任务提交"和"企业评标"用例进行详细的设计。

（1）在"用户注册"用例中，定义如下业务类：类 RegCtrl（用户注册控制）。

该类具有如下公共操作。

① 初始化用户信息，即根据获取的信息创建一个用户对象，方法定义如下：

initUser():User

② 通知该用户持久化，将该用户信息持久化到数据库存储：

notifyPersist():void

（2）在"用户认证"用例中，定义如下业务类：类 AuthCtrl（用户认证控制）。

该类具有如下公共操作。

① 初始化企业用户信息，即根据获取的信息创建一个企业用户对象，方法定义如下：

initEUser():AuthenticEUser

② 初始化学生用户信息，即根据获取的信息创建一个学生用户对象，方法定义如下：

initSUser():AuthenticSUser

③ 通知该学生（企业）用户持久化，将该用户信息持久化到数据库存储，具体的存储实现由所通知的对象（企业用户或学生用户）进行操作：

notifyPersist():void

（3）在"组队合作"用例中，定义如下业务类：类 TeamControl（组队控制）。

该类具有如下公共操作。

① 初始化合作组信息，即根据获取的信息创建一个合作组对象，方法定义如下：

initTeam():Team

② 通知该合作组对象持久化，将该信息持久化到数据库存储，将合作组与用户的绑定操作交给合作组对象处理：

doCreateTeam():void

（4）在"任务提交"用例中，除去参与者、最终的实体类，网站系统应该有一个进行提交控制的类。该类从界面获取信息、将信息传给对应的实体类并通知该实体类进行相关操作或调用实体类的方法进行相关操作。因此可以定义如下一个业务类：类 SbmtSol（任务提交）。

该类具有如下私有属性。

① curSolution:Solution（当前处理的解决方案）。

② solutions:AllSolutions（当前已提交的解决方案集合）。

该类具有如下公共操作。

① 初始化解决方案信息，即根据获取的信息创建一个解决方案对象，方法定义如下：

initSolution():Solution

② 通知该解决方案持久化，将该解决方案信息持久化到数据库存储：

notifyPersist():void

（5）在"企业评标"用例中，需要有一个向认证企业用户反馈以提交任务信息的业务类：类 ProvSol（提供已提交解决方案的信息）。

类 ProvSol 具有如下私有属性。

solutions:AllSolutions（当前已提交的解决方案集合）。

类 ProvSol 具有以下公共操作。

① 查询特定任务的已提交方案信息，以该任务的任务编号为参数：

querySolutions(taskID:String):AllSolutions

② 向提出评标申请的认证企业用户提供所发布任务的解决方案：

offerSolutions():AllSolutions

（6）在"企业评标"用例中，认证企业用户在评选完毕后向网站提交评选结果，定义如下类来完成结果提交：类 SbmtRst（提交结果控制）。

该类具有如下私有属性。

curResult：JudgeResult（当前所操作的评选结果）。

该类具有如下公共操作。

① 获取界面信息，初始化评选结果对象：

initResult():JudgeResult

② 通知该对象进行数据库存储操作：

notifyPersist():void

（7）在"方案公布"用例中，定义如下业务类：类 UpdInfoCtrl（用户认证控制）。

该类具有如下公共操作。

① 当中标方身份为合作组时更新合作组信息，包括赏金、能力值，并执行发放奖金的操作：

alterTeam():void

② 当中标方身份为用户时，更新用户信息：

updUser():void

③ 更新英雄榜排名：

updRank():void

4）定义用户界面类

（1）类 RegGUI。该类用于用户填写注册信息，相关公共方法如下。

向控制类传递界面注册信息：

reqInfo():void

该类的界面方案如图 6-4 所示。

（2）类 LoginGUI。该类用于注册用户进行登录，相关公共方法如下。

检查登录信息：

checkInfo():void

该类的界面方案如图 6-5 所示。

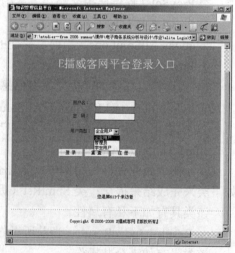

图 6-4　用户界面类 RegGUI 界面方案　　　　图 6-5　用户界面类 LoginGUI 界面方案

（3）类 AuthGUI。该类用于进行用户认证，相关公共方法如下。

① 向控制类发送要进行认证的学生用户的认证信息：

SUserInfo():void

② 向控制类发送要进行认证的企业用户的认证信息：

EUserInfo():void

该类的界面方案如图 6-6 所示。

（4）类 SbmtTAGUI。认证企业用户使用该界面类进行招标任务的发布，相关公共方法如下。

① 初始化任务发布页面：

showPage():void

② 向任务类传递信息，创建一个新的任务对象：

createTask():void

③ 向任务类传递信息，更新一个任务的具体信息：

updateTask():void

④ 更新任务列表：

updTaList():void

该类的界面方案如图 6-7 所示。

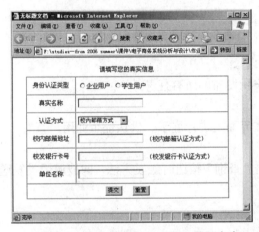

图 6-6　用户界面类 AuthGUI 界面方案

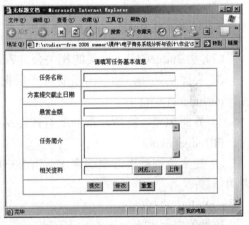

图 6-7　用户界面类 SbmtTAGUI 界面方案

（5）类 TeamGUI。该类用于进行创建合作小组，相关公共方法如下。

向控制类发送所创建的合作组的信息：

teamInfo():void

该类的界面方案如图 6-8 所示。

（6）类 SbmtSolGUI。该类的相关公共方法如下。

① 界面初始化，画出提交任务解决方案的各信息表单：

initSol():void

② 提交解决方案，当用户单击"提交"按钮时触发方法，向被调用类发送调用信息：

submitSol():void

该类的界面方案如图 6-9 所示。

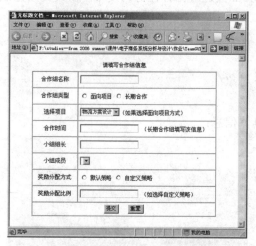

图 6-8　用户界面类 TeamGUI 界面方案

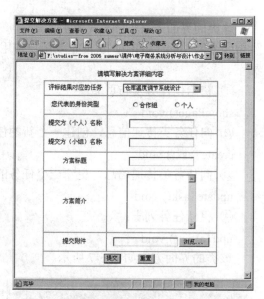

图 6-9　用户界面类 SbmtSolGUI 界面方案

（7）类 JudgeGUI。该类的相关公共方法如下。

① 界面初始化，读取出当前认证企业用户所发布的所有任务：

initJudge():void

② 界面填充，将所获得的所有评标结果在界面上进行展示，供认证企业用户查看：

fillJudge():void

③ 提交查询解决方案的请求，当用户单击"查询"按钮时触发方法，向被调用类发送调用信息：

reqSolutions():void

该类的界面方案如图 6-10 所示。

（8）类 SbmtRSGUI。该类的相关公共方法如下。

① 初始化界面，画出用户所需要的表单域，无参情况下进行评选结果的提交：

initResult():void

② 初始化界面，画出用户所需要的表单域，参数 resultID 为对应的评选结果的编号，该操作根据 resultID 进行对应结果信息的读取，供认证企业用户对信息进行修改：

initResult(resultID:String):void

③ 提交评选结果，当用户单击"提交"按钮时触发方法，向被调用类发送调用信息：

submitResult():void

④ 修改评选结果，当用户单击"修改"按钮时触发方法，向被调用类发送调用信息：

updateResult():void

该类的界面方案如图 6-11 所示。

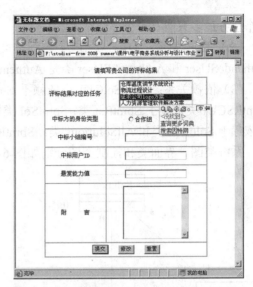

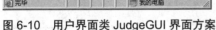

图 6-10　用户界面类 JudgeGUI 界面方案　　　图 6-11　用户界面类 SbmtRSGUI 界面方案

（9）类 PublishSolGUI。该类用户管理员进行特定招标任务评选结果的发布，相关公共方法如下。

① 向控制类提交查询评选结果的请求：

reqResult():void

② 发布评选结果，即在页面上展示评选结果，参数 rs 为所要发布的结果：

doPublish(rs:JudgeResult):void

③ 更新信息的请求，包括更新合作组
信息和用户信息：

updReq():void

该类的界面方案如图 6-12 所示。

5）建立类图

根据上述类的定义，在此建立网站静态
结构模型的类图。在此类图中暂且将类的方
法和操作隐藏，只表现类之间的关系。类之
间的关系描述如下。

图 6-12　用户界面类 PublishSolGUI 界面方案

（1）关联关系：是本静态结构模型中体现最多的关系。其中 Team 类与 AuthenticSUser
类是聚合关系，即一个 Team 可以包含一个或多个 AuthenticSUser；Solution 类与 AllSolutions
类是聚合关联，即一个 AllSolutions 对象可以包含一个或多个 Solution 对象；AuthenticSUser
或 Team 与 Solution 是一对多关联，表示一个认证学生用户或一个合作组可以对应 0 到多个
Solution；AuthenticEUser 与 Task 是一对多关联；Task 与 AllSolutions 是一对一关联，即表
示一个任务可以有最多一个已提交的解决方案集合；Task 与 JudgeResult 是一对一关联，即

一个任务最多只能有一个评选结果。

（2）类属关系：User 类作为一个父类，继承其的子类有 AuthenticUser 类，而 AuthenticSUser 和 AuthenticEUser 类是 AuthenticUser 类的子类。

（3）依赖关系：SbmtSolGUI 类依赖于 SbmtSol 类；JudgeGUI 类依赖于 ProvSol 类；SbmtRSGUI 类依赖于 SbmtRst 类；SbmtSol 类依赖于 Solution 类和 AllSolutions 类；ProvSol 类依赖于 Solution 类和 AllSolutions 类；SbmtRst 类依赖于 JudgeResult 类。

系统类图、界面类和控制类图分别如图 6-13 和图 6-14 所示。

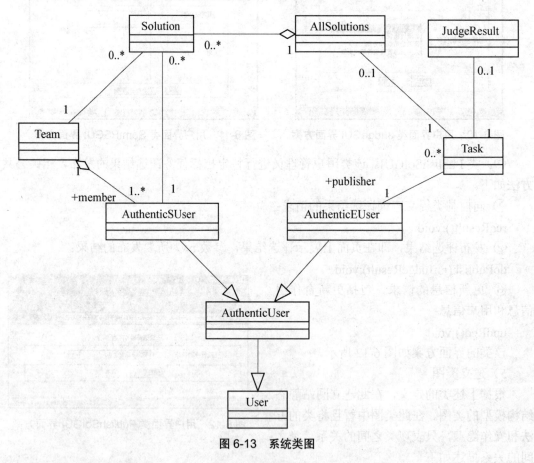

图 6-13　系统类图

6）建立数据库模型

本系统采用关系型数据库存储和管理数据。从上述类的设计总结出七个实体类：注册用户类、认证学生用户类、认证企业用户类、合作组类、任务信息类、解决方案类、评选结果类。我们将这七个实体类映射到七个表中，通过关键字连接，分别如表 6-1～表 6-7 所示。

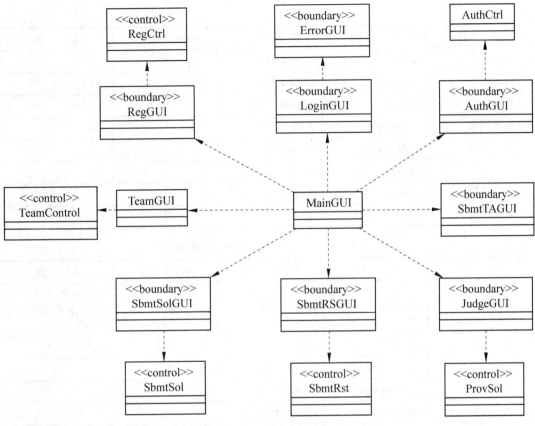

图 6-14　界面类和控制类图

表 6-1　注册用户表（User）

名　　称	代　码	数 据 类 型	是否关键字	备　　注
用户 ID	userID	Varchar(30)	是	（自动编码）
用户姓名	name	varchar(50)		
用户密码	pwd	varchar(50)		
电子邮件	email	varchar(100)	外键	
联系电话	phone	varchar(20)		
通讯地址	address	varchar(255)		

表 6-2　认证学生用户表（AuthenticSUser）

名　　称	代　码	数 据 类 型	是否关键字	备　　注
用户 ID	sUserID	Varchar(30)	是	同时是外关键字与注册用户表中的 userID 连接

续表

名　　称	代　　码	数　据　类　型	是否关键字	备　　注
小组 ID	teamID	Varchar(30)	外键	
真实姓名	realName	varchar(50)		
所在院校	userSchool	varchar(200)		
认证形式	authenticType	varchar(100)		
认证内容	authenticValue	varchar(255)		
能力值	ability	int(10)		
奖金总数	fund	float(20)		
提交总数	solutionCount	int(4)		

表 6-3　认证企业用户表（AuthenticEUser）

名　　称	代　　码	数　据　类　型	是否关键字	备　　注
用户 ID	eUserID	varchar(30)	是	同时是外关键字与注册用户表中的 userID 连接
小组 ID	teamID	varchar(30)	外键	
企业名称	companyName	varchar(200)		
认证形式	authenticType	varchar(100)		
认证内容	authenticValue	varchar(255)		
发布的任务	tasks	varchar(255)		
信用值	credit	int(4)		

表 6-4　合作组表（Team）

名　　称	代　　码	数　据　类　型	是否关键字	备　　注
小组 ID	teamID	varchar(30)	是	
小组名称	teamName	varchar(200)		
组长	header	varchar(50)		
小组成员	member	varchar(255)		
小组类型	type	varchar(20)		
小组能力值	ability	int(4)		
分配方式	assignMode	varchar(10)		
分配比例	proportion	varchar(255)		
小组状态	status	smallint(1)		0 表示未激活，1 表示激活

表 6-5 任务信息表（Task）

名　　称	代　　码	数 据 类 型	是否关键字	备　　注
任务 ID	taskID	varchar(30)	是	
评选结果 ID	resultID	varchar(30)	外键	与评选结果表 JudgeResult 连接
任务题目	title	varchar(200)		
任务简介	intro	varchar(255)		
发布人	taskEUser	varchar(30)		对应企业用户 ID
截止日期	deadline	Date		
奖金	reward	float(20)		
明细资料	details	varchar(255)		
任务状态	status	int(4)		

表 6-6 解决方案表（Solution）

名　　称	代　　码	数 据 类 型	是否关键字	备　　注
方案 ID	solutionID	varchar(30)	是	
对应任务 ID	taskID	varchar(30)	外键	与任务信息表连接
创建用户	userOwner	varchar(30)	外键	与认证学生用户表连接
创建小组	teamOwner	varchar(30)	外键	与合作组表连接
方案名称	name	varchar(200)		对应企业用户 ID
方案简介	details	varchar(255)		
明细资料	attaches	varchar(255)		
创建者类型	ownerType	varchar(20)		

表 6-7 评选结果表（JudgeResult）

名　　称	代　　码	数 据 类 型	是否关键字	备　　注
结果 ID	resultID	varchar(30)	是	
中标方身份类型	winnerType	varchar(20)		
中标小组	teamWinner	varchar(30)		
中标用户	userWinner	varchar(30)		
方案分值	score	int(10)		
评选附言	postscript	varchar(255)		

数据库关系模型图如图 6-15 所示。

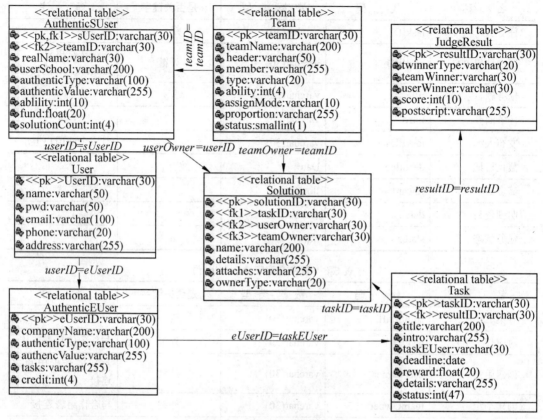

图 6-15   数据库关系模型图

3．动态行为模型

1）"用户注册"顺序图（见图 6-16）

2）"用户登录"顺序图

"用户登录"顺序图分为"成功登录"和"失败登录"两个。

（1）"成功登录"顺序图如图 6-17 所示。参与者 User 首先对于 GUI 类 LoginGUI 提交 LoginRequest 的消息，类 LoginGUI 返回注册页面，参与者 User 向类 LoginGUI 提交登录信息，类 LoginGUI 调用自身的 checkInfor()方法来判断登录信息正确与否，如果正确返回成功信息，然后参与者 User 就可成功登录主页类 MainGUI。

（2）"失败登录"顺序图如图 6-18 所示。参与者 User 首先对于 GUI 类 LoginGUI 提交 LoginRequest 的消息，类 LoginGUI 返回注册页面，参与者 User 向类 LoginGUI 提交登录信息，类 LoginGUI 调用自身的 checkInfor()方法来判断登录信息正确与否，如果错误返回成功信息，则跳回错误页面类 ErrorGUI。

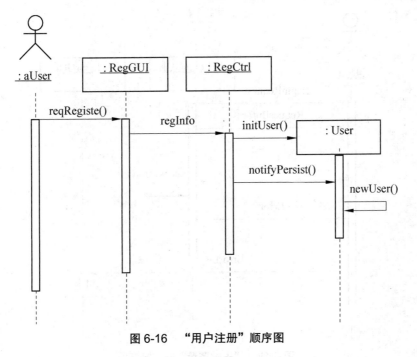

图 6-16　"用户注册"顺序图

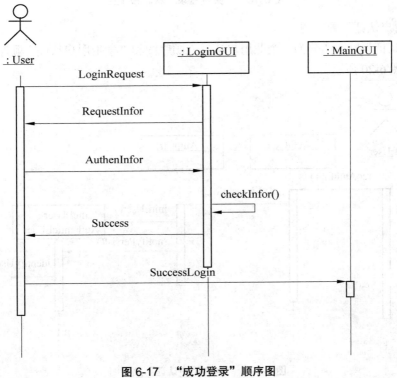

图 6-17　"成功登录"顺序图

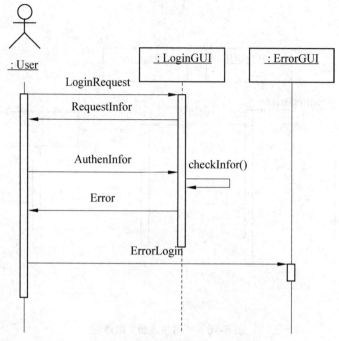

图 6-18　"失败登录"状态顺序图

3）"用户认证"顺序图

"用户认证"顺序图分为"企业用户认证"顺序图和"学生用户认证"顺序图，分别如图 6-19 和图 6-20 所示。

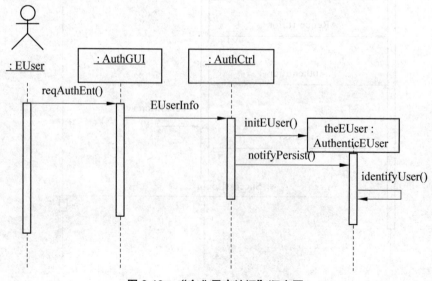

图 6-19　"企业用户认证"顺序图

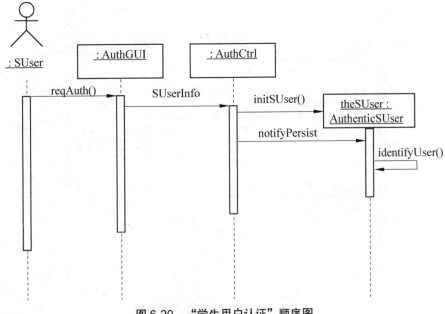

图 6-20　"学生用户认证"顺序图

　　注册企业（或学生）用户发出认证身份的请求，由认证界面类 AuthGUI 进行认证信息的收集并将信息发送给认证控制类 AuthCtrl，由该控制类初始化一个认证企业（或学生）用户，再通知该对象进行数据持久化，由该对象通过继承 AuthenticUser 类的 identifyUser()方法进行真实信息与用户的绑定操作和数据的写入操作。

　　4)"任务发布"顺序图

　　"任务发布"顺序图分为"企业任务发布"顺序图和"企业任务修改"顺序图。

　　(1)"企业任务发布"顺序图，如图 6-21 所示。认证企业用户 AuthenticEUser 向 GUI 类 SbmtTAGUI 提交发布任务请求，类 SbmtTAGUI 调用 showPage()方法向用户返回发布任务页面，用户 AuthenticEUser 发布 CreateTask()方法的消息，创建一个类 Task，类 Task 调用 storeTask()方法将任务信息存入数据库同时向 GUI 类 SbmtTAGUI 返回成功信息，类 SbmtTAGUI 调用 updTaList()方法更新任务列表页面并且向认证企业用户 AuthenticEUser 返回成功信息，此时认证学生用户并可以查看到新的任务信息了。

　　(2)"企业任务修改"顺序图，如图 6-22 所示。认证企业用户 AuthenticEUser 向 GUI 类 SbmtTAGUI 提交发布任务请求，类 SbmtTAGUI 调用 showPage()方法向用户返回发布任务页面，用户 AuthenticEUser 发布 updateTask()方法的消息，修改相应的 Task 对象，对象 Task 调用 storeTask()方法将修改的任务信息存入数据库同时向 GUI 类 SbmtTAGUI 返回成功修改信息，类 SbmtTAGUI 调用 updTaList()方法更新任务列表页面并且向认证企业用户 AuthenticEUser 返回成功修改信息，此时认证学生用户并可以查看到修改后的任务信息了。

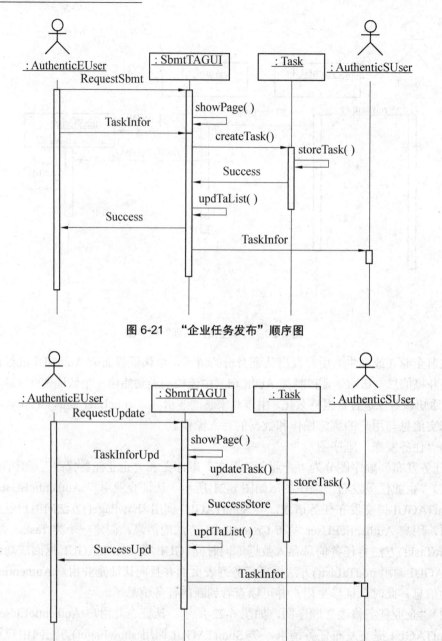

图 6-21　"企业任务发布"顺序图

图 6-22　"企业任务修改"顺序图

5）"组队合作"顺序图（见图 6-23）

认证学生用户向组队合作界面类 TeamGUI 发出组队申请，填写组队信息并由界面将信息发送至组队控制类 TeamControl，由控制类初始化一个新的合作组对象 t1，t1 通过

createTeam()方法进行数据库写入操作，然后进行小组成员（认证学生用户）的绑定操作：通过 addMember()方法通知小组成员 s1 和 s2，由这两个对象执行 joinTeam()操作将小组与组员绑定。

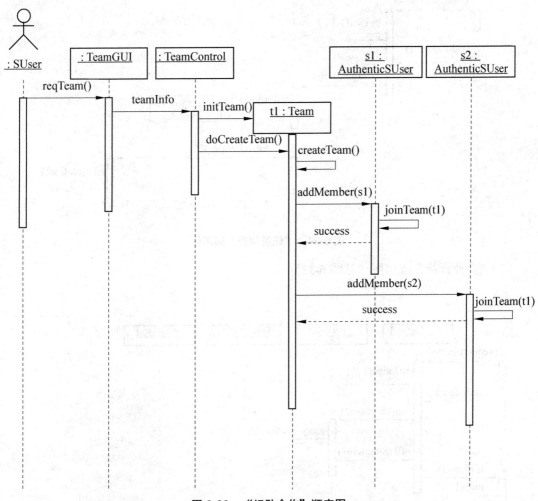

图 6-23 "组队合作"顺序图

6）"任务提交"顺序图（见图 6-24）

SUser 发送 requestSubmit()信息，登录任务提交页面，界面类 SbmtSolGUI 进行初始化操作，用户填写完毕方案信息后发送 doSubmit()信息通知界面类进行已填写的信息传递，SbmtSolGUI 将信息传递至负责提交控制的 SbmtSol 类，SbmtSol 类接收信息并利用这些合法信息通过 initSolution()方法创建一个 Solution 对象——curSol，然后通过 notifyPersist()方法通知 AllSolutions 的对象 sols，sols 对象自动将新建的解决方案对象存入数据库并加入已提交任务列表。

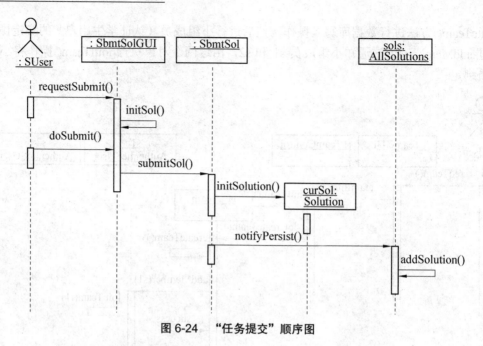

图 6-24 "任务提交"顺序图

7）"企业评标"顺序图（见图 6-25）

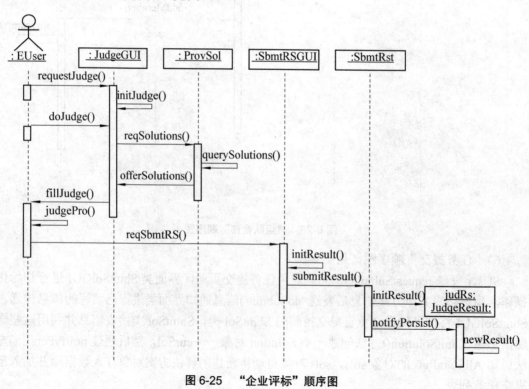

图 6-25 "企业评标"顺序图

　　EUser 向系统发出 requestJudge()的评标请求，JudgeGUI 界面类进行界面初始化，然后 EUser 选择要进行评标的任务并向 JudgeGUI 界面类发送评标通知信息。JudgeGUI 界面类获取请求，转发给 ProvSol 控制类，ProvSol 则执行 querySolutions()查询操作，并通过 offerSolutions()方法将查询所得的已提交的任务方案返回给 JudgeGUI 界面类，JudgeGUI 界面类通过 fillJudge()方法向企业用户 EUser 呈现这些方案信息。

　　EUser 对得到的方案信息进行评价，产生评选结果，EUser 向系统发出提交结果的请求，SbmtRSGUI 界面类进行初始化工作，并接收用户 EUser 的表单信息，通过 submitResult()方法向控制结果提交的 SbmtRst 类发送评选结果信息，SbmtRst 类接收评选信息，通过 initResult()方法创建评选结果对象 judRs，并利用 notifyPersist()方法通知其进行数据持久化，judRs 执行持久化操作。

　　8）"方案公布"顺序图（见图 6-26）

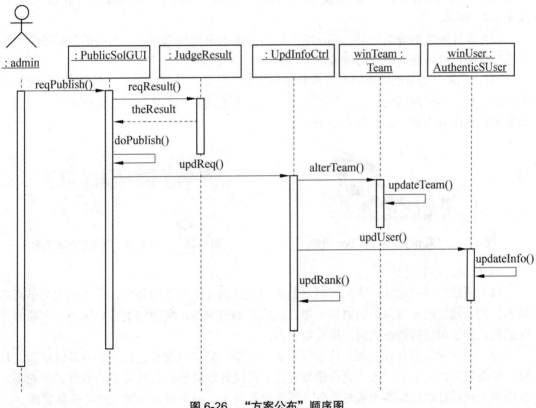

图 6-26　"方案公布"顺序图

　　系统管理员向 PublicSolGUI 界面类发送公布请求，界面类向 JudgeResult 类请求要展示的评选结果，由 JudgeResult 返回该结果。界面类利用 doPublish()方法进行结果展示，然后向 UpdInfoCtrl 控制类发送更新请求 updReq()，控制类辨识请求并分别进行中标合作组信息和中标个人信息的更新，合作组和中标用户接收到更新请求后分别调用方法 updateTeam() 和 updateInfo()进行更新，完成后由 UpdInfoCtrl 类利用 updRank()方法进行英雄榜排名的更新。

6.5.2 "真 high"在线 K 歌网站设计报告

1．系统总体设计

1）网站 CI 形象设计

CI，是借用的广告术语。CI 是英文 corporate identity 的缩写，意思是通过视觉来统一企业的形象。准确的、有创意的 CI 设计，对网站的宣传推广有事半功倍的效果。

（1）网站标志。设计制作一个网站的标志（Logo）。就如同商标一样，Logo 是你站点特色和内涵的集中体现，看见 Logo 就让大家联想起你的站点。"真 high"网站 Logo 设计如图 6-27 所示。

（2）设计网站的标准色彩。网站给人的第一印象来自视觉冲击，不同的色彩搭配产生不同的效果，并可能影响到访问者的情绪。

"标准色彩"是指能体现网站形象和延伸内涵的色彩。一般来说，一个网站的标准色彩不超过三种，用于网站的标志、标题、主菜单和主色块。在这里我们选定橙色为主色调、渐变的橙色系列为辅助，如图 6-28 所示。

图 6-27   "真 high"网站 Logo 设计

图 6-28   "真 high"网站的标准色彩

2）网站的内容设计

（1）网站的类型选择。我们将网站的类型定位为完全电子商务型。采用完全电子商务型的目的是通过网站宣传公司整体形象，推广产品与服务，实现网上客户服务与产品的在线销售，为公司直接创造利润，提高竞争力。

（2）网站的信息设计。网站的信息着眼于完整、真实、准确、合法并能及时更新，具体主要在以下功能上下功夫：企业形象宣传、在线音乐展示、在线 K 歌、在线录制服务、在线音乐产品订购、顾客关系与服务、新闻信息发布、网上调查和销售业务信息管理。

3）网站的总体结构

仍然沿用分析报告中的体系结构设计，如图 6-29 所示。在此基础上，实际的设计开发中将会更注意细节的功能，如新品推荐、产品分类、产品目录、产品详情、分类查询、在线提问、售后服务、用户反馈、访问分析和超级用户管理等。

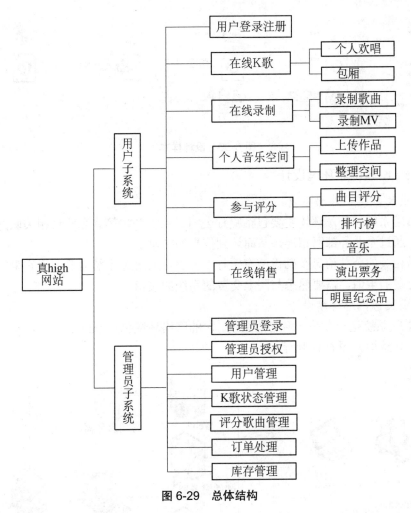

图 6-29 总体结构

4）网站的目录结构与链接设计

（1）目录结构设计。目录结构的好坏，对站点本身的上传维护、内容未来的扩充和移植有着重要的影响。在具体的设计中我们将遵循以下原则：

① 不把所有文件都存放在根目录下，以免造成文件管理混乱。

② 按栏目内容建立子目录、在每个主栏目内部建立独立的 images 目录，目录层次不要太深，为维护方便，层次不宜超过三层。

③ 不要使用中文目录名，不要使用过长的目录名，尽量使用意义明确的目录名。

设计样本如图 6-30 所示。

（2）网站的链接结构。网站的链接结构是指页面之间相互链接的拓扑结构。它建立在目录结构基础之上，但可以跨越目录。建立网站的链接结构有两种基本方式，即树状链接结构和星状链接结构。"真 high"网站将采用树状链接结构。

图 6-30　设计样本

2．在线 K 歌网站环境设计

1）在线 K 歌网站外部环境

网上书店系统的外部环境主要包括唱片公司、物流公司等。企业将相关联的业务信息对其公开，通过企业外部网相连，从而达到信息的共享。

与交易相关的公共信息基础设施有银行卡支付中心等。系统需要使用它来完成客户提出的网上交费的申请，需要熟悉与网上交费的系统的接口。

2）在线 K 歌网络环境设计

在线 K 歌系统是一个基于网络的系统，它的网络环境包括 Internet、Intranet 和 Extranet三个部分，其结构如图 6-31 所示。

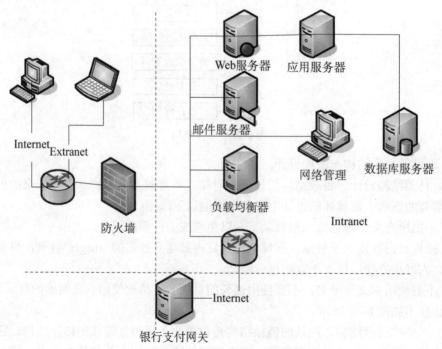

图 6-31　在线 K 歌网络环境

3）平台和开发工具的选择

（1）操作系统。服务器端：Windows 2000 Server 为开发期使用的平台，在网站的运行初期也适应；客户端：Windows 9X/2000/XP。

（2）数据库管理系统：Microsoft SQL Server 2000 或 Access。

（3）网页服务器：Windows 2000 Server+ASP。

（4）开发工具（主要是指网页开发工具）：Dreamweaver 4.0、UltraEdit 10.0 和 Editplus。

（5）使用语言：HTML、JScript、ASP 和 VBScript。

3．数据库设计

（1）数据库逻辑设计如图 6-32 所示。

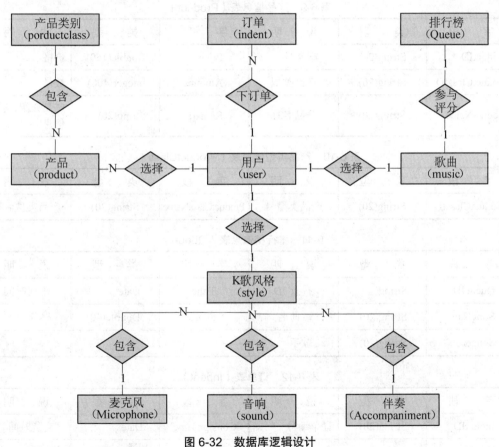

图 6-32　数据库逻辑设计

（2）表设计如表 6-8～表 6-17 所示。

表 6-8　用户表（User）

字　段	类　型	说　明	字　段	类　型	说　明
UserID	String(20)	用户编号	Address	String(1500)	地址
UserName	String(20)	用户姓名	Email	String(50)	电子邮件地址
PassWord	String(20)	密码	RegTime	date	注册时间
Sex	String(2)	性别	Age	number	年龄

表 6-9　产品信息表（Product）

字　段	类　型	说　明	字　段	类　型	说　明
ProductID	String(20)	产品号	Price	Double(150)	价格
ProductClassID	String(20)	产品类型	Amount	Integer(400)	数量
ProductName	String(20)	产品名称	Remark	String(20)	产品介绍、备注信息

表 6-10　产品类型信息表（ProductClass）

字　段	类　型	说　明	字　段	类　型	说　明
ProductClassID	String(20)	产品类型号	ProductClassName	String(20)	产品类型名称

表 6-11　排行榜信息表（Queue）

字　段	类　型	说　明	字　段	类　型	说　明
QueueID	String	排行 ID	Time	Date	上榜时间
SongName	String(20)	歌曲名	Score	Double(40)	得分
Songer	String(20)	歌手			

表 6-12　订单表（Indent）

字　段	类　型	说　明	字　段	类　型	说　明
IndentID	String(20)	订单编号	ConsignTime	Date	交货时间
UserID	String(20)	用户名	Price	Double(20)	金额
ProductID	String(20)	物品编号	isPayOff	Boolean	是否已交费
SubTime	Date	提交订单时间	isSale	Boolean	是否已发货

表 6-13　音响信息表（Sound）

字　　段	类　　型	说　　明	字　　段	类　　型	说　　明
SoundName	String(20)	音响名	SoundID	String(20)	音响编号

表 6-14　伴奏信息表（Accompaniment）

字　　段	类　　型	说　　明	字　　段	类　　型	说　　明
AccompanimentID	String(20)	伴奏编号	AccompanimentName	String(20)	伴奏名

表 6-15　音乐信息表 Music（包括 MV）

字　　段	类　　型	说　　明	字　　段	类　　型	说　　明
MusicID	String(20)	伴奏编号	MusicAuthor	String(20)	演唱者
MusicName	String(20)	伴奏名	Clicktimes	Number	点击率

表 6-16　麦克风信息表（Microphone）

字　　段	类　　型	说　　明	字　　段	类　　型	说　　明
MicrophoneID	String(20)	麦克风编号	MicrophoneName	String(20)	麦克风名

表 6-17　K 歌风格表（Style）

字　　段	类　　型	说　　明	字　　段	类　　型	说　　明
styleID	String(20)	风格编号	MicrophoneID	String(20)	麦克风编号
styleName	String(20)	风格名	SoundID	String(20)	音响编号
AccompanimentID	String(20)	伴奏编号			

（3）表间的关系如图 6-33 所示。

4．静态结构模型

1）定义系统对象类

从前述的系统需求描述中可以找到的名次应该有用户 User、音乐 Music、产品 Product、伴奏 Accompaniment、麦克风 Microphone、音响 Sound、订单 Indent 和排行榜 Queue，这些都是对象图中的候选对象。其中产品有多种类型，一个为产品表，另一个为产品类型表。例如，产品类型中有明星 CD、明星签名照等。将音响、伴奏、麦克风从具体到抽象得出一个抽象类 Style，便于管理所有的 K 歌环境。

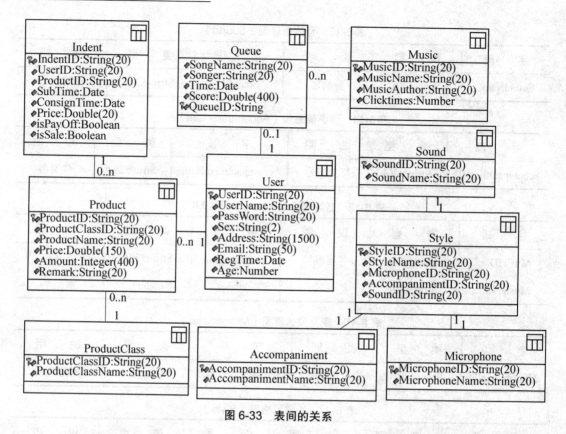

图 6-33　表间的关系

（1）类 User。User 代表已经注册成功的网站合法用户。类 User 应该具有下列私有属性。

① userID:string。

② username:string。

③ passWord:string。

④ sex:string。

⑤ age:number。

⑥ regtime:Date。

为了设置和访问对象的私有属性，类 User 应该具有下述方法：

① setUserID(userid:string)。

② setUserName(name:string)。

③ setpassWord(password:string)。

④ setSex(sex:string)。

⑤ setAge(age:string)。

⑥ setRegtime(regtime:string)。

⑦ getUserID():string。

⑧ getUserName():string。

⑨ getSex():string。

⑩ getAge():string。

⑪ getRegtime():string。

（2）类 Music。类 Music 表示供用户进行 K 歌的歌曲。类 Music 有如下私有属性：

① musicID:string。

② musicName:string。

③ musicAuthor:string。

④ clicktimes:number。

为了设置和访问对象的私有属性，类 Music 应该具有下述方法：

① setMusicID(musicID:string)。

② setMusicName(musicName:string)。

③ setMusicAuthor(musicAuthor:string)。

④ setClicktimes(clickTimes:string)。

⑤ getMusicID():string。

⑥ getMusicName():string。

⑦ getMusicAuthor():string。

⑧ getClicktimes():string。

（3）类 ProductClass。类 ProductClass 有如下私有属性：

① productClassID:string。

② productClassName:string。

为了设置和访问对象的私有属性，类 ProductClass 应该具有下述方法：

① setProductClassID(ProductClassID:string)。

② setProductClassName(ProductClassName:string)。

③ getProductClassID():string。

④ getProductClassName():string。

（4）类 Product。类 Product 是网站提供给顾客选择的各种商品。类 Product 有如下私有属性：

① productID:string。

② productName:string。

③ price:double。

④ amount:integer。

为了设置和访问对象的私有属性，类 Product 应该具有下述方法：

① setProductID(productID:string)。

② setProductName(product:string)。

③ setPrice(price:double)。

④ setAmount(amount:integer)。

⑤ getProductID():string。

⑥ getProductName():string。

⑦ getPrice():double。

⑧ getAmount():integer。

（5）类 Indent。类 Indent 是用户为所选商品所下的订单。类 Indent 有如下私有属性：

① indentID:string。

② userID:string。

③ productID:string。

④ subTime:date。

⑤ consignTime:date。

⑥ price:double。

⑦ isPay:boolean。

⑧ isSale:boolean。

为了设置和访问对象的私有属性，类 Indent 应该具有下述方法：

① setIndentID(IndentID:string)。

② setUserID(UserID:string)。

③ setProductID(ProductID:string)。

④ setSubTime(SubTime:date)。

⑤ setConsignTime(ConsignTime:date)。

⑥ setPrice(Price:double)。

⑦ setIsPay(isPay:boolean)。

⑧ setIsSale(isSale:boolean)。

⑨ getIndentID():string。

⑩ getUserID():string。

⑪ getProductID():string。

⑫ getSubTime():date。

⑬ getConsignTime():date。

⑭ getPrice():double。

⑮ getIsPay():boolean。

⑯ getIsSale():boolean。

（6）类 Style。类 Style 有如下私有属性：

① styleID:string。

② styleName:string。

为了设置和访问对象的私有属性，类 Style 应该具有下述方法：

① setStyleID(StyleID:string)。

② setStyleName(StyleName:string)。

③ getStyleID():string。

④ getStyleName():string。

（7）类 Accompaniment。类 Accompaniment 是为用户 K 歌时所提供的伴奏，其应该具有下列私有属性：

① accompanimentID:string。

② accompanimentName:string。

为了设置和访问对象的私有属性，类 Accompaniment 应该具有下述方法：

① setAccompanimentID(AccompanimentID:string)。

② setAccompanimentName(AccompanimentName:string)。

③ getAccompanimentID():string。

④ getAccompanimentName():string。

（8）类 Microphone。类 Microphone 是为用户 K 歌时所提供的麦克风信息，其应该具有下列私有属性：

① microphoneID:string。

② microphoneName:string。

为了设置和访问对象的私有属性，类 Microphone 应该具有下述方法：

① setMicrophoneID(MicrophoneID:string)。

② setMicrophoneName(MicrophoneName:string)。

③ getMicrophoneID():string。

④ getMicrophoneName():string。

（9）类 Sound。类 Sound 是为用户 K 歌时所提供的音响信息，其应该具有下列私有属性：

① soundID:string。

② soundName:string。

为了设置和访问对象的私有属性，类 Sound 应该具有下述方法：

① setSoundID(SoundID:string)。

② setSoundName(SoundName:string)。

③ getSoundID():string。

④ getSoundName():string。

（10）类 Queue。类 Queue 为用户参加评分的歌曲提供最后的结果信息，其应该具有下列私有属性：

① queueID:string。

② songName:varchar。

③ songer:varchar。

④ time:date。

⑤ score:double。

为了设置和访问对象的私有属性，类 Queue 应该具有下述方法：

① setQueueID(QueueID:string)。

② setSongName(SongName:varchar)。

③ setSonger(Songer:varchar)。

④ setTime(Time:date)。

⑤ setScore(Score:boolean)。

⑥ getQueueID():double。

⑦ getSongName():varchar。

⑧ getSonger():varchar。

⑨ getTime():date。

⑩ getScore():double。

2）设计类图

按照上述分析，本系统有八个实体类，即 User、Music、Product、Indent、Accompaniment、Sound、Microphone 和 Queue。类 User 与类 Music 有多对多的关联关系，类 Style 分别和类 Accompaniment、Sound、Microphone 有一对多的组合关系。

类 User 与类 Music 有多对多的关联关系，需要创建交查表 UserToMusic。其他一对多的关联关系和组合关系是通过主键与匹配表的外键来实现的。

（1）"真 high"在线 K 歌用户子系统的实体类图如图 6-34 所示。

（2）"真 high"在线 K 歌用户子系统的界面类图如图 6-35 所示。系统界面类图充分反映了整个系统界面的调用关系。

5．动态行为模型

（1）"真 high"在线 K 歌用户子系统的"在线 K 歌"顺序图如图 6-36 所示。

用户启动系统，调用类 Enjoy-oneself 和类 Cabin 的 select()方法，选择歌曲及风格调用类 Style 和类 Music 的 get()方法获得 K 歌所需信息，调用 K-music 类的 K-music()方法来对用户 K 歌的信息进行暂时存储，完毕之后选择是否保存，调用 Save 类的 save()或 notSave()方法来响应用户。

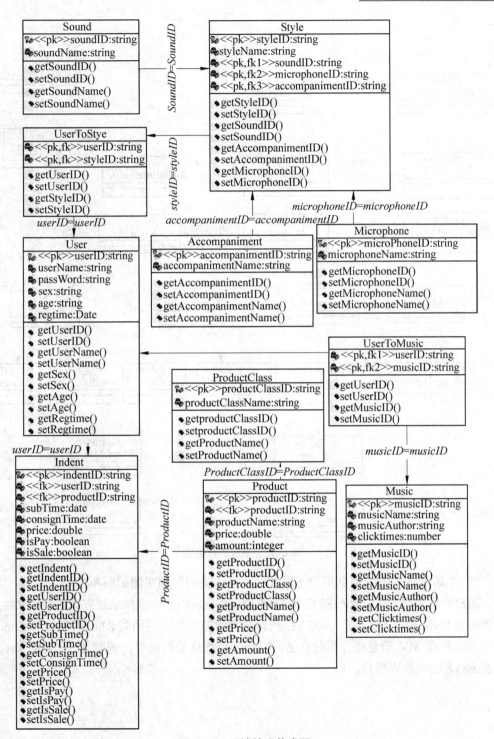

图 6-34 系统的实体类图

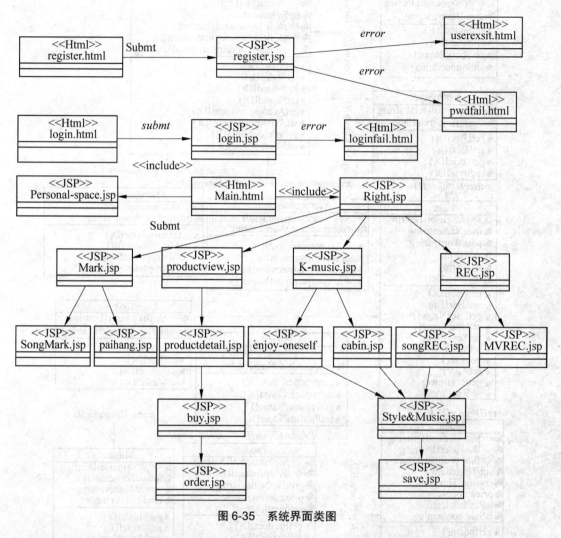

图 6-35　系统界面类图

（2）"真 high"在线 K 歌用户子系统的"在线录制"顺序图如图 6-37 所示。

用户启动系统，使用 songREC 或 MVREC 的 select()方法选择录制方式，选择歌曲及风格调用类 Style 和类 Music 的 get()方法获得录制所需信息，调用类 REC 的 REC on line()方法来将歌曲或 MV 信息进行暂时存储，完毕之后选择是否保存，调用 Save 类的 save()或 notSave()方法来响应用户。

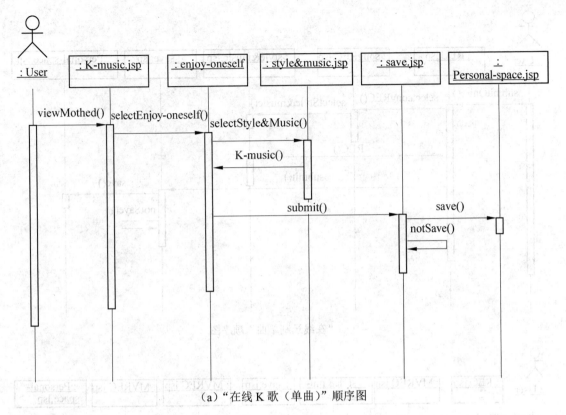

（a）"在线 K 歌（单曲）"顺序图

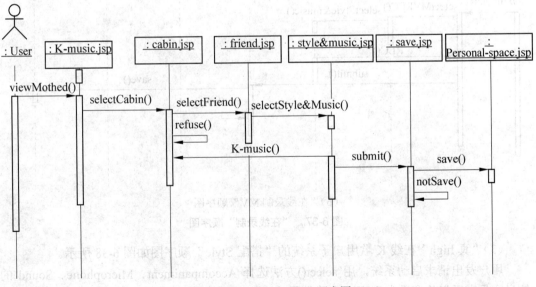

（b）"在线 K 歌（包厢）"顺序图

图 6-36 "在线 K 歌"顺序图

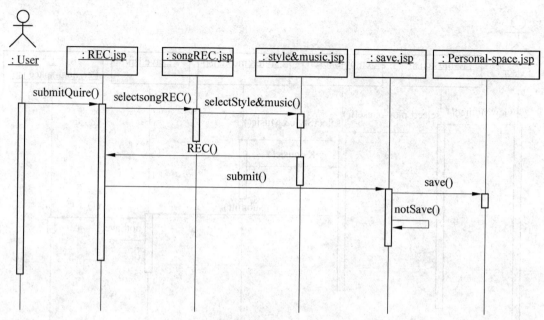

（a）"在线录制单曲"顺序图

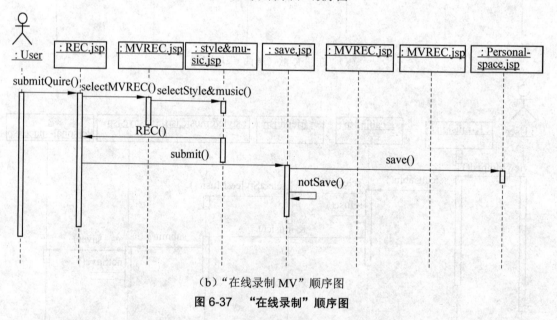

（b）"在线录制 MV"顺序图

图 6-37　"在线录制"顺序图

（3）"真 high"在线 K 歌用户子系统的"搭配 Style"顺序图如图 6-38 所示。

用户发出请求启动系统，用 select()方法选择 Accompaniment、Microphone、Sound 的信息，保存于风格和歌曲页面之中，供用户进行 K 歌或录制。

（4）"真 high"在线 K 歌用户子系统的"参与评分"顺序图如图 6-39 所示。

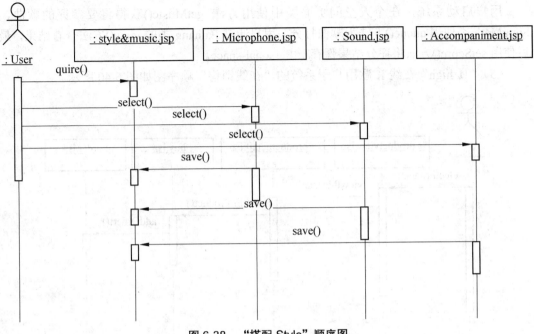

图 6-38　"搭配 Style"顺序图

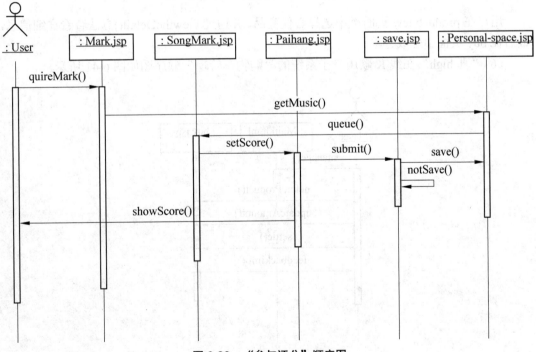

图 6-39　"参与评分"顺序图

用户启动系统，在个人空间页面类中使用方法 getMusic()获得将要参评的歌曲，SongMark 类使用 queue()方法为歌曲打分，用户通过 Paihang 类的 view()方法查看结果，最后使用 setScore()方法将评分结果保存于 Personal-space。

（5）"真 high"在线 K 歌用户子系统的"在线销售"顺序图如图 6-40 所示。

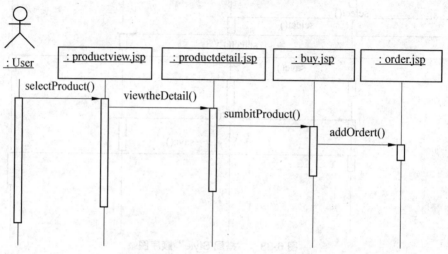

图 6-40　"在线销售"顺序图

用户在 productview 页面类中选择心仪商品，并通过 viewtheDetail()方法查看详细信息，最后在 buy 页面中生成订单。

（6）"真 high"在线 K 歌用户子系统的"购物车管理"顺序图如图 6-41 所示。

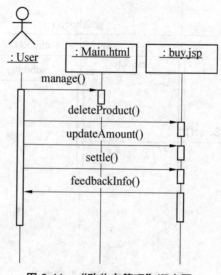

图 6-41　"购物车管理"顺序图

用户通过 deleteProduct()和 updateAmount()方法来修改订单,使用 settle()方法进行结算,购物车通过 feedbackInfo()方法反馈给用户信息。

(7)"真 high"在线 K 歌用户子系统的"查看歌曲排行榜"顺序图如图 6-42 所示。

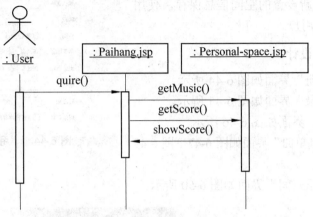

图 6-42　"查看歌曲排行榜"顺序图

用户启动系统,Paihang.jsp 通过 getMusic()方法和 getScore()方法得到具体信息,使用 showScore()方法将结果动态显示于 Paihang.jsp 页面上。

(8)"真 high"在线 K 歌用户子系统的"管理个人空间"顺序图如图 6-43 所示。

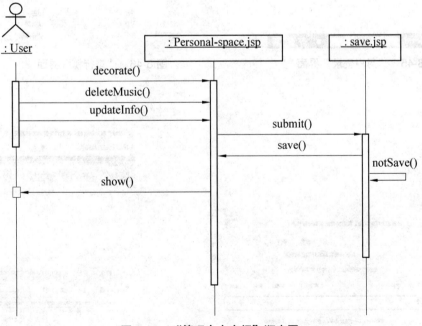

图 6-43　"管理个人空间"顺序图

用户启动用例，可通过 decorate()方法装饰个人空间，使用 delectMusic()方法清除空间中的歌曲信息，通过 updateInfo()方法更改空间信息，提交 save 页面将重新设置的空间信息保存，使用 show()方法显示给用户。

6．部分界面设计

（1）"用户注册"界面如图 6-44 所示。

（2）"用户登录"界面如图 6-45 所示。

（3）"排行榜"界面如图 6-46 所示。

（4）"在线录制单曲"界面如图 6-47～图 6-49 所示。

（5）"个人音乐空间"界面如图 6-50 所示。

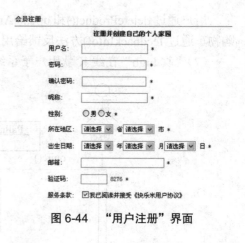

图 6-44　"用户注册"界面

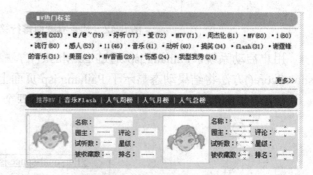

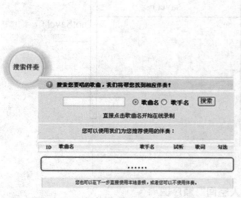

图 6-45　"用户登录"界面 图 6-46　"排行榜"界面

图 6-47　"在线录制单曲"界面 1 图 6-48　"在线录制单曲"界面 2

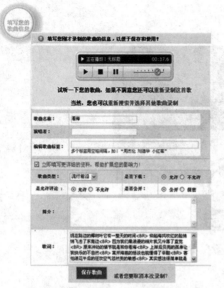

图 6-49　"在线录制单曲"界面 3

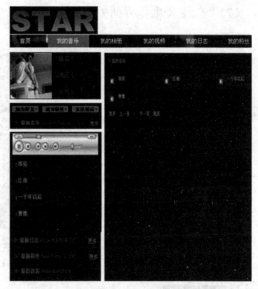

图 6-50　"个人音乐空间"界面

（6）"在线销售"界面如图 6-51～图 6-53 所示。

图 6-51　"在线销售"界面

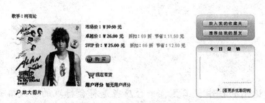

图 6-52　"产品详情"界面

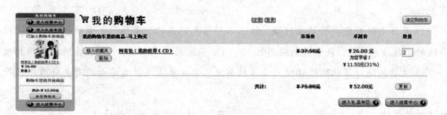

图 6-53　"购物车"界面

（7）"在线 K 歌"界面如图 6-54 所示。

图 6-54　"在线 K 歌"界面

本章小结

● 电子商务系统的设计是指在系统规划和分析的基础上，界定系统的外部边界，说明系统的组成及其功能和相互关系，描述系统的处理流程，目标是给出未来系统的结构。

● 在电子商务网站系统设计阶段，应充分考虑到网站信息组织、网站管理和维护、网站经营的特点及需要，使系统的成本投入尽可能低，并容易实现。同时，网站设计还要充分考虑网站的扩展及延伸，为企业最终应用提供良好的环境和平台。

● 企业对企业电子商务系统设计的主要内容包括功能模块的设计、Web 站点设计、数据库设计、接口的设计和网络设计。

综合练习

一、单项选择题

1.（　　）是指设计中选用的技术、工具、平台应当是符合标准的，或者是受到市场欢迎并得到广泛认同的。

A. 完整性　　　　　　　B. 成熟性　　　　　　C. 安全性　　　　　　　D. 可靠性

2.（　　）是指系统处理数据的准确性，输出各种信息的易读、易懂性，系统操作的方便性等。

A. 系统的工作质量　　　B. 系统的通用性　　　C. 系统的效率　　　　D. 系统的可维护性

3.（　　）主要包括计算机网络环境、计算机系统、系统集成及开发方面的有关标准以及产品的设计与选择。

A. 总体结构设计　　　　　　　　　　　　B. 系统信息基础设施设计

C. 系统软件平台设计　　　　　　　　　　D. 应用软件设计

4.（　　）的目标是对电子商务系统中网站的整体风格、页面组织结构进行设计，完成页面内容组织与编写。

　　A. 内容设计与编辑　　　　　　　　　　　B. 输入设计

　　C. 输出设计　　　　　　　　　　　　　　D. 数据库与数据结构的设计

5.（　　）指页面布局像一张宣传海报，以一张精美图片作为页面的设计中心。

　　A. "T" 形布局　　　　B. "口" 形布局　　　C. 对称对比布局　　　D. POP 布局

6. 网站的（　　）是指页面之间相互链接的拓扑结构。

　　A. 目录结构　　　　　　B. 链接结构　　　　　C. 检索结构　　　　　D. 索引结构

7. 电子商务系统的（　　）是指在系统规划和分析的基础上，界定系统的外部边界，说明系统的组成及其功能和相互关系，描述系统的处理流程，目标是给出未来系统的结构。

　　A. 设计　　　　　　B. 总体结构设计　　　C. 系统平台设计　　　D. 应用软件设计

8. 在企业电子交易过程中，介于企业与商务中介和公共信息环境（如 CA 认证机构、银行）之间的接口是指（　　）。

　　A. 与企业合作伙伴之间的接口

　　B. 与企业内部既有信息系统的接口

　　C. 与交易相关的公共信息基础设施之间的接口

　　D. 企业与政府或其他机构之间的接口

9.（　　）主要说明目标系统内部的组成部分，以及系统内部与外部环境的相互关系。

　　A. 系统外部环境　　　B. 系统组成结构　　　C. 信息基础设施　　　D. 系统软件平台

10.（　　）主要针对利用数据库管理系统（DBMS）管理结构化数据。

　　A. 应用软件系统与子系统的划分　　　　　B. 输入设计

　　C. 数据库设计　　　　　　　　　　　　　D. 输出设计

二、多项选择题

1. 系统设计阶段要完成的主要工作有（　　）。

　　A. 系统总体结构设计　　　　　　　　　　B. 系统信息基础设施设计

　　C. 支持平台的设计　　　　　　　　　　　D. 应用系统设计

2. 系统与其外部环境的接口包括（　　）。

　　A. 与企业合作伙伴之间的接口

　　B. 与企业内部既有信息系统的接口

　　C. 与交易相关的公共信息基础设施之间的接口

　　D. 企业与政府或其他机构之间的接口

3. 常用版面布局的形式有（　　）。

　　A. "T" 形布局　　　　B. "口" 形布局　　　C. 对称对比布局　　　D. POP 布局

4. 建立网站的链接结构的基本方式有（　　）。

　　A. 目录结构　　　　　　B. 树状链接结构　　　C. 星状链接结构　　　D. 索引结构

5. 电子商务系统的细化设计包括（　　　）。

A. 系统总体结构设计　　　　　　　　　B. 系统信息基础设施设计

C. 支持平台的设计　　　　　　　　　　D. 应用系统设计

6. 输入设计包括（　　　）等主要内容。

A. 输入方式设计　　　　B. 输入界面设计　　　C. 站点设计与策划　　　D. 输出方式设计

7. 电子商务系统应用软件的数据的输入形式一般包括（　　　）。

A. 自动识别输入　　　　B. 键盘输入　　　　C. 其他系统的输入　　　D. 浏览器输入

8. 在系统设计阶段，电子商务应用软件设计主要包括（　　　）。

A. 应用软件系统与子系统的划分　　　　　B. 数据库与数据结构设计

C. 输入/输出设计　　　　　　　　　　　D. 电子商务系统平台的设计

9. 电子商务系统的平台设计内容包括（　　　）。

A. 应用服务器　　　　B. 中间件软件　　　　C. 操作系统　　　　D. 开发工具

10. 电子商务系统的网络环境包括（　　　）等组成部分。

A. Internet　　　　　　B. Intranet　　　　　C. 服务器　　　　　D. Extranet

三、判断题

1. 可靠性是指保证系统物理实体（主机、网络、存储等）及交易过程具有抗攻击、不受侵害的能力。（　　　）

2. 系统的可维护性是指系统的可变更或可修改性。（　　　）

3. 电子商务系统的信息基础设施设计是在系统体系结构的基础上，针对企业电子商务的目标，界定系统的外部边界和接口，刻画系统的内部组成及其相互关系，确定未来电子商务系统的逻辑结构。（　　　）

4. 电子商务系统的系统平台对应于系统体系结构中的商务支持层和应用支持层。（　　　）

5. 网页设计与编辑主要是对应用软件的输入/输出数据的格式、内容、方法和校验等方面进行设计。（　　　）

6. 对称对比布局采取左右或者上下对称的布局，一半深色，另一半浅色，一般用于设计型站点。（　　　）

7. 外部环境主要说明目标系统内部的组成部分，以及系统内部与外部环境的相互关系。（　　　）

8. 服务器是否具有开放的体系结构直接影响到系统日后的升级换代和维护问题。（　　　）

9. 在进行系统软件设计时，操作系统、数据库管理系统、应用服务器和中间件软件主要是根据电子商务系统应用软件设计的需要进行选择。（　　　）

10. 输入/输出设计主要针对应用软件中要处理的数据对象进行。（　　　）

四、简答题

1. 什么是电子商务系统设计？

2. 电子商务系统设计的主要工作有哪些？

3. 选择电子商务系统运行的服务器主机时应当注意哪些问题？

4. 零售业电子商务系统应用系统设计包括哪些内容？

5. 电子商务网站设计的成功要素包括哪些内容？

五、论述题

1. 电子商务系统总体设计的原则是什么，包括哪些内容？

2. 电子商务系统应用软件设计都包括哪些内容？

六、案例讨论题

根据对第 4 章习题案例——某网上书店电子商务系统的规划、分析，分析其使用的 DBMS 支持的数据结构，可得到如下的数据库及表。

数据库名：OBS

该数据库共有六张表：

1）管理员表：AdminUser

字　段	类　型	说　明	字　段	类　型	说　明
AdminUser	Varchar(50)	管理员名	AdminPass	varchar(20)	密码

2）用户表：User

字　段	类　型	说　明	字　段	类　型	说　明
UserID	varchar(20)	用户编号	Address	varchar(150)	地址
UserName	varchar(20)	用户姓名	Email	varchar(50)	电子邮件地址
PassWord	varchar(50)	密码	RegTime	datetime	注册时间
Sex	varchar(2)	性别			

3）书类别表：BookClass

字　段	类　型	说　明	字　段	类　型	说　明
BookClassID	varchar(20)	书类别编号	ClassName	varchar(20)	书类别名

4）图书信息表：Book

字　段	类　型	说　明	字　段	类　型	说　明
BookID	varchar(20)	书号	BookContent	varchar(400)	内容简介
BookName	varchar(20)	书名	Price	numeric(2,6)	价格
Author	varchar(20)	作者	Amount	int	存量
Publish	varchar(150)	出版社			

5）订单表：Indent

字　段	类　型	说　明	字　段	类　型	说　明
IndentID	varchar(20)	订单编号	TotalPrice	float(2)	总金额
UserID	varchar(20)	用户名	isPayOff	int	是否已交费
SubTime	datetime	提交订单时间	isSale	int	是否已发货
ConsignTime	datetime	交货时间			

6）订单图书列表：IndentBookList

字　段	类　型	说　明	字　段	类　型	说　明
IndentID	varchar(20)	订单编号	BookID	varchar(20)	书号

各表之间的关系如图 6-55 所示。

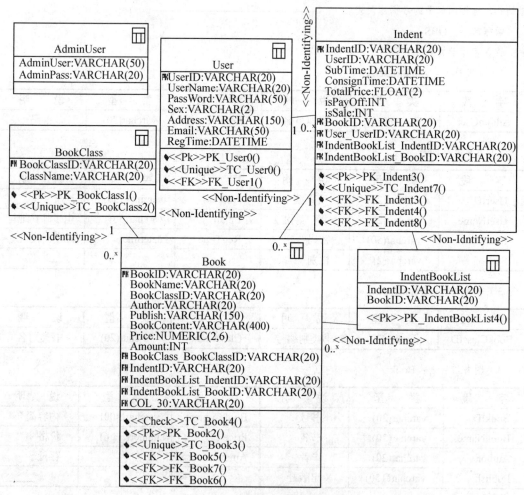

图 6-55　"网上书店"表结构

试讨论以下问题：

1. 按照技术的先进性，符合企业信息化的整体技术战略，满足开放、可扩充的要求，与现行的应用具有良好的兼容性、安全性等原则，请对网上书店的总体结构进行设计。

2. 该书店的电子商务系统平台如何选择？

3. 根据上述介绍，设计用户子系统实体类图、界面类图及顺序图。

第7章 电子商务系统的实施

学习目标

- 了解电子商务系统平台选择与搭建的原则
- 理解电子商务系统的开发模式
- 掌握电子商务系统的测试方法
- 掌握电子商务系统的发布
- 了解移动电子商务系统的开发

导言

完成电子商务系统设计之后，如何将系统的逻辑模型转换为相应的物理系统，使其经过测试后投入运行，这是系统实施阶段需要考虑的问题。电子商务系统实施的目标是在系统设计的指导下，确定实施方案，将纸面上的设计蓝图转变为物理的电子商务系统。电子商务系统实施包括的主要任务有：电子商务系统平台的选择与搭建，电子商务系统应用软件开发，系统测试，系统发布等。

7.1 电子商务系统平台的选择与搭建

电子商务系统平台的选择和搭建是要根据新系统的目标，在各种技术手段和实施方法中权衡利弊，合理利用各种资源，包括选择适当的网络平台、计算机软/硬件以及其他辅助设备。

7.1.1 系统平台搭建的基本原则和注意事项

1. 系统平台搭建的基本原则

电子商务系统平台的选择与搭建是一项复杂的工程，它涉及业务处理的各方面，需要考虑行业性质、任务对象和功能需求等因素，同时要遵循以下几个基本原则：

（1）先进性。技术上具有先进性。

（2）可行性。实现上具有可行性。

（3）灵活性。使用上具有灵活性。

（4）可扩充性。发展上具有可扩充性。

（5）收益性。投资上具有收益性。

2．系统平台搭建过程中还需要注意的具体问题

（1）计算机软/硬件配置能满足系统以下四个方面的要求。

① 功能要求：能满足新系统的各种功能要求。

② 性能要求：根据用户提出的对系统的处理速度、精确度等要求，确定计算机的运行速度、网络的传输速度等指标。

③ 容量要求：根据新系统近期所要处理的最大数据量以及若干年以后的发展规划，配置计算机内存、外存容量。

④ 安全性和可靠性要求：应保证系统的数据、信息等资源安全可靠，防止信息的破坏和丢失，确保系统的正常运行。

（2）系统的软/硬件的选择应在技术上具有一定的先进性。

（3）系统的软/硬件应尽量符合国际标准或者某些开放的标准，使系统便于扩充或者与其他系统集成。

（4）硬件的选择应服从于软件的选择，即先根据系统的功能、性能要求确定系统软件，再根据系统软件确定系统硬件。

（5）系统的软/硬件应尽量选用成熟的产品，保证系统运行的安全性和可靠性。

（6）供应厂家应具有较好的信誉和技术服务，能获得及时、有效的技术支持。

（7）系统配置应尽量做到最佳的性价比。

在遵循总体原则的基础上，需要对网络平台、硬件以及软件分别进行选择，下面将进行详细介绍。

7.1.2　网络平台的搭建

电子商务系统的网络平台为整个电子商务系统提供可靠的、集成的运行平台，应采取各种基于开放标准的信息技术及符合国际工业标准的软/硬件产品。网络平台的搭建原则如下。

1．符合相关部门颁发的技术规范和业务要求

以《中国国内电话网 No.7 信号方式技术规范（暂时规定）》及其补充规范等国家和本地规范和规程为依据。

2．技术成熟、先进

采用客户服务呼叫中心领域的最新技术，保证系统在建成后一段时间内不会因技术落后而大规模调整，并能够通过升级保持系统的先进性，延长其生命周期，同时又要保证先

进的技术是稳定的、成熟的，支持现有的多种呼叫功能和网络协议。

3．实用高效，性价比优异

充分利用所有设备，稳定高效地实现所需的业务功能，和已有设施紧密配合，避免重复投资，从而降低工程造价，并留有升级的余地。

4．满足对容量和容错的需求

要充分考虑呼叫容量对线路流量和系统处理的要求，程控设备和网络设备配备冗余的板卡的电源，满足系统对容错的要求。

5．兼容性和可扩展性好

系统平台应该容纳已有或未来新增的不同品牌的设备，并充分保证不同系统的互操作性。为满足未来软/硬件的灵活部署和容量要求，应考虑系统规模扩展的需求和升级能力。

6．安全性高

在通过 WWW 为用户提供服务的同时，要防止各类恶意或无意的黑客行为和病毒侵袭，对外部接入设置防火墙进行安全检查和过滤，对访问主机的内部员工设置验证和有限授权并进行审核，防止未经授权的人员误用或进行违纪活动。

7．易于管理和维护

从企业管理和效益的方面考虑，建立方便全面的网络管理对保证网络安全高效地运行是非常重要的。系统必须易于使用，以减少员工培训费用；同时，系统维护应尽量集中、简单，尽量避免复杂系统和多系统组合的维护开销，减轻维护人员的负担，提高网管和决策的效率。

8．强大的可开发性

系统应配备健壮的开发接口和丰富的开发工具，充分支持现有的开发手段和开发成果，开发平台应该易用并足够强大以满足变化的需求。

网络平台的搭建要考虑网络/设备的集成，即通过标准的技术手段，将物理上各自分离的设备系统通过网络建立逻辑上互联互通的统一体，这是实现软件系统集成的基础。例如，建立一个基于 TCP/IP 协议的互联网络，为不同主机/设备上的应用程序提供标准的基于 IP 的通信链路，实现诸如网络共享文件系统、网络共享打印功能、网络统一权限管理等功能，为数据库系统、应用服务器系统和客户端计算机等相互之间进行服务请求提供通信支持。

目前市场上常用的网络类型有以太网、FDDI、ATM 等，其中使用最广泛的是以太网。近年来随着交换以太网、100M 快速以太网、1000M 高速以太网的出现，使以太网能适用于从主干网、支干网到端设备各种不同的场合，具有性能优良、价格便宜、可扩展性良好等优点，因此电子商务系统常选用以太网技术构建计算机网络平台。

7.1.3　操作系统的选择

1．操作系统平台的选择原则

（1）开放性。

（2）对称性与非对称处理。

（3）异种机互联能力。

（4）目录及安全服务的支持能力。

（5）应用软件的支持能力。

（6）网管能力。

（7）性能优化和监视能力。

（8）系统备份/恢复支持能力。

2．支持电子商务系统运行的主流操作系统

目前，支持电子商务系统运行的主流操作系统主要有 Microsoft Windows 系列和 UNIX/Linux 系列两个家族。

Microsoft Windows 系列主要运行于 Intel 生产的 CISC 芯片的 CPU 上，目前各种 PC 服务器均支持 Microsoft Windows。UNIX/Linux 阵营又可以分成 UNIX 和 Linux 两个部分。传统的 UNIX 操作系统主要运行于 RISC 结构的 CPU 上，目前主流的 UNIX 操作系统主要包括 IBM 公司的 AIX、SUN 公司的 SunOS 和 Solaris、HP 公司的 HP-UX 和 OSF/1。Linux 操作系统以共享软件为基础，也具有很多版本，如 Turbo Linux、Red Hat、Red Flag 等。Linux 操作系统既可运行于各种 PC 服务器上，也可以运行于某些 RISC 结构 CPU 的小型机上。

中小型机的操作系统由其自身携带，通常应采用 UNIX 系列的。微机服务器可以用 UNIX 系列的（如 Linux、SCO UNIX、Solaris for x86 等），也可以选择 NT 系列的（如 Windows 2000 Advanced Server 等）。总体来看，UNIX 系列的系统运行稳定，可靠性、安全性较好，运行效率高，但相对而言服务的配置较复杂一些。

工作站机型可选用流行的微机系统，操作系统为 Windows 系列，如 Windows XP 或 Windows 2000。

7.1.4　应用服务器的选择

应用服务器是电子商务应用的引擎，是 Internet 应用的开发平台，是集成 Web 和已有系统的关键连接器。

1．应用服务器为应用程序提供的主要服务

1）高性能的应用程序运行环境

（1）内容缓存。

（2）数据库连接缓存。

（3）支持进程的多线索执行。

（4）大量用户访问情况下的负载均衡。

（5）分布式联机事务处理。

（6）标准的应用开发环境和应用分布环境。

（7）支持利用传统的编程语言（C/C++）和 Java 编写的应用。

（8）支持混合编程模式，例如在 Java 应用或者 Servelet 当中调用 EJB 组件。

2）为应用提供扩充性

电子商务系统可能面临的用户访问压力是难以预知的，所以应用系统具备很高的可扩展性能是非常必要的。应用服务器一般通过两种方式提高系统可扩充性，一种方式是支持服务器集群，另一种是对称多 CPU 系统。此外，优秀的应用服务器还提供应用的动态负荷均衡。

3）会话管理

在用户和商务应用进行交互的过程中经常需要进行对话。会话管理的作用是对客户的每次人机会话过程进行记录和管理。如果一次商务活动必须经过多个复杂的步骤才能完成的话，那么会话管理是非常重要的功能。

4）支持多种应用编程模式

在应用服务器的基础上开发应用程序，除了可以使用多种语言外，也可以采取多种编写程序的方式。具体来讲包括以下几个方面的内容。

（1）应用表达：JSP、Servelet、Java 应用。

（2）商务逻辑：JavaBeans、EJB 等。

（3）数据库存取：JDBC、ODBC 等。

（4）应用集成：XML、CORBA 等。

5）目录及内容管理

一般应用服务器提供目录管理和内容管理工具，它们提供对用户访问内容的控制、分层数据组织、目录更新及控制等服务。

6）商务引擎

指电子商务系统体系结构中的商务服务层的功能，主要是为商务系统提供业务支持。这些服务包括个性化服务（如 BEA 的 WebLogic Personal Server）、客户关系管理 CRM（如 BroadVision、Oracle 公司的产品）、供应链管理、电子交易市场（如 Oracle iExchange）等，但是不同的应用服务器产品在这一方面的差异很大。

7）系统管理

要保证应用系统能够正常地运行，应当使应用程序的运行环境得到有效的、方便的管理。目前的应用服务器都提供相应的系统管理工具，具体功能包括性能配置管理、存取控制管理、系统日志管理。

2．应用服务器选择的可参考因素

（1）性能和技术指标。在性能和技术指标中，性能是最关键的因素之一。

（2）可扩展性。可扩展性也是服务器选型的重要因素之一。

（3）外部工具的支持。选择应用服务器时，需要考虑是否能够获得额外的工具或者框架支持。

（4）独立性。合适的应用服务器应该具有独立性和相当的可移植性。应用服务器不用被绑定在某个特定的数据库或者开发工具上，这限制了用户的选择权利，同时也为将来的移植带来了困难。

（5）价格。在价格总数上，需要参考电子商务系统应用需要最高并发处理多少事务，计算需要多少个 CPU，然后根据每个 CPU 的价格计算价格总数并进行比较，同时还需要考虑售后服务的费用。

7.1.5　数据库管理系统的选择

数据库管理系统是电子商务系统中非常重要的组成部分，在选择数据库管理系统时应从以下几个方面予以考虑。

1．构造数据库的难易程度

需要分析数据库管理系统有没有范式的要求，即是否必须按照系统所规定的数据模型分析现实世界，建立相应的模型；数据库管理语句是否符合国际标准，符合国际标准则便于系统的维护、开发、移植；有没有面向用户的易用的开发工具；所支持的数据库容量特性决定了数据库管理系统的使用范围。

2．程序开发的难易程度

有无计算机辅助软件工程工具 CASE——计算机辅助软件工程工具可以帮助开发者根据软件工程的方法提供各开发阶段的维护、编码环境，便于复杂软件的开发、维护；有无第四代语言的开发平台——第四代语言具有非过程语言的设计方法，用户不需编写复杂的过程性代码，易学、易懂、易维护；有无面向对象的设计平台——面向对象的设计思想十分接近人类的逻辑思维方式，便于开发和维护；有无对多媒体数据类型的支持——多媒体数据需求是今后发展的趋势，支持多媒体数据类型的数据库管理系统必将减少应用程序的开发和维护工作。

3．数据库管理系统的性能分析

包括性能评估（响应时间、数据单位时间吞吐量）、性能监控（内外存使用情况、系统输入/输出速率、SQL 语句的执行、数据库元组控制）、性能管理（参数设定与调整）。

4．对分布式应用的支持

包括数据透明与网络透明程度。数据透明是指用户在应用中不需指出数据在网络中的什么节点上，数据库管理系统可以自动搜索网络，提取所需数据；网络透明是指用户在应用中无须指出网络所采用的协议，数据库管理系统自动将数据包转换成相应的协议数据。

5．并行处理能力

支持多 CPU 模式的系统（SMP、CLUSTER、MPP）、负载的分配形式、并行处理的颗粒度和范围。

6．可移植性和可扩展性

可移植性指垂直扩展和水平扩展的能力。垂直扩展要求新平台能够支持低版本的平台，数据库客户—服务器机制支持集中式管理模式，这样能够保证用户以前的投资和系统；水平扩展要求满足硬件上的扩展，支持从单 CPU 模式转换成多 CPU 并行机模式（SMP、CLUSTER、MPP）。

7．数据完整性约束

数据完整性指数据的正确性和一致性保护，包括实体完整性、参照完整性、复杂的事务规则。

8．并发控制功能

对于分布式数据库管理系统，并发控制功能是必不可少的。因为它面临的是多任务分布环境，可能会有多个用户点在同一时刻对同一数据进行读或写操作，为了保证数据的一致性，需要由数据库管理系统的并发控制功能来完成。

9．容错能力

指异常情况下对数据的容错处理，其评价标准包括硬件的容错、有无磁盘镜像处理功能的容错、有无软件方法异常情况的容错功能。

10．安全性控制

包括安全保密的程度（账户管理、用户权限、网络安全控制、数据约束）。

11．支持汉字处理的能力

包括数据库描述语言的汉字处理能力（表名、域名、数据）和数据库开发工具对汉字的支持能力。

12．数据库恢复能力

当突然停电、出现硬件故障、软件失效、病毒或严重错误操作时，系统应提供恢复数据库的功能，如定期转存、恢复备份、回滚等，使系统有能力将数据库恢复到损坏以前的状态。

7.1.6 中间件软件的选择

1．中间件选择的原则

中间件在操作系统、网络和数据库之上，应用软件的下层，总的作用是为处于自己上层的应用软件提供运行与开发环境，帮助用户灵活、高效地开发和集成复杂的应用软件。用户在使用中间件时，往往把一组中间件集成在一起，构成一个平台（包括开发平台和运行平台），在这组中间件中又必须要有一个通信中间件，因此可以比较形象地把中间件定义为平台加通信。在具体实现上，中间件是一个用 API 定义的分布式软件管理框架，具有强大的通信能力和良好的可扩展性。

中间件的特殊性使得企业在选择具体的中间件产品以前，必须确定企业的应用类型或具体需求，进而仔细确定选择使用哪一类中间件。这一点非常重要。企业的应用类型如果只是传递消息，而对高可靠、高并发、高效率无特殊要求，就应该选择消息中间件而非交易中间件；如果是典型的关键任务的联机事务处理系统，就应该选择交易中间件。如果要建立分布式构件应用，企业就应该选择基于对象的中间件。

2．中间件选择的影响因素

中间件的功能经常是相互交叉的，比如有的交易中间件包含有消息传递的功能，有些对象中间件继承了交易中间件的特性，而有的应用服务器可以把交易管理中间件或消息中间件作为它的一种服务等。因此，除了技术上的界定以外，中间件选择还必须考虑以下几个因素：

（1）与遗留应用的结合度。在选用中间件构造的应用与传统的遗留应用之间要建立联系，就需要考虑这个问题。

（2）使用的难易程度。有些中间件只是应用的一部分，而有些中间件将会带给应用一个新的体系结构。应用的现状、应用开发队伍的水平、中间件本身的复杂程度等，都会影响中间件的使用效果。

（3）成本。不同类的中间件的成本不同，如把消息中间件只是用在局域网上实现数据访问显然代价太大，把交易中间件用在非交易处理类系统中去传递消息同样不足取。另外也要考虑技术培训对开发成本所带来的影响。

7.1.7 硬件平台的选择

计算机硬件平台的选择主要从服务器设备、数据存储设备和网络设备三个方面考虑。

1．服务器设备

服务器设备的选择原则通常考虑以下几个方面：

（1）可靠性。简单来说就是要求服务器必须稳定运行，也就是宕机率低。高可靠性的服务器为了满足需要，对热插拔硬盘、冗余的冷却风扇、热插拔内存、硬件监测系统等全部采用了多种先进技术。

（2）可用性。服务器的可用性是指在一段时间内服务器可供用户正常使用的时间的百分比。

（3）先进性。先进的服务器不仅采用最新型的处理器和芯片组，对于网络适配器和RAID 控制器等影响系统 I/O 性能的重要部件，也充分考虑了其与操作系统的兼容性，在需要庞大处理功能的应用领域中具有较高的配套协调性能。

（4）可扩展性。可扩展性具体表现在两个方面：一是留有富余的机箱可用空间；二是充裕的 I/O 带宽。

（5）可维护性。服务器的主要部件（如主板、驱动器、冷却风扇、I/O 端口、电源）应全部模块化，各部件甚至无须工具就可以进行拆卸、维护和更换，尽可能缩短停机检修时间。

（6）安全性。安全性是网络的生命，冗余是衡量服务器安全性的重要标准，因为服务器部件冗余是消除系统错误、保证系统安全和维护系统稳定的有效方法。

2．数据存储设备

下面主要介绍三种网络存储技术 DAS、NAS、SAN 的特点，方便用户根据不同特点进行数据存储设备的选择。

1）DAS

（1）服务器 DAS 连接方式期初成本低，实施简单、技术含量不高。

（2）多数 DAS 连接方式使用 SCSI 设备，目前也有少量客户使用光纤通道存储设备直连服务器。

（3）受 SCSI 协议的限制，主机到存储之间的长度不能超过 25 米。

（4）受 SCSI 协议的限制，一条 SCSI 总线上只能支持 15 台设备。

（5）出于性能及连接设备个数的考虑，基于 SCSI 的 DAS 直连方式容量扩展能力有限。

（6）如今 SCSI 协议支持的最高数据传输速率理论值可达 320Mbps，但在实际应用中性能随 SCSI 总线上连接设备的增多而快速降低。

（7）在大、中型企业内部，当服务器数量较多时，DAS 连接方式就大大增加了系统管理维护人员的工作量和技术复杂程度。

（8）在大、中型企业内部，当 DAS 连接形式的服务器较多时，会导致每一个 DAS 连接的存储容量不被完全使用，造成整体容量空间的浪费。

2）NAS

NAS 是目前较多拥有异构环境的企业扩展服务器存储容量以及进行数据共享的连接方式，其存储结构方式具有以下特点：

（1）服务器 NAS 连接方式比直连式存储方式的成本高。

（2）NAS 连接方式通常用于拥有异构环境的企业中，数据之间能够进行共享。

（3）在 NAS 连接方式下，数据间的共享以及备份均是文件形式的。

（4）在 NAS 连接方式下，由于服务器之间传递的数据必须通过以太网络，因此给原本就比较拥挤的以太网络增加了更大的数据传输压力，容易形成系统中影响性能的瓶颈。

（5）NAS 类似于一台可以支持异种文件系统的文件服务器。

NAS 存储方式在很大程度上弥补了 DAS 存储方式的不足，能够满足绝大多数中小型企业进行本地存储的需求。它最大的特点就是简单易行，采用了与以太网相同的 IP 协议，网络管理员可轻松地掌握 NAS 存储系统部署，受到许多企业的欢迎。但 NAS 还是没有从根本上解决磁盘存储性能和连接距离的问题，磁盘存储性能没有得到提高，只是提高了网络的出口带宽。

3）SAN

（1）集中式管理。运用分布式的设备，包括主机系统、存储系统、交换机和光纤适配器等，都可以通过一个简单的管理平台从单点进行管理。

（2）企业备份。备份程序简化，磁带子系统可以被多个主机服务器所共享，备份时还不会占用局域网 LAN 带宽，即所谓 LAN-Free 备份以及与服务器无关的备份方式。

（3）高可用性和灾难恢复。可以在多台服务器和存储设备上建立任意两点间的连接，形成一个被多个服务器通过多条路径访问的共享存储池，从而导致更高的可用性，保证企业业务的不间断。

（4）数据共享。分布式服务器可以通过访问一个大的集中管理的存储子系统，来运行各种数据共享应用。

（5）高性能。目前光纤通道的数据传输速率理论可以达到 225Mbps，并通过交换机实现传输路径和带宽的独享。如今投放市场的一些产品的数据传输速率可以达到 1Gbps。

在以上介绍的三种存储技术中可以看出，竞争的焦点在 NAS 和 SAN 之间。但经过长期的实践证明，NAS 与 SAN 并没有任何一个占绝对优势。它们各自有不同的特点，适用于不同的用户群。NAS 具有安装管理方便、价格较低等优点，是中小企业存储的优选方案；而 SAN 则更加适用于企业级数据存储、服务器集群、远程灾难恢复和 Internet 数据服务等多个领域。

3．网络设备

根据网络平台的搭建原则，网络设备首先要满足客户的需求，再根据以下原则进行选择。

（1）安全性和稳定性。网络设备是电子商务系统的硬件基础，最好选择经过相当长时间、被广泛应用的网络产品。

（2）技术先进性。所选择的网络设备应该具有较先进的技术，能够保持该设备在很长时间内不会因为技术落后而被淘汰。

（3）性价比高。选择的产品应该具有良好的性价比，网络设备主要包括交换机和路由器。国际品牌大都具有优秀的品质，从性能和质量上讲可以作为企业的网络设备，如 Cisco、

Enterasys、Extreme、Foundry 等。

（4）便于扩展。为避免不必要的重复投资，选择具有一定扩展能力的设备，能够保证在网络规模扩大时不需要增加新的设备，而只需要增加一定数量的模块即可。

（5）服务支持原则。系统运行的稳定性离不开供应商的服务支持，供应商应当有完善的维护和服务支持途径，提供长期可靠的技术支持，以降低系统硬件的风险。

7.2　电子商务系统应用软件开发

7.2.1　电子商务系统的开发和集成与传统的信息系统开发的差别

电子商务系统的开发和集成的任务主要是完成电子商务应用软件的编码与调试。此外，还可能有一部分工作是完成电子商务系统与企业既有信息资源的集成。电子商务系统的开发和集成与传统的信息系统开发有一定的差别，如图 7-1 所示。

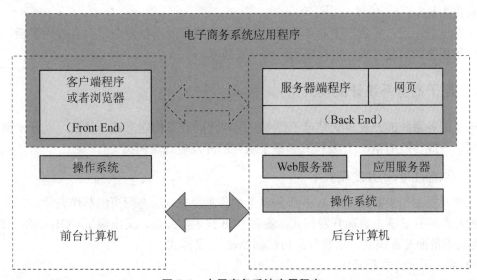

图 7-1　电子商务系统应用程序

电子商务系统的开发和集成与传统的信息系统开发的差别具体体现在以下几个方面：

（1）电子商务系统基本上是基于客户—服务器结构（大多表现为浏览器—服务器形式）的系统，所以其应用软件可以分成客户机（Client）和服务器（Server）两部分，或者说前台程序（Front End）和后台程序（Back End）。大多数情况下，前台程序是直接使用浏览器而不必重新开发；后台程序包括 Web 页面和应用程序两个部分，所以后台的开发工作也就包括 Web 页面开发和后台应用程序编码两部分，而在程序调试时又需要将这两部分结合起来。

（2）传统的应用程序直接运行于操作系统之上，而电子商务系统的应用程序基本上是在 Web 服务器或者应用服务器上运行的。

（3）传统的商务应用程序基本上可用各种高级语言进行开发，如 Cobol、Basic、C/C++等，而电子商务系统应用程序的开发更为灵活，除了可以使用各种高级语言开发外，还大量地采用了面向对象的程序设计语言 Java。此外，在应用软件的构建上，由于应用服务器的引入，各种组件技术（如 EJB、JavaBean 等）的应用也较广，所以应用的可重用性较强。

（4）电子商务应用运行于分布式环境中，应用软件中的各个部分可能跨平台。同一应用中又可能包括客户端程序和服务器端程序，这些程序可能运行于不同的操作系统之上，而且大量使用组件本身也往往造成跨平台的现象出现。因此，电子商务应用程序开发中大量地使用了分布式系统开发及分布式数据库技术。

（5）基本上规模较大的电子商务系统都需要与企业既有的数据库、信息系统进行集成。此外，企业也常常需要和其合作伙伴之间发生数据交换，或者与合作伙伴的信息系统进行协同处理，这就涉及很多应用的互操作和异构数据源的处理问题，致使电子商务应用程序的开发更为复杂。

正是这些原因，导致电子商务系统在开发和集成方面不仅复杂，而且较为灵活，存在多种应用程序的构建方式，也存在不同的开发技术。

7.2.2　电子商务系统开发模式

电子商务系统的开发模式是电子商务应用软件的开发构建方式。目前，其开发模式基本上可以分成传统的 Web 开发模式和基于组件的开发模式这两类。

1. 传统的 Web 开发模式

系统开发工作主要集中在 Web 服务器上的各种静态、动态网页的制作方面。Web 应用最初的开发模式是静态页面开发模式，随着 Web 技术的发展，又出现了 CGI、ASP、PHP、JSP 等动态页面开发模式，这些都是传统的 Web 开发模式。

1）静态页面开发模式

静态网页是相对于动态网页而言的，是指没有后台数据库、不含程序和不可交互的网页。在网站设计中，纯粹 HTML 格式的网页通常就被称为"静态网页"。早期的网站一般都是由静态网页制作的，静态网页以.htm、.html、.shtml、.xml 等为后缀。但是，在 HTML 格式的网页上，也可以出现各种动态的效果，如 GIF 格式的动画、Flash、滚动字幕等，这些"动态效果"只是视觉上的，与动态网页是不同的。

2）动态页面开发模式

动态网页是与静态网页相对应的，网页 URL 以.asp、.jsp、.php、.perl、.cgi 等形式为后缀。这里说的动态网页，能够很容易地进行数据库访问，还能根据访问者的反应产生不同的超链接，显示不同的内容。动态网页与网页上的各种动画、滚动字幕等视觉上的"动态效果"没有直接关系。动态网页也可以是纯文字内容的，还可以包含各种动画的内容，这些只是网页具体内容的表现形式，无论网页是否具有动态效果，采用动态网站技术生成的网页都称为动态网页。

2．基于组件的开发模式

这一方式主要利用了软件的可重用性思想。基于组件的开发是在一定的软件模型的支持下，重用组件库中的软件组件，通过组合构造应用系统软件的过程。开发的主要工作是在组件库中查找各类合适的软件，对于组件库中没有的组件，在网上查询购买或者自己开发，最后把相关的组件组装。由于软件可重用理论发展很快，尽管思路相似，但这种模式的编程工具和手段却不尽相同，比较有代表性的包括以下几种。

1）CORBA

CORBA（Common Object Request Broker Architecture，公共对象请求代理体系结构）是由 OMG 组织制定的一种标准的面向对象应用程序体系规范，或者说 CORBA 体系结构是对象管理组织为解决分布式处理环境中硬件和软件系统的互联而提出的一种解决方案。使用 CORBA，用户能在不知道软件和硬件平台以及网络位置的情况下透明地获取信息；CORBA 自动进行许多网络规划任务，如对象注册、定位、激活；CORBA 能处理多路径请求；CORBA 有分帧和错误处理机制，还能并行处理以及执行操作。

OMA（Object Management Architecture，对象管理体系结构）定义了组成 CORBA 的四个主要部分：

（1）ORB（Object Request Broker，对象请求代理），作为对象互通信的软总线。

（2）CORBA Services，定义加入 ORB 的系统级服务，如安全性、命名和事务处理。

（3）CORBA Facilities，定义应用程序级服务，如复合文档等。

（4）Business Objects，定义现实世界的对象和应用，如银行账户。

ORB 是 CORBA 中的核心部分。ORB 提供了一种机制，通过这种机制，对象可以透明地发出请求和接收响应。分布的、可以互操作的对象利用 ORB 构造可以互操作的应用。

2）Microsoft DCOM

Microsoft DCOM（Distributed Component Object Model，分布式公共对象模型）是 COM（Component Object Model，公共对象模型）的扩展，它支持不同的两台机器上的组件间的通信，而且不论它们是运行在局域网、广域网还是 Internet 上。应用程序借助 DCOM 将能够任意进行空间分布，从而满足客户和应用的需求。

由于 DCOM 是 COM 这个组件技术的无缝升级，所以能够从现有的有关 COM 的知识中获益，可将以前在 COM 中开发的应用程序、组件、工具移入分布式的环境中。DCOM 可将底层网络协议的细节屏蔽，从而能够集中精力解决用户所要求的问题。

DCOM 还可以工作在位于企业内部或者除了公共因特网之外的其他网络中。DCOM 是作为 Windows 操作系统中的一部分集成的，并且很快在所有的主流 UNIX 平台和 IBM 的大型服务器产品中出现。

3）.NET Framework

.NET Framework 支持生成和运行下一代应用程序和 XML Web Services 的内部 Windows 组件。.NET Framework 旨在实现下列目标：

（1）提供一个一致的面向对象的编程环境，而无论对象代码是否在本地存储和执行。

（2）提供一个将软件部署和版本控制冲突最小化的代码执行环境。

（3）提供一个可提高代码（包括由未知的或不完全受信任的第三方创建的代码）执行安全性的代码执行环境。

（4）提供一个可消除脚本环境或解释环境的性能问题的代码执行环境。

（5）按照工业标准生成所有通信，以确保基于.NET Framework 的代码可与任何其他代码集成。

.NET Framework 具有两个主要组件：公共语言运行库和.NET Framework 类库。

公共语言运行库是.NET Framework 的基础。公共语言运行库可以看作一个在执行时管理代码的代理，它提供内存管理、线程管理和远程处理等核心服务，并且还强制实施严格的类型安全及可提高安全性和可靠性的其他形式的代码准确性。

.NET Framework 类库，是一个综合性的面向对象的可重用类型集合，可使用它开发多种应用程序，包括传统的命令行或图形用户界面（GUI）应用程序，也包括基于 ASP.NET 所提供的最新创新的应用程序（如 Web 窗体和 XML Web Services）。

4）J2EE

SUN 公司的 J2EE 是开发分布式企业软件应用的平台。J2EE 架构是一个多层的结构，如图 7-2 所示。

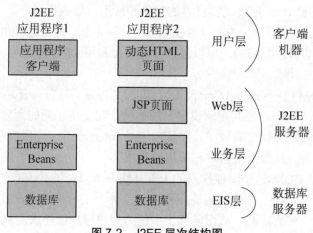

图 7-2 J2EE 层次结构图

J2EE 架构具体包括以下几层。

（1）用户层：用来与用户交互，并把来自系统的信息显示给用户。

（2）Web 层：Web 层产生表示逻辑，并接收来自客户端的用户反馈。在所接收的客户端请求的基础上，表示层对用户的请求产生相应的回应。

（3）业务层：业务层处理应用的核心业务逻辑，为低层业务提供必要的接口。业务组件通常被实现为 EJB 容器内的 EJB 组件。其中，EJB 容器提供组件生命周期，管理持久性、事务和资源分配等。

（4）EIS 层：该层为企业的信息系统服务，包括数据库系统、事务处理系统、企业资源计划系统等。EIS 是 J2EE 应用与非 J2EE 应用的连接点。

J2EE 平台已经成为使用最广泛的 Web 程序设计技术。该技术主要支持两类软件的开发和应用，一类是做高级信息系统框架的 Web 应用服务器（Web Application Server），另一类是在 Web 应用服务器上运行的 Web 应用程序（Web Application）。J2EE 实际上为 Web 应用系统提供了容器平台，用户所开发的程序组件在容器内运行。

5）Struts

Apache Struts 是由著名的软件组织 Apache 提供的、开放源代码的、用于帮助开发人员创建基于 Java 的 Web 应用程序的开发框架。它实现了 MVC（Model-View-Controller，模型—视图—控制器）架构，目前在电子商务系统的开发中已经得到广泛的应用。

MVC 模式可以增加程序代码的弹性，将程序代码整理切割为三部分：Model 部分是业务与应用领域相关逻辑、管理状态的对象；Controller 部分接收来自 View 所输入的资料并与 Model 部分互动，是业务流程控制之处；View 部分则负责展现资料、接收使用者输入的资料。

Struts 作为一种比较成熟的 Web 应用开发框架，主要提供了以下三种重要的组件。

（1）请求处理器（Request Handler）：用于将客户端请求映射成标准的 URI（Uniform Resource Identifier，统一资源标志符）。

（2）响应处理器（Response Handler）：将控制传递给能完成响应的资源。

（3）标记库（Tag Library）：帮助开发人员使用服务器页面技术（如 JSP）创建基于表单的交互式应用程序。

Struts 具有以下优点：

（1）具有 MVC 模型的所有特性和优点。

（2）简化了基于 MVC 的应用程序的开发。

（3）提供了很多对象实现 MVC 的基本特征。

（4）允许开发人员使用 XML 文件来配置很多默认的框架。

（5）提供了一个灵活的体制来处理错误和异常。

（6）提供了一个方便的方法对应用程序的信息进行国际化。

Struts 是对 MVC 设计模式的一种实现。MVC 设计模式为构建可扩展、可重用的代码打下了坚实的基础。MVC 模式最大的特性在于使开发人员必须抽象自己的代码，把项目分解为表示、逻辑和控制三部分，而分化的作用正如一个交响乐团中的音乐、团员和指挥。

由于 Struts 已经为开发者提供了一个非常优秀的 MVC 模式的应用框架，所以利用 Struts 开发 MVC 系统可以大大加快开发的效率。在开发时可以采用如下的开发流程：

（1）收集和定义应用需求。

（2）基于数据采集和显示的原则定义和开发用户界面需求。

（3）为每一个用户界面定义访问路径。

（4）定义 ActionMappings，建立应用业务逻辑之间的联系。

（5）开发满足用户界面需求的所有支持对象。

（6）基于每一个用户界面需求提供的数据属性来创建对应的 ActionForm 对象。

（7）开发被 ActionMapping 调用的 Action 对象。

（8）开发应用业务逻辑对象。

（9）对应 ActionMapping 设计的流程创建 JSP 页面。

（10）建立合适的配置文件 struts-config.xml 和 web.xml。

（11）开发、测试和部署开发好的应用系统。

Struts 是一种优秀的 J2EE MVC 架构方式，有效地体现了 MVC 设计模式的特点，对应用程序的显示、表示和数据的后端代码进行了抽象，整合了 JSP 和 Java Servlet 的技术优势，利用 Taglib 获得可重用代码和抽象 Java 代码，利用 ActionServlet 配合 struts-config.xml 实现了对整个系统进行导航，从而增强了开发人员对系统的整体把握，提高了系统的可维护性和可扩充性。

7.2.3　开发工具的选择

在电子商务系统的实施中，应该根据所选择的体系结构、操作系统类型、数据库管理系统及网络协议等选择开发工具。同时要考虑系统的开放性，开发工具本身要尽可能开放，符合开放系统标准，独立于硬件平台及系统软件平台的选择，甚至独立于数据库的选择，这样才有利于系统的扩展。另外，开发工具要有与高级语言的接口，便于系统特殊功能的开发。此外，开发工具还应尽可能支持系统开发的整个生命周期。

选择合适的开发工具首先应该考虑选择的开发工具所适用的领域，此外还应该遵守以下的基本原则：

（1）最小工作量原则。

（2）最小技巧性原则。

（3）最小错误原则。

（4）最小维护原则。

（5）减小记忆原则。

在系统开发时，选择开发工具的过程中应具体考虑以下几个因素：

（1）项目的应用领域。

（2）用户的要求。

（3）可以使用的编程程序和开发环境。

（4）程序员的经验和知识。

（5）软件可移植性要求。

现有的开发工具可以概括为大而全和小而专两种类型。Visual Studio.NET 属于前者，而像 Delphi、C++Builder、JBuilder 以及大量的各种 SDK 等属于后者。大而全的工具一般都提供从前端到后台、从设计到编码测试的完整工具，但在一些特定的功能上却还是小而专的工具更为合适。微软的.NET 和 SUN 的 J2EE 是程序员熟悉的两种开发框架，尽管两者提供的方法不同，但其都具有许多非常优秀的特点。两种平台主流的开发语言 Java 和 C++ 在架构上也有着惊人的相似。

开发工具的比较没有绝对的标准，对其的评价不能仅看它对设计模式、对象结构和管理的支撑情况，更重要的是要针对具体的使用环境、开发方法、结构体系、开发群体和实用群体来评价。

7.3　电子商务系统测试

电子商务系统测试是保证系统质量的重要手段。在电子商务系统的开发过程中，开发人员不可避免地会出现差错，因此，必须对系统进行测试。系统测试是将已经确认的软件、计算机硬件、外设、网络等元素结合起来，进行系统的各种组装测试与确认测试。通过与系统的需求相比较，发现所开发的系统与用户需求不符或矛盾的地方。

7.3.1　测试的原则与指标

1．测试的目的

系统测试是以寻找错误为目的，精心选取那些易于发生错误的测试数据，以十分挑剔的态度证明程序有错。由于开发人员思维的严密性是有限的，加之主观、心理、经验等因素，开发的系统一般是会出现错误的。一般来说，不可能测试出程序的所有错误，测试只能证明错误的存在，不能证明错误的不存在，即测试只能找出程序中的"部分"错误，而不能证明整个程序无错。因此测试的目的就是发现系统的错误。

在系统测试中出现的主要错误，按其范围和性质可划分为以下几类：

（1）功能错误。由于说明书不够完整或叙述不够确切，致使在编码时对功能有误解而产生的错误。

（2）系统错误。指与外部接口的错误、参数调用错误、子程序调用错误、输入/输出地址错误以及资源管理错误等。

（3）过程错误。主要指算术运算错误、初始过程错误、逻辑错误等。

（4）数据错误。指数据结构、内容、属性错误，动态数据与静态数据混淆，参数与控制数据混淆等。

（5）编码错误。指语法错误、变量名错误、局部变量与全局变量混淆、程序逻辑错误和编码书写错误等。

2．测试的基本原则

测试是保证系统质量和可靠性的关键步骤，是对系统开发过程中的系统分析、设计和实施的最后复查。根据测试的概念和目的，在进行测试时应遵循以下基本原则：

（1）尽早并不断进行测试。测试不是在应用系统开发完之后才进行的。由于原始问题的复杂性、开发各阶段的多样性以及参加人员之间的协调等因素，使得开发各个阶段都有可能出现错误。因此，测试应贯穿在开发的各个阶段，尽早纠正错误，消除隐患。

（2）测试工作应该避免由原开发软件的人或小组承担。一方面，开发人员往往不愿意承认自己的错误，总认为自己开发的软件没有错误；另一方面，开发人员很容易根据自己编程的思路来制定测试思路，具有局限性。测试工作应由专门人员来进行，这样会更客观、更有效。

（3）确定预期输出。设计测试方案时，不仅要确定输入数据，而且要根据系统功能确定预期的输出结果。将实际输出结果与预期结果相比较就能发现测试对象是否正确。

（4）考虑非法的和非预期的输入情况。在设计测试用例时，不仅要设计有效、合理的输入条件，也要包含不合理、失效的输入条件。

（5）检验程序是否做了不该做的事情。在测试程序时，不仅要检验程序是否做了该做的事，还要检验程序是否做了不该做的事。多余的工作会带来副作用，影响程序的效率，有时会带来潜在的危害或错误。

（6）按照测试计划执行。严格按照测试计划进行，避免测试的随意性。测试计划应包括测试内容、进度安排、人员安排、测试环境、测试工具和测试资料等。

（7）保留测试计划和测试用例。妥善保存测试计划、测试用例，作为软件文档的组成部分，为维护提供方便。测试用例都是精心设计出来的，可以为重新测试或追加测试提供方便。

3．测试技术指标

电子商务系统技术性能的测试指标主要用来衡量和评价系统质量优劣。一般来说，测试内容至少包括系统可靠性测试、系统健壮性测试、系统正确性测试、系统安全性测试和系统兼容性测试等，所以电子商务系统测试技术指标也主要包括这些方面。

（1）系统的可靠性。可靠性指系统的可靠程度，主要是对系统的平均无故障时间、系统故障后的平均恢复时间、系统故障发生的频度等方面评价。

（2）系统的健壮性。健壮性指系统达到极限边界时的恶化程度。健壮性可以从系统的最大并发用户数、系统最大 I/O 能力等方面衡量。

（3）系统的正确性。正确性是衡量应用软件是否达到设计功能的要求。

（4）系统的安全性。安全性主要指用户的权限设置、网页 URL 链接等方面是否会存在隐患。

（5）系统的兼容性。兼容性主要指应用软件能否在不同的系统上运行，运行的结果是否一致。

7.3.2　测试的内容

1. 软件测试

软件测试工程师的工作是利用测试工具按照测试方案和流程对产品进行功能和性能测试，甚至根据需要编写不同的测试工具，设计和维护测试系统，对测试方案可能出现的问题进行分析和评价。执行测试用例后，需要跟踪故障，以确保开发的产品适合需求。

测试过程是按四个步骤进行的，即单元测试（Unit Testing）、集成测试（Integrated Testing）、确认测试（Validation Testing）和系统测试（System Testing）。

1）单元测试

单元测试又称模块测试，是针对软件设计的最小单位——程序模块，进行正确性检验的测试工作。其目的在于发现各模块内部可能存在的各种差错。单元测试需要从程序的内部结构出发设计测试用例，多个模块可以平行地独立进行单元测试。

2）集成测试

通常，在单元测试的基础上，需要将所有模块按照设计要求组装成为系统。这时需要考虑的问题有以下几个方面：

（1）在把各个模块连接起来的时候，穿越模块接口的数据是否会丢失。

（2）一个模块的功能是否会对另一个模块的功能产生不利的影响。

（3）各个子功能组合起来，能否达到预期要求的父功能。

（4）全局数据结构是否有问题。

（5）单个模块的误差累积起来是否会放大，从而达到不能接受的程度。

在单元测试的同时可进行集成测试，发现并排除在模块连接中可能出现的问题，最终构成要求的软件系统。子系统的集成测试特别称为部件测试，它所做的工作是找出集成后的子系统与系统需求规格说明之间的不一致。

3）确认测试

确认测试又称为有效性测试，其任务是验证软件的功能和性能及其他特性是否与用户的要求一致。对软件的功能和性能要求在软件需求规格说明书中已经明确规定，它包含的信息就是软件确认测试的基础。

4）系统测试

系统测试是将通过确认测试的软件作为整个基于计算机系统的一个元素，与计算机硬件、外设、某些支持软件、数据和人员等其他系统元素结合在一起，在实际运行环境下，对计算机系统进行一系列的组装测试和确认测试。

系统测试的目的在于通过与系统的需求定义作比较，发现软件与系统的定义不符合或与之矛盾的地方。

2. 电子商务应用程序测试

1）可用性测试

（1）导航测试与检验。导航为访问者在网站的浏览过程中实现定位和导向。网站的层次一旦决定，就要着手测试用户导航功能，让最终用户参与测试与检验，效果将更好。

（2）图形测试与检验。图形测试的内容有：要保存的图形有明确的途径；验证所有页面字体的风格是否一致；背景颜色应该与字体颜色和前景颜色相搭配；图片的大小和质量也是一个重要的因素，图片尺寸要尽可能小，但要能清楚地说明某件事情，一般采用 JPG或 GIF 压缩。

（3）内容测试与检验。内容测试用来检验网站提供信息的正确性、准确性以及相关性。

（4）整体界面测试与检验。整体界面测试是指检验整个电子商务网站的页面结构设计如何，如用户浏览网站是否感到舒适，整个网站的设计风格是否一致等。对整体界面的测试过程可以说是一个对最终用户调查的过程。

对所有的可用性测试来说，都需要有外部人员（如与电子商务应用程序开发没有联系或者联系很少的人员）的参与，最好是最终用户的参与。

2）功能测试

（1）链接。链接测试可分为三个方面：测试所有链接是否按指示的那样确实链接到了该链接的页面；测试所链接的页面是否存在；保证没有孤立的页面。链接测试必须在集成测试阶段完成，即在整个电子商务站点的所有页面开发完成之后进行链接测试。

（2）表单。当用户向电子商务网站提交信息时，就需要使用表单操作，如用户注册、登录、信息提交等。表单测试有以下几个方面的内容：测试提交操作的完整性，以校验提交给服务器的信息的正确性；如果使用了默认值，还要检验默认值的正确性；如果表单只能接受指定的某些值，则也要进行测试。

（3）数据校验。如果根据业务规则需要对用户输入进行校验，则测试人员需要验证这些校验功能是否能正常工作。

（4）Cookies。Cookies 中保存了用户注册信息。如果系统使用了 Cookies，测试人员需要对它们进行检测。测试的内容包括以下几个方面：Cookies 是否起作用；是否按预定的时间进行保存；刷新对 Cookies 有什么影响；如果使用 Cookies 来统计次数，还需要验证次数累计正确与否。

3）接口测试

在通常情况下，电子商务站点不是孤立的。电子商务站点可能会与外部服务器通信，请求数据、验证数据或提交订单。

（1）服务器接口。第一个需要测试的接口是浏览器与服务器的接口。测试人员提交事务，然后查看服务器记录，并验证在浏览器上看到的正好是服务器上发生的。测试人员还应查询数据库，确认事务数据已正确保存。

（2）外部接口。有些电子商务系统有外部接口。例如，网上商店可能要实时验证信用卡数据以减少欺诈行为的发生。在测试时，要使用 Web 接口发送一些事务数据，分别对有效信用卡、无效信用卡和被盗信用卡进行验证。通常，测试人员需要确认软件能够处理外部服务器返回的所有可能的消息。

4）兼容性测试

兼容性测试主要验证应用能否在不同的客户浏览器上正常运行。如果用户是全球范围的，需要测试各种操作系统、浏览器、视频设备和 Modem 速度。最后，还要尝试各种设置的组合。

5）数据库测试

在 Web 应用技术中，数据库起着重要的作用，数据库为电子商务应用系统的管理、运行、查询和实现用户对数据存储的请求等提供空间。在电子商务应用中，最常用的数据库类型是关系型数据库。数据库中应该测试的要素有：数据库搜寻结果相关性、查询回应事件、数据库完整性和数据有效性。

6）容错测试

容错测试以各种方式强制系统检测不同的失败方式，以确保以下两个方面：系统会在预定的时间内修复错误并继续进行处理；系统是容错型的，即处理错误中并不会停止系统的整体功能。数据修复及重新启动在自动修复状态下是正确的，如果修复要求人为介入，则修复数据库的平均时间是在预先定义的可接受限制内的。

3. 网站测试

基于 Web 的系统测试与传统的软件测试既有相同之处，也有不同的地方，对软件测试提出了新的挑战。基于 Web 的系统测试不但需要检查和验证是否按照设计的要求运行，而且还要评价系统在不同用户的浏览器端的显示是否合适。重要的是，还要从最终用户的角度进行安全性和可用性测试。

1）性能测试

网站的性能测试对于网站的运行而言异常重要，网站的性能测试主要从以下三个方面进行。

（1）连接速度测试。用户连接到 Web 应用系统的速度根据上网方式不同（如电话拨号或是宽带上网）而变化。当下载程序时，用户可以等较长的时间；当访问页面时，如果 Web 系统响应时间太长（如超过 5s），用户就会因没有耐心等待而离开。另外，有些页面有超时的限制，如果响应速度太慢，用户可能还没来得及浏览内容，就需要重新登录了。而且，连接速度太慢，还可能引起数据丢失，使用户得不到真实的页面。

（2）负载测试。负载测试的目的是测量 Web 系统在某一负载级别上的性能，以保证 Web 系统在需求范围内能正常工作。负载级别可以是某个时刻同时访问 Web 系统的用户数量，也可以是在线数据处理的数量。这样的测试是以程序正常运行为前提的。

（3）压力测试。压力测试指实际破坏一个 Web 应用系统时测试系统的反应，即测试系统的限制和故障恢复能力，也就是测试 Web 应用系统会不会崩溃，在什么情况下会崩溃。黑客常常提供错误的数据负载，直到 Web 应用系统崩溃，接着当系统重新启动时获得存取权。压力测试的区域包括表单、登录和其他信息传输页面等。

2）安全性测试

目前网络安全问题日益重要，特别对于有交互信息的网站及进行电子商务活动的网站尤其重要。安全性测试需要对电子商务的客户—服务器应用程序、数据库、服务器、网络、防火墙等进行测试。

7.3.3　测试的方法与工具

1．测试的方法

测试的主要方法有人工测试与机器测试。一般源程序通过编译后，要先经过人工测试，然后再进行机器测试。人工测试是采用人工方式进行的，目的在于检查程序的静态结构，找出编译不能发现的错误。机器测试是运用事先设计好的测试用例，执行被测程序，对比运行结果与预期结果的差别以发现错误。

1）人工测试

人工测试又分为个人复查、走查与会审三种方法。

（1）个人复查。指源程序编写完后，直接由程序员自己进行检查。由于心理上对自己编写的程序的偏爱，自己不易纠正错误，效率不是很高。

（2）走查。一般由 3～5 人组成测试小组，测试小组成员应是从未介入过该软件的设计工作、有经验的程序设计人员。测试人员扮演计算机的角色，用人工方法将测试数据输入被测程序，并在纸上跟踪监视程序的执行情况，让人代替机器沿着程序的逻辑走一遍，以发现程序中的错误。由于人工运行很慢，因此只能使用很少量简单的测试用例。

（3）会审。与走查相似，会审要求测试成员在会审前仔细阅读软件有关资料，根据错误类型清单，填写测试表，列出根据错误类型要提出的问题。会审时，由程序作者逐个阅读和讲解程序，测试人员逐个审查、提问，讨论可能产生的错误。此外，会审还要对程序的结构及风格进行审定。

2）机器测试

机器测试是通过在计算机上直接运行被测程序来发现程序中的错误。机器测试又可分为黑盒测试与白盒测试。

（1）黑盒测试，也称功能测试，将软件看作黑盒子，在完全不考虑程序的内部结构和特性的情况下，测试软件的外部特性。根据软件的需求规格说明书设计测试用例，从程序的输入和输出特性上测试是否满足设定的功能。

（2）白盒测试，也称结构测试，将软件看作一个透明的白盒子，按照程序的内部结构和处理逻辑来选定测试用例，对软件的逻辑路径及过程进行测试，检查它与设计是否相符。

2．常见的测试工具

目前，测试方面的工具很多，以下就各种常用测试工具进行简要对比。

（1）WinRunner。WinRunner 的主要功能有：插入检查点；检验数据；增强测试；分析结果；维护测试；为无线应用做准备。它使用的范围包括功能测试、生成测试用例、分析测试结果、维护测试用例和回归测试。

（2）LoadRunner。LoadRunner 的主要功能有：创建虚拟用户；创建真实的负载；定位性能问题；分析结果以精确定位问题所在；重复测试保证系统发布的高性能；EnterpriseJavaBeans 的测试；支持无线应用协议；支持 Media Stream 应用；完整的企业应用环境的支持。它使用的范围包括性能测试、压力测试、模拟多用户和定位性能瓶颈。

（3）TestDirector。TestDirector 是一种测试管理工具，主要功能有：插入检查点；检验数据；增强测试；分析结果；维护测试；为无线应用做准备。它使用的范围包括需求管理、计划测试、安排和执行测试、缺陷管理、图形化和报表输出。

（4）Rational 系列。IBM Rational 提供了面向自动化测试的一系列工具和最佳实践，使得跨软件开发的测试变得更加容易。

7.3.4　测试的过程

测试是开发过程中一个独立且非常重要的阶段，测试过程基本上与开发过程平行。一个规范化的测试过程通常包括以下几个基本的测试活动：

（1）拟订测试计划。在制订测试计划时，要充分考虑整个项目的开发时间和开发进度及一些人为因素和客观条件等，使得测试计划是可行的。

（2）编制测试大纲。测试大纲是测试的依据。它明确详尽地规定了在测试中针对系统的每一项功能或特性所必须完成的基本测试项目和测试完成的标准。

（3）根据测试大纲设计和生成测试用例。在设计测试用例时，可综合利用前面介绍的测试用例和设计技术，产生测试设计说明文档，其内容主要有被测项目、输入数据、测试过程、预期输出结果等。

（4）实施测试。测试的实施阶段是由一系列的测试周期组成的。在每个测试周期中，测试人员和开发人员将依据预先编制好的测试大纲和准备好的测试用例，对被测软件或设备进行完整的测试。

（5）生成测试报告。测试完成后，要形成相应的测试报告，主要对测试进行概要说明，列出测试的结论，指出缺陷和错误，另外，给出一些建议，如可采用的修改方法，各项修改预计的工作量及修改的负责人员。

7.4　电子商务系统的发布

电子商务系统测试完成之后面临的是系统的运行发布，这一工作涉及多个方面，如系统的运行准备、系统切换和系统发布等。其中，系统的运行准备又包括组织准备、运行环境准备、数据准备和人员培训等。电子商务系统的发布主要从电子商务网站的发布以及手机 APP 的发布两个方面进行说明。

7.4.1　系统的运行准备

系统实施阶段的人、财、物、技术等都要相对集中，而且系统实施阶段对组织机构的影响也是非常直接的，因此必须要做好系统实施前的准备工作。在电子商务系统实际开发和应用中，最重要且工作量最大的准备工作是数据准备和系统初始化工作。

1．组织准备

由于实施阶段的参与人员较多，因而需要适当调整健全组织机构，加强组织管理与控制工作；要做到人员职责分工明确，各方面工作情况的信息及时反馈到项目负责人处，从而及时发现问题、纠正偏差。

2．运行环境准备

运行环境的准备包括硬件环境和软件环境的准备工作，其中硬件环境包括服务器、防火墙等硬件设备的准备，而软件环境主要包括操作系统的购买和安装，软件服务器的购买和配置，数据库的购买和配置，以及系统体系结构的搭建。

3．人员培训

为了让用户单位的工作人员了解新系统、正常使用新系统，发挥出新系统的效能，提前培训用户单位的各类人员是十分必要的。培训工作应该根据系统的开发计划和用户单位的具体情况来制定培训内容和安排培训日程，通常需注意以下几点：

培训工作应该从系统应用的全局出发。不仅要对计算机技术人员和系统维护人员进行培训，还要对企业管理人员、操作人员等进行培训。

培训工作应该分阶段进行。确保培训工作相对于人员的工作安排具有超前性，使人员在上岗前得到应有的培训。一般而言，操作人员的培训与编程和调试工作是同时进行的。

培训工作应该分层次进行。针对不同类型的人员进行对应层次的培训。

人员培训主要包括以下内容：

（1）系统整体结构和系统概貌。

（2）系统网络的操作与使用。

（3）计算机的操作与使用。

（4）数据库系统、开发工具等系统软件。

（5）系统事务型业务功能的操作和使用方法。

（6）系统维护型功能的操作和使用方法。

（7）系统统计分析型功能的操作和使用方法。

（8）可能出现的问题及解决方法。

（9）汉字的输入方法。

（10）系统的使用权限与责任。

（11）系统的文档管理规范。

并非所有人员都要进行上述全部内容的培训，而应根据不同的工作岗位选择相应的培训内容，可参考如表 7-1 所示的培训安排。

表 7-1　工作岗位与培训内容

培训内容	操作人员	维护人员	管理决策人员	归档人员
系统整体结构和系统概貌		√	√	√
系统网络的操作与使用		√		
计算机的操作与使用	√		√	
数据库系统、开发工具等系统软件		√		
系统事务型业务功能的操作和使用方法	√	√		
系统维护型功能的操作和使用方法		√		
系统统计分析型功能的操作和使用方法		√		
可能出现的问题及解决方法		√		
汉字的输入方法	√			
系统的使用权限与责任	√	√	√	
系统的文档管理规范		√		√

4．数据准备

在新系统运行前，需要对原系统的数据进行整理、加工、校验等，数据准备就是要完成该项任务，从企业原有的系统中整理出符合电子商务系统要求的数据，包括历史数据的整理、数据格式的调整、数据资料的格式化、分类和编码，以及统计数据格式的变化、个别数据及项目的增删等。对于这类基础数据的统计一定要严格科学化，具体方法要程序化、规范化。计量工具、计量方法、数据采集渠道和程序都应固定，以确保新系统运行有稳定可靠的数据来源。

电子商务系统从开发完成到投入运行需要一个初始化的过程。系统初始化包括进行环境和资源设置、控制参数设定、数据加载以及调整系统与业务工作同步等内容。其中数据加载是工作量最大且时间最为紧迫的一个重要环节，因为大量的原始数据要一次性地输入系统，而企业的经营活动源源不断地产生新的信息，若不能及时将数据输入并启动系统，则有可能造成系统中的数据失效。

7.4.2　系统切换

系统开发完成经测试以及一系列的准备工作，便可准备投入运行。这时涉及新老系统的转换问题，即新系统代替老系统的过程。该过程并不是一项简单的工作，系统切换必须确保新老系统进行平稳而可靠的交接，最后使整个新系统正式交付使用。

一般而言，系统切换有三种方式：直接切换，并行切换，分段切换。

1．直接切换

直接切换是指在某指定时刻，老系统停止使用，同时新系统立即开始运行，没有过渡阶段。这种切换方式最简单，节约人力、物力、时间，费用也最低。但它是三种切换方式中风险最大的，一方面，系统虽然经过了测试，但隐含的错误往往不可避免，采用该种切换方式就是背水一战，无退路可走，一旦新系统发生严重问题而运行不起来，势必影响正常工作，给业务工作带来混乱；另一方面，切换过程中数据、技术更新等问题都可能造成切换失败。

所以，如果采用这种切换方式，应该具有谨慎的切换计划，做好各种准备工作，安排充分的时间去修正可能出现的问题；加强维护和数据备份等措施，保证在新系统切换不成功时可迅速切换回老系统。

直接切换方式适用于小型的、不太复杂的或时效性要求不很高的系统。

2．并行切换

并行切换是指在一段时间内，新老系统同时各自独立运行，完成相应的工作，并通过两个系统运行结果的比对、审核，发现新系统的问题并进行纠正，直到新系统运行平稳再停止老系统。并行切换是最安全、可靠性最高、风险最小的系统切换方式，是通常采用的系统切换方式。但该种方式需要投入双倍的人力、设备，切换费用相应增加；另外，对于不愿抛弃老系统的人员来说，他们使用新系统的积极性、责任心不足，会导致并行期的延长，从而加大系统切换的代价。

因此，采用该种方式切换时应从管理上给予保障，保证系统在预期的并行期内完成切换。除此之外，当发现新老系统运行结果不一致时，不应该有"老系统结果一定正确"这种先入为主的想法，而应该在检查新系统的同时也考虑老系统的结果是否正确。

并行切换方式适用于银行、财务和一些企业的核心系统。

3．分段切换

分段切换实际是直接切换和并行切换的结合，是指在新系统全部正式运行之前，分阶段一部分、一部分地替代老系统。这种切换方式既可避免直接切换的高风险，又可避免并行切换的双倍代价，切换过程可靠且费用不高。但这种逐步切换方式对系统的设计和实现都有一定的要求，否则无法实现这种切换方式；另外，这种切换方式接口多，数据的保存也被分为两部分。

在实际系统切换中，可综合利用各种切换方式的优点。例如，采用直接切换方式替换系统中不重要的部分，采用并行切换方式替换系统的重要部分，从而使老系统平稳过渡到新系统。

分段切换方式适用于大型系统的切换，但当新老系统差别太大时，不宜采用该种切换方式。

7.4.3　电子商务网站系统的发布

当所有工作就绪后，最后进行的就是系统的发布了。系统发布实际上是将系统推广出去以供用户使用。本节和下一节将以电子商务网站系统的发布和手机 APP 的发布为例介绍电子商务系统的发布：电子商务网站系统的发布是将网站内容上传到服务器的过程；手机 APP 的发布是将开发好的 apk 文件上传到发布平台的过程。

1．域名注册

域名注册是企业建立网站的第一步，是在因特网上开展业务服务的基础。域名用于在数据传输时标识计算机的电子方位，是与网络上的数字 IP 地址相对应的字符型地址，也就是说它可以表示通过计算机登上网络的单位在该网络中的地址，类似于家庭门牌号码。

1）域名格式

域名由若干英文字母和数字组成，以点分隔成几个层次，从右到左依次为顶级域名（或称为一级域名）、二级域名、三级域名等。例如在域名 sina.com.cn 中，顶级域名为 cn，二级域名为 com，最后一级域名为 sina。第一级域名往往是国家或地区的代码，第二级域名往往表示主机所属网络的性质，第三级域名往往是公司的英文全称或者中文全拼。中国的顶级域名为 cn，中国的二级域名分为两类：类别域名和行政区域域名。

类别域名有 6 个，如表 7-2 所示。

表 7-2　中国的类别域名

域　名	意　义
ac	适用于科研机构
com	适用于工、商、金融等企业
edu	适用于教育机构
gov	适用于政府部门
net	适用于互联网、接入网络的信息中心（NIC）和运行中心（NOC）
org	适用于各种非营利性的组织

行政区域域名 34 个，适用于中国的各省、自治区、直辖市，以省份（自治区或者直辖市）名称前两个字的首字母为域名，如内蒙古的域名为 nm。

2）域名注册步骤

（1）准备域名：

① 确定需要申请的是中文域名还是英文域名，是国际域名还是国内域名。

② 根据服务内容决定是申请.com 类型域名还是其他类型域名。

③ 准备好多个比较合适的备选域名。域名应该简单易记，并且尽量与网站名称相符。

（2）查询域名：选择正规的域名注册网站，查询所准备好的域名是否已被注册。

（3）注册域名：若未被注册，则按照服务向导，先在该网站进行注册并登录，填写注册信息，然后为想要注册的域名付款，付款成功后则域名注册成功。在填写信息时，一定要正确填写域名的注册者、注册联系人、管理联系邮箱等详细情况，这些信息是非常重要的，因为其关系到域名的产权问题以及以后的域名过户、转移注册商等问题。

（4）办理后续手续：注册成功后，服务商会发一封确认邮件到用户的电子邮箱，用户可以按照有关服务条例办理相关手续。

若注册的是.cn 等国内域名，还需提交与域名注册信息相同的资料，进行实名制认证，认证成功后域名才能正常使用。

2．主机空间的购买

由于需要将网站文件上传到服务器，因而拥有可用的服务器空间是必要的，主要有以下三种方式可获得主机空间。

1）自主购买

企业自行购置主机以获得单独的服务器，保证了服务器运行的速度性能。在该种方式下，企业仍有两种选择：一是自营主机，二是主机托管。

自营主机就是将主机放在企业内部，由企业自行管理。这种方式最灵活、最能满足企业的多种需求，但对企业的 IT 能力要求较高，需要专门的技术人员进行服务器的定期维护，甚至需要技术人员 24 小时的实时监督，因此耗费的成本是相当高的；另外，由于主机放在企业内部，从主机到互联网的接入段带宽常常得不到保证。对于数据量、访问量巨大且对带宽、系统性能有极高要求的大型企业而言，采用这种方式是最合适的。

主机托管就是把企业自行购置的主机交给 ISP（Internet Service Provider，因特网服务提供商），由 ISP 放入专门的机房机位进行管理。该种方式下企业具有较大的自主性，可根据自己的需要设置电子商务网站的功能，且由于减少了主机到互联网主干网之间的中间接入环节，从而带宽得到了足够的保证；另外，由于不需要企业派专人进行维护，因而也大大降低了费用。缺点在于安全性有待提高，依赖于"远程控制"等机制，尤其对于 ISP 的选择显得异常重要。这种方式适用于中小型企业。

2）虚拟主机的租赁

虚拟主机技术将一台真正的主机分解成许多"虚拟"的主机，每一虚拟主机都有独立的域名和 IP 地址，具有完整的互联网服务器功能，且虚拟主机之间在逻辑上完全独立。企业租赁一台虚拟主机与独立主机的效果完全一样，但费用却大大降低，且完全不必担心各种技术问题，更不用聘请专门的管理人员，最大的缺点在于提供的空间有限。适合初级网络应用水平的用户选用，对于刚刚接触网络、经营规模较小、业务内容单一的企业用户而言，这种方式是不错的选择。

3）云主机的租用

云主机是新一代的主机租用服务，是整合了计算、存储与网络资源的 IT 基础设施能力租用服务，能提供基于云计算模式的按需使用和按需付费能力的服务器租用服务。它在一组集群主机上虚拟出多个类似独立主机的部分，从而使得计算资源以虚拟服务器的方式被不同的应用使用。其中集群主机通常由相同或相似类型的服务器组合在一起。

云主机服务包括两个核心产品：一是面向中小企业用户与高端个人用户的云主机租用服务；二是面向大中型互联网用户的弹性计算平台服务。它整合了高性能服务器与优质网络带宽，有效地解决了传统主机租用价格偏高、服务品质参差不齐等问题，可满足各类型企业的需求。

3．网站源程序上传

为了让其他用户能够访问制作出来的网站，需要将网站文件复制到运行网站的服务器上。FTP（File Transfer Protocol）是 Internet 上用来传送文件的协议（文件传输协议），它是为了我们能够在 Internet 上互相传送文件而制定的文件传送标准，规定了 Internet 上文件如何传送。也就是说，通过 FTP 协议，我们就可以跟 Internet 上的 FTP 服务器进行文件的上传（Upload）或下载（Download）等动作。和其他 Internet 应用一样，FTP 也是依赖于客户程序/服务器关系的概念。在 Internet 上有一些网站，它们依照 FTP 协议提供服务，让用户进行文件的存取，这些网站就是 FTP 服务器。网上的用户要连上 FTP 服务器，就要用到 FTP 的客户端软件。

当我们拥有了服务器空间之后，便可通过 FTP 软件将网站源程序上传到服务器，该类 FTP 软件工具有很多，如 FlashFXP、8UFTP、FileZilla 等。这类软件除了可以完成文件传输的工作外，还可以完成站点管理、远程编辑服务器文件等操作，甚至还有断点续传、状态监控等功能。通过输入服务器地址、账号密码等资料连接到服务器后，就可以将本地的网站文件上传到服务器了。

7.4.4　电子商务手机 App 的发布

上一节介绍了电子商务网站发布的流程，接下来介绍电子商务手机 App 的发布。手机 App 的发布实际上是将测试好的应用程序打包上传到应用市场的过程。

1．创建 apk 文件

在上传应用程序之前，首先要准备好 apk 文件，apk 文件的创建需执行以下操作。

1）添加最终用户许可协议

现在的应用程序几乎都包含了一个最终用户许可协议。因此在发布自己的程序之前，应该慎重考虑是否也加入一份最终用户许可协议，即手机用户只有在同意了这份协议后才能在自己的手机上安装该程序。通常情况下，协议里面限定了该程序的使用范围，是否允许用于商业目的、是否允许反向工程以及当某些状况发生时保护作者不被起诉等。

2）创建并使用程序的图标和标签

当应用程序安装成功以后（无论是在模拟器上还是真机上），在系统的菜单中就会增加一个图标和文字标签。手机用户可以单击这个图标启动应用程序，因此开发者需要为自己的应用程序准备一个小图片（PNG 格式）和一个文字标签。图标和文字都定义在应用程序的 AndroidManifest.xml 文件中。

3）做好程序发布前的收尾工作

对于大多数软件开发者，应用程序的编写过程都是非线性的。在开发过程中一定会存在很多迭代的过程，需要不断地测试、发现问题，然后解决问题，很多时候还会在程序中加入一些测试代码，等到时机成熟的时候再将它们移出。现在就是进行清理的时候了。在应用程序发布以前最好检查一下下列步骤：

（1）关闭程序中的调试和日志开关。不必要的日志文件会占用手机上非常宝贵的存储空间，而这些调试信息对于最终用户没有任何意义。

（2）整理程序的源代码，使源代码中的命名统一规范，重新排列代码中各个方法的顺序，使代码更加易读。这么做是因为即使程序员自己在过了 6 个月以后重新翻看之前的代码时，也不会记得当初做了些什么。

（3）去除所有的测试数据，尤其是私人信息（如联系人数据库中的姓名和地址等）。

（4）删除项目中无用的文件，如日志文件和废弃的源代码文件等。

4）管理程序的版本

所有发布到三方市场上的应用程序都必须有一个名字和版本号，它们定义在程序的 AndroidManifest.xml 文件中。显然，程序的名字和版本号应该有意义。一个应用程序的 versionCode 必须是单调递增的，只有这样用户才知道什么时候应该将应用程序升级到新的版本。

5）获取数字签名证书和 API Key

如果想最终发布 Android 应用程序，那么创建自己的密钥、为应用程序签名是不可或缺的。数字证书签名就是把应用程序与开发者捆绑在一起，一方面可以保护开发者的知识产权，另一方面可以追查应用程序的开发者是谁，这与在合同上签名是一样的道理。

事实上，在应用程序的开发过程中就已经在进行数字签名了，当每次通过 Eclipse 启动应用程序时 Android SDK 会自动为程序生成一个调试签名。问题是调试签名并不能用于在 Android 市场上发布应用程序，必须专门为应用程序的发布生成一个新的签名。要想对应用程序进行签名，必须有一份加密的数字签名证书，可使用 keytool 工具生成密钥对和数字签名证书。

（1）创建一个用于签名应用程序的产品证书。

（2）导出应用程序。方法是在 Eclipse 中右键单击项目，选择 Android Tools->Export Unsigned Application Package，然后选择合适的文件名。为此文件提供一个临时名称很有帮助，因为在运行第（4）步中的 zipalign 时，需要提供一个输出文件名称，而且该名称应该是产品.apk 文件名称。

（3）在新.apk 文件上运行 jarsigner，使用第（1）步中的产品证书对它签名。

（4）在新.apk 文件上运行 zipalign，将任何未压缩的数据调整到合适的内存边界，以在运行时实现更高的性能。需要在此处提供应用程序.apk 文件的最终文件名。

（5）Android 在 Eclipse 中提供了一个 Export Signed Application Package（导出签名的应用程序包）选项，该选项使用向导执行第（2）到（4）步。

若新创建的项目包含 MapView，则需要合法的 Map API Key 才能顺利地从 Google Maps 服务器上获取地图信息。获取 Map API Key 需要如下两个步骤：

（1）首先得到自己计算机上的开发数字证书的认证指纹（MD5）。

（2）使用上一步得到的认证指纹到 Google Maps 网站上获取一份合法的 Map API Key，并将它复制到 AndroidManifest.xml 中。

2．上传 apk 文件

准备好 apk 文件之后，可选择第三方市场进行 App 的发布。主流的第三方市场有腾讯应用宝、安卓市场、豌豆荚、应用汇等。发布的步骤大同小异，一般先选择发布平台进行注册，然后根据要求上传.apk 文件并填写应用信息，最后提交审核等待审核通过。

在上传 apk 文件之前，最好先做好准备工作，如准备 App 的.apk 文件、名称、版本号，App 的简介、功能介绍，不同像素的软件截图4～5张，软件语言、软件类型、开发者信息等。

（1）图片。在上传应用程序时，需要提供的第一项是屏幕截图，应选择使应用程序比其他应用程序更醒目且显示了重要功能的屏幕截图；接下来是一个高分辨率应用程序图标。

（2）列出详细信息。应提供显示应用程序的文本信息，如标题、描述文本和推广文本（只有在提供了推广图标的情况下才能提供推广文本）。应用程序的文本信息是非常重要的，因为它们起到了吸引潜在客户的作用。标题应既有吸引力又能说明问题，描述文本应尽量使潜在用户想要下载你的程序。

在为应用程序编写文本时，一个任务是公开需要的权限，这些权限与应用程序内AndroidManifest.xml 文件中的<uses-permission>标记中设置的权限相同。当用户将应用程序下载到设备上时，完成安装之前，Android 将检查 AndroidManifest.xml 文件并向用户询问所有用户权限需求，所以为了提升用户体验，最好提前公开此权限。

（3）设置应用程序的价格。为应用程序设置正确的价格并不容易，除非具有高级的市场研究能力。即便如此，也仍然很难确定合适的价格。

（4）联系信息。即使开发人员履历中包含了联系信息，在上传每个应用程序时也可以设置不同的信息，通过提前设置应用程序支持的电子邮件地址类型，可以轻松地将支持电子邮件与个人电子邮件分开。

7.5　移动电子商务系统的开发

移动电子商务是指利用手机、PDA、掌上电脑等移动通信终端设备，通过有线、无线通信技术的支撑，在有线、无线混合的复杂网络环境下所实现的一种快速、便捷的商务活动形式。本节主要围绕手机端移动电子商务系统的开发，介绍其作为系统实施阶段可供选择的一种开发方式的特点，尤其重点介绍了基于 Android 系统的手机 App 的开发。

7.5.1　移动电子商务系统开发的三大平台

1. Android

Android 是 Google 与开放手机联盟合作推出的一款基于 Linux 的开源手机系统平台，该平台由操作系统、中间件、用户界面和应用软件组成。

Android 操作系统采用软件堆层（Software Stack，又名软件叠层）的架构。底层以 Linux 内核为基础，使用 C 语言开发，提供基本功能；中间层包括函数库（Library）和虚拟机（Virtual Machine），使用 C++开发；最上层是各种应用软件，包括通话程序、短信程序等，由各公司自行开发，以 Java 作为开发工具。这三层又可细分为五个部分，分别是：Linux Kernel、Android Runtime、Libraries、Application Framework、Applications，如图 7-3 所示。

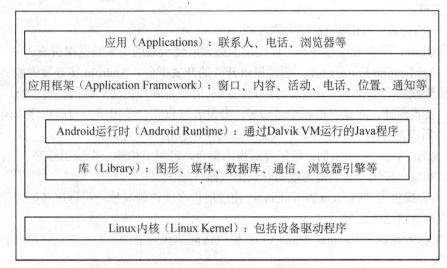

应用（Applications）：联系人、电话、浏览器等

应用框架（Application Framework）：窗口、内容、活动、电话、位置、通知等

Android运行时（Android Runtime）：通过Dalvik VM运行的Java程序

库（Library）：图形、媒体、数据库、通信、浏览器引擎等

Linux内核（Linux Kernel）：包括设备驱动程序

图 7-3　Android 系统架构图

（1）Linux Kernel：即 Linux 内核，为系统提供了一个基本的硬件抽象层，以及一些核心服务，如安全、内存管理、进程管理、网络堆栈、驱动模型。Linux 内核是实现与硬件相关的驱动程序的地方，提供了 WiFi 和蓝牙等功能。

（2）Android Runtime：Android 包含一个核心库的集合，提供大部分在 Java 编程语言核心类库中可用的功能。每一个 Android 应用程序都是 Dalvik 虚拟机中的实例，运行在它们自己的进程中。Dalvik 虚拟机具有在一个设备上可以高效地运行多个虚拟机的特点。Dalvik 虚拟机可执行的文件格式是.dex，它是专门为 Dalvik 设计的一种压缩格式，适合内存和处理器速度有限的系统。大多数虚拟机包括 JVM 都是基于栈的，而 Dalvik 虚拟机则是基于寄存器的。两种架构各有优劣，一般而言，基于栈的机器需要更多的指令，而基于寄存器的机器指令更大。Dalvik 虚拟机依赖于 Linux 内核提供基本功能，如线程和底层内存管理。

（3）Library：Android 包含一个 C/C++库的集合，供 Android 系统的各个组件使用。这些功能通过 Android 的应用程序框架（Application Framework）暴露给开发者。下面列出一些核心库。

① 系统 C 库：标准 C 系统库的 BSD 衍生，调整为基于嵌入式 Linux 设备。

② 媒体库：基于 PacketVideo 的 OpenCORE。这些库支持播放和录制许多流行的音频和视频格式，以及静态图像文件，包括 MPEG4、MP3、AAC、JPG、PNG 等。

③ 界面管理：管理访问显示子系统和无缝组合多个应用程序的二维和三维图形层。

④ LibWebCore：新式的 Web 浏览器引擎，驱动 Android 浏览器和内嵌的 Web 视图。

⑤ SGL：基本的 2D 图形引擎。

⑥ 3D 库：基于 OpenGL ES 1.0 APIs 的实现。库使用硬件 3D 加速或包含高度优化的 3D 软件光栅。

⑦ FreeType：位图和矢量图字体渲染。

⑧ SQLite：所有应用程序都可以使用的强大而轻量级的关系数据库引擎。

（4）Application Framework：通过提供开放的开发平台，Android 使开发者能够编制极其丰富和新颖的应用程序。开发者可以自由地利用设备硬件优势、访问位置信息、运行后台服务、设置闹钟、向状态栏添加通知等。开发者可以完全使用核心应用程序所使用的框架 APIs。所有的应用程序其实是一组服务和系统，包括以下几种。

① 视图（View）：丰富的、可扩展的视图集合，可用于构建一个应用程序。包括列表、网格、文本框、按钮，甚至是内嵌的网页浏览器。

② 内容提供者（Content Providers）：使应用程序能访问其他应用程序（如通讯录）的数据，或共享自己的数据。

③ 资源管理器（Resource Manager）：提供访问非代码资源，如本地化字符串、图形和布局文件。

④ 通知管理器（Notification Manager）：使所有的应用程序能够在状态栏显示自定义警告。

⑤ 活动管理器（Activity Manager）：管理应用程序生命周期，提供通用的导航回退功能。

（5）Applications：Android 装配的一个核心应用程序集合，包括电子邮件客户端、SMS 程序、日历、地图、浏览器、联系人和其他设置。所有应用程序都是由 Java 编程语言写的。

2．iOS

iOS 是由苹果公司为 iPhone 开发的手机操作系统，主要用于 iPhone、iPod touch、iPad 及 Apple TV 产品。它和 Mac OS X 操作系统一样，也是以 Darwin 为基础的。iOS 的系统架构分为四个层次：核心操作系统层（Core OS Layer）、核心服务层（Core Services Layer）、媒体层（Media Layer）、可轻触层（Cocoa Touch Layer），如图 7-4 所示。

图 7-4　iOS 系统架构图

（1）核心操作系统层（Core OS Layer）包含操作系统的内核环境、驱动和基本接口。内核基于 Mac 操作系统，负责操作系统的各个方面。它管理虚拟内存系统、线程、文件系统、网络和内部通信。核心操作系统层的驱动也提供了硬件和系统框架之间的接口，但只有有限的系统框架类能访问内核和驱动。

（2）核心服务层（Core Services Layer）为所有应用提供基础系统服务，如电话本，利用 GPS、附近的蜂窝基站或 WiFi 信号信息测量用户的当前位置，数据库服务器，以及安全认证等。

（3）媒体层（Media Layer）包括图像技术（Graphics Technologies，包括 Quartz、Core Animation 和 OpenGL ES），音频技术（Audio Technologies，包括 Core Audio 和 OpenAL）和视频技术（Video Technologies）。采用这些技术，可以在手机上创建最好的多媒体体验。更重要的是，应用这些技术开发的应用将有更好的视听效果。利用 iOS 高层框架可以快速地创建先进的图像和动画。

（4）可轻触层（Cocoa Touch Layer）是 iOS 架构中最重要的层之一。它包括开发 iPhone 应用的关键框架，当开发 iPhone 应用时，开发者总是从这些框架开始，然后向下追溯到需要的较低层框架。可轻触层包括 UIKit 框架、基础框架（Foundation Framework）和电话本 UI 框架（Address Book UI Framework）。

由于 iPhone 和 iPod touch 使用基于 ARM 架构的中央处理器（而不是苹果计算机使用的 x86 处理器）和由 PowerVR 视屏卡渲染的 OpenGL ES1.1，因此，Mac OS X 上的应用程序无法直接复制到 iOS 上运行；如需移植，需要针对 iOS 重新编写。

3．Windows Phone

Windows Phone（原 Windows Mobile）是微软公司专门针对 PDA 和智能手机类产品开发提出的解决方案，该方案基于通用嵌入式操作系统 Windows CE，增加了无线通信相关的系统特性和 UI 界面风格，并针对智能手机和 PDA 手机的开发特点，提供了优化的系统定制、应用开发、平台仿真等工具。

Windows Phone 是一个开放的、可伸缩的、32 位、多任务的操作系统，它既具有嵌入式操作系统的高可靠性和实时能力，又继承了许多桌面 Windows 操作系统的高级技术。从产品的角度讲，Windows Phone 的设计目标就是为嵌入式开发人员提供强大的支持能力，便于进行开发；另外就是针对原始设备制造商（OEM），使得他们能够构建资源受到限制的小型手持式设备以及个人信息管理（PIM）设备。Windows Phone 集成了.NET Frameworks，相对而言，它能够提供 Windows 应用平台的最大兼容性。

Windows Phone 操作系统从体系结构上来看，既具有分层结构的特点，又具有微内核结构的特点。

（1）Windows Phone 操作系统的分层模型的主要特点就是将操作系统的功能模块按功能的调用次序分成若干层，各层之间只能单向依赖或单项调用。这样就使功能模块之间的调用关系更加清晰，如图 7-5 所示。

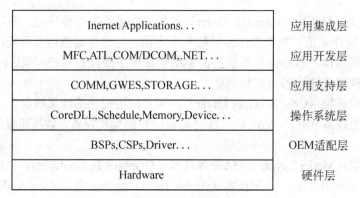

图 7-5　分层模型

从图 7-5 的层与层的交互来看，主要交互发生在相邻的层之间，上面的三层具有一定的向下跨层访问的能力，访问的约束在一定程度上有助于实现功能隔离，清晰的接口也为替换某一层的实现提供了方便。

从各层提供者的角度来讲，硬件层和 OEM 适配层（OEM Adaptation Layer，OAL）由硬件厂商和 OEM 厂商协作开发；操作系统层、应用支持层、应用开发层由微软提供；应用集成层由软件开发商提供。当然，这个划分并不是绝对的，很多时候是相互交叉的。

（2）从逻辑功能的角度看，Windows Phone 操作系统的构成如图 7-6 所示。图中系统分为四层，最底层是硬件层，指 CPU、板卡等硬件设备组成的硬件系统；最顶层是应用层，主要包括系统集成应用程序、客户应用程序、Internet 客户服务和国际化的用户接口等部分；中间两层是操作系统层和 OEM 层，这两层构成了实际的操作系统。

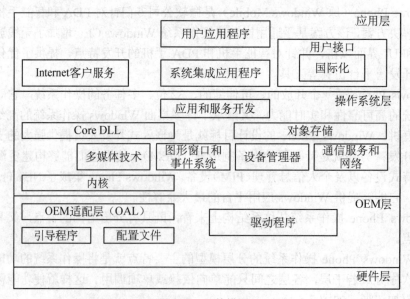

图 7-6　组件模型

在 OEM 层，包括以下模块。

① OAL 模块：这个模块主要包括和硬件相关的功能，如处理器的专用支持代码 CSP（CPU Support Package）和支持底板及相关设备的 BSP（Board Support Package）。

② 引导程序：引导程序是嵌入式系统中将操作系统核心调入内存的引导程序。

③ 配置文件：根据不同硬件系统的特点，进行相关文件的配置。

④ 驱动程序：驱动程序是嵌入式操作系统中至关重要的部分，它使操作系统能驱动不同的硬件，继而实现了操作系统与具体硬件的分离。在实际的操作系统中，驱动程序是许多其他模块的底层，如图形系统模块的下层是图形驱动，数据存储模块的下层是文件系统的驱动模块。

OEM 层是嵌入式操作系统中实现系统可移植性的重要一层，正是 OEM 层使 Windows Phone 实现了广泛的硬件支持。在实际的系统中，OEM 层实际上包括 CSP、BSP 和驱动程序。其中，CSP 支持不同的处理器体系结构，BSP 支持不同的硬件底板（I/O、总线等），而驱动程序支持不同的外设。

在操作系统层，包括以下模块。

① CoreDLL：CoreDLL 是 Windows Phone 操作系统最为重要的组成部分之一。它是处在操作系统和应用层之间的一个模块，隔离了操作系统的其他模块和应用层，这样使系统的应用层通过 CoreDLL 来与操作系统模块进行通信，使操作系统获得一个保护层。在系统中，CoreDLL 层主要担任对外部调用的系统功能进行代理的任务，实现了系统 API 的管理和按名调用。另外，CoreDLL 实现了字符串处理、随机数生成和时间计算等基本支持函数。

② 内核：Windows Phone 操作系统的内核在系统运行时体现为 NK.exe，一个占用空间很小的核心文件。核心部分在整个操作系统运行中始终运行在较高的优先级和处理器特权级别上。内核主要完成操作系统的主要功能，如处理器调度、内存管理、异常处理、系统内的通信机制，以及为其他部分提供核心调用例程，还为系统范围内的调试提供支持。

③ 设备管理器：设备管理器是 Windows Phone 操作系统对设备进行管理的核心模块，运行时表现为 Device.exe。设备管理模块提供基本的设备列表管理、即插即用管理、I/O 资源管理、电源管理以及设备驱动程序工作的基本机制。

④ 图形窗口和事件系统：它在运行时表现为 GWES.exe，主要实现基本的绘图引擎、窗口管理、界面的事件机制等。

⑤ 通信服务和网络模块：通信服务和网络模块在 Windows Phone 操作系统中是相对最为独立的一个模块。它的主要功能就是完成 Windows Phone 操作系统与外界网络的通信功能，并为操作系统上层提供网络服务。

⑥ 对象存储模块：对象存储是指 Windows Phone 的存储内存空间。它包括三种类型的数据：文件系统（包括数据文件和程序），系统注册表，数据库。由于所有文件系统的访问都是通过 Win32 API 完成的，所以 Windows Phone 提供了与设备无关的文件访问。

⑦ 应用和服务开发模块：应用和服务开发模块包括一般所说的 Win32 系统服务模块。

它是 Windows Phone 对应用程序提供的接口。在应用开发和服务开发时，系统就是利用这一模块完成开发者的系统调用的。

7.5.2　移动电子商务系统开发的三大模式

移动电子商务系统的应用开发有三种模式：Native App、Web App 以及 Hybrid App。

1．Native App

Native App 开发模式，即本地开发模式，或称为原生应用，指的是用平台特定的开发语言所开发的应用。它是基于智能手机本地操作系统如 iOS、Android、Windows Phone 并使用原生程式编写运行的第三方应用程序。这种应用程序是某一个移动平台（如 iOS）所特有的，使用相应平台支持的开发工具和语言。例如，iOS 平台支持 Xcode 和 Objective-C，Android 平台支持 Eclipse 和 JAVA，而 Windows Phone 则主要使用 C#语言开发。

这种开发模式通常是由"云服务器数据+App 应用客户端"两部分构成，App 应用中所有的 UI 元素、数据内容、逻辑框架均安装在手机终端上。

Native App 依托于操作系统，有很强的交互性，是一个完整的 App，可拓展性强，需要用户下载安装使用。它所具有的优点如下：

（1）最佳的用户体验，最优质的用户界面，最华丽的交互。

（2）针对不同平台提供不同体验。

（3）可访问本地资源（如通讯录、相册等），支持离线工作。

（4）打开速度更快。

Native App 的最大优势是，基于操作系统提供的原生应用程序接口（API），开发人员可以开发出稳定、高性能、高质量的移动应用。

它的缺点如下所示：

（1）移植到不同平台上比较麻烦，不具有跨平台性。

（2）维持多个版本的成本比较高。例如，对于专业性要求比较高的移动应用，需要具有较高技术水平的团队作为保障，团队内部不同操作系统版本的应用开发人员之间的工作需要密切合作，确保版本质量及不同版本被消费者使用时具有一致性的用户体验，因而团队间的沟通协调成本也会较高。

（3）官方审核流程复杂，影响发布进程。

Native 应用开发模式适用于高性能、快速响应类的面向广大用户的终端应用。例如，有些 3D 游戏类应用需要提供实时响应的丰富用户界面，对这类 App 而言，Native 开发模式可以充分展示其性能和稳定性优势。

2．Web App

Web App 是指可通过浏览器访问的基于 Web 的系统和应用，主要采用统一的标准的

HTML、JavaScript、CSS 等 Web 技术开发，通过不同平台的浏览器访问来实现跨平台。它不需要下载安装，类似于现在所说的轻应用。简单理解，Web App 就是触屏版的网站。

这种开发模式是一种框架型 App 开发模式（HTML5 App 框架开发模式），具有跨平台优势。该模式通常由"HTML5 云网站+App 应用客户端"两部分构成。App 应用客户端只需要安装应用的框架部分，而应用的数据则是每次打开 App 的时候去云端获取数据呈现给用户。

Web App 的优点如下：

（1）开发成本低，使用现有的 Web 开发技术即可。

（2）开发速度快，随时可发布。

（3）更新无须通知用户，不需要手动升级。

（4）适用范围广，能覆盖所有智能手机，跨平台和终端。

Web App 的缺点如下：

（1）用户体验短期内无法超越原生应用。

（2）调用本地文件系统的能力弱，无法获取系统级别的通知、提醒、动效等。

（3）设计受限多，只能使用有限的移动硬件设备功能。

（4）不支持离线模式，对网络的依赖很大。

（5）较差和较慢的性能体验。

由于 Web 开发模式具有开发难度小、成本低、周期短、使用方便、维护简单等特点，因而非常适用于企业移动信息化的需求，并且因为企业在 PC 端多选用浏览器/服务器架构，因此能够和 Web App 通过手机浏览器访问的方式无缝过渡。对于性能指标和触摸事件响应不苛刻的移动应用，这种开发模式也是完全可以胜任的。

3．Hybrid App

Hybrid App 开发模式，即混合开发模式。这种开发模式使用第三方的跨平台开发框架（如 PhoneGap，AppCan），将一种语言开发出的应用兼容到不同的移动设备上。它需要下载安装。

Hybrid App 虽然看上去是一个 Native App，但访问的内容是 Web。它的特点是在原生应用中嵌入一个浏览器组件，然后通过某种方式，让原生代码和网页能够双向通信，结果就是可以在需要原生功能的时候使用原生功能，而适合放在网页端的部分就放在服务器上。由于它是原生应用和 Web 应用的结合体，因而必须部分在设备上运行，部分在 Web 上运行。Hybrid App 兼具 Native App"良好用户交互体验的优势"和 Web App"跨平台开发的优势"，相同代码只需针对不同平台进行编译就能实现在多平台的分发，且开发者可以通过包装好的接口，调用大部分常用的系统 API。Android 版的淘宝客户端就是用的这种开发模式。

Hybrid App 的优点有：支持多平台访问，降低多平台成本；可方便调用设备的本地功能，如通讯录、本地文件操作等。

Hybrid App 的缺点有：用户体验不如 Native App；无法离线访问 Web 方式实现的功能；技术不够成熟。

尽管 Hybrid App 开发模式中 Native App 和 Web App 的比例很自由，但目前而言，最主流的 Hybrid App 方案仍然是以 Native 架构为重。

4．选择开发模式

选择一种合适的开发模式需要根据自身情况来确定，并考虑到最重要的方面，如成本、需求、开发周期。如今大多数公司都在两个方面做取舍：一是用户体验和应用程序功能，二是开发成本和产品上市时间。

例如，如果应用需要和手机的功能深度整合，需要呈现大量图形和动画，那么 Native App 开发模式显然是最优的；如果需要很快地将应用发布出来，那么选择 Web App 开发模式是最好的；如果应用不太依赖于平台组件，应用的设计或功能也比较简单，那么选择 Hybrid App 开发模式就足够了。

表 7-3 对比了 Native App、Web App、Hybrid App 在不同方面的表现，有助于根据实际情况选择最佳方案。

表 7-3　Native App、Hybrid App、Web App 对比

	Native App	Hybrid App	Web App
App 特性			
图形渲染	本地 API 渲染	混合	HTML，Canvas，SVG
性能	快	慢	慢
原生界面	原生	模仿	模仿
发布	应用商店	应用商店、网站	网站
本机设备访问			
照相机	支持	支持	不支持
系统通知	支持	支持	不支持
联系人、日历	支持	支持	不支持
离线存储	安全文件系统	安全文件系统，Shared SQL	Shared SQL
定位	支持	支持	支持
手势			
滑动	支持	支持	支持
缩放	支持	支持	不支持
网络要求			
网络要求	支持离线	支持离线	主要依赖网络

续表

开发		
开发语言	Objective-C，Java，.net 等	HTML5，CSS，JavaScript	HTML5，CSS，JavaScript
跨平台	不支持	支持	支持
维护	难	容易	容易
成本	高	较低	低

7.5.3 移动电子商务系统的开发工具

1. Eclipse

Eclipse 是一个开放源代码的、基于 Java 的可扩展开发平台。Eclipse 本身只是一个框架和一组响应的服务，并不能够开发什么程序。在 Eclipse 中几乎每样东西都是插件，实际上正是运行在 Eclipse 平台上的种种插件提供了开发程序的各种功能。同时，各个领域的开发人员通过开发插件，可以构建与 Eclipse 环境无缝集成的工具。EclipseME 作为 Eclipse 的一个插件，致力于帮助开发者开发 JavaME（Java Platform Micro Edition）应用程序。EclipseME 并不为开发者提供无线设备模拟器，而将各手机厂商的实用模拟器紧密连接到 Eclipse 开发环境中，为开发者提供一种无缝统一的集成开发环境。

2. Xcode

Xcode 是苹果公司在 Mac OS X 之下集成的开发环境引擎，负责处理由最开始到工程的最终部署的过程中的大多数细节。苹果开发者可以通过这个开发工具来完成以下工作：一是新建和管理工程，其中包括指定目标的需求、依赖性以及联编的风格；二是在具有自动缩进和语法染色等功能的编辑器上编写源代码；三是在工程的各个不同组件中进行检索和漫游，包括文档和头文件；四是在具有图形化的源代码级调试器上面调试工程。

要创建一个 iPhone 应用程序，需要用 Xcode 创建一个新的项目。Xcode 的项目管理与 iPhone 程序相关的所有信息，包括源代码、构建设置，以及需要放在一起的规则。每个 Xcode 项目的核心就是项目窗口。在项目窗口中，开发者可以快速地访问应用程序的各个关键元素。项目窗口包括以下内容。

（1）文件和文件组列表：用于管理项目中的文件，包括源代码文件，以及从这些源代码文件创建的构建目标。

（2）工具栏：提供访问常用工具和命令的途径。

（3）细节面板：配置项目内容的空间。

（4）其他部分：包括状态栏等。

Xcode 包含一个文本编辑器，支持代码完成、语法高亮、代码折叠，以及行内的错误警告提示等功能。Xcode 支持对开发环境进行个性化设置，编辑器还提供联机帮助功能供开发人员查找与当前内容相关的文档。

在 Xcode 中编译应用程序，可以选择部署在 iPhone 模拟器上，也可以选择部署在 iPhone 设备上。模拟器提供了测试应用程序的本地环境，当程序在模拟器上测试通过之后，可以将程序编译并部署到与计算机相连接的 iPhone 上。

在 IOS 的应用程序设计中，可以通过 Xcode 进行工程项目创建以及程序代码的编写，然后通过 InterfaceBuilder（可视化用户界面设计工具）设计程序的界面，当程序通过测试并且模拟器运行的结果符合预期的目标时，通过 Xcode 将它联编到真机上并进行调试，不过在真机调试之前还需要先申请苹果开发者账号。

3. Microsoft Visual Studio

Microsoft Visual Studio 是目前使用最为普遍的 Windows 平台应用程序开发工具，它是一个完整的开发工具集，包括了整个软件生命周期中所需要的大部分工具，如 UML 工具、代码管控工具、集成开发环境（IDE）等，是面向.NET Framework 的。.NET Framework 是用于生成、部署和运行 XML Web Services 和应用程序的多语言环境。微软把.NET Framework 糅合进 Windows Mobile 设备和 Windows CE.NET 操作系统的.NET Compact Framework，这一工作降低了 Windows Mobile 的开发难度，也使开发人员的效率迅速提高。

最新版的 Microsoft Visual Studio 增强了支持跨平台云端和移动开发的特性，提供了大量基于云的开发者服务，便于开发者管理自己的云资源。另外，通过引入 Xamarin 库，开发者可以将.NET 应用扩展到 iOS 和 Android 系统。

开发应用程序除了需要安装开发环境 Visual Studio 外，还需要安装模拟器和 ActiveSync。模拟器可以让开发人员在没有真实移动设备的情况下开发 Windows Mobile 程序，而 ActiveSync 则用于 Windows Mobile 设备连接，譬如与 PC 端进行数据同步，相当于 PC 与移动设备间的一座桥梁。

4. Oracle Database Lite 10g

Oracle 公司推出的嵌入式移动数据库系统 Oracle Database Lite 10g 是一个集成的可扩展的移动解决方案，适用于对移动和嵌入式环境应用的开发、部署和管理影响较大的应用程序。它通过访问依赖于网格中企业 Oracle 数据库所维护信息的应用程序来扩展网格环境。Oracle Database Lite 可以在无须用户干预的情况下和中心数据库进行自动数据同步，而且这种同步是双向的，可以由企业数据库或者移动设备任何一端发起，因此使得移动用户即使在没有网络连接的情况下也能访问企业数据，为移动用户提供了不受带宽和覆盖面限制的、连续的数据访问体验。

Oracle Database Lite 10g 的主要组件包括 Oracle Database Lite 客户端堆栈、Oracle Database Lite 移动服务器和开发人员工具三部分。Oracle Database Lite 客户端堆栈的主要组件是 Oracle Database Lite Client 数据库，用于本地数据访问、设备管理和与 Oracle Database

Lite Mobile Server 通信的客户端数据同步；Oracle Database Lite 移动服务器在承担与企业 Oracle 数据库进行数据同步的中间层中进行操作；开发人员工具使得开发人员能够对 Mobile Server 的信息库进行检查和诊断。

Oracle Database Lite 10g 的主要特性如下：

（1）支持数据复制。

（2）高性能、多对一、可扩展的同步体系结构的设计可以支持几千部移动设备并行同步。

（3）采用打包向导工具，将应用程序打包并发布到移动服务器数据仓库。移动管理器允许从移动服务器仓库上传、删除应用程序以及修改应用程序属性，为应用程序分配组和用户，通过设置参数来指定数据子集。

（4）开发人员能够自定义默认客户端或服务器行为，或者完成非工具用户界面提供的任务。

（5）开发人员可在内置的默认"客户端优先"或"服务器优先"冲突解决规则中选择，或者通过编写代码来提供自定义的冲突处理办法。

5．SQLite

SQLite 是 Android 所带的一个标准的数据库，它是一款轻型的数据库，是遵守 ACID 的关联式数据库管理系统。它的设计目标是嵌入式，而且目前已经被很多嵌入式产品使用。它占用资源非常低，在嵌入式设备中可能只需要几百 KB 的内存就足够了。它能够支持 Windows/Linux/UNIX 等主流的操作系统，同时能够跟很多程序语言相结合，如 C#、PHP、Java 等，还有 ODBC 接口。比起 Mysql、PostgreSQL 这两款开源世界著名的数据库管理系统，它的处理速度比它们都快。

SQLite 虽小巧，但它支持事务处理等功能，支持跨平台，操作简单，能够使用很多语言直接创建数据库。它具有以下特性：

（1）事务操作是原子、一致、独立并且持久的，即使是在系统崩溃和电源故障之后。

（2）不需要安装和管理配置。

（3）一个完整的数据库被存储在一个单一的跨平台的磁盘文件中。

（4）数据库文件可以在不同字节顺序的机器间自由共享。

（5）存储量大，可支持的数据库大小为 2TB。

（6）在大多数常见操作上比流行的客户/服务器数据库引擎更快。

（7）简单易用的 API。

（8）具有良好注释的源代码。

（9）独立，没有外部依赖。

（10）代码完全开放，可免费用于任何用途。

6．MySQL

MySQL 是一个开源的小型关式数据库管理系统，开发者为瑞典 MySQL AB 公司。

由于 MySQL 体积小、速度快、总体拥有成本低，尤其是具有开源这一特点，许多中小型网站为了降低网站总体拥有成本而选择其作为网站的数据库。

MySQL 具有以下特点：

（1）MySQL 使用的核心是完全多线程，支持多处理器。

（2）MySQL 有许多种类型供用户选择，包括：1、2、3、4 和 8 字节长度有符号/无符号整数、FLOAT、DOUBLE、CHAR、VARCHAR、TEXT、BLOB、DATE、TIME、DATETIME、TIMESTAMP、YEAR 和 ENUM 类型。

（3）MySQL 通过一个高度优化的类库实现 SQL 函数库，并能够和它们达到相同的运算速度，通常在查询初始化后不该有任何内存分配问题，不存在内存泄露问题。

（4）MySQL 全面支持 SQL 语句的 GROUP BY 和 WORDER BY 子句，可以实现混合查询子句。

（5）支持 ANSI SQL 的 LEFT OUTER JOIN 和 ODBC。

（6）所有列都有缺省值。

（7）MySQL 可以跨平台工作，支持 C、C++、Java、Perl、PHP、Python 等。

7.5.4　基于 Android 平台的电子商务系统开发

选择好开发平台和工具后，便可开始电子商务系统的开发了。这里，我们主要介绍基于 Android 平台的电子商务应用程序的开发，以此为例，引导读者明晰 App 的开发流程。

Android 应用程序具有四个重要组成部分：活动（Activity）、服务（Service）、内容提供器（Content Provider）、广播接收器（Broadcast Receiver）。Activity 作为应用程序的交互界面存在，需要呈现给使用者；Service 相当于后台运行的 Activity，用户无法与其直接交互；Content Provider 支持在多个应用中存储和读取数据，相当于数据库；Broadcast Receiver 用于接收广播。以下是对这四个组件的详细说明：

（1）活动（Activity）与桌面操作系统中独立的应用程序（如办公软件）类似。活动都是由一些可执行代码组成的，可以由用户或者操作系统在需要的时候启动。活动可以和用户进行交互，还可以通过查询（queries）和意图（intents）向其他活动或服务（services）获取数据和服务。活动通常要负责屏幕的显示，每一个活动都有一个显示界面。如果活动不再处于活动状态，那么系统将停掉它以提高手机内存的使用效率。

（2）服务（Service）与桌面操作系统或者服务器中的后台程序有些类似。服务同样是由一些可执行代码组成，它们启动以后就会一直在后台运行。

（3）内容提供器（Content Provider）用于向其他活动或者服务提供数据服务。内容提供器通过使用标准的 URI（Uniform Resource Identifier，统一资源标识符）接口为其他应用程序提供数据服务，数据的请求者甚至不需要知道服务的提供者是谁。

（4）广播接收器（Broadcast Receiver）用于处理应用程序发出的服务请求。广播接收器用于处理系统级别的事件消息，这些消息可能是 Android 系统本身发出的（如电池电量过低），也可能来自系统中正在运行的其他应用程序。一个活动或者服务通过实现意图接收器来向其他应用程序提供服务，意图接收器就是一段可执行代码，负责响应其他活动或者服务发出的数据或服务请求。

接下来介绍基于 Android 平台的 App 开发的详细流程。

1．搭建开发环境

开发 Java 需要的环境是 Eclipse+JDK。在 Java 的开发环境上，使用 Android 的开发程序包——Android SDK（Android Software Development Kits）提供的开源资源来快速地建立、运行、调试 Android 项目。这个时候，需要在原有的 Java 开发工具 Eclipse 上安装一个插件 ADT（Android Development Tools），这个插件能够使开发者在 Eclipse 环境中可视化地调用 Android SDK 中的资源及开发工具。

（1）安装 JDK 并设置环境变量。可到官网下载 JDK（官网地址 http://www.oracle. com/techn etwork/java/javase/downloads/index.html）。

（2）安装 Eclipse。Eclipse 集成开发环境是开放的软件，可以到 Eclipse 的网站上下载。

（3）下载 Eclipse ADT。在 Android 官网 Download 选项中选择 Download Eclipse ADT。它包含了 Android SDK，且由于 Eclipse 中自动集成了 ADT 插件，因此只需下载并设置即可。

（4）升级 Android SDK。双击解压的 adt-bundle-windows-x86 文件夹中的 SDK Manager.exe 文件，在弹出的 SDK 管理界面中选中需要升级的 SDK 包并单击 Install package 按钮即可。

2．配置服务器端环境

Android 客户端本身并不做大量的数据存储和复杂的数据处理工作，只是提供相应功能的良好用户界面，方便用户选择或输入查询条件，然后向网络服务器发送请求获取查询结果，最后解析服务器返回的结果，并以一种用户容易理解的方式显示在手机上。而数据的存储和复杂的数据处理工作全部在服务器端执行。

（1）配置 Tomcat 环境。Tomcat 是一个 Web 容器，所有的 J2EE Web 程序都可以在此容器中运行。它具有三大功能：Web 服务器、jsp 的容器、servlet 的容器，主要用于部署 Java Web 应用。

（2）配置数据库连接。

（3）创建项目工程。

（4）搭建服务器框架，如 Struts、Hibernate 框架环境的配置与搭建。

（5）部署 Java Web 应用。本地部署只需将项目文件夹的内容复制到 Tomcat 的 webapps\ROOT 目录下，重启 Tomcat 就可以通过 localhost（或本机 IP 地址）访问。远程部署则需要通过 FTP 进行上传。

3．创建 Android 项目

一个 Android 项目包含了应用程序的所有源代码和其他资源，这些代码和资源将编译并封装为一个.apk 文件，最终安装到 Android 设备上。

Android 项目创建后，可以在 Package Explorer（包视图）中看到整个项目的所有结构，项目的主要结构包括以下文件。

（1）src：源代码资源，用于存放 Android 应用程序的代码。

（2）gen：系统自动生成的文件。

（3）assets：存放外部资源。

（4）bin：存放编译后类文件。

（5）res：Android 应用程序的资源包。

（6）proguard.cfg：防止发布的 apk 文件被反编译。

（7）AndroidManifest.xml：Android 应用程序所必需的文件，可以设置应用程序的编码格式，设置 ICON 图标等，能够声明应用程序中的活动（Activity）、服务（Service）、内容提供器（Content Provider）、广播接收器（Broadcast Receiver），还可以指定 permissions（权限）。

编写应用程序主要需要根据设计阶段的界面设计及界面跳转设计完成页面的实现，包括实现界面元素的规划，确定好布局模式、在哪个地方放置什么视图组件、组件填充哪些数据，以及实现界面上各个组件需要响应的事件、各个界面之间的调用和跳转流程等；根据需求分析文档中列出的功能模块，在项目中分别创建模块文件夹，然后对功能模块进行实现。

4．运行 Android 项目

1）创建 Android 虚拟设备

在运行 Android 项目之前，必须首先创建一个 Android 虚拟设备（Android Virtual Device AVD）。它能够方便开发者使用 Android 环境运行、测试 Android 项目，可以在计算机上安装运行模拟 Android 系统，并可以在计算机端进行几乎任何手机上可以进行的操作。简单地说，AVD 就是一个平台的配置总和，可以在 AVD 中指定目标平台的版本，如 Android 6.0，还可以设置模拟器的 SD 卡的位置以及模拟器的皮肤等。

在仿真器环境中，可以使用集成的 Android 的各个工具，如 Logcat 工具是查看系统 Log 信息的工具，可以获得 Android 系统运行时的信息；Device 工具可以查看 Heap（堆内存）、Threads（线程）的信息，还具有停止某个进程的运行、截取屏幕等功能。

2）编译并运行应用程序

使用 Eclipse 进行开发时，每次保存程序更改的时候，编译都将自动进行。单击 Run 按钮时，程序将自动安装到开发者指定的设备上。

5．测试程序

Android 提供了一个高级的测试框架，这个框架是 JUnit（约定俗成的标准单元测试框架）的一个扩展，在标准 JUnit 的基础上插入了方便执行各种测试的插件。有的情况下，我们需要再装一些工具，而且集成这些工具大多数情况下都很简单和直接。

Android 测试环境的关键特性包括以下方面：

（1）Android 在 JUnit 框架基础上扩展了访问系统对象的方法。

（2）通过模拟器框架可以测试应用和控制器。

（3）提供了常用的、不同版本的系统对象的模拟器。

（4）提供了执行单个用例、用例集的工具，无须模拟器。

（5）提供测试用例、工程的管理工具，在 ADT 的 Eclipse 插件中，用命令行来控制。

随着越来越多的 Android 设备推出，每种设备都可能具有某种新硬件配置，因此针对想要支持的设备进行测试非常重要。理想的方式是访问要在其上测试应用程序的每种类型的设备，这样做的成本是很高的。次要的选择是为每种类型的设备配置 AVD，指定适当的硬件配置，然后使用模拟器和每个 AVD 进行测试。

Android 虚拟机的功能非常强大，可以解决一般应用程序的测试，但是与真机还存在一定差距，比如在速度上与真机无法比拟，而且无法完成一些涉及真实操作的应用程序（如检查电池状态、GPS 定位等），因此真机测试是不可避免的，也是发布应用程序之前一定要完成的。

测试最根本的目的是让程序能够正确处理所有场景，因此，最好在程序发布之前发现所有的问题。

6．调试并排除故障

Android SDK 包含大量可用于调试的工具，这些工具集成在 Eclipse IDE 中。在整个 Android 应用程序开发过程中都将看到的一个工具，那就是 Logcat。该工具显示 android.util.log、异常、System.out.println 等发出的日志消息。尽管可以使用 System.out.println 并且消息也会在 Logcat 窗口中显示，但要记录应用程序中的日志消息，应使用 android.util.log 类。在记录日志消息时，最好使用恰当的调用级别，而且不要在准备产生部署的应用上留下冗长的调用。

Android 按照优先级从低到高（越致命的信息级别越高）的顺序把日志分为 V（Verbose），这是最低级的日志，如果选择显示这个级别的日志，就意味着显示所有日志信息；D（Debug）；I（Info）；如果出现这个日志，程序将不能正确运行 W（Warning）；E（Error），F（Fatal）；S（Silent）。

关于 Logcat，一项特别有用的功能是可以在模拟器中运行应用程序时查看日志消息，也可以在将真实设备连接到工作站且它处于调试模式时查看日志消息。

调试 Android 程序与调试普通 Java 程序类似，也是通过设置断点的方式来寻找错误，断点的选择非常重要，应尽量选在最可能出错的地方，以节省调试时间。

Android 不仅支持模拟器调试，还支持真机调试，真机调试更加准确，更能够真实地反映程序的运行环境。真机调试与模拟器调试的方法类似，但需做好如下准备工作：

（1）将手机设置为调试模式。

（2）在计算机上安装手机的驱动程序。将手机 USB 插入 USB 接口，若没有自动下载，则可利用手机连接软件下载手机驱动程序，如各类手机助手。

（3）打开 Eclipse，右击需要运行的项目，选择 run as Android Application。

7. 发布上线

相对于 iOS 发布过程来说，Android 应用的发布比较简单，如果需要发布到应用商店，需要参考各个应用商店的规定。详细的发布流程可参考 7.4.4 节电子商务手机 App 的发布。

本章小结

- 系统平台的搭建包括网络平台的搭建、操作系统的选择、应用服务器的选择、数据库管理系统的选择、中间件软件的选择、硬件平台的选择。
- 电子商务系统开发模式分为传统的 Web 开发模式和基于组件的开发模式。
- 电子商务系统测试是保证系统质量的重要手段。
- 电子商务系统的发布可从电子商务网站的发布和手机 App 的发布来理解。
- 移动电子商务系统的开发首先要明确开发平台、开发模式，选择合适的开发工具。

综合练习

一、单项选择题

1. 下列不是操作系统选择的原则的是（　　）。

A. 异种机互联能力　　　　　　　　　　B. 开放性

C. 实用性　　　　　　　　　　　　　　D. 系统备份/恢复支持能力

2. 对于数据库管理系统在选择时需要考虑的因素描述错误的是（　　）。

A. 支持非汉字处理能力　　　　　　　　B. 构造数据库的难易程度

C. 程序开发的难易程度　　　　　　　　D. 对分布式应用的支持

3. 下列不属于网络存储技术的是（　　）。

A. DAS　　　　　　B. CDR　　　　　　C. NAS　　　　　　D. SAN

4. （　　）是动态页面开发模式。

A. CGI　　　　　　B. HTML　　　　　　C. CORBA　　　　　　D. .NET Framework

5. 下面属于电子商务系统测试中的系统错误的是（　　）。

A. 逻辑错误　　　　　　　　　　　　　B. 参数与控制数据混淆

C. 语法错误　　　　　　　　　　　　　D. 参数调用错误

6. （　　）不是电子商务系统测试的技术指标。

A. 系统的可扩展性　　　　B. 系统的可靠性　　　　C. 系统的兼容性　　　　D. 系统的健壮性

7. 电子商务应用程序测试不包括（　　）。

A. 可用性测试　　　　　　B. 负载测试　　　　　　C. 功能测试　　　　　　D. 兼容性测试

8. 对于电子商务系统的数据库测试的内容描述错误的是（　　）。

A. 查询回应事件　　　　　　　　　　　　B. 数据库搜寻结果相关性

C. 数据库适用性　　　　　　　　　　　　D. 数据有效性

9. 常见的测试工具有（　　）。

A. Dependency Walker　　　　　　　　　B. EditPlus

C. LoadRunner　　　　　　　　　　　　D. Snippet Compiler

10. 下列属于国内域名的最后一个后缀的是（　　）。

A. .net　　　　　　　　B. .cn　　　　　　　　C. .com　　　　　　　　D. .edu

二、多项选择题

1. 下列属于电子商务系统平台搭建的基本原则的有（　　）。

A. 先进性　　　　　B. 可移植性　　　　　C. 灵活性　　　　　D. 可管理性

2. 应用服务器为应用程序提供的主要服务有（　　）。

A. 高性能的应用程序运行环境　　　　　　B. 为应用提供扩充性

C. 会话管理、目录及内容管理　　　　　　D. 支持多种应用编程模式

3. 目前的应用服务器都提供有相应的系统管理工具，具体功能包括（　　）。

A. 系统升级管理　　　　B. 性能配置管理　　　　C. 存取控制管理　　　　D. 系统日志管理

4. 中间件选择的影响因素有（　　）。

A. 与遗留应用的结合度　　　　　　　　　B. 使用的难易程度

C. 可扩展性　　　　　　　　　　　　　　D. 成本

5. 基于组件的开发模式有（　　）。

A. Microsoft DCOM　　　　　　　　　　B. .NET Framework

C. J2EE　　　　　　　　　　　　　　　D. Struts

6. 对于电子商务系统测试应该遵循的基本原则，描述错误的是（　　）。

A. 在应用系统开发完成之后进行测试

B. 测试工作应由原开发软件的人或小组承担

C. 确定预期输出

D. 在测试程序时，只需检验程序是否做了该做的事

7. 电子商务系统软件测试的内容包括（　　）。

A. 单元测试　　　　　B. 集成测试　　　　　C. 确认测试　　　　　D. 系统测试

8. 国际顶级域名的最后一个后缀可以包括以下几种（　　）。

A. .uk　　　　　　　　B. .cn　　　　　　　　C. .gov　　　　　　　　D. .edu

9. 下面属于外购网络服务的是（　　　）。

A. 虚拟主机服务　　　　B. ASP 外包服务　　　　C. 主机托管服务　　　　D. 自建自营 Web 服务

10. 下列属于移动电子商务开发三大平台的是（　　　）。

A. Windows Phone　　　　B. iOS　　　　C. Symbian　　　　D. Android

三、判断题

1. 在应用服务器选择的技术指标中，性能是最关键的因素。（　　　）

2. 可靠性是服务器设备进行选择的一个考虑因素。（　　　）

3. 中间件在应用软件之上，在操作系统、网络和数据库的下层。（　　　）

4. DAS 连接方式通常用于拥有异构环境的企业中，数据之间能够进行共享。（　　　）

5. 电子商务系统的开发与集成的任务主要是完成电子商务应用软件的编码与调试。（　　　）

6. 有动态效果（如 GIF 格式的动画、Flash、滚动字幕等）的网页是动态网页。（　　　）

7. 电子商务系统的测试中可以测试出程序的所有错误。（　　　）

8. 黑盒测试也称功能测试，即在不考虑程序的内部结构和特性的情况下，测试软件的外部特性。（　　　）

9. 手机 App 的发布不需要进行数字签名。（　　　）

10. 在进行电子商务移动应用程序的调试时，真机测试可有可无。（　　　）

四、简答题

1. 在电子商务系统实施中，网络平台搭建的基本原则是什么？

2. Struts 具有哪些优点？

3. 选择合适的开发工具应遵守哪些基本原则？

4. 系统切换的方式有哪几种？分别具有什么优缺点？

5. 主机托管和虚拟主机有什么区别？

五、论述题

1. 试详细叙述电子商务系统开发和集成与传统的信息系统开发的差别。

2. 试详细论述电子商务系统测试的原则。

六、案例讨论题

某企业开展电子商务活动，需要在网上建立网站，建立网站的首要工作就是申请域名。域名有中文域名和英文域名。目前有 ".CN"".中国"".公司"".网络" 四种后缀的中文域名，例如，互联网中心.CN；互联网中心.中国；互联网中心.公司；互联网中心.网络。以 IE 7.0、IE 8.0、Firefox、Opera、Google Chrome、Safari 等为代表的全球主流浏览器，已经实现对以 ".CN"".中国"".公司"".网络" 为结尾的中文域名的直接支持。

请以注册 ".中国" 域名为例，列出该企业中文域名注册的详细步骤。

第 8 章　电子商务系统的维护与运营

学习目标

- 掌握电子商务系统维护与运营的内容和过程
- 了解电子商务系统推广策略与方法
- 了解电子商务系统审计与评价的意义和方法

导言

电子商务系统的维护与运营是电子商务系统的生命周期的后期阶段。电子商务系统建成以后，如果长时间不进行维护和更新，或者几乎没人知道这个系统，那么这个系统的建设和运营是失败的。企业开展电子商务系统不仅需要投资建设，更重要的工作在于电子商务系统建成后对商务系统的维护与运营。

8.1　电子商务系统的维护

电子商务系统维护的目的是保证电子商务系统正常而可靠地运行，保证系统的各个要素随着环境的变化始终处于最新的、正确的工作状态，使系统不断得到改善和提高，以充分发挥电子商务系统的功能，为企业创造最大价值。

8.1.1　维护的内容

1. 硬件维护

硬件设备维护主要是对主机及外设的日常维护和管理，这些工作应有专职人员来负责，如机器部件的清洗、润滑，设备故障的检修，易损部件的更换等，都应有专人负责，以保证系统正常有效地运行。硬件设备的维护主要有两种活动：一种是定期的设备保养性维护，维护的主要内容是进行例行的设备检查与保养，保养周期可以是一周或一个月不等；另一种是突发性的故障维修，即当设备出现突发性故障时，有专职的维修人员或请厂商来排除故障，这种活动所花费的时间不能过长，以免影响系统的正常运行。为了提高硬件系统的可靠性，一般可采取双机备份的形式，当一组设备出现故障时另一组设备立即投入运行，排除故障后再次进入双机备份状态。

2. 软件维护

软件维护主要是指对系统中应用程序的维护。进行维护的原因有以下几个方面：

首先，在系统起初测试阶段并不能把所有的问题都检查出来，在系统运行中还会发现一些问题需要对其进行维护。

其次，由于硬件的不断发展，相应的软件也要不断地更新。为了延长系统的寿命，保证系统高效运行，需要对应用系统进行维护。

最后，随着客观环境和管理的需求变化，对系统的各项管理活动也要随之变化，因此必然要求应用程序也要随之变化而变化，以满足这种不断变化的要求。

软件维护的内容一般有以下几个方面：

（1）纠错性维护。由于系统测试不可能发现系统中存在的所有错误，因此在系统投入运行后的实际使用过程中，就有可能暴露出系统内隐藏的错误，诊断和修正系统中遗留的错误，这就是纠错性维护。

纠错性维护是在系统运行中发生异常或故障时进行的，这种错误往往是在遇到了从未用过的输入数据组合或是在与其他部分接口处产生的，因此只是在某些特定的情况下发生。

（2）校正性维护。系统在使用过程中，由于用户、企业对系统某些功能作用不能理解，有时甚至对系统的开发人员的能力产生怀疑。若系统维护人员不能及时解决，则可能导致系统的失败。诊断并改正这些功能作用与客户需求保持一致的过程称为校正性维护。校正性维护是一个较长的过程，尤其是对采用自行开发、联合开发和委托开发的系统来说更是如此。无论作为系统的开发者还是使用者，都应该认识到校正性维护的长期性。随着系统使用的时间推移，这类维护的工作量将不断减少，系统趋于稳定。

（3）适应性维护。适应性维护是为了使系统适应环境的变化而进行的维护工作。

一方面，计算机科学技术迅猛发展，硬件的更新周期越来越短，新的操作系统和原有的操作系统的新版本不断推出，外部设备和其他系统部件经常有所增加和修改，这就必然要求应用系统能够适应新的软/硬件环境，以提高系统的性能和运行效率。

另一方面，电子商务系统的使用寿命延长，超过了最初开发这个系统时应用环境的寿命，即应用对象也在不断发生变化，机构的调整、管理体制的改变、数据与信息需求的变更等都将导致系统不能适应新的应用环境，因此有必要对系统进行调整，使之适应业务的变化，以满足发展的要求。

（4）完善性维护。在系统的使用过程中，往往要求扩充原有系统的功能，提高系统的性能。例如增加数据输出的图形方式、增加联机在线帮助功能、调整用户界面等，尽管这些要求在原系统开发的需求规格说明书中并没有，但要求在原有系统基础上进一步改善和提高，并且随着对系统的使用和熟悉，这种要求可能会不断地被提出。为了满足这些要求而进行的系统维护工作就是完善性维护。

（5）预防性维护。系统维护工作不应该总是被动地等待用户提出要求后才进行，应该进行主动的预防性维护，即选择那些还有较长使用寿命，目前尚能正常运行，但可能将要发生变化或调整的系统进行维护，目的是通过预防性维护为未来的修改与调整奠定更好的基础。

3. 数据维护

数据库中的数据由数据库管理员负责管理。当数据库中的数据类型、长度等发生变化，或者需要添加某个数据项时，数据库管理员要负责修复相关的数据库、数据字典，并通知有关人员。数据库管理员要负责数据库的安全性和完整性，以及进行并发性控制。当用户提出数据操作请求时，数据库管理员要负责审核用户身份，定义其操作权限并依此负责监督用户的各项操作。另外，数据库管理员还负责定期出版数据字典文件及一些其他的数据管理文件，以保留系统开发和运行的轨迹，当系统出现硬件故障并得到排除后要负责数据库的恢复工作。数据库是数据维护的重点，数据维护的主要内容有如下几个方面：

（1）数据库的备份、转储和恢复。数据库的备份就是要针对不同的应用要求，指定不同的转储计划，定期对数据库和日志文件进行备份；数据库的转储就是将备份的数据库和日志文件转移到其他介质、设备上去，以防物理灾害发生而导致备份的数据库和日志文件丢失；数据库的恢复即指一旦数据库发生故障，能够利用数据备份及日志文件备份，尽快将数据库恢复到某种已知的正确状态，并尽可能减少对数据库的破坏。

（2）数据库的安全性控制与完整性控制。保护数据库的安全就是防止恶意的破坏和非法的使用。在数据库运行期间，由于应用环境变化，对安全性的要求也会变化。因此，需要根据不同用户的实际需要修改他们的操作权限。

完整性控制是防止数据库中存在不合语义的数据和错误的输入或输出所造成的无效操作和错误结果。在数据库运行阶段往往需要增加新的完整性约束条件或修改旧的完整性约束条件，以满足用户要求。

（3）数据库的重建和重构。数据库运行一段时间后，由于记录的不断增、删、改，会导致大量的指针链和存储垃圾，降低数据库空间的利用率和数据的存取效率，使数据库的性能下降，因此需要进行数据库的重建和重构。

4. 代码维护

随着系统应用范围的扩大、应用环境的变化，系统中的各种代码都需要进行一定程度的增加、修改、删除及设置新的代码。

根据以上所陈述系统维护的内容，按照维护对象可以将电子商务系统维护分为硬件维护、应用软件维护、数据维护和代码维护四类，也可以按照维护时间长短分为日常维护和新一轮生命周期的系统维护。

8.1.2 维护的过程

系统维护活动可以看作是系统开发的继续过程，无论是哪种类型的维护，都要进行相同的技术工作，包括需求评估、修改设计、评审、必要的程序修改、测试、评审和编写文档等。

当用户提出维护请求之后，首先要确定请求维护的类型。对校正性维护等各类维护要估计错误的严重程度。如果是一项严重错误，应立即开始分析问题。对于各类型的维护，应统筹考虑，根据轻重缓急确定维护时间。

1．维护的工作步骤

系统维护的根据是系统的文档。在系统中，一个程序的改变可能会涉及其他程序或系统，因此，系统维护要特别谨慎。系统维护工作应视维护内容指派专人负责，并通过一定审批手续。对于重大的维护项目要填写申请单，经批复后方可实施。审批人应对系统非常熟悉，能够判断维护的必要性和可能性、维护的影响范围、维护的工作量及维护的后果等。

维护工作的步骤如下：

（1）提出维护要求。用户或系统操作人员提出维护要求，填写申请报告。

（2）审批。维护申请报告经专家研究和领导审批。

（3）组建维护小组。根据维护工作的内容选择有关维护人员组成维护小组，负责维护工作。

（4）维护实施。维护人员研究维护任务，阅读系统文档以确定维护工作的实施细则。进行维护时一定要填写维护记录。

（5）文档维护。对程序进行维护后，一定要对相应的文档做维护，以保持系统的一致性，给以后的维护打好基础。

（6）验收。维护工作完成后，由用户、专家及有关领导进行验收，同时要验收有关资料。对于重大的维护应作为小系统开发对待，按部就班地进行。

2．维护的组织与管理

电子商务系统的运行维护就是对电子商务系统进行全面的管理。它一方面监控和管理系统输入与输出两个方向的信息流，以保证网上业务处理安全顺利地进行；另一方面要确保整个系统内容的完整性和一致性，从而为企业电子商务的运作提供良好的服务。系统维护工作不仅是技术性工作，为了保证维护工作的质量，还需要付出大量的管理工作。具体的组织与管理工作主要包括以下几个方面：

（1）建立维护组织。该组织机构的成员可以包括技术主管、系统硬件和软件维护人员、数据库管理员、应用软件和网页维护人员。

（2）安排计划。电子商务系统维护工作应当有计划、有步骤地统筹安排。各类维护申请首先提交给维护主管，再由技术主管负责对维护申请进行评价，提出评价报告（该报告要对所提出问题的原因、严重程度、维护方法、维护计划和维护时间等进行论证），制定出合理的维护计划，然后再由维护主管出面协商并下达维护任务。

（3）维护的实施。系统的维护工作应按照维护计划开展。当维护任务完成后，维护人员应填写一份书面维护报告呈交给维护主管。维护主管应按照验收标准对维护结果进行验收，最后要将整个文档资料保存起来。

8.1.3　维护中的安全管理

电子商务系统的维护工作并不仅是技术工作，为了保证系统在安全环境中运行，还需要进行安全管理。电子商务系统维护过程中的安全管理是通过一个完整的综合保障体系，来规避信息传输风险、信用风险、管理风险，以保证商务系统的各个活动安全有效地进行。

1．安全管理需求

电子商务维护过程中的安全需求主要体现在以下几个方面：

（1）界定内部网络边界的安全性，如果内部网与公用网络相连，特别是与因特网相连，则内部网的边界不安全，需要有防火墙。

（2）保证网络内部的安全，不仅要保证系统的安全，更要保证数据的安全。

（3）建立全网统一、有效的身份识别系统，实现用户的统一管理，并在此基础上实行统一的授权管理，实现用户和资源之间的严格访问控制。

（4）信息投入时需要保证数据完整性和保密性。

（5）需要有较全面的审计、记录的机制，能对网络中发生的与安全有关的事件进行记录，以便事后处理。

2．安全管理方法

通过对电子商务维护过程中的安全需求进行分析，建立以下安全管理方法：

（1）建立安全管理组织机构。按照电子商务系统安全保密设计的要求，建立安全保密运行管理领导机构和工作机构。建立电子商务系统安全保密"三员"管理制度，即设立商务系统管理员、系统安全员和系统密钥员，负责系统安全运行维护和管理，为电子商务系统安全运行提供组织保障。

（2）确定安全保密监控体系。监控体系包括监控策略、监控技术措施等。在电子商务系统维护过程安全管理中，需要制定有效的监控策略，采用多种技术措施和管理手段加强系统的安全监控，从而构建有效的监控体系，保障系统安全运行。

（3）制定运行维护管理制度。加强电子商务系统运行安全管理制度建设，是保障系统安全运行的关键。制定的运行维护管理制度应包括系统管理员的职责、系统安全员的工作职责、系统密钥员的工作职责，还应包括机房管理、系统网络运行管理、信息介质管理、查询登记和结果返回、系统故障和安全事故报告、安全审计等方面的安全管理制度。

（4）确立计算机安全稽核。计算机安全稽核是系统安全工程的主要内容，人们常用安全稽核来验证系统安全方面的脆弱性，评价风险程度，从而有针对性地采取安全措施。

安全稽核的目的是保持数据的正确性、可靠性、真实性和可使用性，识别系统内部正在发生的活动变化，保障系统的安全可靠。计算机安全稽核在防止计算机犯罪、威慑计算机犯罪分子、侦破案件、检查事故发生的可能性和原因、保障系统正常运行等方面都有着极其重要的作用。

（5）建立安全监察体制。系统安全保护存在的问题是：无特定的机构来督察、检查系统的安全情况，只对系统产品安全性能进行评价、认证，对最容易出问题的计算机应用过程的安全管理工作只有要求而无监督。鉴于这一点，信息产业部在 1994 年 2 月颁布的《计算机信息系统安全保护条例》中设置了安全监察专门章节，对计算机信息系统的安全保护的法律监督作用做了描述。监察组织特别是计算机安全监察机构要从防范计算机犯罪的角度出发，采取具体的工作措施对已经投入使用的系统进行全方位的监察工作。

3．安全管理内容

电子商务系统维护过程中安全管理的具体内容如下：

（1）硬件的安全管理。需要进行管理的硬件设备主要有网络设备、服务器和客户机、通信线路等。

（2）软件的安全管理。① 支撑软件的管理：支撑软件一般来说包括操作系统、数据库和开发工具等。② 应用软件的安全管理：为了保持客户机上与系统版本一致，应设置一台安装服务器，当远程客户机应用软件需要更新时，就可以从网络上进行远程安装。③ 数据的备份：备份与恢复是利用多种介质，如磁介质、纸介质、光碟和萎缩载体等，对系统数据进行存储、备份和恢复，这种安全措施还包括对系统设备的备份。

（3）病毒的安全防范管理。病毒安全防范管理措施主要有安装防病毒软件、定期清理病毒、控制权限安全管理等。

（4）高度警惕网络陷阱。网络上常会出现非常诱人的广告及免费使用的承诺，在从事电子商务活动时对此应保持高度警惕。

（5）加强人员管理。加强有关工作人员的安全意识；严格业务管理人员的选拔；落实工作责任制等。

（6）保密管理工作。电子商务系统涉及企业的市场、生产、财务、供应等多方面的机密，需要很好地划分信息的安全级别，确定安全防范的重点，提出相应的保密措施。

（7）跟踪、审计、稽核管理工作。跟踪工作要求企业建立网络交易系统日志机制，用来记录系统运行的全过程。

审计工作包括对系统日志经常的检查、审核，及时发现对系统故意入侵行为的记录和违反系统安全功能的记录，监控和捕捉各种安全事件，保存、维护和管理系统日志。

稽核工作是指工商管理、银行、税务人员利用计算机及网络系统，借助于稽核业务应用软件调阅、查询、审核、判断辖区内各电子商务参与单位业务经营活动的合理性、安全性，堵塞漏洞，保证电子商务交易安全，发出相应的警示或做出处理、处罚决定的一系列步骤及措施。

8.1.4　案例——讯众通聚美优品

聚美优品（http://bj.jumei.com/）是中国第一批从事化妆品垂直型团购的专业网站，前身为团美网，创办于 2010 年 3 月。聚美优品学习了美国很火热的 groupon 的商业模式，每天推出一个精品限量的团购。同其他团购网站相比，聚美优品并不求量，更加注重质量。首先是商家要好，然后是折扣要大。聚美优品针对的是美妆市场，每天推出一款折扣可观的美妆产品团购。作为中国第一的女性团购网站，聚美优品从首创化妆品团购这一创新模式开始，就秉承诚信为本、100%正品的政策，注重于质量，着眼于服务。

从 2010 年 3 月团购网站起步开始，经过 4、5 月的百团大战，7、8 月的千团大战，到现在数量又增加了近 2 倍。在此期间消费者慢慢对这个模式熟悉了，一些人进入到了品牌意识，开始对小品牌进行筛选。团购网站由于低廉、优质、高效渐渐成为网购行业的新贵，据业内人士估计，现在上海、北京网络团购年销售额均已达 40 亿元左右，而广州也达 10 亿元左右。但目前团购网站数量众多，模式类似、产品雷同，如何在同质化竞争中提炼自己的核心竞争力？如何与客户保持良好关系，建立客户的忠诚度，强化客户黏性？客服中心的建立、管理和运营是聚美优品着力的一个重要方面。

针对以上问题，聚美优品对本公司网站进行维护时的解决方案如下：

（1）聚美优品选择了"讯众通"呼叫中心及"讯众通"企业总机为其管理全部呼入电话 4000-123-888，以优质服务巩固现有市场。聚美优品每天的咨询电话量非常大，处理每个客户咨询的时间平均在 2～3 分钟。"讯众通"企业总机的使用帮助识别电话客户的服务需求，提高了用户的体验和客户服务的针对性。

（2）利用"讯众通"提供的后台报表管理功能，可清楚地看到某时间段内、某地区的电话数据和费用情况。

（3）录音功能可随时抽查客服人员的服务质量，使得聚美优品的客服队伍更加规范和高效。

（4）目前很多团购网站都在争做"放心团"，推行先行赔付条款、72 小时未消费退款、商家召回制度等举措，力求从各方面保护消费者的利益。而"讯众通"可以让团购网更加快速地响应客户需求，完善客服中心建设，带来更好的客户体验。

8.2　电子商务系统的商务运营

电子商务系统投入使用以后，并不标志着全部工作的结束，相反，企业却要开始进入更为烦琐和复杂的运营阶段。在这个阶段，工作已经不应放在技术角度，而应放在更多地吸引和留住顾客，为顾客提供更为全面、周到的服务上来。

电子商务系统进入运营阶段，需要对系统进行宣传推广和营销管理，同时为了满足客户不断增长的服务需求，管理人员应该对系统进行综合维护、运营管理和信息更新。根据企业运营以及发展的需要，对系统的功能需要进行优化和扩充，以更好地提升企业的管理水平，为客户提供个性化的服务。电子商务系统的运营管理水平直接反映了企业的管理水平，体现了整个企业的文化。因此，系统运营主要做好两个方面的工作：系统更新与系统推广。

针对电子商务系统的特点，本节将介绍三个主要的运营管理策略：系统内容及时得到更新、与客户及时进行交互、不断挖掘潜在的客户。

8.2.1　系统内容及时得到更新

新信息迅速、不断地更新对于电子商务系统而言是非常重要的，系统及时更新信息可以使电子商务系统在今天激烈的市场竞争中处于有利的位置。当客户购买某类商品时，客户想了解这类商品的最新产品以及产品的信息，当购买后还希望了解到产品的运送情况等，这些都要求电子商务系统及时不断地更新系统的内容。

为了保证电子商务系统的及时更新，主要可以采取以下措施。

1．不同电子商务系统之间的信息共享

不同电子商务系统之间的信息共享是指本公司的网点与其他公司的网点链接起来，这样各公司可以共享信息，它不仅包括直接的超文本链接，而且还包括 Web 网点间真正的信息共享和通信。不同 Web 网点间的链接和不同公司间的通信是有差别的。

例如，公司的投资者在任何时候都可以看到本公司股票的价格，同时也了解其他相关公司的股票状况，这有助于增加 Web 网点的访问率。这样的话，系统本身要实现实时股票行情服务，而创建和维护这样的数据库是很难的，最方便的解决方法就是从诸如专业的证券网站上获取信息。

此外，不同电子商务系统间的信息共享也会促成不同系统之间的服务共享。例如，手机银行作为一种结合了货币电子化与移动通信的崭新服务，移动银行业务不仅可以使人们在任何时间、任何地点处理多种金融业务，而且极大地丰富了银行服务的内涵，使银行能以便利、高效而又较为安全的方式为客户提供传统和创新的服务，同时银行有什么新的业务可以直接以短信链接的方式发给顾客，顾客可以随时查看咨询。

2．与企业内部信息系统连接

除了从外部获取信息保证系统信息及时更新外，企业也可以从系统的内部直接获取信息更新内容。例如，当用户购买了某商品之后，希望了解到更多关于商品的信息，如商品

所用快递类型、到达时间以及现在所处的位置等，如果商务系统提供一个可以检索的功能，用户根据自己的订单号进行查询就可以了解到所购买的商品状况，同时公司会因为顾客自己完成对企业信息系统的访问而节约管理成本。通过 Web 访问企业信息系统与传统的业务方式相比能够带来巨大的利益，企业和客户都能从对方获利。

例如，随着我国服装流通领域的对外开放，国外著名的服装企业逐步进入我国市场，不仅带来了资本，也带来了新的经营模式。电子商务系统使得服装批发企业和上游供应商、下游客户建立了良好的伙伴关系。通过系统，供应商可以查询自己供应品种在批发企业的库存情况，以便及时安排生产，保证货源，及时供货；下游客户可以通过系统发送自己的需求和订货业务，系统根据客户的需求计划制订相应的采购计划，根据客户的订货，安排出库发货、配送、收款等工作。

上游的供应商和下游的客户通过电子商务系统紧密地联系在一起，双方可以快速地沟通了解彼此的需求和想要的服务，这样很好地实现了客户、批发商和供应商的供应链管理关系，达到企业间协同管理的真正合作伙伴关系。信息在客户、批发商和供应商组成的供应链之间可以畅通无阻，这样不仅有助于提高企业效益，而且也有助于对服装流动过程进行安全监控。

除此之外，企业可以利用自己本身处于供应链中间环节的优势，为上游供应商提供下游客户需要的信息，同时也可以为下游客户提供上游供应商的新产品和促销等信息，这样信息资源丰富、及时，会吸引更多供应商和顾客参与进来，为企业发展创造广阔的资源。另外，企业可以将这些信息进行整合并转化为商品，向需求这些信息的供应商和顾客进行销售，从而为企业创造新的利润点。

8.2.2　与客户及时进行交互

与客户及时进行交互是指电子商务系统可以自动地回答客户提出的问题，并且系统回答客户问题时是及时的。但有些问题系统可能无法自动回答，这就需要人工操作进行答复了。为了最大程度上保证与客户沟通，可以在系统中建立一个自动回复系统，由自动回复和人工回复共同来及时处理客户提出的问题。这个系统主要有以下功能。

1．利用检索工具方便 Web 页面的　览

将检索工具安装到电子商务系统中，让用户可以通过检索工具进行某个专题词汇的检索，找到互联网上所有符合要求的页面，并且可点击这些页面进行访问。电子商务系统提供这样一种检索工具帮助客户快速地检索到相关的 Web 页面，对于客户来说非常有用，对于企业来说也是一件好事。

2．自动回复电子邮件

自动回复电子邮件是指通过自动邮寄电子邮件回复寄来的电子邮件，系统可以事先确

定其内容。当访问者在网站上提出问题后，系统识别问题的类型然后自动回复邮件。

自动回复电子邮件的应用是 Internet 市场营销战略的重要组成部分，其应用很广。例如，对于向 Web 管理员、公司联系人或 Web 网页下的反馈按钮寄来的电子邮件，都可以采用自动回复。此外，任何给予电子商务系统订单的人也都应该收到自动回复电子邮件发来的感谢信。

自动回复电子邮件能帮助企业实现三个关键目标：增加销售、降低成本和增强同目标市场的沟通（目标市场是指客户、潜在客户、业务伙伴、顾问和新闻出版等）。此外，自动回复电子邮件能向世界一百多个国家的大批用户提供及时的电子邮件信息。同 Web 访问相比，这非常有用，因为目前全世界已经有超过 7 000 万电子邮件用户，而 Web 用户只有 4 000 万。

自动回复电子邮件可以完成的工作如下：

（1）回答访问者一些常见的问题。

（2）提供公司的联系方式和地址。

（3）给出访问者回复的时间，一些常见的问题系统可立即回复，对于不常见、需要工作人员处理的问题，可告知 2 小时内给予回复。

（4）对于访问者提出的一些问题和对于系统的改善意见表示感谢。

3．在线调查

这种交互方式是公司主动的一种与客户的交互方式。通过主动与在线客户进行沟通，询问客户遇到的一些问题和对公司的建议可以很好地对商务系统进行改善调整，吸引更多的客户。

4．智能交互软件

用户用简单的语言询问计算机，几秒钟后计算机就给出答案，这看起来很困难，但现在已经有不少系统提供了这种功能。

这种软件只能简单地对所提问题进行分析，提供最接近答案的文件资料，所以自动回复的答案不可能达到百分之百正确，但并不意味着这是一种失败的方法。自动回复的目的是减少而不是消除人机交互，在某些情况下，随时迅速的答复功能很有效。例如，联想官方网站设有一个智能交互系统（http://support3.lenovo.com.cn/indexx.jsp），客户提出某些问题后，联想智能机器人会对用户提出的问题进行识别，根据已设定的相似或相近的问题快速答复用户，这样既给用户省了不少时间，对公司也是有利的。

5．实时 Web 对话区

实现与顾客交互的另一个战略是运用实时对话区，也就是通常所说的聊天室，是一个非自动化的过程。要求参与讨论的每个人都得同时在场，因为同时在场可以保持对话的质量。由于它要求参与者必须同时在场，所以会带来很大的成本和不便，影响参与者的正常工作。

8.2.3　不断挖掘潜在的客户

电子商务系统虽然每天被成千上万次地访问，但是顾客很少会在以后再次访问企业的网站，这是因为顾客通过不同的方式找到企业的网站，可能是听朋友说起、在广告上看到的、用检索引擎找到的，在某种情况下，他们找到了你的网站，很喜欢上面的信息，考虑到今后可能还会去访问，就会把你的网站加入到他们的收藏夹中，但是当人们下次再一次寻找相似内容时，一般不会再停留在收藏夹里而是通过搜索或其他途径寻找新的网站，这样收藏夹中的站点他们就不会再问津了。这就需要公司实施积极的营销方案。

在现实中，一般企业只有一次机会向潜在顾客销售商品或同他们建立联系，这个机会就是这些潜在的顾客首次访问网点的时候。一般来说，销售比仅与潜在客户开始对话要难得多，这个阶段的关键是企业能够掌握与客户交流的主动权，如果客户与企业进行交流，客户下次继续访问网点的概率就会大大增加。在电子商务系统运营的初期，访问者和访问率都会大规模上升，但这并不代表企业的电子商务系统的成功，如果企业不能与这些初次访问者建立联系，那么很有可能会永久失去这些访问者。

在网络营销中有一个非常重要的概念，即 I/O 率（内向到外向的转变率）。其中，内向指坐等用户来访问，外向指积极吸引客户，而开始对话是外向市场营销战略的开始。将对站点的访问（内向）转变为对话（外向）的人数是衡量电子商务系统成功的关键标准，而非 Web 页面访问次数。

值得注意的是，还有一个术语叫 I/O 比，是内向到外向的转变比。I/O 比即对话者占访问者的百分比，计算公式为对话的人数除以访问站点的总人数。电子商务系统应该不断提高 I/O 率和 I/O 比，而最大限度地提高 I/O 率和 I/O 比的关键是确定和提供能为客户和目标市场带来真正价值的服务。大多数情况下，这可能是免费服务，如提示服务、更新服务、检索服务或其他方式的服务。

8.2.4　案例——中国人寿广州分公司保险电子商务网站运营

中国人寿保险股份有限公司广州市分公司是隶属于中国人寿保险股份有限公司广东省分公司的市级分支机构。近年来，广州市分公司业务规模迅速扩张，经济效益不断提升。国外的经验显示，通过网络提供金融服务，不仅销售能力变得十分强大，成本也降低到令人惊叹的地步。对于国内外的保险公司来说，成功运用保险电子商务的案例不在少数，这为中国人寿广州分公司新一代保险电子商务网站的发展提供了切实可靠的借鉴经验。

中国人寿广州分公司的网站（http://www.e-chinalife.com/）建成以来，加快了公司信息化的发展，提升了公司的客户服务水平，促进了公司业务的发展。然而由于保险市场越来越激烈的竞争，以及本公司保险业务的发展，现有的网站难以体现和发挥中国人寿保险的优势。

中国人寿保险股份有限公司广州市分公司的运营目标：建设成为中国最具特色的网上保险市场和社区。为了实现此目标，本公司将目标进行分解：一是提升品牌形象，结合企业的发展战略，通过网上品牌形象策划宣传，塑造公司企业形象；二是巩固市场占有率，面对保险业日益激烈的竞争，特别是适应团险业务的发展需要，通过新网站的平台，可以为原有的客户们提供个性化的优质保险产品服务；三是保险产品在线销售，新的网站平台除了可以介绍和推广人寿公司已经有的保险产品外，还可以为本公司的新产品开发提供更准确的信息反馈，并推广新的保险产品；四是开拓新业务、新客户，通过新网站平台，结合人寿广州分公司的市场战略，给公司的市场开发活动增加了一个覆盖面更广的宣传平台，通过这个平台可以将产品更好、更快地推向新老客户；五是提升办公效率、节省运营成本，网站将提供网络办公服务，公司可以在网站的基础上，结合使用网络办公系统，以方便企业内部管理，尤其是各个分公司、办事处和销售网。给保险代理人一个移动的工作平台，可以 24 小时查找或下载自己需要的资料，时刻关注公司的动态，及时地与客户沟通，这样就可以达到提高工作效率、降低工作成本的商业目标。

新一代保险电子商务网站的设计理念应该是以客户为中心，是利用互联网平台实现的客户增值服务。通过网站，客户可以随时随地查看自己的投保信息，可以及时了解到理赔申请的进度状态，可以以优惠的价格购买自付费产品，也可以了解到各种各样与保险相关的资讯，这些都体现了中国人寿以客户为中心的经营理念。

8.3　电子商务系统的推广

企业建立电子商务系统后的首要任务就是对商务系统进行推广，赢得更多的客户，从而获得直接或者间接的效益，因此商务系统的推广尤为重要。电子商务网站是企业整体营销战略的一部分，是建立在互联网基础之上，借助互联网特性来实现一定的推广目标。企业必须从自身出发，在充分发挥企业能力及经营要素的基础上，采用合理的方法实现最佳的推广效果。

8.3.1　电子商务系统的市场推广策略

随着互联网的迅速发展，电子商务系统也成千上万地出现，企业要想使自己的电子商务系统站住脚，在加强自己电子商务系统建设的同时，必须根据企业自身的产品特点和目标市场制定一套科学的推广方法。目前除了一些传统的广播广告、电视等推广外，企业更应不失时机地利用互联网的各种信息传播工具进行网站的宣传推广。作为信息传播最快、信息传播量最大的渠道，互联网本身就是一种进行推广宣传的有效且必要的方式。

1. 树立电子商务系统的整体形象

电子商务系统不仅具有一系列有形的物质属性，还包含许多无形的、文化的等方面的属性。新的电子商务系统科技含量高，在维修和售后服务等方面不仅要满足消费者物质方面的需要，而且更应满足消费者非物质的需求和欲望。完整的商务系统形象应包括核心形象、形式形象和延伸形象三部分。核心形象，指系统提供给消费者的实际利益。形式形象，是指电子商务系统的有形部分，包括系统的质量水平、特点和式样等。新系统在开发中要认真研究消费者的心理，艺术地将系统的形象勾画出来，从感官上吸引消费者。延伸形象，指系统提供的各种附加利益，包括安装维护、培训指导和信誉保证等，将系统形象地从时间上、空间上延伸到消费者的使用过程。

2．准确进行新系统的形象定位

形象定位就是帮助新的电子商务系统在众多系统中被快速有效地识别出来，在消费者心目中确定特有的位置和形象。由于系统的品种和性能不同，消费水平、消费结构、消费习惯和形式不同，这就要求投放市场的低能的电子商务系统必须准确定位，才能脱颖而出。一般可采用以下几种定位策略：

（1）公众需求定位策略，是专注于公众特殊需求和偏好的一种投其所好的定位策略。

（2）优势定位策略，是根据产品本身所具有的与众不同的特点进行定位的一种方法。

（3）独立定位策略。当一种电子商务系统自身特色非常突出，别人望尘莫及时，可采取独立定位等策略，强化自身"第一""唯一""最大""最好"的特点。

3．全面的广告促进策略

网络广告是以互联网为媒体发布、传播的商业广告。目前，网络广告的市场正在以惊人的速度增长，网络广告发挥的效用显得越来越重要，在市场推广中发挥着重要的作用。在网络经济条件下，凭借互联网具有的不同于传统媒体的交互、多媒体和高效的独特性，网络广告呈现出不同于传统媒体广告的优势，表现为网络广告的心理优势，覆盖范围广泛，信息容量大，视听效果综合性强，实时性与持久性统一，广告投放准确。因此，市场推广中应充分发挥网络广告功效。

4．网站推广策略

在网络市场空间，企业的网站代表着企业自身的形象。一个拥有电子商务系统的企业要在网上立足，不但要有一个好的网站，最重要的是有好的网站推广策略。就内部操作来看，要精心策划网站结构，确定网站设计风格，考虑怎样的设计才能更加有效地吸引住顾客，从而构造一个具有自身特色的网站。从外部来看，要加强网站站点宣传。网站站点作为企业在网上市场进行营销活动的阵地，能否吸引消费者是电子商务系统成功的关键，也是企业将系统进行市场推广的基础。站点的推广就是通过企业网站的宣传吸引用户访问，同时树立企业的网络品牌形象，所以电子商务系统在市场推广中要注意信息的及时更新，做好网站的维护。

5．全方位的服务

在电子商务系统中，服务贯穿电子商务活动的全过程。电子商务的每一个环节的工作，都以向消费者提供满意的服务为目标，这也是企业战胜对手的法宝。电子商务时代，服务的概念产生了根本的变化。服务不再是企业对消费者的附加承诺，更不是企业的负担，其本身就是一种商品，甚至可以说服务是一种产业。

服务贯穿于电子商务的全过程，形成一条封闭的电子商务服务链。企业充分利用电子商务系统的互动优势，为消费者提供在线服务和离线服务，为客户提供客户反馈、产品咨询等服务内容，以此来扩大电子商务系统的影响。

8.3.2 电子商务系统的市场推广方法

随着互联网技术的日新月异，电子商务系统推广备受关注。电子商务系统是开展电子商务的重要平台，电子商务网站是一个有效的网络营销工具，要进行电子商务系统推广首先应该让顾客找到企业的网站并浏览企业网站的内容，只有这样才能获得电子商务系统推广的效果。因此，让更多的人找到企业的网站是极为重要的，通过网站获得顾客所需的产品和服务信息，并最终实现企业开展电子商务系统推广的最终目的。

企业电子商务系统的推广是企业自身产品营销的一种有效方式，对企业产品营销具有重大意义。它的优势与好处体现在以下几个方面：

（1）宣传企业形象，扩展业务往来。互联网络具有文字、图片、色彩、电影、三度空间和虚拟现实等所有广告媒体的功能。通过它，可以让客户非常方便地看到公司的介绍、产品说明、服务方式、联系地址，而且可以加入声音、图片、动画和影像信息，达到真正的声情并茂，从而树立良好的企业形象，扩展业务往来。

（2）提高效率，降低成本。企业电子商务系统推广可以降低广告营销成本，降低公司"售前、售后服务"的营业成本，降低刷新成本，使遍及全世界每个角落的客户无时空限制地开展交易，提高效率。

电子商务系统的推广方法介绍如下。

1．搜索引擎推广方法

搜索引擎推广是指利用搜索引擎、分类目录等具有在线检索信息功能的网络工具进行推广的一种方法。搜索引擎的基本形式可以分为搜索引擎和分类目录。从目前的发展趋势来看，搜索引擎在网络营销中的地位受到越来越多企业的认可。国际著名市场调查研究机构 For-rester Research 的研究结果显示：80%的互联网用户通过搜索引擎来寻找电子商务网站并购买产品和服务；90%的潜在客户只查看搜索引擎结果页面的第一页；50%的网上交易是和搜索引擎结果页面的头三个网站达成的。

2．电子邮件推广方法

进行电子邮件推广策略可以建立企业的邮件列表，定期向邮件列表用户发送企业的最新信息、产品动态、行业动态、调查问卷以及企业举办的一些活动信息，通过这些可以与客户保持紧密联系，在建立信任、发展品牌及建立长期关系方面起到很好的效果。进行电子邮件推广策略也可以向很多邮件服务提供商租用邮件列表，以获取愿意接受企业信息相关用户的邮件地址，扩大企业邮件的受众度，而达到企业信息的有效传播。

3．资源合作推广方法

资源合作推广方法是指通过电子商务系统交换链接、交换广告、内容合作、用户资源合作等方式，在类似目标电子商务系统之间实现互相推广的目的。其中最常用的资源合作方式为电子商务网站链接策略，即利用合作伙伴之间网站访问量资源合作互为推广。在这些资源合作形式中，交换链接是最简单的一种合作方式，调查表明也是新商务系统推广的有效方式之一。交换链接或称互惠链接，是具有一定互补优势的网站之间的简单合作形式，即分别在自己的网站上放置对方的 Logo 或系统名称并设置对方网站的超链接，使得用户可以从合作网站中发现自己的网站，达到互相推广的目的。交换链接的作用主要表现在几个方面：获得访问量、增加用户浏览时的印象、在搜索引擎排名中增加优势、通过合作网站的推荐增加访问者的可信度等。

4．信息发布推广方法

将有关的商务系统推广信息发布在其他潜在用户可能访问的网站上，利用用户在这些网站获取信息的机会实现推广的目的，适用于这些信息发布的网站包括分类广告、论坛、博客网站、供求信息平台和行业网站等。

5．网络广告推广方法

网络广告是常用的网络营销策略之一，在品牌、产品促销、网站推广等方面均有明显作用。网络广告的常见形式包括 BANNER 广告、关键词广告、分类广告、赞助式广告和E-mail 广告等。BANNER 广告所依托的媒体是网页；关键词广告属于搜索引擎营销的一种形式；E-mail 广告是许可 E-mail 营销的一种。可见网络广告本身并不能独立存在，需要与各种网络工具相结合才能实现信息传递的功能。

6．病毒式推广方法

病毒性营销并非是以传播病毒的方式展开营销，而是利用用户口碑宣传网络，让信息像病毒那样扩散，以滚雪球的方式传向数以万计的网络用户，从而达到推广的目的。病毒性营销实质上是在为用户提供有价值的免费服务的同时，附加上一定的推广信息。病毒性营销是一种营销思想和策略，并没有固定模式，如果应用得当，这种病毒性营销手段往往可以以极低的代价取得非常显著的效果。

7．整合推广方法

除以上所述的策略以外，还可以把众多的电子商务系统推广策略整合起来，以达到电子商务系统推广效果的综合提升。在进行整合推广策略时可以加入一些比较专业的群、新闻组、邮件列表进行讨论，通过企业自己的优势为广大网民提供专业的服务。为了达到推广的效果可以在为网民服务时添加自己的 E-mail 或者公司网站，这样采取的在商不直接言商的策略效果会更好。同时企业应该多参加一些具有公益性质的活动，或者具有重大意义的会议、竞赛，并对这些活动给以支持赞助，这样可以在社会上树立良好的口碑，塑造良好的企业形象和品牌形象。

电子商务系统的推广要综合考虑各种相关的要素，根据企业内部资源条件和外部经营环境来制定推广渠道方式，并且对电子商务系统推广各个环节、各个阶段的发展状况进行有效的控制和管理。应当基于电子商务系统推广工作的目标、预算等对各种推广方式进行取舍，灵活地构建一套适合自身需要的成本低、效果佳的有针对性的电子商务系统推广解决方案，积极和持续地开展多层次、多样化和立体式的电子商务系统推广，努力把自己的电子商务系统和产品及服务推荐给尽可能多的现有和潜在顾客，从而为自己创造更好的经济效益。

8.3.3 我国电子商务系统市场推广的制约因素及应对策略

近年来随着 Internet 网络的普遍应用，我国电子商务系统也随之快速发展。Internet 的开放性、全球性、低成本、高效率的特点，也成为电子商务系统的内在特征，并使得电子商务大大超越了作为一种新的贸易形式所具有的价值。电子商务系统不仅会改变企业本身的生产、经营、管理活动，而且将影响到整个社会的经济运行与结构。

电子商务系统的兴起和不可逆转的大方向，对我国来说既是机遇更是挑战。目前，电子商务系统市场在我国推广存在以下制约因素：

（1）网络购物诚信危机。电子商务系统虽然在诸多方面对传统商业交易有所改进，但在商业信用问题上仍然没有彻底得到改观，尤其我国市场还不很成熟，假冒伪劣商品泛滥，而网上交易又不能让消费者对商品亲自试用鉴别，使网络购物面临着极其严重的信任危机。随着互联网的不断发展，诚信已成为人们探讨网络购物最关注、最根本的问题。供需双方的网上交易，相互信任是成交的基石。

（2）网络安全问题。对电子商务交易安全的担心，是严重制约我国电子商务系统推广的第一大瓶颈，安全问题是实施电子商务的首要问题。电子商务系统的运营，涉及诸多方面的安全问题，如资金安全、信息安全、货物安全和商业秘密安全等。安全问题如果不能妥善解决，电子商务的实现就是一句空话，从而影响电子商务系统的发展。电子商务系统面临的安全威胁主要有：信息在网络的传输过程中被截获、传输的文件可能被篡改、伪造电子邮件、假冒他人身份、不承认已做过的承诺。因此，从技术上保证交易数据的安全已成为电子商务系统发展中至关重要的问题。安全问题是应用电子商务最担心的问题，而如何保障电子商务的安全，将一直是电子商务的核心研究领域。

（3）法律问题。由于电子商务是一个全新的发展中的商务模式，全球对电子商务都没有标准的法律文献。虽然我国相继出台了《互联网信息服务管理办法》《互联网电子公告服务管理规定》《互联网从事登载新闻业务管理暂行规定》等相关法规，但是和网络经济发展的要求相比还有不小的差距。例如，电子商务操作的基本规则方面的法律问题、电子商务安全性方面的法律问题、信息基础设施和市场准入方面的法律问题、电子商务中的知识产权保护、司法管辖及法律冲突、电子商务中的税赋和关税问题等。Internet 是一个缺乏警察的信息公路，它缺少协作和管理，信息的跨地区和跨国界的传输又难以公证和仲裁，而如果没有一个成熟的、统一的法律系统进行仲裁，纠纷就难以解决。

（4）物流问题。电子商务系统高效率和全球性的特点，要求具有与之相配套的物流服务。我国物流业发展相对滞后，这是制约我国电子商务系统推广的又一个瓶颈因素。物流问题是发展我国电子商务系统所必须解决的一个大问题。电子商务的优势在于开放、便捷，这主要是因为其交易基本是基于互联网来进行的。但整个交易链条中无法回避的环节就是货的配送问题，这是无法在互联网上进行的。这就要求能提供良好的物流作为配送的保障。我国现代物流的起步较晚，水平也相应较低，还难以对电子商务提供优质的保障。在国内现有的电子商务系统活动中，物流基本只是被动地参与，使得原本不多的物流资源也没有被充分、合理地利用，从而造成了对电子商务的困扰。

（5）"软件"基础落后。"软件"在这里是指人的思想意识。目前，中国大众对于电子商务理念的接纳程度还不高，这一方面是因为公众对于新技术的理解程度还不到位，另一方面是基于公众对互不见面的网上交易中的诚信的担忧。这种状况如果不加以引导，将会制约电子商务的进一步发展。另外，国内一些企业由于管理、经营方式陈旧和观念保守，对于电子商务的热情也不高。多数企业还在为信息化的投入成本而犹豫，没有认识到对一个企业而言电子商务的运作将会大幅度地降低企业的经营成本，有效地提高企业经营管理的效率。现代企业如果不能顺应这种改变，将很难在未来的商业竞争中站稳脚跟。

我国电子商务系统推广的对策介绍如下。

（1）政府要大力支持电子商务系统的发展。电子商务系统的推广离不开政府的支持，在许多方面都需要政府进行合理的规划和引导。首先，在网络基础设施的建设上，需要政府加大力度，合理引导资金投入，提高投资效率，建设更加安全快捷的信息网络。其次，在电子商务的支付问题上，需要政府来推动标准的统一和互联的建设，使电子商务系统可以健康发展。另外，政府应当利用其影响力，通过各种渠道对公众和企业进行宣传和引导，提高其对电子商务系统这样的新生事物的认知度，鼓励企业改变观念、积极参与电子商务。最后，在与电子商务有关的政策制定方面，需要政府相关部门参与共同研究，制定出适应我国形势发展需要的相关政策。

（2）人才培养是发展的基础。为保证电子商务系统的推广，必须在电子商务系统的人才培养方面花大力气。电子商务系统的学科涵盖较广，既需要计算机网络、数据库、信息安全、通信等工科方面的内容，也需要经济、管理、法律等方面相关的知识内容，这就为人才的培养增加了一定的难度。我国应尽快在较多的大学中开展相应学科的建设，还应该尽快组合科研力量，就电子商务中的 IT 技术、商业、经济、管理等各个方面的相关问题开展科学研究，为政府制定规划提供决策支持，为相关企业经营提供管理咨询。企业在引进新人才的同时要留住现有人才，要建立现代制度下良好的培养机制和激励机制。

（3）加强网络基础设施建设。电子商务系统是在网络上发展起来的，但我国各种信息传输网络的建设、信息传输设备的研制、信息技术的开发，包括用于多媒体教学、远程教学、远程医疗保健等一系列基础设施的建设都有待完善。要解决这些问题，就要抓好我国高速宽带网的建设，早日实现有线电视网、图像通信网、多媒体通信网的三网合一；提高上网的速度，降低上网的费用；组织必要的技术攻关，购置必要的硬件设备；开发和引进相关软件，使我国电子商务系统的发展具备良好的网络平台。

（4）建立相应机制和标准，解决信用问题。建立有效的监督机制和标准，完善解决信用问题，为电子商务系统的推广提供有利的外部环境。信用问题的解决需要通过设置合理的运行机制和运行标准，确保供需双方建立商业信用，并通过某些监督机构进行监督和管理。政府应制定我国电子商务发展的相关法律、法规和政策来增强网上交易的信任与安全，使电子商务在公平、合理、高效的环境下得到健康、持续、快速的发展。

（5）解决电子商务系统的安全问题。电子商务系统首先要有一个安全、可靠的通信网络，以保证交易信息安全迅速地传递；其次要保证数据库服务器绝对安全。要保障电子商务系统的安全性，就要建立科学的安全体系和权威的电子商务认证中心。我们可以不断完善协议和操作系统的安全漏洞，采用加密数字签名等来增强网络安全技术内容的广泛性，同时增强网络安全设备的性能，加强监测技术的可靠性。

（6）加快建设完善的物流配送体系。物流是一个投资大、回收期长、社会效益显著的特殊产业部门，需要政府各方面给予支持，并在舆论导向上和政策上引导企业进入配送中心，开展物流配送。为加速我国电子商务的推广，应扶植、规范发展一大批第三方物流企业，培育若干条贯通全国且能开展国际配送业务的联运干线，构建全国性的商品物流配送网络。大型的第三方物流企业可自行组建电子商务网站，搭建电子物流信息发布平台，突破时间、空间、地域限制，实行全天候营业性交易，为全国甚至全球用户配送商品。只有在全国范围建立起多层次的高效的物流配送系统，才能促进电子商务的迅速发展，有效地推广电子商务系统。

电子商务革命是在不成熟和高速变化中展开的。作为电子商务系统，至今没有得到全方位的发展，不确定、缺乏统一标准和管理协调，以及安全性受到挑战仍然是其面临的主要问题。现在更多的人已经认识到电子商务系统是改造传统商业模式的一次革命，是不可阻挡、不可逆转的历史潮流。它正在形成一种新的商务文化，这种文化将深刻地改变着人类生活方式、思维方式乃至价值观念。要使我国电子商务系统得以推广，就必须认真地找出问题，提出切实可行的解决方案，踏踏实实地落实执行。要在政府的大力支持和引导下，积极推动商业模式创新、信息技术创新，促使我国电子商务系统健康、快速、稳定地发展。

8.3.4　案例——京东商城网站的推广

自 2004 年初正式涉足电子商务领域以来，京东商城一直保持高速成长，连续四年增长率均超过 300%。凭借在 3C 领域的深厚积淀，先后组建了上海及广州全资子公司，富有战略远见地将华北、华东和华南三点连成一线，使全国大部分地区都覆盖在 360buy 京东商城的物流配送网络之下；同时不断加强和充实公司的技术实力，改进并完善售后服务、物流配送及市场推广等各方面的软、硬件设施和服务条件。

京东商城是以 B2C 形式销售的电子商务平台，其主要的竞争对手是企业在淘宝或者其他电子商务平台开设的商城，如国美电器、美的、联想等，当当、卓越等老牌 B2C 商户也是其主要竞争对手，还有目前新兴的一些网上超市网站等。

由于京东商城的营销模式决定了其在广告投放方面的特性，以网络营销配合户外广告扩大知名度、提升企业品牌形象、增加网站流量，从而达到吸引客户购买之目的。例如在塞班手机论坛等上面投放与产品相关的网络广告，可以说达到了有价值的目标精准的投放；但在户外广告的投放中，京东只是简单地投放了部分公交车体户外广告，且广告内容不够清晰化，只是简单地提升了京东的知名度和形象，没有传达给客户明确的传播点，这使广告的部分价值丧失了意义。

京东的促销对于企业的发展至关重要，京东做了很多促销专场抢购和送代金券活动，对于商城暂时的销量提升确实起到了巨大作用，但在促销方面存在随意性、实效性，没有形成独特的主题促销行为，只是简单地进行国庆节专场等促销，促销方式单一不利于形成客户忠诚与习惯性消费。若能配合节日进行相应的主题促销，则能将促销行为发挥至极致，吸引客户形成习惯性消费，如父亲节专场促销、母亲节专场促销、学生专场促销，使客户形成习惯性消费，从而达到促销与稳定客户忠诚的目的。

京东商城与中国国内目前最流行的第三方安全支付平台支付宝、财付通正式达成战略合作，集成支付宝、财付通为在线支付渠道。通过支付宝、财付通账户进行网上付款，可以更加便捷地完成购物环节，从而促进了京东商城的用户量和销售量的大幅提升。神州数码京东商城的合作，使京东商城实现了供货渠道的正规化、集成化和专业化，也是对京东商城在 B2C 电子商务领域所表现出来的实力与未来发展潜力的认可。京东商城加入了著名的消费者返利专业门户"返还网"的返利计划，有效地增加了用户群的共享和增长。

京东商城和百度等搜索引擎合作，充分利用各大搜索引擎的作用，发展搜索引擎营销，将人们检索的信息尽可能通过营销信息传递，以达到扩大网站宣传的目的。同时，京东商城将网站推广信息发布在其他潜在用户可能访问的网站上，利用用户在这些网站获取信息的机会实现网站推广的目的，适用于这些信息发布的网站包括分类广告、论坛、博客网站、供求信息平台和行业网站等。

京东商城是中国电子商务领域最受消费者欢迎和最具影响力的电子商务网站之一。京东商城用纯互联网的方式来整合上下游，优化供应链，在成本方面下功夫，给顾客创造价值，然后借助于其他网站的合作大力推广发布自己网站的信息，从而吸引了大量顾客。

8.4　电子商务系统的审计

当前，电子商务系统的应用越来越广泛，电子商务系统审计的内容就是对电子商务系统的安全性和可靠性的核实确认，电子商务系统审计是基于系统本身的可审计性和控制程序。审计模块设计是审计成功与否的关键，根据审计模块和风险分析向管理层提供审计报告。由于高科技的发展，管理层需要对一些不可测量的、无形的资产范畴如信誉、客户服务满意度等进行评价，用户需要查询网站的商标或其他经第三方确认过的真实性，而电子商务系统审计就是对网站或电子商务企业提供这类核查确认的服务。

8.4.1　电子商务系统审计的原因

在商业活动实现网络化之前，采购是面对面或通过纸质文件进行的，有迹可查，即使是电子交易，其设备结构也是专用的，一般只限于已知用户使用，任何外部用户必须是已知的、身份明确的、可追踪的，而且系统通常是主机结构方式，相对易于监督、控制和审计。与传统商业相比，WWW 客户—服务器系统的特点是高度分散、资源共享、服务分散、顾客透明度高等，而电子商务的运作速度更快、业务循环周期更短、风险更大、更高程度地依赖于技术。

1．网络企业无形资产评估的要求

电子商务系统的技术基础和市场的快速变化意味着传统的衡量方法已不再适用于企业的某些资产，财务报告不能充分提供企业的状况和价值方面的信息，特别是网络企业的无形资产，如商誉、客户忠诚度和满意程度等这些产生长期价值的关键资产。核实确认这类资产价值的困难在于缺乏足够的历史数据、合适的参照标准、先进的实践经验及对网络的各种威胁和概率的准确估算。企业管理层及公众都需要寻找能够用以表述网络企业的可信度、安全性及其他资产价值的方法，需要一些新的核查和审计方法，更有效地评价无形资产，如知识、品牌等。因此，电子商务系统审计就成为历史的必然。

2．电子商务安全运作的要求

电子商务的可靠性、适用性、安全性和性能等方面受到的威胁或存在的风险，都可能会影响其生存和发展。风险因素包括商业信息的泄露、智能财产的不当使用、对版权的侵犯、对商标的侵犯、网络谣言和对信誉的损害等。因此，进行必要和客观的审计，才会使董事会、审计委员会、高级管理层对电子商务系统的安全运作和效益满意和放心。

8.4.2　审计的业务内容

1. 对电子商务系统设计阶段的审计

开展电子商务活动，首先必须设计支持它运行的电子商务系统，以形成有自己特色的网上销售服务，这一系统将具体处理诸如产品价目表、顾客购物篮、顾客信用认可等功能。企业的审计人员必须参加电子商务系统设计阶段的工作，评价并审核通过企业电子商务系统的详细设计说明书，具体包括以下几点：

（1）审计人员应评价拟设计的电子商务系统是否具有可操作性和信息安全性。审计人员考查系统设计时，应该对系统硬件配备的要求是否完整、可行，系统的信息交换和转换能否做到准确、及时，系统对公开信息和保密信息是否做到了分开处理，对它们的进入权限是否有不同的要求，系统对意外事件是否具有防范能力，对常见错误是否具有纠错功能等进行考查。

（2）审计人员应评价电子商务系统运行后对企业资源的要求和对企业运作的影响。首先，应确保企业的财务资源能够满足系统运行后对企业技术、装备和人员追加投资的要求，应考虑到系统运行后的每一个细节，以保证每一个工作岗位都具备相应的工作条件。其次，应评估企业运行电子商务系统可能导致的风险和商务运作过程的变化，并对这些变化发生的时间和方式做一个预期，再根据预期提出企业降低风险和适应变化的解决方案。最后，还应该评价企业能否协调好新的电子商务方式与传统商务方式的共同运作。

（3）审计人员应参与电子商务系统设计阶段的人员管理工作，确保设计该系统的人员能够考虑到企业管理层和技术层的不同要求，确保评价、审核系统设计的审计人员对系统的功能和技术层面有一个较透彻的了解。

2. 对电子商务系统服务功能的审计

对于任何一个企业的电子商务系统，能否具有高质量的顾客服务功能是至关重要的。电子商务系统的顾客服务功能有不同的层次，低层次的服务仅需要一个简单的网络平台，处理企业的广告宣传、售前售后服务等事项，因此这种服务主要取决于负面设计，运用随机的、适宜的技术解决方案相对便宜，并可以直接予以实施，并且由于它具有方便性和成本低廉的优点，适用于那些刚刚开展电子商务的企业和小型企业。而当一些大型企业试图建立和扩展在线销售功能，根据顾客的信息反馈进行弹性的生产安排，并把库存、结账管理也纳入到系统中时，企业应该使自己的电子商务系统具有更高层的顾客服务功能，这也要求企业有一批高水平的技术人员来设计功能更加完备、更适合于本企业的电子商务系统。

审计评价电子商务系统服务功能的一个主要标准是：顾客能方便地进行自我服务，系统的技术因素不应该对顾客的活动造成障碍。顾客应能在网上方便、快捷地完成以下这些活动：

（1）获得企业的地址、电话、开户银行等基本信息。

（2）输入购货订单并能及时得到确认。

（3）可以更改交货的时间、数量等，并及时得到反馈。

（4）装货后能跟踪货物的运输过程。

（5）获取企业的财务数据以做出资信评价。

（6）搜寻并下载企业的促销广告、产品目录、订货方式和产品装运等方面的信息。

审计人员还应该审查企业电子商务系统的产品定价程序，以使产品价格符合供求市场的价格规律。其中很重要的一点是，企业可以根据顾客的反应动态地随机定价，并且企业管理者能知道竞争者的价格和价格战略。

3．对电子商务系统运作中的安全审计和风险分析的审计

在电子商务中，企业面临的根本风险就是从成本和战略角度上讲的电子商务投资的不可行性，即电子商务系统运行后，企业因此所增加的利润不能抵偿初期建立系统时的投资，或企业的系统运行效果并没有达到初期设计时确定的基本目标。另外也存在网站设计风险和使用者破坏风险。这些风险会导致：顾客访问企业的网站仅能获得低效的服务和过时的信息；由于过多的连接中断和资源短缺，企业的网上数据传输缓慢；遭到入侵者袭击后，企业的资源不能被适当地保护。而完善的审计控制环境将有助于缓和、避免这些风险，因此对企业在电子商务运作中的信息保密和风险分析进行审计是十分必要的。

信息安全性问题是阻碍电子商务广泛运用的一大难题，几乎每一个开展电子商务的企业都必须考虑如何使相关信息得到保密，这些信息包括产品的价格、库存量以及其他对竞争者有价值的信息。电子商务的审计必须控制到每一项记录的输入、输出。审计人员应知道此时谁在传输数据，并保证整个传输过程不存在被篡改的可能性；应明确哪些人可以获得哪些资源，并确保顾客不能访问一些秘密信息。对某些系统资源的进入权限可以设置口令，那些一旦被竞争者和外部人员获得就会危害企业的信息，应该存储在一个独立的网络服务器中。

在审核、通过电子商务系统的详细设计说明书时，审计人员应确保系统运行后企业有相关人员从事风险分析工作，并定期提交风险分析报告。企业可以设立一个专门进行系统风险分析的工作岗位，至少也要在企业电子商务系统的功能、硬件和软件发生重大变化时，配备员工进行风险分析工作。风险分析报告应体现出系统对因员工工作疏忽而发生的错误、员工的欺诈和盗窃行为、信息的不正确披露、在传输过程中数据的丢失、可能对顾客私人权利造成的损害等事项的纠错和防范程度。

在公司的电子商务系统运作几个月后，审计人员可以收集资料以评价其运行情况。如审计人员可以测算信息平均下载时间、日常事务处理时间，统计诸如连接公司网站失败、网页丢失、网页内容丢失、连接中断等错误，并进行制表分析。另外，审计人员应总体评价企业能否实时监控其电子商务的运作，并提出改进的建议。

4．对其他项目的审计

审计人员还应该评价企业的网站是否有较高的点击率，是否有足够的功能，是否能提

升企业的知名度，以使企业在建立电子商务系统时的初始投资得到部分回报。另外，审计人员可以调查企业的网址是否在媒体上得到广泛公布和宣传，社会公众是否可以通过一些主要的搜索引擎访问企业的网站。

企业电子商务活动的宗旨就是提高工作效率和服务质量。因此，如果一个企业运用电子商务系统来处理订单，那么审计人员必须保证：企业的财务系统和电子商务系统网上互联，并具有统一整体性；两个系统间不存在重要的数据重复输入，并且交易信息能及时转换为财务数据。为了确保财务数据的真实性，审计人员还需要对电子发货单、电子账单等的产生过程进行监督。

8.4.3　发展电子商务系统审计的主要策略

1．加强安全防范措施

提高广大审计人员的安全防范意识，建立起安全可靠的电子商务系统的审计系统是电子商务系统审计充分发展的关键。首先，审计人员应与电子商务系统的关键人员和操作人员面谈或实地查看，以了解被审单位的电子商务系统是否采取了防火墙技术、数字技术、网络防毒信息加密、存储通信身份授权等一整套加强系统安全控制的措施，以及这些措施的实际执行情况。其次，利用被审单位的实际数据，对电子商务系统进行处理检验，并将处理结果同正确结果进行比较。最后，依据测试要求，设计一套模拟业务数据，然后利用被测程序对模拟业务数据进行处理，再把处理结果同应出现的结果进行核对，以检验被审程序是否可靠。

2．加强审计线索的追踪审查

在电子商务条件下，会计处理方法的改变使得审计线索消失，即使有些软件可以记录修改的情况，也无法排除技术人员修改源代码从而达到舞弊的可能性。在这种情况下，审计人员应首先进行数据测试，检查其财务软件能否正常工作，并要求被审计单位的计算机与自己或其他相关部门的主机进行联网或信息共享，从而使其在电子化的数据形成时，同时在审计机构及相关部门形成多套原始数据的记录，各自形成数据库，这样就可以互相监督，防止被审单位以任何方法篡改其数据。此外，还可通过在系统内建立日志和追踪文件，采取就地审计和突击审计等方式以防程序员修改、删除数据。

3．提高审计人员的综合素质

由于审计环境、审计线索、安全控制、审计重点的审计技术改变，因此审计人员要有较高的信息技术水平。审计人员不仅要有会计、审计、经济、管理、法律等方面的知识，而且要掌握计算机、网络、信息系统和电子商务等多方面的知识和技能。审计人员要了解电子商务与网络经营的特点和风险，掌握其应有的安全控制及这些控制的审计方法；要懂得电子商务系统的开发与功能的审计；要能够利用计算机和网络技术进行审计。因此，加强人才培训，提高审计人员的综合素质是顺利开展电子商务系统审计的必要措施。

4．加强电子商务系统审计立法

电子商务系统审计的发展亟待一个完善的法律环境，因此，加快电子商务系统审计立法至关重要。电子商务系统的出现打破了以前有纸贸易一统天下的局面，使贸易形式发生了巨大变革，传统民商法的很多规定都不能适用于电子商务这种具有极强技术性的全新的贸易方式，这就要求有一种能适应这种变革的全新的法律制度的出现。电子商务法就是在这种要求下产生的，它对在网上进行交易的过程、双方的权利义务都按照电子商务的特点做出了全新的规定，并对一些技术性问题加以规范，使电子商务活动可以按照法律规定的程序进行，同时明确了双方责任，使双方发生纠纷时可以按照电子商务法的有关规定加以解决。这样就使得电子商务活动做到有法可依，同时也为开展电子商务系统审计奠定了坚实的法律基础。

8.5　电子商务系统的评价

企业电子商务系统运营一段时间后，我们就要对其进行阶段评价，以检查此电子商务系统是否运行稳定，是否安全，是否能有效吸引客户等。

8.5.1　电子商务系统评价的特点和评价原则

1．电子商务系统评价的特点

（1）电子商务系统一般初始投资大，而系统发挥作用又需要一定时间，具有明显的滞后效应，因此在评价电子商务系统时要考虑长远利益。

（2）它既可以产生直接利益，又可以产生间接利益；既可以产生有形利益，又可以产生无形利益，因此在评价电子商务系统时要考虑管理效益、战略利益等效益。

（3）电子商务系统对企业运营的各个环节都存在影响，甚至可能对企业的生存发展产生根本性的影响，因此在评价电子商务系统时要综合考虑其对企业各方面的影响。

（4）它的功能主要是面向企业外部的，因此在评价电子商务系统时要从客户和供应商的角度进行考虑。这是电子商务系统与传统信息系统在进行成功评价时的重要差别。

2．电子商务系统评价的原则

任何评价行为都必须遵循一定的评价原则，评价作为经济活动中的一项技术、一门学科，有着其成熟的理论基础和技术方法，以此作为评价的依据是评价工作的保证。

电子商务系统的评价应该遵循的原则有以下几个方面：

（1）科学性原则。根据系统评价的目标，科学地制定系统评估方案和适用方式，以使系统评价结果科学合理。评价指标体系应能准确、真实、客观地反映电子商务系统的实际运行情况。在构建评价指标体系时应注意结构合理、层次分明、概念清晰，而层次的划分和指标的数量则应要根据实际情况而定而并非是越多越好。

（2）客观性原则。要以翔实的数据为依据进行系统评价，猜测、推理和逻辑判定应当建立在现实的基础上。

（3）独立性原则。评估机构和评估人员不应该与电子商务系统有任何利益关系，在效益评估过程中应摆脱与所评估的电子商务系统有直接或间接利益关系的当事人利益的影响，评估工作应始终坚持独立的第三者立场，评估工作不应受外界干扰和委托者意图的影响。

（4）贡献原则。贡献原则是指电子商务系统对企业管理经营效益的贡献，取决于其对企业相关部门和企业整体的贡献度，或者根据当缺少它时对企业整体效益的影响程度来衡量其贡献程度。

（5）可操作原则。设计评价指标时，必须考虑获取数据的难易度，评价指标的含义必须明确，数据资料应尽量容易收集且计算简单，以保证后期对系统中的数据进行处理的可行性。

（6）替代原则。电子商务系统的可替代性是评价的重要方面。可替代性指的是事物是否具有唯一特性。例如，程控电话和移动电话在实现通话功能上是可替代的，计算器和珠算在进行数学运算方面具有一定的可替代性等。一个事物或一个系统可被其他事物或系统替代的程度是不同的。例如，不同品牌、相同功能的电视机是完全可替代的，而含有专利技术的产品和其他同类产品是具有不完全替代性的。电子商务系统的效益评估所要确定的是该系统的效益价格比，如果一个电子商务系统为企业带来巨大的经济效益，但其投入过大，也是评价必须考虑的。

8.5.2　评价指标

电子商务系统的评价指标分为技术性评价指标、经济性评价指标和社会性评价指标。

1．技术性评价指标

电子商务系统评价的技术性指标主要有以下几项：

（1）电子商务系统的设计评价。对其内容的丰富性和创意进行评价。

（2）电子商务系统的技术应用评价。主要评价其新技术应用的多少，及技术应用是否合理。

（3）电子商务系统的安全性评价。主要评价其能否保证电子商务的安全。

（4）电子商务系统的可操作性评价。主要评价其操作是否简单、方便和快速。

2．经济性评价指标

电子商务系统评价的经济性指标主要包括流动比率、速动比率、营业周期、存货周转天数、应收账款周转天数、总资产周转率、流动资产周转率、资产负债率、销售净利率和资产净利率等指标。经济评价最能直接反映电子商务系统给企业带来的经济效益。

3．社会性评价指标

电子商务系统的社会性评价指标主要包括注册量、点击率、访问量、客户的忠诚度、实际访问量、日均访问客流量、服务质量统计分析和日人均浏览时间等。

8.5.3　评价方法

电子商务系统的评价是一项系统工程，需要专业知识和技术作为支持。目前，电子商务系统评价的主要方式有以下几种。

1．层次分析法

所谓层次分析法，是指将一个复杂的多目标决策问题作为一个系统，将目标分解为多个目标或准则，进而分解为多指标（或准则、约束）的若干层次，通过定性指标模糊量化方法算出层次单排序（权数）和总排序，以作为目标（多指标）、多方案优化决策的系统方法。

层次分析法是将决策问题按总目标、各层子目标、评价准则直至具体的备投方案的顺序分解为不同的层次结构，然后用求解判断矩阵特征向量的办法，求得每一层次的各元素对上一层次某元素的优先权重，最后再用加权和的方法递阶归并各备择方案对总目标的最终权重，此最终权重最大者即为最优方案。这里所谓"优先权重"是一种相对的量度，它表明各备择方案在某一特点的评价准则或子目标，标下优越程度的相对量度，以及各子目标对上一层目标而言重要程度的相对量度。层次分析法比较适合于具有分层交错评价指标的目标系统，而且目标值又难于定量描述的决策问题。其用法是构造判断矩阵，求出其最大特征值及其所对应的特征向量 W，归一化后，即为某一层次指标对于上一层次某相关指标的相对重要性权值。

评价电子商务系统可以从以下几个层次来分析：

（1）功能性。大部分企业评价电子商务系统的主要指标都是系统的功能性，为满足企业用户多样化的需求，电子商务系统的功能必须尽可能齐全。

（2）安全性。安全性跟企业电子商务系统所在服务器的关系更大一点，但系统的一些基本防御措施还是需要具备的，如代码的严密性、是否采用安全协议传输、交易数据以及安全套接字层等。

（3）兼容性。电子商务系统必须考虑到所有潜在用户客户端的配置，一个优秀的电子商务系统肯定是对主流浏览器、各种操作系统都兼容的。

（4）性能。电子商务系统的反应速度必须在用户可接收到的响应时间内，这里的性能主要指数据库的性能、页面代码大小、能否生成静态页等，数据库设计合理、页面总体积小和静态化都是影响系统性能的因素。

（5）可扩展性。用户的需求并不是一成不变的，功能的可扩展性是满足不同需求的前提。关于可扩展性，可以了解一下该电子商务系统是否有大量可获得的第三方插件，如 wordpress 系统强大的第三方免费插件就是其成功的重要因素。

（6）可用性。电子商务系统界面必须有逻辑性、可访问性和直观性。系统应该让用户的访问愉快而高效，使访问系统的每个用户都理解和使用该电子商务系统。

2．综合评价方法

运用多个指标对多个参评单位进行评价的方法，称为多变量综合评价方法，或简称综合评价方法。其基本思想是将多个指标转化为一个能够反映综合情况的指标来进行评价。

综合评价法的特点表现为：

（1）评价过程不是逐个指标顺次完成的，而是通过一些特殊方法将多个指标的评价同时完成的。

（2）在综合评价过程中，一般要根据指标的重要性进行加权处理。

（3）评价结果不再是具有具体含义的统计指标，而是以指数或分值表示参评单位综合状况的排序。

构成综合评价的要素主要有：

（1）评价者。评价者可以是某个人或某团体。电子商务系统评价的评价者是实行电子商务应用的企业。

（2）被评价对象。被评价对象可以是技术水平、生活质量、小康水平、社会发展、环境质量、竞争能力、综合国力和绩效考评等方面。在电子商务系统评价中评价企业所实行的电子商务系统即是被评价对象。

（3）评价指标。评价指标体系是从多个视角和层次反映特定评价客体数量规模与数量水平的。企业在进行电子商务系统评价时应根据企业自身的情况选择恰当的评价指标。

（4）权重系数。相对于某种评价目的来说，评价指标的相对重要性是不同的。权重系数确定的合理与否，关系到综合评价结果的可信程度。

（5）综合评价模型。所谓多指标综合评价，就是指通过一定的数学模型将多个评价指标值“合成”为一个整体性的综合评价值。

综合评价法的步骤如下：

（1）确定综合评价指标体系，这是综合评价的基础和依据。

（2）收集数据，并对不同计量单位的指标数据进行同度量处理。

（3）确定指标体系中各指标的权数，以保证评价的科学性。

（4）对经过处理后的指标进行汇总，计算出综合评价指数或综合评价分值。

（5）根据评价指数或分值对参评单位进行排序，并由此得出结论。

3．经济效益评价方法

企业应用电子商务系统的目的是提高经济效益。因此，经济效益评价是需要评价的主要内容，也是经济评价的主要方面。系统评价是通过费用与效益的分析实现的。费用是指系统的整个生命周期中全部开支构成的成本，效益是指通过系统的运行所带来的费用减少或收入的增加。

1）系统投资成本

电子商务是一个非常复杂的社会系统，它的开发、使用、维护和管理过程需要投入大量的人、财、物资源，需要各种软/硬件支持，这一切就构成了系统的成本。具体包括以下几个方面：

（1）系统开发成本。主要是指软/硬件及开发工具的采购费用，机房工程设施的改造、通信线路的建设等成本开支项目，此外，还有系统调研与分析费用，电子商务应用软件的购置费用和开发设计费用，数据采集费用，开发人员、应用人员的培训费用，系统试运行费用等。

（2）系统运行成本。主要指人员的工资费用、通信费用、提供电子支付所需的费用、电费、域名注册费、系统培训费用、数据信息的收集和组织管理费用、技术资料费用、固定资产折旧费等。

（3）系统维护与管理成本。系统软/硬件的维护成本、出错处理费用、系统改善更新所发生的费用、系统管理费用等。

2）电子商务系统的收益

电子商务系统的收益是指企业在运行电子商务后所产生的增收和节支的总额。主要反映在采购成本降低、库存积压减少、单证处理成本减低、管理费用减少、资金周转加快、占用额减少、销售利润增加等所产生的利益，通过向系统外部提供信息产品或服务所获得的利益，以及系统开展其他经营活动而获得的利益。

8.5.4 评价过程

评价的实施先从最一般的竞争环境和组织结构开始，到系统总体结构，然后是系统和组织之间管理接口的服务水平，最后是系统内部功能的一些特殊结构。

1．系统环境分析

这一阶段应该对市场中的竞争压力、主要竞争对手和关键的成功因素有清晰的定义。组织通过其机构、策略、文化因素等对竞争环境做出反应，要了解这种反应的方式，就要正确评价组织对于信息和其支持服务需求的总体水平，及它们如何影响组织的状况和所处环境。

2．系统基础设施的评价

第二阶段的评价主要用于分析系统基础设施的不同组成部分，如组织的结构和已建立的处理过程，它们决定了电子商务系统的性能。基础设施有以下四个维度：

（1）信息维度，提供信息支持的应用系统和数据库。

（2）技术维度，计算机设备、系统或应用软件以外的软件和远程通信设备的体系结构。

（3）组织维度，系统功能的组织和管理结构。

（4）经济维度，组织对系统的投资。

3．系统接口的评价

系统体系结构描述了已建立的系统性能，在对其进行评价后，下一阶段要评价系统的管理过程，它是组织体系结构与组织其他部分之间的重要接口。要对管理过程及其质量进行评价，首先要进行系统计划和控制的评价。系统评价用于测试组织使用系统的效率和系统满足用户实际需求的程度。

4．系统活动的评价

最后一个阶段的评价包括系统功能中的活动评价和管理评价。围绕系统各个功能的评价包括六项活动：应用软件开发和维护评价、系统操作评价、预期性能计划和技术实现评价、系统支持功能评价、系统安全措施评价、系统人事管理评价。

本章小结

● 电子商务系统维护的目的是保证电子商务系统正常而可靠地运行，维护的内容主要有硬件维护、软件维护、数据维护和电子商务网站维护，其中软件维护又包含纠错性维护、校正性维护、适应性维护、完善性维护和预防性维护。

● 电子商务系统主要的运营管理策略为：系统的内容及时得到更新、与客户及时进行交互、不断挖掘潜在的客户。

● 企业建立电子商务系统后的首要任务就是对商务系统进行推广。电子商务系统市场的推广方法有搜索引擎推广方法、电子邮件推广方法、资源合作推广方法、信息发布推广方法、网络广告推广方法、病毒式推广方法、全方位的服务方法和整合推广方法。

● 进行电子商务系统审计是因为传统的衡量方法已不适应网络企业的无形资产评估和电子商务的可靠性、适用性、安全性和性能等方面受到威胁或存在风险。

● 企业电子商务系统运营一段时间后，我们就要对其进行阶段评价，以检查此电子商务系统是否运行稳定，是否安全，是否能有效吸引客户等。

综合练习

一、单项选择题

1. 对电子商务系统维护中的信息安全的主要工作描述错误的是（　　）。

A. 对操作系统和数据库的安全维护　　　　B. 访问控制授权的检查

C. 网络安全维护   D. 对系统数据的备份和恢复

2. 在电子商务系统运营中，为了最大限度地保证和客户之间的沟通，在系统中可建立一个自动回复系统，下列（　　）不是这个系统的主要功能。

A. 利用检索工具方便 Web 页面的浏览   B. 自动回复电子邮件

C. 智能检索软件   D. 连接企业内部信息

3. 下列不属于电子商务企业市场推广策略的是（　　）。

A. 企业科研投资   B. 全面的广告促进策略

C. 网站推广策略   D. 全方位的服务

4. 安全性评价属于电子商务系统的（　　）评价指标。

A. 技术性   B. 经济性   C. 社会性   D. 可操作性

5. 下列不属于电子商务系统的评价应遵循的原则的是（　　）。

A. 科学原则   B. 贡献原则   C. 替代原则   D. 综合原则

6. 一般企业只有一次机会向潜在顾客销售商品或建立联系，这个机会发生在（　　）。

A. 顾客首次访问企业站点   B. 顾客多次访问站点后

C. 顾客在企业网点进行注册后   D. 顾客进行咨询时

7. 节日贺卡是作为（　　）常用的工具。

A. 搜索引擎推广方法   B. 电子邮件推广方法

C. 资源合作推广方法   D. 病毒性营销方法

8. 目前下列工作中完不成自动回复电子邮件的是（　　）。

A. 回答访问者一些常见的问题   B. 提供公司的联系方式和地址

C. 立即回复不常见的问题   D. 对于访问者表示感谢

9. 下列不属于企业的无形资产的是（　　）。

A. 商誉   B. 客户忠诚度   C. 客户满意程度   D. 企业现有商品

10. 下列不属于电子商务系统的社会性评价指标的是（　　）。

A. 流动比率   B. 营业周期   C. 存货周转天数   D. 客户的忠诚度

二、多项选择题

1. 下列属于电子商务系统维护的内容有（　　）。

A. 硬件维护   B. 软件维护   C. 数据维护   D. 代码维护

2. 下列属于电子商务系统推广方法的有（　　）。

A. 资源合作的推广方法   B. 电子邮件推广方法

C. 网络广告推广方法   D. 病毒式推广方法

3. 下列属于电子商务系统审计的内容有（　　）。

A. 对电子商务系统设计阶段的审计

B. 对电子商务系统服务功能的审计

C. 对电子商务系统运作中的安全审计和风险分析的审计

D. 对企业的网站的点击率审计

4. 下列属于电子商务系评价的原则有（   ）。

A. 科学性原则　　　　　　B. 贡献原则　　　　　C. 客观性原则　　　　D. 独立性原则

5. 下列属于构建电子商务系统成功评价指标时应遵循的原则的有（   ）。

A. 全面性原则　　　　　　B. 科学性原则　　　　C. 可操作原则　　　　D. 独立性原则

6. 数据维护的主要内容有（   ）。

A. 数据库的备份、转储和恢复　　　　　　　B. 数据库的安全性控制与完整性控制

C. 数据库的重建和重构　　　　　　　　　　D. 代码的增加、修改及设置新的代码

7. 在电子商务维护过程中，安全管理方法有（   ）。

A. 建立安全管理组织机构　　　　　　　　　B. 制定相应的安全管理法律

C. 确定安全保密监控体系　　　　　　　　　D. 建立安全监察体制

8. 新的电子商务系统形象定位策略有（   ）。

A. 广告促进策略　　　　　　　　　　　　　B. 独立定位策略

C. 公众需求定位策略　　　　　　　　　　　D. 优势定位策略

9. 下列属于电子商务系统运作风险行为的有（   ）。

A. 商业信息的泄露　　　　　　　　　　　　B. 智能财产的不当使用

C. 对版权的侵犯　　　　　　　　　　　　　D. 对商标的侵犯

10. 电子商务系统评价的技术性指标主要有（   ）。

A. 电子商务系统的设计评价　　　　　　　　B. 电子商务系统的技术应用评价

C. 电子商务系统的安全性评价　　　　　　　D. 电子商务系统的可操作性评价

三、判断题

1. 校正性维护是为了使系统适应环境的变化而进行的维护工作。（   ）

2. 电子商务系统投入使用以后，标志着全部工作的结束。（   ）

3. 电子商务系统中 I/O 率和 I/O 比越低越好。（   ）

4. 病毒性营销方法就是传播病毒。（   ）

5. 搜索引擎推广方法是最常用的商务系统推广方法之一。（   ）

6. 对电子商务系统进行维护时安全管理不在考虑范围之内。（   ）

7. 企业除了从外部获取信息保证系统信息更新，也可以从系统的内部直接获取。（   ）

8. 对于企业的电子商务系统，能否具有高质量的顾客服务功能是至关重要的。（   ）

9. 提高审计人员的综合素质是顺利开展电子商务系统审计的必要措施。（   ）

10. 在评价电子商务系统时要从客户和供应商的角度进行考虑。（   ）

四、简答题

1. 电子商务系统维护工作的主要内容有哪些？

2. 电子商务维护过程中为什么要进行安全管理？

3. 电子商务系统的市场推广策略有哪些？

4. 电子商务系统审计的原因是什么?

5. 简述电子商务系统评价的实施过程。

五、论述题

1. 为了保证电子商务系统的及时更新，可以采取哪些措施?

2. 发展电子商务系统审计的主要策略有哪些?

六、案例讨论题

淘宝网

淘宝网成立于 2003 年 5 月 10 日，由阿里巴巴集团投资创办。目前，淘宝网是亚洲第一大网络零售商圈，其目标是创造全球首选网络零售商圈。通过结合社区、江湖、帮派来增加网购人群的黏性，并且采用最新网购模式，让网购人群乐而不返。淘宝网目前的业务跨越 C2C、B2C 两大部分。淘宝商城整合数千家品牌商、生产商，为商家和消费者之间提供一站式解决方案，提供 100%品质保证的商品，7 天无理由退货的售后服务，以及购物积分返现等优质服务。

与易趣不同的是，会员在交易过程中感觉到轻松活泼的家庭式文化氛围。其中一个例子是会员及时沟通工具——阿里旺旺。会员注册之后淘宝网和淘宝旺旺的会员名将通用，如果用户进入某一店铺，正好店主也在线的话，会出现掌柜在线的图标，可与店主及时地发送、接收信息。淘宝旺旺具备了查看交易历史、了解对方信用情况、个人信息、头像、多方聊天等一般聊天工具所具备的功能。

阿里旺旺，是一种即时通讯软件，供网上注册的用户之间通讯，是淘宝网官方推荐的沟通工具。淘宝网同时支持用户以网站聊天室的形式通讯，淘宝网交易认可淘宝旺旺交易聊天内容保存为电子证据。目前仍没有案例可以援引说明淘宝旺旺或网站聊天室的内容在诉讼程序中是否适用。它拥有在对话框中输入商品网址就能显示出图片与资料的方便功能。

淘宝网也注重诚信安全方面的建设，引入了实名认证制，并区分了个人用户与商家用户认证，两种认证需要提交的资料不一样，个人用户认证只需提供身份证明，商家认证还需提供营业执照，一个人不能同时申请两种认证。这方面可以看出淘宝在规范商家方面所作出的努力。淘宝同样引入了信用评价体系，点击还可查看该卖家以往所得到的信用评价。对于买卖双方在支付环节上的交易安全问题，淘宝推出了支付宝担保的付款发货方式，以此来降低交易的风险。支付宝特别适用于计算机、手机、首饰及其他单价较高的物品交易或者一切希望对安全更有保障的交易。在淘宝使用支付宝是免费的。当用户支付商品货款时，通过淘宝的工行接口付款，用户不用负担汇费。

另外，淘宝指数是一款基于淘宝的免费数据查询平台，通过输入关键词搜索的方式，查看淘宝市场搜索热点、成交走势、定位消费人群在细分市场的趋势变化的工具。淘宝指数数据来源主要是淘宝网主站搜索、全站（集市和天猫）后台成交明细数据、对淘宝全站热门宝贝的相关属性统计和用户在淘宝、支付宝上的注册信息，及过去 12 个月的购物行为数据，结合相关算法，为用户返回趋势图。用户登录淘宝指数首页，搜索某个关键词可以获得相关的淘宝商品近期和较长期的走势，可以帮助用户定位消费者人群，了解消费者购物习惯，分析淘宝购物和未来的潮流趋势。结合关键词搜索来分析购物行为，还可以对消费者进行层级划分，将淘宝买家分成新手买家、初级买家、中等买家、资深买家、骨灰买家五个等级，并根据消费等级所占比例分析出买家的职业，如学生、白领，以及消费者的爱好等行为习惯。此外，还可以查询细分市场走势和商品成交排行榜。

目前每天全国 1 / 3 的宅送快递业务都因淘宝网交易而产生。淘宝的出现将为整个网络购物市场打造一个透明、诚信、公正、公开的交易平台，进而影响人们的购物消费习惯，推动线下市场以及生产流通环节的透明、诚信，从而衍生出一个"开放、透明、分享、责任"的新商业文明。

试讨论以下问题：

1.淘宝网有哪些好的服务？

2.淘宝网在安全管理方面采取了哪些措施？

3.针对目前淘宝网站和其他网络购物网站（如易趣、京东、当当等）的运营服务状况进行对比分析。

第9章 基于 ibeacon 的首都机场 智能出行服务系统的分析与设计

学习目标

- 了解主动推送（Push）技术
- 了解 LBS 基于位置服务
- 掌握基于 ibeacon 的首都机场智能出行服务系统的分析、设计与实现的方法

导言

随着我国人民的生活水平日益提高，飞机因为快捷和便利渐渐被百姓选为首选出行工具。通过研究发现，首都机场目前提供服务的方式主要是人工服务，而人工服务普遍存在人员成本高、培训周期长、旅客等候服务时间长这几个方面的问题。因此，对航站楼内提供智能化旅客出行服务系统进行建设与实施至关重要。本章依据首都机场智能出行服务的需求，并结合首都机场智能出行服务的实际情况，基于 ibeacon 分析，设计与实现了首都机场智能出行服务系统。

9.1 绪　　论

9.1.1 研究的背景与意义

1. 相关概念界定

1）LBS 基于位置服务

LBS（Location Based Service）简单地说就是基于位置的服务，它是通过电信移动运营商所提供的无线电通信网络（如 GSM 网、CDMA 网）或外部全球卫星定位方式（如 GPS）获取移动终端用户的详细位置信息（地理坐标或室内坐标），在地理信息系统（Geographic Information System，GIS）平台的支持下，为用户提供相应服务的一种增值业务。

LBS 包括如下两层含义：首先是准确定位移动设备使用者所在的详细地理位置信息；

其次是提供与其位置相符的相关各类服务信息。意指与定位相关的各类信息服务系统，简称"定位服务"，它的另外一种名称为 MPS-Mobile Position Services，也称为"移动定位服务"系统。例如，LBS 找到移动终端旅客所在当前地理位置，然后在首都机场航站楼内寻找当前旅客位置处 50 米内的公共设施、旅客登机流程、周边商铺和美食信息。因此，LBS 就是要借助互联网或无线网络，在固定用户或移动用户之间，完成定位和服务两大功能。

2）主动推送技术

所谓主动推送（Push）技术是一种基于客户服务器机制，由服务器发起主动将推送内容发往客户端的技术。LBS 推送机制是指基于地理位置通过检测用户的位置，由服务器向用户实时地主动推送信息的方式。

在"push"技术没有应用到移动设备之前，人们往往利用浏览器在 Internet 上搜索来获得信息，一方面，面对大量搜索的结果，即便用户花费相当多的时间和流量也难以查询到自己所需要的相关信息；另一方面，这些信息发布者也希望将所发布的信息及时、主动地发送到感兴趣的人手中，而不是被动地等着用户来查询。Push 技术的出现，为人们展现了获取消息新的发展方向：Internet 上的信息不仅可以被动地被搜索，而且可以主动地推送。如果说用户以"搜索"方式获取信息的难易度堪称"大海捞针"，那么将信息及时主动地"推送"给感兴趣的用户，让用户在到达一个新的位置后就可以坐等相关服务信息的到来，可以算得上是"以逸待劳"了。

3）客户端 APP 平台

客户端设备为旅客自带的有蓝牙功能的智能手机。智能手机按系统分主要有 Android、iOS 和 Windows Phone。全球最具权威的 IT 研究与顾问咨询公司 Gartner 发布的《2014 年第三季度智能手机市场调查》报告显示，Android 手机在 2014 年第三季度的出货市场占有率达到了 81.9%，占有率较 2013 年同期增长了 9.3%。所以为了覆盖大部分客户，本系统客户端软件在 Android 和 iOS 平台均可以使用。

2．研究背景

目前基于位置的服务一般都是通过全球定位系统或者通过室内固定位置安装的微软研究开发的 ibeacon 定位装置，在航站楼内电子地图平台的技术支持下，提供给旅客相应的出行帮助的一种增值服务。LBS 是一种多领域学科交叉的移动网络业务，涉及以下几种核心技术：地理信息系统（GIS）、全球定位系统（GPS）、无线定位技术（GSM/GPRS、WiFi、3G、LTE、ibeacon）等。

根据 2013 年首都机场年终报告，截至 2013 年 12 月底，首都机场旅客出行人数达 8 369 万人次，庞大的旅客群体为 LBS 提供了广阔的服务空间。同时，LBS 也于 2009 年进入快速成长期，随着智能移动终端用户数量的迅速膨胀，预测 2017 年 LBS 收入将达到 48 亿人民币。2014 年 1 月 7 日，首都机场为 T3 航站楼全楼旅客区域部署了由微软开发的基于蓝牙技术的 ibeacon 定位设备，首都机场即将迎来精确定位个性化定制服务时代。

"基于位置相关的个性化服务信息"概念的提出，首先具有深刻的技术支持，同时又有潜力巨大的经济和社会意义。第一，旅游产业和信息产业是北京市的重要经济支柱，基于位置相关的个性化服务信息横跨这两大支柱领域，并能够使北京市旅游信息化服务发展到一个崭新的高度；放眼全球现代化机场，服务信息的智能化正以连续五年超过250%的速度高速增长，把高新信息化技术手段应用在旅客出行中，已成为信息化时代发展的必然趋势。第二，在北京市上下正在努力建设和谐社会的大背景下，基于位置相关的个性化服务信息以清晰直观的表现形式、丰富准确的服务内容、领先的服务方式为国内外旅客提供高品质的出行服务资讯，在促进和改善地区经济发展的同时，对提高首都综合形象、改善旅客出行质量、促进和谐社会的建设有着无法忽视的积极推进作用。

随着国民经济的发展，人们的生活水平的提高，人们对于出行的要求越来越高，便捷的出行服务是人们追求的目标，而飞机以其便捷性成为人们出行的首选，因此，人们对于机场出行服务的要求越来越高，如何对机场出行服务进行信息化的建设成为机场建设的目标，也推动了机场出行服务系统的发展。

随着无线定位技术和智能移动终端技术的高速发展以及互联网功能越来越强大的应用服务能力正逐步扩展到智能出行上，为旅客提供基于位置的智能服务成为全机场信息化发展的趋势，目前已在首都机场T3航站楼旅客服务领域所采用。近来，在电子地图建模和旅游解说信息推送方面出现了一些新的应用场所，这些应用大致采用了两种实现方式：一是通过GIS数据上对现实世界进行几何建模，这种方式虽然能比较生动地表现现实场景，但其建模制作成本非常昂贵，所以限制了它广泛应用在旅游行业当中；二是通过安装在固定位置的无线射频装置并在其覆盖区域触发旅游景点的解说词，此无线设备制作成本过高，且表现形式和解说内容刻板单调，缺乏真实体验感与人机互动性。针对上述两种常用的基于位置推送服务存在的局限性，本章所建设的系统将位置信息、ibeacon和互联网技术结合起来，基于移动智能终端平台搭建了一个实时、准确、服务信息丰富和交互方便的首都机场智能服务信息系统。

3．研究意义

（1）通过智能出行服务系统的研究，在全面了解首都机场出行服务系统的发展水平的同时，总结经验与不足，找到不足的解决方法，合理利用资源，完善首都机场的出行服务系统。

（2）我国相关部门致力于首都机场智能出行服务系统的研究，投入了大量的人力和物力，就目前而言，在出行系统的研究方面虽然取得了一定的成就，但更多的还是存在实际使用的差距。因此，针对首都机场智能出行服务系统的研究，依据实际的需求，切实解决现有出行服务管理的不足。

（3）在理论方面，本研究利用计算机技术、系统科学，针对首都机场智能出行服务系统进行了研究。在现实方面，通过对首都机场出行服务系统的实证研究，完善了旅客出行服务的体系，为旅客的出行提供了及时、准确的交通信息，为旅客提供了优质的服务，减少了旅客出行的不便。

9.1.2　研究内容

通过上述论证，可以了解到精确的定位系统对于 LBS 的重要性和必要性，以及对智能出行服务系统的基础支持的必需性。虽然国内外在出行服务系统方面做了大量的研究，也取得了一定的成就，但是还存在着诸多的不足，如交通信息的深层次加工与个性化的服务还比较缺乏、系统功能较为单一、信息共享程度不高、定位还不够精确，因此针对出行服务系统的研究依然需要加大投入。ibeacon 作为新一代的室内定位系统，不仅体型小，而且覆盖范围大，能够做到准确定位的效果，完全能满足关于旅客航站楼内定位的需求，而进行旅客所需服务信息的推送，并且系统在 B/S 结构下开发，能够达到信息共享的目的。

本章以基于地理位置提供服务（LBC）技术为基础，结合移动智能服务业务需求，对移动平台首都机场智能出行服务系统进行分析、设计和实现，主要实现 ibeacon 定位和旅客服务信息的主动推送相结合。首先分析移动传统服务模式的现状，包括移动服务的准确和智能化的需求；接着研究定位技术，分析每种方式的优缺点，提出利用 ibeacon 定位技术进行系统设计；然后根据 ibeacon 定位技术的实现方式和移动智能化服务信息推送，提出基于 ibeacon 定位技术智能化服务推送服务系统方案的设计，并对其进行实现；最后与现有方案进行比较，得出新方案的优势。希望能够对机场智能化服务水平提升提供帮助和参考。

本章实现的首都机场智能出行服务系统包括以下几大新功能：

（1）可以查看航班的动态。基于首都机场的航班数据，与机场航班显示屏同步更新，针对乘机人、送机人、接机人等的出行需求，提供个性化的服务。

（2）可以规划旅程。从关注航班开始，关怀旅客出行的每一个细节，如交通、天气等。

（3）可以一键上网。提供免费网络，无须密码，即可实现上网。

（4）可以了解机场的服务，如机场的公告信息、机场的地图指引、机场的服务设施、机场服务信息以及服务电话，不必咨询即可了解。

（5）实现在线预订。商品无须等待，到店即可领取；餐饮不必排队，享受贵宾服务。

9.2　系统相关理论基础

本节将介绍 LBS、主动推送服务技术及 ibeacon。LBS 主要分为室外和室内两种服务方式，本系统选择的是 LBS 系统下的 ibeacon 无线蓝牙定位技术。它可以准确地基于位置信息，来进行预设服务信息的推送，最终实现让旅客获得所需服务的功能。

9.2.1 LBS

1. 现有 LBS 的应用模式

LBS 的应用范围很广，一般业务包含服务业、旅游业、政府机关、商业营销推广等。LBS 是为人们生活服务带来革命性的基于当前位置的所需服务，与传统服务模式相比，它具有明显优势，主要表现在以下几个方面。

1）休闲娱乐模式

签到（Check-In）模式具有几个基本特点：

（1）用户主动签到以显示自己的位置。

（2）通过签到获得积分、成就。系统用其激励用户 Check-In，提高用户对签到的忠诚度。

（3）通过与商家进行合作活动，对获得特定积分的用户，由商家提供折扣或优惠作为奖励，同时也是对商铺产品的有效的营销和推广。

（4）通过关联和绑定用户使用的其他社交工具或者软件，就可以随时同步和分享用户所处地理位置信息和商铺评价。

（5）鼓励用户对其光临过的商店以及餐厅等商铺进行评价，增加对商家的推广和宣传。

该模式最核心的理念在于要培养每一位用户到达一个新的地点就先签到的习惯。而它的商业运营模式效果也是比较显著的，可以更好地为商家或知名品牌进行各种形式丰富的推广与营销。目前，国内的"街旁"正处于发展阶段，主要与各种演唱会、画展等文艺活动合作，慢慢向年轻人群推广与渗透，积累忠实用户。

2）生活服务模式

（1）周边生活服务的搜索：点评网或者生活信息类资源网站与地理位置服务结合的模式，代表有大众点评网、台湾地区的"折扣王"等。主要针对周边商家和公共设施给予用户指引与选择。这个模式的优势在于信息存储量大和覆盖面比较广，也是用户最常用的一种生活服务模式。

（2）与旅游的结合：旅游具有很强的移动地理属性，LBS 与旅游的融合是十分贴切、紧密相连的。分享旅游攻略和出游心得更加展现了作为社交工具的特质，代表是游玩网。

（3）会员卡与票务模式：实现一卡多用，捆绑多种会员卡的信息，同时电子化的会员卡还能记录和统计消费信息和用户消费习惯，让用户充分感受到 LBS 模式下提供的简捷和大量针对性很强的优惠服务，代表是国内著名的"Mokard（M 卡）"和票务服务类型的 Eventbee。这些基于位置信息的移动互联网化的应用正在慢慢渗透到我们生活服务的方方面面，让我们的生活和出行更加便利与时尚。

3）社交模式

（1）地点交友，即时通讯：不同的用户因为在同一时间、同一地点，就可以通过 LBS 所提供的朋友群组相互交流。正因为位置和时间的相似性，所以兴趣和爱好相同的人更加容易成为朋友，这种社交的成功案例代表是"兜兜友"。

（2）以地理位置为基础的小型社区：基于用户所在居住地点或者办公地点提供社交群组。在居住地点和办公地点这种消耗时间较长的地点搭建的生活社交群组，可以有更为广泛的交流信息，更加体现出邻里或者同事之间的帮助和交流，成功案例代表是"区区小事"。

9.2.2　主动推送服务的技术

1．Push 技术原理及实现方式

Push 技术改变了 Internet 上信息互动的方式，将用户习惯的主动搜寻信息变为有目的地被动接收信息。根据原有系统的扩充程度和继承的不同，推送技术的实现可分为以下三种方式。

1）Web 服务器扩展

这种方式是利用服务器扩展——CGI 来扩展原有 Web 服务器的功能，实现信息推送。与普通 Pull 技术的不同之处在于，服务器接收到表单后，根据要求收集相关信息，采用一次或者多次方式推送给用户。信息的推送方式主要有两种：一种是直接把信息推送给用户；另一种是只把 URL 及信息变化的主要内容通知用户。可以看出，这两种方式的推送是效果相对较差的推送，因为在想获取信息的方式上还需要用户参与进来，但所展现的信息内容是符合用户需求的，而且这种方式在技术上最容易实现。

2）客户代理方式

客户代理方式是通过代理服务器来收集相关的用户信息的方式。它与信息提供商建立联系，搜索所有相关站点，收集用户关注的内容然后进行推送。这种客户代理的推送方式需要为其资源列表和资源的更新状态等信息建立相应的频道定义格式（CDF）文件并置于 Web 服务器上。在这种推送方式中，对信息的请求和推送环节都是由代理服务器自动完成的。从用户使用角度来看，服务是透明可控的，它也可以属于信息"推送"的范畴，而且比较好地继承了原有的系统，实现也相对比较简单。

3）Push 服务器方式

采用 Push 服务器进行消息推送，这种模式目前比较常见和流行。架构包括 Push 服务器、客户部件及开发工具等一整套集成应用环境。它将浏览器中的频道和某些站点相关联，用户可以像看电视那样去选择收看感兴趣的、推送的信息，而且还可以对播放时间进行设置。在这种方式中，Push 服务器提供主动服务，负责收集信息整合成频道，然后再推送给用户；客户部件主要负责接收数据及提交指令，并对数据进行处理。通常 Push 服务器会先对信息进行归纳和分类，将信息含量较大的数据优先推送给用户，如果用户想更加详细地了解这方面的信息，则再次获取该类信息的其他内容。因此，这种方式有效地减少了数据的传输量，明显地提高了获取信息的效率。与前两种方式相比，Push 服务器才是"真正的推送"。

2. Push 技术与信息推送服务

Push 技术作为当前常用浏览器的核心技术，是 Internet 上一种获取信息准确、速度快捷的技术，最初是以帮助个人用户高效查询网上信息为服务目标的。早期的 E-mail 和新闻、天气机构提供的面向特定用户的信息传递服务都可以看作是 Push 技术在网络信息服务中最初、最基本的应用范例。到目前为止，Push 技术最成功的应用是在一些特定的领域，针对某些特定的用户群体。一些服务界的专家学者也开始关注 Push 技术，并把 Push 技术引入旅游或者服务行业领域。服务行业相关信息推送，是利用信息推送技术自动搜索网络上用户关注的信息，并主动推送到用户面前的服务，也可以称为基于"推"模式的网络信息服务。如果根据使用技术来进行划分，信息推送服务的具体实现方式有以下两种。

1）邮件式推送服务

邮件式推送服务即用 E-mail 的方式将有关信息发布给在存在列表中的用户。它是使用最简单 Push 技术来实现的，也是目前应用最广泛的一种信息推送方式。这种方式只需要实现一个基于 Web 的 E-mail 发送系统，就可根据用户订阅情况提供相应的栏目内容，定期或不定期地发送到用户指定的信箱里。例如，法国西斯罗机场的电子邮件推送服务系统，可以为旅客提供多方面的服务：不定期地向旅客发送介绍机场的相关信息；根据旅客的购物偏好等情况提供比较详细的商铺优惠相关信息，内容包括店铺名称、优惠日期、优惠幅度等；向旅客介绍航空公司新开发的航线的时间、目的地；向旅客介绍航空公司开展的旅游航线、打折机票、最新乘机体验项目、班期变化等。以上服务内容由机场旅客服务中心以 E-mail 的方式不定期向注册旅客推送。该项服务主动性强，把原来被动地等旅客咨询变为主动地向用户提供信息，提高了该机场数字化服务的内容和层次，为旅客提供了更好的、更快捷的服务，但目前开展该项服务的国内机场还很少。

镜像数据库是网站工作人员根据用户的需求，对其进行自动跟踪与合法备份，然后经过筛选、下载，建立起的专业数据库。这种数据库也需要定期更新，可以为用户提供定题服务。这种数据库可以反复使用，并且可以建立检索文档，避免重复上网查找。网络化的定题服务可以很快地向用户提供有关专业的最新动态和学科前沿，这为对某些方面比较关注或者注重的用户提供了极大的方便，可以大大节省他们的时间和精力。

2）专业信息服务频道的建设

即为主动提供某个主题或专题信息相对集中的 Web 站点。对于一个机场的 Web 站点，只要利用推送技术建设一个专业信息服务频道，就能够面向自己的用户开展具有很强的针对性的主动信息推送服务。其工作原理为：

（1）用户登录到机场站点，提出获取主动推送信息服务的申请。

（2）机场 web-server 发送一个申请表单给用户。

（3）用户填写好申请表后，提交给机场 web-server，机场 web-server 将信息传送给"推送服务代理"。

虽然目前将 Push 技术引入机场服务信息领域的事例还不多，但 Push 技术的应用赢得了人们越来越多的关注。以用户为中心的推送技术，是未来信息获取技术的一个重要发展方向，它不仅深刻地改变互联网信息传播方式，而且将使机场为用户提供主动信息服务的质量有一个质的飞跃。

在本系统中，为每个旅客进行了信息的推送，主要是机场附近商品与商家的信息推送，让旅客了解机场周围的商业布局情况，对自己感兴趣的商品进行浏览与预订，而无须自己寻找与咨询，另外还提供了路径的导航功能。旅客通过系统的推送找到自己感兴趣的商家与商品之后，进行在线预订，商品无须等待，到店即可领取，餐饮不必排队，享受贵宾服务。除此之外，在值机柜台推送的是位置信息和航空公司信息，在安检推送的是禁带物品信息和安检排队预计时间，在商铺推送的商品消息打折消息等，为旅客的出行提供了便利。

9.2.3　ibeacon 的基本原理

ibeacon 是苹果公司 2013 年 9 月发布的移动设备用 iOS（iOS7）上配备的新功能。其工作方式是，配备有低功耗蓝牙（BLE）通信功能的设备使用 BLE 技术向周围发送自己特有的 ID，接收到该 ID 的应用软件会根据该 ID 采取一些行动。比如，在店铺里设置 ibeacon 通信模块的话，便可让 iPhone 和 iPad 上运行一个资讯告知服务器，或者由服务器向顾客发送折扣券及进店积分。此外，还可以在家电发生故障或停止工作时使用 ibeacon 向应用软件发送资讯。

苹果 WWDC 14 之后，对 ibeacon 加大了技术支持，并对其用于室内地图的应用有了更明确的规划。苹果公司公布了 ibeacon for Developers 和 Maps for Developers 等专题页面。

ibeacon 技术作为利用低功耗蓝牙技术研发者，有不少团队对其进行研究利用。ibeacon 使用的是 BLE 技术，具体而言，利用的是 BLE 中名为"通告帧"（Advertising）的广播帧。通告帧是定期发送的帧，只要是支持 BLE 的设备就可以接收到。ibeacon 通过在这种通告帧的有效负载部分嵌入苹果自主格式的数据来实现。

ibeacon 的数据主要由四种资讯构成，分别是 UUID（通用唯一标识符）、Major、Minor 和 Measured Power。

UUID 是规定为 ISO/IEC11578:1996 标准的 128 位标识符。

Major 和 Minor 由 ibeacon 发布者自行设定，都是 16 位的标识符。比如，连锁店可以在 Major 中写入区域资讯，可在 Minor 中写入个别店铺的 ID 等。另外，在家电中嵌入 ibeacon 功能时，可以用 Major 表示产品型号，用 Minor 表示错误代码，用来向外部通知故障。

Measured Power 是 ibeacon 模块与接收器之间相距 1m 时的参考接收信号强度指示（Received Signal Strength Indicator，RSSI）。接收器根据该参考 RSSI 与接收信号的强度来推算发送模块与接收器的距离。

有意思的是，苹果在 iOS 中并不仔细推断距离，而只采用贴近（Immediate）、1m 以内

（Near）、1m 以上（Far）三种距离状态。距离在 1m 以内时，RSSI 值基本上成比例减少，而距离在 1m 以上时，由于反射波的影响等，RSSI 不减少而是上下波动。也就是说，相距 1m 以上时无法推断距离，因此就简单判定为 Far。

iOS7 对接收到的 ibeacon 信号进行解释后，向等待 ibeacon 资讯的所有应用软件发送 UUID、Major、Minor 及靠近程度。发送的靠近程度资讯是 Immediate、Near、Far 中的一种。接收资讯的应用软件先确认 UUID，如果确认是发送给自己的资讯，则再根据 Major、Minor 的组合进行处理。

ibeacon 一项低耗能蓝牙技术，其工作原理类似之前的蓝牙技术，由 ibeacon 发射信号，iOS 设备定位接受，反馈信号。根据这项简单的定位技术可以做出许多相应的技术应用。

ibeacon 技术作为利用低功耗蓝牙技术研发者，有不少团队对其进行研究和利用，包括 beacool 的猫铃、Sensoro 的"云子"、智石科技的"Bright Beacon"、四月兄弟的"April Beacon"、雨滴的"Drop Beacon"以及 ebeoo 的"ebeoo Beacon"和 ibeacon CS 公共服务平台。其中，"Bright Beacon"率先在国内推出了整体解决方案，为商家、旅游景点、博物馆等提供完整的 Beacon 基站、App 应用以及 SDK。ebeoo 专注于 ibeacon 蓝牙信标的硬件提供。其在国内率先推出的"ebeoo Beacon"达到三防标准，配备 TICC2541 蓝牙芯片、CR2477 纽扣电池和电路稳压芯片等。ibeacon CS 是国内首家面向所有开发者使用的 ibeacon 专业解决方案平台。ibeacon CS 平台提供的不仅仅是技术方案，更为重要的是面向终端业务用户提供了业务整合方案。在本系统中，利用 ibeacon 基站的室内定位技术进行定位，满足了旅客出行的定位功能需求，提升了人们的出行效率。

1．ibeacon 定位分析

本系统由一定数量的 ibeacon 基站和蓝牙终端组成。其中，ibeacon 基站核心控制器为 TI 公司的 CC2540 蓝牙芯片。

RSSI 是在接收点接收到的信号强度与发射点发出的信号强度的一个比值，单位为 dBm。它表示了信号在传输过程中的具体损失值。这个损失值与接收点和发射点的距离密切相关。在室内短距离环境下，使用对数正态阴影模型来计算距离与强度之间的关系。其公式如下：

$$\text{PL}(d)[dB] = \overline{\text{PL}}(d) + X_\sigma = \overline{\text{PL}}(d_0) + 10n\log_{10}\left(\frac{d}{d_0}\right) + X_\sigma \tag{9-1}$$

其中，d 为信号源与采样点的距离（m）；d_0 为参考距离（m），一般取 1 m；$\overline{\text{PL}}(d)$ 是采样点接收到的信号功率（dBm）；$\overline{\text{PL}}(d_0)$ 是在参考距离 d_0 位置接收到的信号功率（dBm）；X_σ 是一个均值为 0 的高斯随机变量（dBm），反映了接收信号功率受环境其他因素影响而产生的细小变化；n 为路径损耗指数，它的取值随环境不同而不同。在具体环境中，这个值基本不变。

根据式（9-1）我们在待测点测量其接收到的无线信号强弱就能推算出待测点与发射点

的距离。同时测量到几个不同的发射点距离，就能够根据发射点的坐标算出待测点的坐标。

2．质心算法的详细过程

由于室内环境复杂，蓝牙无线信号具有一定的时变特性。若直接采用式（9-1）计算距离将引起较大的误差，同时计算较复杂，当定位请求较多时，会造成定位服务器系统负担过重。

为了减少计算量，选择事后验证的指纹匹配方式定位算法。由于机场 ibeacon 发射点相对固定，设备型号、性能参数统一，并且 ibeacon 安装位置较高，空间相对空旷，不易被行人阻挡，因此无线网络布置好以后，每个区域的信号分布都是相对稳定的。由式（9-1）可知定位点 RSSI 值与距离的关系，在同一个环境下距离越近，RSSI 值越大。

定位前先在各采样点（已知坐标）记录定位标签在该点接收到的 RSSI 特征。由于各个 ibeacon 的距离及信号衰减的差异，在不同位置接收到的 RSSI 会呈现出一定的特征。定位标签扫描到的 RSSI 值与已知坐标的采样点 RSSI 值作比较，选出差异最小的几个采样点，这几个采样点组成多边形，利用几何原理求得其质心坐标作为未知点的位置估值，如图 9-1 所示。

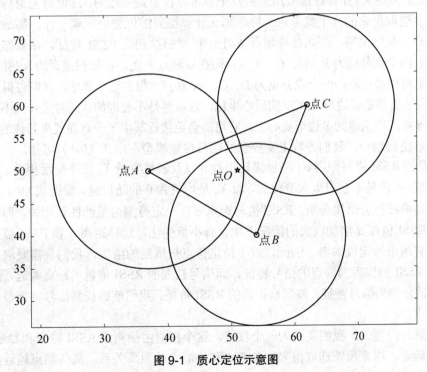

图 9-1　质心定位示意图

A、*B*、*C* 三点是已知的采样点，*O* 点的坐标估值就是 *A*、*B*、*C* 三点所组成的三角形的质心坐标。计算公式如下：

$$\begin{cases} X_O = (X_A + X_B + X_C)/3 \\ Y_O = (Y_A + Y_B + Y_C)/3 \end{cases} \tag{9-2}$$

此方法最大的优点就是没有复杂的定位计算，便于实现。但定位结果是离散的，定位精度受制于采样点多少。实际使用已证明采样节点均匀分布且达到一定密度时定位效果比较好，而采样节点不够多会导致节点密度低的区域产生较大的定位误差。而无线信号传输容易受环境影响使每次接收到的 RSSI 值会在一定范围内变化，从而导致根据 RSSI 值选取出来的参考点不是最优参考点。

3．质心算法存在的问题和改进思路

RSSI 质心定位实际上分为两大步骤：第一步，测量 RSSI 值，与数据库比较，选取信号特征相似度最高的前几个点；第二步，求解这些选取出来的已知坐标点组成的多边形的质心，得到待测点坐标估值。这其中有以下两个问题。

问题一：因为环境因素影响，每次扫描的 RSSI 有一定的偏差，导致按不同的 RSSI 值检索数据库会出现不同的参考节点，导致定位误差。

问题二：按照 RSSI 特征选取出来的几个参考点权重是一致的，这使得无论待测点处于何处，只要选取出来的几个参考点一样，那么计算得到的位置坐标就一样，都是这几个参考点的质心。举例说明，假如在待测点 E 上，根据扫描到的 RSSI 特征，从数据库匹配得到最相似的四个点分别为 B、D、C、A 点；而在待测点 F 上，根据扫描到的 RSSI 特征，从数据库匹配得到最相似的四个点分别为 D、C、A、B 点。根据这个算法，我们将得到 E 点和 F 点的位置估值都是多边形 $ABCD$ 的质心坐标，这显然是不合理的。同时未知点不一定是在选出来的参考点所组成的多边形质心上，它可能会更接近其中一个点而远离其他的点。

为了解决问题一，我们先看上文提到的信号传输模型，由式（9-1）可知，当前点接收到某个 AP 的 RSSI 值与距离 d、路径损耗指数 n 以及随机变量 X_σ 三个变量相关。其中对于同一个环境，n 值是不会有太大变化的，而 X_σ 是均值为 0 的随机变量。根据式（9-1）作函数，实地测量后曲线拟合结果分析，RSSI 值与距离 d 在一定范围内呈线性强相关，而超过一定距离后，RSSI 值在 d 增加较大的情况下才会有小量变化，这样距离 d 和 RSSI 值呈现弱相关性，不宜用来做定位参考。因此，对于待定位点扫描到的结果，我们只需要取前几个信号较强的 RSSI 值作为当前点的信号特征，而信号较弱的 RSSI 值说明距离太远，线性相关度小，不适合作为信号特征。按照修正后的 RSSI 特征，我们能够找到信号特征最相似的前几个参考点。

为了解决问题二，我们要引入一个权值，这个权值由待测点 RSSI 特征和参考点 RSSI 特征共同确定，用来反映选取出来的参考点和待测点的距离关系，离待测点越近，这个权值越大，反之权值就越小。本章提出了基于 ibeacon 基站的室内定位技术进行定位，从理论上满足了航站楼内对于位置提供相应服务信息推送的需求。

为了验证改进算法的效率，本节选择了 6 组数据进行测试，针对传统的质心算法与改

进算法的运行时间进行比较，如图 9-2 所示，由图可知，本文提出的质心改进算法在不同的样本数据下，在平均耗时方面明显优于质心算法。

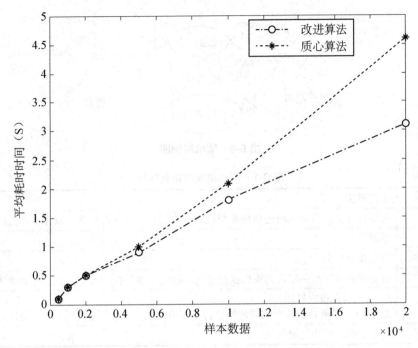

图 9-2　质心算法与改进算法之间运行时间的比较

9.3　系统分析

本节就系统的功能需求、系统架构、ibeacon 定位以及系统非功能需求进行分析。本章前文提出的改进质心算法在旅客的定位模块中进行应用，通过定位模块计算出当前点的坐标，结合百度地图提供旅客在机场室内的准确位置，让旅客清楚自己所在位置，通过位置来提供相关值机办理和安检通道、登机口位置的服务消息推送。

9.3.1　功能需求分析

1. 值机模块

值机是民航的一个工种，负责为旅客办理乘机手续，包括引导旅客前往所乘航班的柜台换登机牌、收运旅客的托运行李和安排旅客的座位。值机用例图如图 9-3 所示。

值机模块的用例规约如表 9-1 所示。

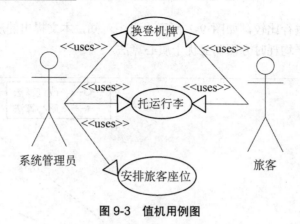

图 9-3　值机用例图

表 9-1　值机模块的用例规约

用例名称	值机模块
用例目标	引导旅客前往所乘航班的柜台换登机牌、收运旅客的托运行李、安排旅客的座位
活动者	系统
前置条件	值机模块界面
后置条件	引导旅客前往所乘航班的柜台换登机牌、收运旅客的托运行李、安排旅客的座位成功
事件流	1. 进入值机模块界面 2. 系统引导旅客前往所乘航班的柜台换登机牌、收运旅客的托运行李、安排旅客的座位
可选路径	引导失败，退出值机模块

2. 安检模块

在旅客过安检的时候，机场服务系统会推送禁带物品消息和所处安检通道排队时长等信息到用户的手机上，用户可以依据推送的消息，了解哪些是违禁物品，以及等待时长，避免出现焦躁情绪。安检模块用例图如图 9-4 所示。

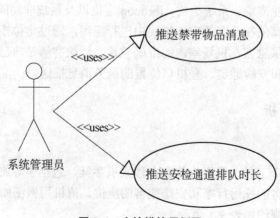

图 9-4　安检模块用例图

安检模块的用例规约如表 9-2 所示。

表 9-2　安检模块的用例规约

用例名称	安检模块
用例目标	推送禁带物品消息和所处安检通道排队时长等信息
活动者	系统
前置条件	安检模块界面
后置条件	推送禁带物品消息和所处安检通道排队时长等信息
事件流	1. 进入安检模块界面 2. 系统推送禁带物品消息和所处安检通道排队时长等信息
可选路径	推送失败，退出安检模块

3．登机模块

在旅客登机时，引导旅客前往所乘航班的登机口并且提供相应的航班动态信息，包括是否正点达到，如不能是什么原因等方面信息。登机模块用例图如图 9-5 所示。

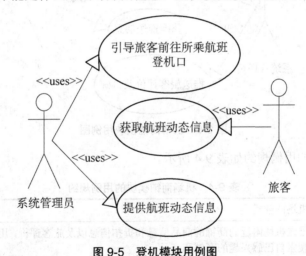

图 9-5　登机模块用例图

登机模块的用例规约如表 9-3 所示。

表 9-3　登机模块的用例规约

用例名称	登机模块
用例目标	引导旅客前往所乘航班的登机口并且提供相应的航班动态信息
活动者	系统
前置条件	登机模块界面

续表

后置条件	引导旅客前往所乘航班的登机口并且提供相应的航班动态信息
事件流	1. 进入登机模块界面 2. 引导旅客前往所乘航班的登机口并且提供相应的航班动态信息
可选路径	引导失败，退出登机模块

4. 机场商铺模块

在本模块中，机场出行服务系统推送机场附近的商铺的商品信息和折扣信息以及旅客评价，用户可以依据这些信息搜索自己感兴趣的商铺和商品，提升了搜索的效率。机场商铺模块用例图如图 9-6 所示。

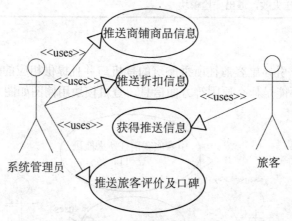

图 9-6　机场商铺模块用例图

机场商铺模块的用例规约如表 9-4 所示。

表 9-4　机场商铺模块的用例规约

用例名称	机场商铺模块
用例目标	推送机场附近的商铺的商品信息和折扣信息以及旅客评价，用户可以依据这些信息搜索自己感兴趣的商铺和商品
活动者	系统、用户
前置条件	机场商铺模块界面
后置条件	推送机场附近的商铺的商品信息和折扣信息以及旅客评价，用户可以依据这些信息搜索自己感兴趣的商铺和商品
事件流	1. 进入机场商铺模块界面 2. 推送机场附近的商铺的商品信息和折扣信息以及旅客评价 3. 用户可以依据这些信息搜索自己感兴趣的商铺和商品
可选路径	推送失败、搜索失败，退出机场商铺模块

5．公共服务设施模块

在本模块中，引导旅客前往最近的厕所、母婴室、休息室、儿童乐园、失物招领、食街等公共设施场所，是机场的公共服务模块，为用户的出行提供服务。公共服务设施模块用例图如图 9-7 所示。

图 9-7　公共服务设施模块用例图

公共设施模块的用例规约如表 9-5 所示。

表 9-5　公共服务设施模块的用例规约

用例名称	公共服务设施模块
用例目标	引导旅客前往公共设施
活动者	系统
前置条件	公共服务设施模块界面
后置条件	引导旅客前往公共设施
事件流	1. 进入公共服务设施块界面 2. 引导旅客前往公共设施
可选路径	引导失败，退出公共服务设施模块

6．位置采集模块

位置采集终端主要是在系统建立初期采集各已知点的 ibeacon 指纹信息，以及在某个 ibeacon 发生变化时重新采集相应区域的 WiFi 指纹信息。位置采集功能模块的用例图如图 9-8 所示。

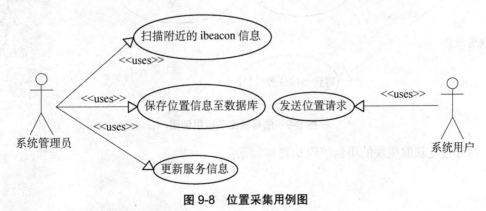

图 9-8　位置采集用例图

位置采集模块的用例规约如表 9-6 所示。

表 9-6　位置采集模块的用例规约

用例名称	位置采集模块
用例目标	扫描 ibeacon 信息，并保存位置信息数据
活动者	系统
前置条件	位置采集模块界面
后置条件	扫描 ibeacon 信息，并保存位置信息数据
事件流	1. 进入位置采集模块界面 2. 扫描 ibeacon 信息 3. 保存位置信息
可选路径	扫描失败、保存失败，退出位置采集模块

7. 信号强度获取模块

获取信号强度是本系统最基本的功能也是最重要的功能。采集信号阶段需要终端能够准确获取当前点的信号强度，才能够建立起服务定位数据库。而定位阶段也需要不停地根据当前获取到的信号强度和 ibeacon 定位数据库中的信号强度做对比计算，从而得到当前位置信息。信号强度获取模块的用例图如图 9-9 所示。

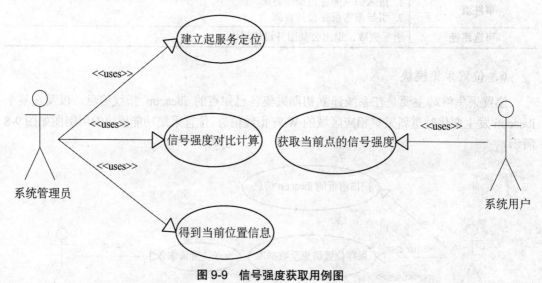

图 9-9　信号强度获取用例图

信号强度获取模块的用例规约如表 9-7 所示。

表 9-7　信号强度获取模块的用例规约

用例名称	信号强度获取模块
用例目标	信号强度对比计算、信号强度获取、位置信息获取
活动者	系统
前置条件	信号强度获取界面
后置条件	信号强度对比计算、信号强度获取、位置信息获取
事件流	1. 进入信号强度获取模块界面 2. 信号强度对比计算 3. 信号强度获取 4. 位置信息获取
可选路径	计算失败、信号强度获取失败、位置信息获取失败，退出信号强度获取模块

8. 旅客定位模块

本文提出的改进质心算法在旅客定位模块中进行应用，通过定位模块计算出当前点的坐标，结合百度地图提供旅客在机场室内的准确位置，让旅客清楚自己所在位置，通过位置来提供相关值机办理、安检通道和登机口位置的服务消息。为了保证数据的准确性，旅客定位终端在开始运行时都要进行数据库版本检查，当检查到本地数据库不存在或服务器端有更新时，将开启数据库更新进程，实现从服务器下载最新版本的数据库。旅客定位的用例图如图 9-10 所示。

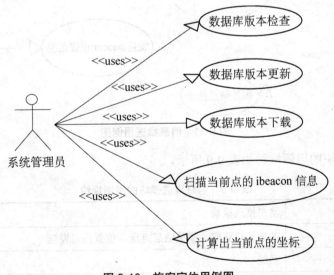

图 9-10　旅客定位用例图

旅客定位模块的用例规约如表 9-8 所示。

表 9-8　旅客定位模块的用例规约

用例名称	旅客定位模块
用例目标	数据库版本维护、当前点坐标计算
活动者	系统
前置条件	旅客定位界面
后置条件	数据库版本维护、当前点坐标计算
事件流	1. 进入旅客定位模块界面 2. 数据库版本维护 3. 当前点坐标计算
可选路径	计算失败、维护失败，退出旅客定位模块

9．消息推送模块

根据旅客终端发送的 ibeacon 位置信息从数据库中获取相应的该区域的服务信息，之后向客户端 APP 进行服务信息推送，当旅客路过商铺时，会自动接收到该商铺的商品信息和折扣信息，并且可以查看该商铺的口碑，从而选择自己感兴趣的信息，屏蔽不感兴趣的信息。在登机口候机的时候旅客还可以实时关注即将登机航班的状态。消息推送模块用例图如图 9-11 所示。

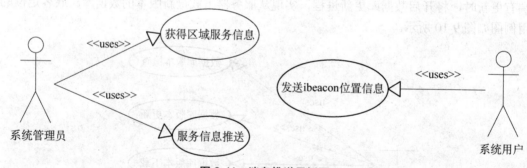

图 9-11　消息推送用例图

消息推送模块的用例规约如表 9-9 所示。

表 9-9　消息推送模块的用例规约

用例名称	消息推送模块
用例目标	区域信息获取、服务信息推送、位置信息发送
活动者	系统
前置条件	消息推送界面
后置条件	区域信息获取、服务信息推送、位置信息发送

续表

事件流	1. 进入消息推送模块界面 2. 区域信息获取 3. 服务信息推送 4. 位置信息发送
可选路径	获取失败、推送失败，退出消息推送模块

9.3.2　非功能需求分析

本系统的非功能需求包括：能够对多个请求同时响应，更新系统的信息和网络的状态。

系统的其他需求分析应与系统相匹配，主要是系统的稳定性、易用性等方面，这些对于系统的设计都是极为重要的，现进行详细介绍。

1．系统整体性能

响应时间：登录响应的时间在 2 秒以下，认证时间在 1 秒以下，注册时间在 2 秒以下。

访问吞吐量：最大访问数为 3 000，最大请求数为 10 000。

系统用户数：本系统的用户数为 300 人。

2．健壮性与稳定性

健壮性与稳定性是系统其他功能的前提条件，对系统预防病毒等的攻击是有效的，另外也能抵御网络的不稳定。

健壮性：在被入侵时，系统仍然稳定地运行；在断电时，系统依然运行，且能够进行数据的恢复。

稳定性：系统稳定运行。系统一旦运行，必须能够适应工作的需求，必须能够经得起各种问题的考验，此时系统的稳定性至关重要。面对各种病毒的入侵和人为的破坏，系统要能及时地进行备份和恢复，这需要系统具有足够的健壮性。健壮性和稳定性统一，才能使得系统运行更加顺畅，才能发挥系统的应有作用。

3．可修改性

新增：系统的可扩展性较好，新增功能与新增用户等都能自如完成。

修改：编辑权限。

删除：删除系统相关信息等。

4．可用性

故障恢复时间：异常事件发生时，恢复时间小于 20 分钟。

无故障时间：在正常的情况下，无故障时间应超过 1.5 万小时。

5．易用性

操作习惯：系统的操作界面友好，符合用户的操作习惯，操作使用较为简单。

6．安全性

安全级别：分配用户权限，不同的用户拥有不同的系统操作权限。由于该管理系统具有多种管理权限，对于安全的设计更加重要，为了适应不同的需要，设置不同的安全级别，针对不同管理权限的人进行不同的控制。

7．可扩展性

为了保证信息共享，需要系统具备向前的可扩展性，使得系统成为一个有机的整体，避免信息孤岛的出现。首先，在技术上建立统一的标准与统一的规范，利用开放的系统架构和组件化的思想，提升系统的兼容性；其次，业务是不断变化的，这要求系统的处理也要跟上业务变化的脚步，因此系统设计必须在满足现有业务的基础上，对今后的业务发展进行评估，使得系统在一定的时期内能够满足业务增长带来的处理能力增长的需要。在遵循可扩展性的原则基础之上，设计必要的函数接口，满足系统升级的需求。

9.4 系 统 设 计

本节就系统的设计进行阐述，针对系统的硬件设计、客户软件的详细设计以及系统的界面设计进行详细阐述。

9.4.1 系统构架分析

系统架构如图 9-12 所示。

1．客户端

本系统的客户端是移动终端。客户端利用网络连接设备。

2．业务逻辑部分

逻辑层主要是业务逻辑的处理。逻辑层包括了控制层，控制层是对用户请求进行拦截，依据用户的请求地址找到并调用后台的处理逻辑，向逻辑层传递请求，由逻辑层通过具体的业务逻辑方法处理，并将处理结果返回到页面，展示在用户面前。

3．数据部分

数据层是对数据的操作，业务逻辑处理时，可能会对数据库进行操作，从数据库读取或者插入数据。三层结构逻辑清晰，各层至今相互独立，实现了解耦，开发效率提升，可移植性加强。在本系统中，采用了 SQL Server 数据库进行数据的存储。SQL Server 数据库兼容各个操作系统，成本较低，受到了开发人员的广泛欢迎。

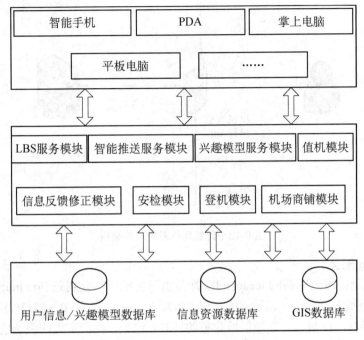

图 9-12　LBS 系统的构架结构

9.4.2　硬件详细设计实现

本无线定位系统的主要硬件包含三大部分——服务器、ibeacon 定位和用户移动设备，整体架构如图 9-13 所示。用户通过移动设备请求数据库服务器的资源，ibeacon 定位通过移动终端设备将定位信息发送给用户。

1．服务器端

本系统服务器端主要承担服务信息数据库推送作用，由于用户终端在首次运行或用户位置更新时才与服务器通信，而且定位刷新频率不高，所以对服务器性能要求不高。

因此，本系统最后选择了单位已有的一台 HP DL380 G5 作为服务器。它的主要硬件配置是两个至强 E5405 四核处理器，主频为 2.00GHz，1GB×8 的 FB-DIMM 内存，6 块 10K、146GB SAS 接口 2.5 英寸硬盘，在此服务器上安装 Web 服务。经模拟运行测试能满足系统需要。

2．ibeacon 的配置和安装

10 套 ibeacon241（固件版本 2.0.1 以上，包括芯片、外壳、电池）、标签纸、手机（android，支持 AprilBeacon V1.2+以及第三方 Beacon 检测应用）、屏蔽袋、蓝丁胶、笔。

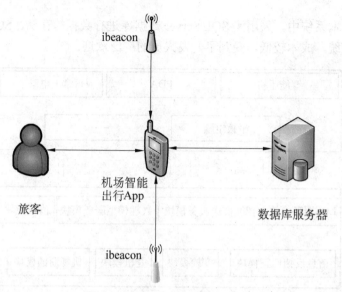

图 9-13　无线定位系统硬件架构

1）ibeacon 配置

（1）ID 规划：每个完整的 ibeacon ID 都是由三段组成，分别是 Proximity UUID（一段 32 位的 16 进制数）、Major（范围：0～6553(2)）、Minor（范围：0～6553(2)）。使用时需要在安装前就规划好 ID 规范，方便以后业务的展开。比如，我们实施的机场值机区域项目规划 ID 为 88888888-4444-4444-4444-CCCCCCCCCCCC。那么 Major 可以用于表达不同的区域，Minor 用于表达特定区域内的 Beacon 编号。在上例中，UUID=88888888-4444-4444-4444-CCCCCCCCCCCC；Major=1，代表值机区域；Minor 代表 1 号值机区域中顺序增长的不同 Beacon 设备。

（2）规划好 ID 后，可以在标签纸上写上规划好的 ID，我们这次一共预置 10 个 ID，即 0～9 代表以后的 Minor。这些标签纸到时将贴在 Beacon 上。

（3）为所有 Beacon 电池上电装壳。打开 AprilBeacon 应用，第一页可以检测到 10 个 Beacon，按 UUID 进行排序，如图 9-14 所示。

（4）批量预置 ID 打开工具页，选择批量修改。填写 proximityUUID 为 88888888-4444-4444-4444-CCCCCCCCCCCC，Major 为 1，Minor 为 1 并打开"递增"；Measured Power 留空，Advertising Freq 按需选择数字代表 100ms 的倍数，比如我们在室内导航项目中使用，可以设置为 3，代表 300ms 发射一次；设置 Beacon 新密码为 12 位，如图 9-15 所示。

（5）单击"开始"按钮批量修改后 App 会轮寻所有它能连接上的 Beacon，排序进行修改。此时系统会提示输入 Beacon 的密码，如图 9-16 所示，出厂时默认为 AprilBrother。这个密码是保证出厂后各应用企业的 ibeacon 不被无关人员篡改，请妥善保存，如果不幸丢失就只有重新烧写 ibeacon 了。

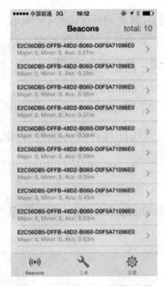

图 9-14 ibeacon 批量配置

图 9-15 ibeacon 批量设置

图 9-16 ibeacon 密码设置

重新打开 AprilBeacon 应用看第一页，这时由于没设置发射器（相当于一个白名单），一个 Beacon 也找不到。在第三页发射器里增加一个叫 sample 的设置就可以观察到这 10 个新 Beacon 了，如图 9-17 所示。

图 9-17 ibeacon 发射器设置

2）ibeacon 现场安装

按照规划给出的 CAD 视图，结合现场实际情况，进行安装，所有部署资料做好留底工作，方便以后维护。以后的维护也采用替代的方式，每发现一个故障 ibeacon 就单独 update 新的替代 ibeacon 的 ID 为故障 Beacon 的 ID 即可。

所有安装尽量保持一致性，尽量安装在绝缘材质上。不一样的材质对于射频信号吸收率也不一样，安装在塑料材质上的 ibeacon 可能比金属材质表面的 ibeacon 信号强好多。这种不一致会导致对不同 ibeacon 的距离计算失准，严重时需要在施工现场进行校准。

9.4.3 功能模块设计

本小节对系统的各个功能模块从类图设计、顺序图设计以及流程图设计等方面进行阐述，通过系统的详细设计为系统的编码提供指导。

1．值机模块设计

值机模块的类图如图 9-18 所示。包含的方法有换登机牌方法 changeboard()、托运行李方法 luggage() 以及安排座位方法 seat()。

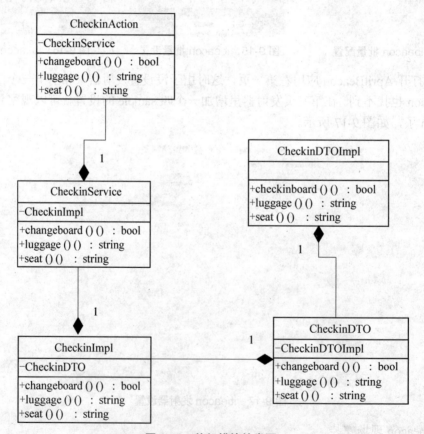

图 9-18　值机模块的类图

行李托运的顺序图如图 9-19 所示。旅客提出行李托运的请求，值机管理类将行李托运的信息保存到数据库，并返回托运的结果信息，展示到用户面前。

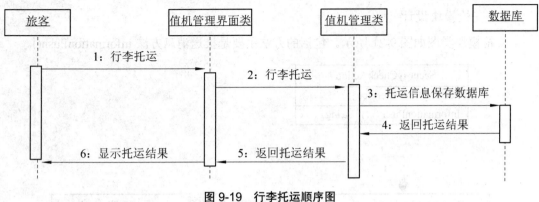

图 9-19　行李托运顺序图

值机模块流程如图 9-20 所示。首先登录系统，进行身份的验证，通过系统验证之后进入值机模块，系统将会引导旅客换登机牌、托运行李，安排旅客的座位。

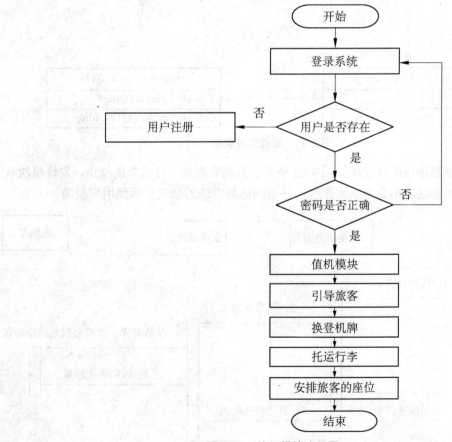

图 9-20　值机模块流程图

2．安检模块设计

安检模块类图如图 9-21 所示。包括的方法主要是推送消息方法 informationPush()。

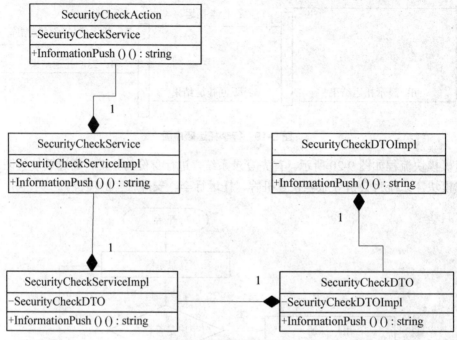

图 9-21　安检模块类图

安检模块信息推送的顺序图如图 9-22 所示。系统管理员进行信息的推送，安检模块从数据库中将需要推送的信息推送给旅客，并返回信息推送的结果展示到用户面前。

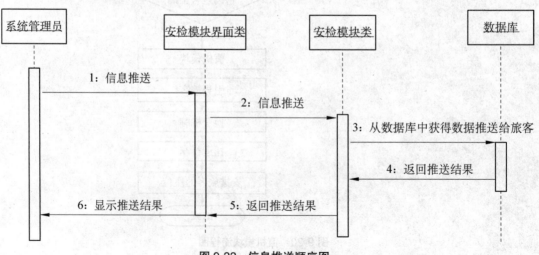

图 9-22　信息推送顺序图

安检模块流程如图 9-23 所示。首先登录系统，进行身份的验证，通过系统验证之后进入安检模块，系统将违禁物品信息推送给旅客，客户将接收推送的信息。

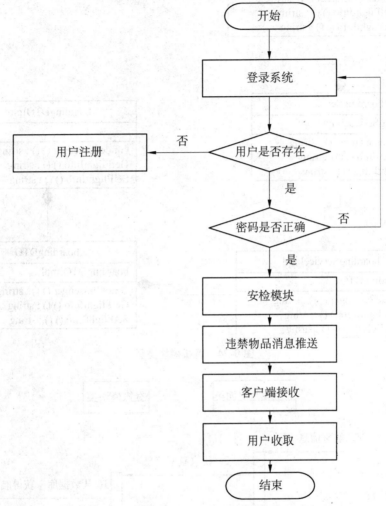

图 9-23　安检模块流程图

3．登机模块设计

登机模块类图如图 9-24 所示。包括的方法主要有引导旅客前往登机口方法 guidePassenger()、获取航班动态信息方法 getFlightInfo()以及设置航班动态信息方法 setFlightInfo()。

获取航班动态信息顺序图如图 9-25 所示。旅客请求获取航班的信息，系统从数据库中获取航班的信息，并将信息返回给用户。

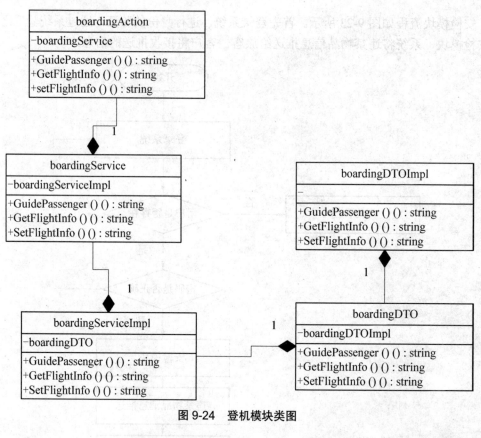

图 9-24　登机模块类图

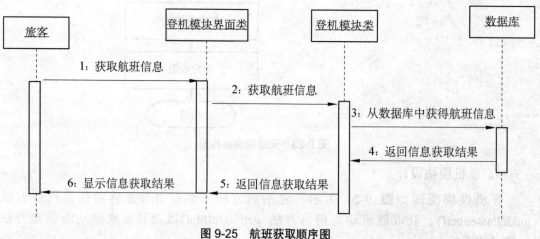

图 9-25　航班获取顺序图

登机模块流程如图 9-26 所示。首先登录系统，进行身份的验证，通过系统验证之后进入登机模块，系统将引导旅客前往登机口，并提供航班的动态信息展示到用户面前。

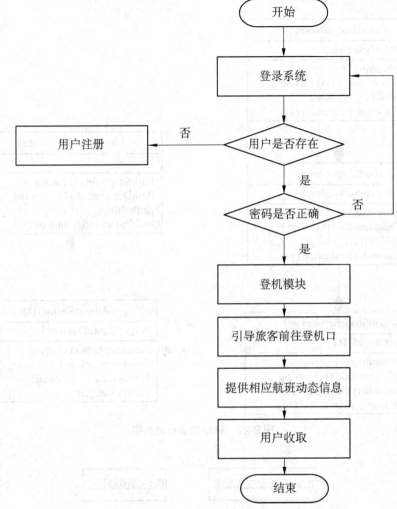

图 9-26　登机模块流程图

4．机场商铺模块设计

机场商铺模块类图如图 9-27 所示。主要的方法包括推送机场附近的商铺商品信息方法 pushShopInfo()、推送折扣信息方法 pushDiscoutInfo()、获得推送信息方法 getPushInfo()以及获取评价信息方法 pushPassengerEvaluation()。

推送折扣信息顺序图如图 9-28 所示。管理员推送折扣信息，从数据库中获取折扣的信息展示到用户面前。

机场商铺模块流程如图 9-29 所示。首先登录系统，进行身份的验证，通过系统验证之后进入机场商铺模块。系统将推送机场附近的商铺信息、折扣信息以及旅客评价等信息，旅客可以依据系统推送的信息搜索自己感兴趣的信息。

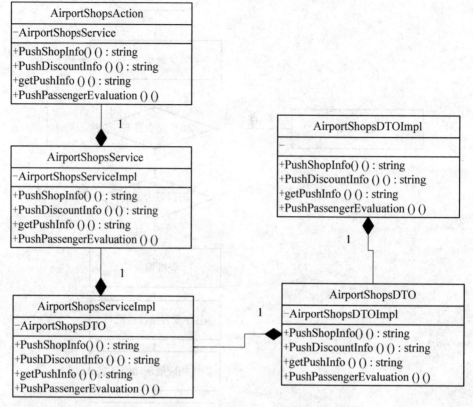

图 9-27　机场商铺模块类图

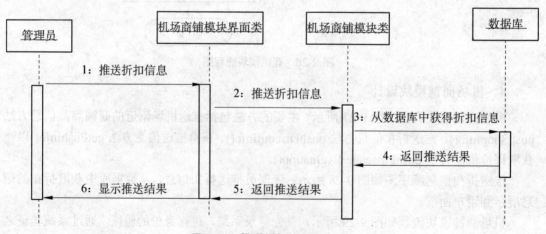

图 9-28　推送折扣信息顺序图

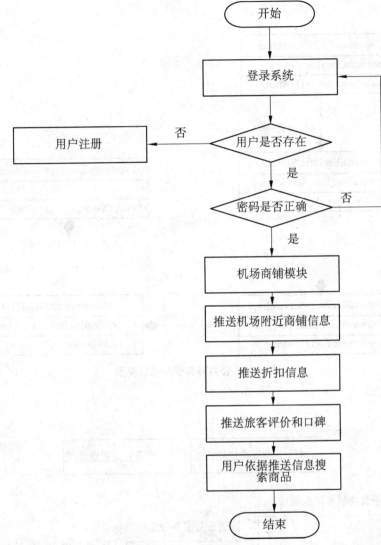

图 9-29　机场商铺模块流程图

5. 公共服务设施模块设计

公共服务设施模块类图如图 9-30 所示。主要的方法是引导旅客前往公共设施方法 guidePassenger()。

引导旅客前往公共服务设施的顺序图如图 9-31 所示。管理员将公共设施信息推送给旅客，从数据库中获得机场附近的公共设施信息推送到旅客面前。

公共服务设施模块流程如图 9-32 所示。首先登录系统，进行身份的验证，通过系统验证之后进入公共设施模块，系统将引导旅客前往机场附近的公共设施。

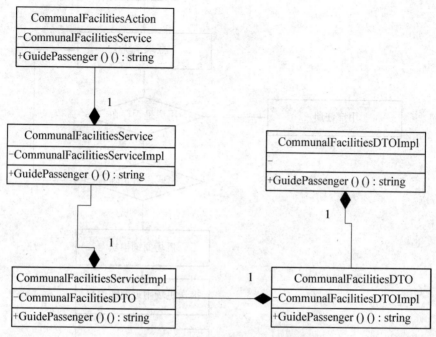

图 9-30 公共服务设施模块类图

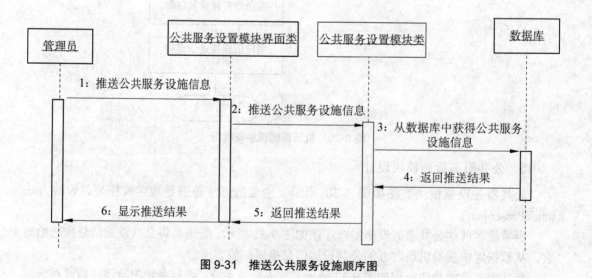

图 9-31 推送公共服务设施顺序图

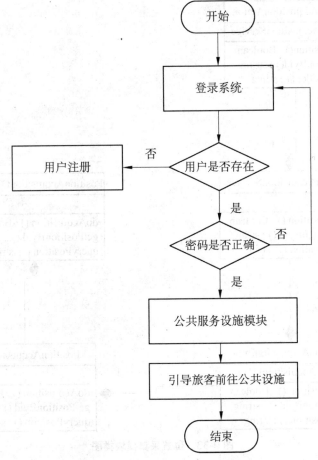

图 9-32　公共服务设施模块流程图

6. 位置采集功能模块设计

位置采集之前我们要在地图上设置好需要采集的参考点坐标信号，这些点位要求具有一定的密度，分布均匀，在实际环境中尽量避免布置在干扰源边上。

位置采集模块的类图如图 9-33 所示。主要的方法为采集指纹信息方法 doAcquisition()、获得位置信息方法 getPositionByid()以及初始化位置信息方法 queryPosition()。

位置采集的顺序图如图 9-34 所示。管理员进行位置采集，位置采集管理类将位置采集的信息保存到数据库，并返回位置采集的结果给用户。

数据采集流程图如图 9-35 所示。旅客打开 APP 发送位置请求，并扫描机场附近的 ibeacon 信息，若此点已经定位，则不下载新的数据库信息；若未定位，则将新的位置信息上传到数据库，若上传成功则更新服务器信息。

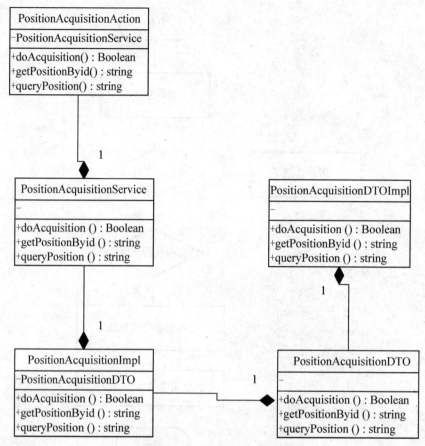

图 9-33　位置采集模块类图

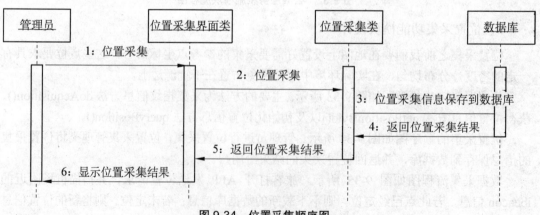

图 9-34　位置采集顺序图

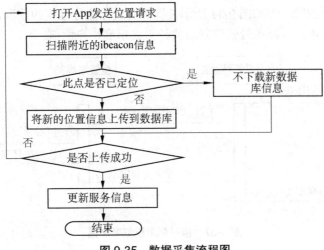

图 9-35　数据采集流程图

7. 信号强度获取模块设计

信号强度获取模块类图如图 9-36 所示。主要的方法为获得信号强度方法 doIntensity()、更新信号强度方法 updateSignal()、查询信号强度方法 querySignal()以及删除信号强度方法 deleteSignal()。

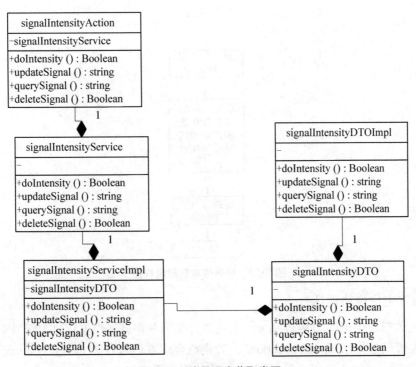

图 9-36　信号强度获取类图

信号强度获取的顺序图如图 9-37 所示。管理员进行信号强度的获取，并将信号获取的信息保存到数据库中，返回信号强度获取的结果展示到用户面前。

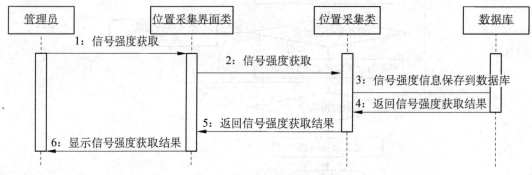

图 9-37　信号强度获取顺序图

信号强度获取模块流程图如图 9-38 所示。首先获取当前点的信号强度，建立服务定位数据库，依据当前的信号强度和数据库中的信号强度作对比计算，获得当前位置的信息。

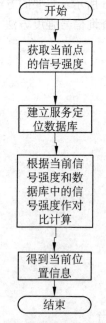

图 9-38　信号强度获取流程图

8．旅客定位模块设计

旅客定位模块类图如图 9-39 所示。主要的方法为获得旅客位置信息方法 doLocation()、更新旅客位置信息方法 updateLocation()、查询旅客位置信息方法 queryLocation()、删除旅客位置信息方法 deleteLocation()以及加入旅客位置信息方法 insertLocation()。

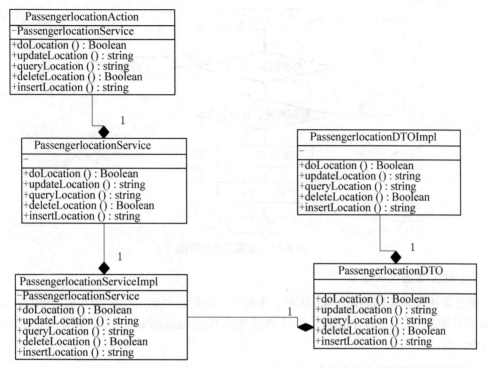

图 9-39　旅客定位类图

旅客定位顺序图如图 9-40 所示。管理员进行旅客定位，将旅客的定位信息保存到数据库，并返回定位的结果信息展示到用户面前。

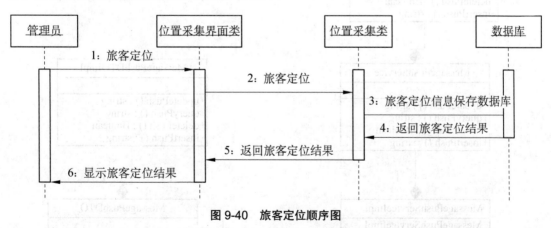

图 9-40　旅客定位顺序图

旅客定位模块流程图如图 9-41 所示。首先进行旅客端定位，若已有数据库，则判断数据库是否有更新；若没有数据库，则下载数据库。若数据库中没有更新，则扫描 RSSI 信息；若有更新，则下载数据库，扫描 RSSI 信息之后计算出坐标信息。

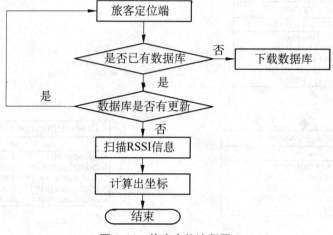

图 9-41　旅客定位流程图

9．消息推送模块设计

消息推送模块类图如图 9-42 所示。主要的方法包括更新消息推送方法 updatePush()、查询消息推送方法 queryPush()、删除消息推送方法 deletePush()以及新增消息推送方法 insertPush()。

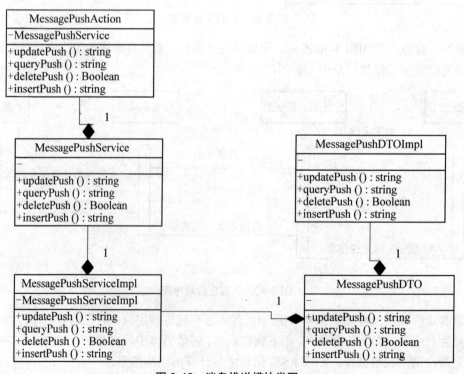

图 9-42　消息推送模块类图

　　消息推送顺序图如图 9-43 所示。管理员进行消息的推送，从数据库中获得推送的信息并将推送的信息展示到用户面前。

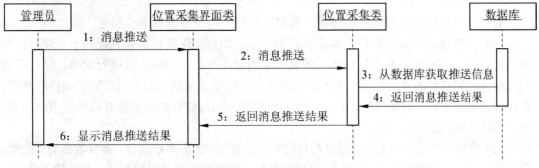

图 9-43　消息推送顺序图

　　消息推送模块流程如图 9-44 所示。首先登录系统，进行身份的验证，通过系统验证之后进入消息推送模块，获取区域服务信息，之后进行信息的推送。

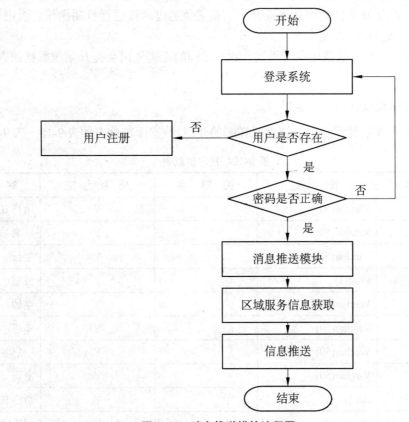

图 9-44　消息推送模块流程图

9.4.4 数据库设计

1．数据库设计的原则

数据库的设计关系着系统的质量，数据库的设计需要遵循以下的原则：

（1）完整性、一致性原则。本系统较为复杂，如何确保数据的完整性与一致性是值得研究的问题。在系统的开发过程中，需要对表的设计与表之间的关联进行明确，降低数据的冗余，达到数据的完整性与一致性。数据库表的关系通常较为复杂，增加了访问的难度，在设计数据库时，需要关注表的设计，因为良好的表结构能够提高数据查询的速度与效率，提升系统的响应速度。

（2）数据库性能调整原则。通过对数据库表的设计，在数据查询时，确保数据的一致性。查询数据时，往往效率不高，因此，在确保数据一致性时也要考虑数据的访问响应速度。

（3）数据属性的选择原则。表设计时涉及数据属性的选择，而数据属性的选择会影响数据的存储与查询的效率。在选择属性时需要遵循的原则是：首先，避免 Identify 作为主键，否则会影响数据的迁移；二是避免用 Text 和 Image 作为数据的存储类型，因为它们都是指针型，不利于数据的查询效率提升；三是避免通过函数进行日期操作，否则会增加系统的消耗，降低查询的速度。

（4）规范化原则。规范化意义重大，数据结构的正确使用会提升系统数据的查询效率，如数据的整合等。

2．数据库表设计

下面对数据库的逻辑结构设计进行详细的介绍，数据库部分表如表 9-10～表 9-17 所示。

表 9-10　用户信息表

名　　称	长　　度	关　键　字	是　否　为　空	解　　释
Id	Varchar(40)	Y	Y	用户 ID
Name	Varchar(50)		Y	姓名
Birthday	Varchar(50)		Y	生日
Sex	Char(1)		Y	性别
Phone	Varchar(50)		Y	电话
Email	Varchar(50)		Y	邮箱
Login	Varchar(50)		Y	用户名
Password	Varchar(50)		Y	密码
RoleId	Int(2)		Y	角色 ID
CreateTime	Datetime(8)		Y	创建时间

表 9-11　角色信息表

名　　称	长　　度	关　键　字	是否为空	解　　释
Id	int(4)	Y	Y	角色 ID
roleName	Varchar(50)		Y	角色名
Describe	text		Y	描述

表 9-12　权限信息表

名　　称	长　　度	关　键　字	是否为空	解　　释
Id	int(4)	Y	Y	权限 ID
Name	Varchar(50)		Y	权限名
Describe	Text		Y	描述

表 9-13　航班信息表

名　　称	长　　度	关　键　字	是否为空	解　　释
Id	int(4)	Y	Y	班次 ID
Name	Varchar(50)		Y	班次名称
Time	Date		Y	起飞时间
ticketCheck	Varchar(10)		Y	检票口
Price	Varchar(10)		Y	机票价格
AirInfo	text		Y	航班信息

表 9-14　位置信息表

名　　称	长　　度	关　键　字	是否为空	解　　释
Id	int(4)	Y	Y	位置 ID
Name	Varchar(50)		Y	位置名称
Describe	text		Y	位置描述

表 9-15　商品信息表

名　　称	长　　度	关　键　字	是否为空	解　　释
Id	int(4)	Y	Y	商品 ID
type	Varchar(10)		Y	商品类型
Name	Varchar(50)		Y	商品名称
number	Varchar(20)			规格型号
Price	Varchar(20)		Y	价格
suplier	Varchar(30)		Y	供应商

表 9-16　商品类型信息表

名　称	长　度	关 键 字	是 否 为 空	解　释
Id	int(4)	Y	Y	商品类型 ID
Name	Varchar(50)		Y	类型名称

表 9-17　供货商信息表

名　称	长　度	关 键 字	是 否 为 空	解　释
Id	int(4)	Y	Y	供货商 ID
Name	Varchar(50)		Y	供货商名称
address	text		Y	供货商地址
Province	Varchar(30)		Y	所在省份
Remarks	text		Y	备注

3．E-R 图设计

E-R 模型描述实体之间的联系。它是数据库概念设计阶段最重要的一部分，随着理论的成熟，已经发展成为一个完整的、独立于数据库系统的模型，它表示实体、属性和联系的方法。

用户实体属性如图 9-45 所示，主要包括姓名、生日、性别、电话、邮箱和创建时间等属性。

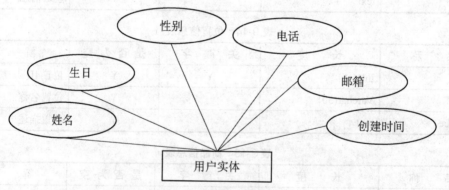

图 9-45　用户实体属性图

角色实体属性图如图 9-46 所示，主要包括角色 ID、角色名称和描述等属性。

航班信息实体属性图如图 9-47 所示，主要包括班次名称、起飞时间、检票口和机票价格等属性。

商品实体属性如图 9-48 所示，主要包括商品类型、商品名称、规格型号、价格以及供应商等属性。

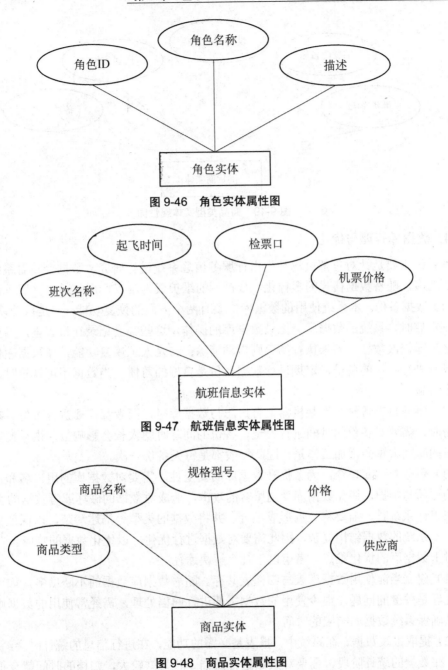

图 9-46　角色实体属性图

图 9-47　航班信息实体属性图

图 9-48　商品实体属性图

供货商实体属性如图 9-49 所示，主要包括供货商 ID、供货商名称、供货商地址、所属省份以及备注信息等属性。

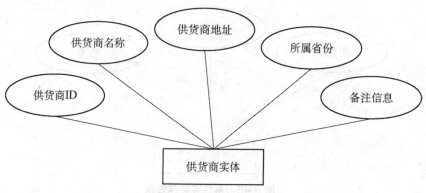

图 9-49　商品类型实体属性图

4．数据库管理与优化

本系统主要是针对首都机场智能出行服务信息系统进行研究，数据会随着系统数据的增多而增多，随着数据格式的多样化，数据库的维护成为难点，需要通过以下途径进行：

（1）数据备份。本系统使用的数据库主要有两个方面的恢复功能，一是自动恢复功能，当系统重启时，系统的数据库会记录数据库的操作，这些都会记录在日志里，当操作执行结束之后即修改数据，若未执行结束则自动清除；二是人工恢复功能，在数据库使用时，需要经常进行数据的备份，定期进行数据备份是良好的习惯，当数据不可恢复时，进行数据的灾备。

（2）事务日志备份。当某机器上有日志与数据库时，两者都需要进行备份。在进行日志备份时，需要对备份的时间进行设定，备份的间隔时间太长会影响数据恢复的完整性；若备份的时间太短会增加工作量，因此一般都是每天备份一次。

（3）更改数据库口令。为了提升数据库的安全性，需要对数据库的用户名和密码进行定期的更新与维护，避免数据库受到黑客的攻击，造成对数据的破坏或者数据的丢失。

在设计系统时，需要将数据形成集合，并将数据的类型等描述清楚，以保证数据的准确性。本系统的数据结构复杂，因此需要对数据进行优化，以优化数据的响应。

对于数据库的优化难点，考虑以下几个解决途径：

（1）建立当前使用数据库表与归档表共存。随着数据库数据的不断增多，如何对数据进行处理是关键的问题，很少使用的数据需要进行归档处理，需经常使用的数据则保存下来，以确保系统数据库响应的时间。

（2）提取报表数据。在系统中，报表是必需的功能，在进行信息的统计时会经常用到，因此，在数据的统计阶段，需要对数据进行归档。若数据较大，归档的时间就会很长，则等待反馈结果需要确保较短的时间。因此需要规定好存储过程，降低工作量，提高响应的速度。

（3）创建索引。当系统的数据量很大时，用户在操作数据库时用到的数据量也比较大，若此时又不便进行归档，则可以通过创建索引解决该问题，降低工作量，提高响应的速度。

（4）建立缓存机制。数据库的数据存储时，会进行数的操作，当数据很多时，查询的时间就比较长，数据的读写速度也很长，这都会增加系统的响应时间。为了避免这样的情况，需要建立缓存机制，即对于经常使用的数据保存在缓存中，当用户再次使用时，从缓存中获取，而不对数据库进行操作，从而提高查询的速度，缩短响应时间，提升用户的体验感。

5．系统安全性设计

本系统基于 B/S 模式进行设计，系统运行过程中要考虑到其安全架构的设计。本文主要是通过系统功能模块开发互联安全结构模型，系统安全性架构设计如图 9-50 所示。

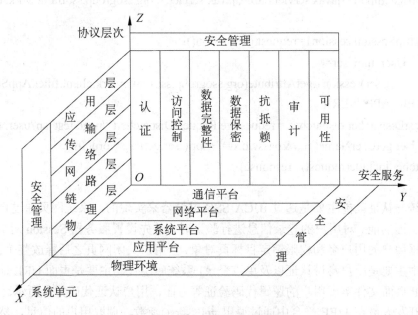

图 9-50　平台安全体系结构框架

从图 9-50 中可以看出，系统安全体系架构主要是 3D 架构模型，其 X 轴代表系统单元，Y 轴代表安全服务，Z 轴代表协议层次。从 YOZ（协议与服务）平面的安全管理中可以看到，主要包括用户认证、访问控制、可用性、数据完整性、数据加密和抗抵赖等方面；从 XOY（系统平台）方面进行考虑的话，包括物理环境、应用平台、系统平台、网络平台以及通信平台五个方面；从 XOZ（协议层）方面考虑的话，主要包括应用层、传输层、网络层、链路层和物理层五个方面。具体安全策略有以下几个。

（1）身份认证：用户只有注册之后才能成为系统的用户。当用户登录时，系统会对用户的登录进行验证，只有通过验证的用户才能登录系统。

（2）权限控制：每个用户所具有的系统权限不同，不同的用户登录系统之后进入的系统界面不同，能够操作的菜单也不同。

（3）安全策略：在策略层面实现平台的整体安全性和可靠性。

（4）事件跟踪：事件跟踪主要是跟踪系统中用户操作的事件，对用户的操作进行记录。

（5）加密：对于系统中的相关信息进行 MD5 加密，保证数据安全。

（6）数据备份与还原：系统管理员定期对系统的数据进行备份与还原，防止因断电、自然灾害等因素引起数据丢失，将系统故障与损失降到最低。

此外，系统安全设计的工作还包括统一认证、单点登录以及数据库安全管理，具体设计如下：

```
<%@page content Type="text/html；charset=GB2312"%>
<%@page import="javax servlet.http.*, javax.servlet.*, org.ssogroup.ssoframework. util.*"%>
<%
    HttpSession session1=request.getSession();
      User appUser=
            (User)session1.getAttribute(org.ssogroup.ssoframework.client.filter.AppSSOFilter
SSO_FILTER_APPUSER);
    RequestDispatcher dispatcher = request.getRequestDispatcher("/page/test.jsp?userName=" +
     appUser.getUserName()+ "&password="+appUser.getPassword());
    dispatcher.include(request，response);
%>
```

系统统一认证功能主要是通过 BJCA SSO 过滤器来实现的，系统网页通过插入一系列代码实现认证功能。对用户的登录信息进行验证时，首先设置服务器 Session 对象，设置成功之后根据用户的用户名和权限锁定目标页对象，当用户关闭网页之后释放整个链接信息。在此工程中主要是用户身份认证以及单点登录，系统底层代码主要是页面 URL 地址设置以及网页 JSP 页面文件实现用户的逻辑代码验证等方面，用户认证代码如上所示。

系统开发人员在 J2EE 平台中通过调用 getUsers()函数，调取用户的信息，然后通过单点登录模块对用户身份信息进行统一管理。系统中用户的管理是在分布式的环境中进行管理与共享的，系统通过对资源的整合与权限管理的实现为系统提供全方位的安全保障。系统中的身份认证主要包括两个方面：用户类型信息的获取与用户身份信息的共享。其中，用户类型信息的获取主要是对用户进行权限分配与设置，设置完成之后，系统只能允许用户在权限范围内进行相应的操作。单点登录主要是为了给系统用户提供方便，用户首次登录完成身份认证之后下次登录时无须再次验证，从而提高了效率。

系统中的数据库安全管理主要是在用户身份验证的基础上对系统的数据进行进一步的加密处理等，除此之外，还要对工作人员的操作以及资源访问进行严格的管控。在对数据库进行安全管理时还涉及数据通信的安全管理。数据通信的安全管理主要是指系统中的内部网路以及公网没有出现阻塞、中断等异常情况。同时，系统应用 JMS 技术，以事务的方式对数据进行管理，如果成功则执行，不成功则回滚。

本章小结

● 基于位置提供的服务，是指通过无线电通信网络所属的电信移动运营商或者其他外部定位方式，获取移动终端用户所处位置信息，并且在 GIS 平台的技术支持下，为用户提供相应的信息服务，它也是一种增值业务。

● 主动推送（Push）技术是一种基于客户服务器机制，由服务器发起主动将推送内容发往客户端的技术。

● 本章首先介绍了 LBS 基于位置信息提供服务方式，同时分析了目前各种 LBS 技术对于首都机场环境的利弊，提出使用 ibeacon 作为基站提供位置信息，再由数据库服务器根据位置信息向此处位置的旅客提供智能服务信息；然后对该系统进行了详细的分析与设计，提出系统现有架构，选择系统实现平台，通过对 RSSI 质心算法进行改进，并将质心算法应用于旅客定位技术中，实现对旅客的定位；最后在开发平台上进行真实环境测试。

参 考 文 献

[1] 宫小全. 电子商务系统分析与设计 [M]. 北京：清华大学出版社，北京交通大学出版社，2010.

[2] 宫小全，龚炳刚，何立业. 电子商务系统分析与设计 [M]. 2 版. 北京：清华大学出版社，2013.

[3] 宫小全. 电子商务系统分析与设计实验教程 [M]. 北京：电子工业出版社，2007.

[4] 钟元生. App 开发案例教程 [M]. 北京：清华大学出版社，2015.

[5] 踪程. 电子商务系统分析与设计 [M]. 北京：电子工业出版社，2014.

[6] 吴泽俊. 电子商务实现技术 [M]. 2 版. 北京：清华大学出版社，2012.

[7] 骆正华，向东. 电子商务系统规划与设计 [M]. 北京：清华大学出版社，2012.

[8] 王爱宝，仝建刚，崔勇. 移动互联网技术基础与开发案例 [M]. 北京：人民邮电出版社，2012.

[9] 覃征，曹玉辉，王卫红. 移动电子商务 [M]. 北京：清华大学出版社，2012.

[10] 辛明军，史豪斌，潘炜等. 电子商务系统分析与实现 [M]. 北京：清华大学出版社，2010.

[11] 徐天宇. 电子商务系统规划与设计 [M]. 北京：清华大学出版社，2010.

[12] 刘军，马敏书. 电子商务系统的分析与设计 [M]. 2 版. 北京：高等教育出版社，2008.

[13] 厉小军. 电子商务系统设计与实现 [M]. 北京：机械工业出版社，2008.

[14] 卢志刚. 电子商务系统实践教程 [M]. 北京：机械工业出版社，2008.

[15] 杨兴凯. 电子商务系统分析与设计 [M]. 北京：清华大学出版社，北京交通大学出版社，2008.

[16] Diego Torres Milano. Android 应用测试指南 [M]. 李江译. 北京：人民邮电出版社，2016.

[17] 扶松柏. Android 开发从入门到精通 [M]. 北京：北京希望电子出版社，2013.

[18] Rick Rogers，John Lombardo，Zigurd Mednieks 等. Android 应用开发 [M]. 李耀亮，译. 北京：人民邮电出版社，2010.

[19] 冀振燕. UML 系统分析设计与应用案例 [M]. 北京：人民邮电出版社，2003.

[20] Jim Arlow，Ila Neustadt. UML 和统一过程——实用面向对象的分析和设计 [M]. 北京：机械工业出版社，2003.

[21] Wendy Boggs，Michael Boggs. UML 与 Rational Rose 2002 从入门到精通 [M]. 邱仲潘，等，译. 北京：电子工业出版社，2002.